Sabine Adler

RUSSISCHES ROULETTE

aufbau

Sabine Adler

RUSSISCHES ROULETTE

Ein Land riskiert seine Zukunft

aufbau

Mit 24 Fotos

FSC
www.fsc.org
MIX
Papier aus verantwortungsvollen Quellen
FSC® C083411

ISBN 978-3-351-02735-3

Aufbau ist eine Marke
der Aufbau Verlag GmbH & Co. KG

1. Auflage 2011

Einbandgestaltung hißmann, heilmann, hamburg
Satz LVD GmbH, Berlin
Druck und Binden CPI – Clausen & Bosse, Leck
Printed in Germany

www.aufbau-verlag.de

INHALT

VORWORT

Noch immer wird das einstige Reich des Bösen oder der große Bruder als düster und Furcht einflößend wahrgenommen. Russen machen gern glauben, ihr Land sei nicht zu begreifen. Die Demokratie sei ihm fremd, eine christlich-orthodox geprägte Monarchie mit einem starken Herrscher entspreche dem Charakter Russlands weit mehr. Das ist ein Mythos, der möglicherweise mit dem Hintergedanken verbreitet wird, die Massen mögen sich um ihre privaten Belange kümmern, jedoch nicht in die Politik einmischen. Zurück zur Lethargie wie zu Sowjetzeiten? Für die herrschende politische Klasse ein verlockender Gedanke. Noch immer fühlt sich Russlands Politelite von kritischen Geistern so sehr gestört, dass sie sie am liebsten ganz ausschalten würde. Vor jeder Wahl werden die Hürden für die Opposition noch ein Stück höher gelegt. Weitaus lieber werden immer wieder neue Parteien von oben gegründet.

20 Jahre nach dem Zerfall der Sowjetunion ist Russland von demokratischen Verhältnissen weit entfernt. An die Stelle der überwundenen Diktatur ist die Autokratie getreten. Mit Wladimir Putin an der Spitze, der nach seiner Auszeit als Ministerpräsident wohl in das Präsidentenamt zurückkehren wird. Das System Putin lässt die Bürger so lange in freier Rede und marktwirtschaftlichem Wirtschaften gewähren, wie sich diese in gebührendem Abstand vom Machtzentrum halten. Rührt jedoch jemand an den Kerninteressen, wird entschlossen zugeschlagen. Etwa, wenn eine Region (wie Tschetschenien) die Föderation verlassen und damit Russland vermeintlich schwächen will. Oder wenn jemand das Gas- bzw. Ölgeschäft stört. Wie Chodorkowski. Unter dem Deckmantel der Rückverstaatlichung eines Teils der Naturressourcen teilt die Macht-

elite das Geschäft unter sich auf. Ohne gesellschaftliche Kontrolle.

Russland, das zeigte die jüngste Finanzkrise, hat seine wirtschaftliche Rückständigkeit längst nicht überwunden. Die Zahl russischer Milliardäre hat sich während der Krise halbiert, was die Menschen, die noch nicht einmal ihren Lohn bekommen haben, wahrlich nicht bedauerten. Einem großen Teil der kleinen Leute geht es inzwischen wirtschaftlich besser als in der Sowjetzeit, aber die Schere zwischen Arm und Reich öffnet sich immer weiter. Muss Öl auf dem Weltmarkt teuer bezahlt werden, geht es Moskau gut, sinkt der Preis, droht ein großes Loch im Staatshaushalt. Nicht anders als zu Sowjetzeiten. Nach wie vor lebt das Land fast ausschließlich vom Verkauf von Energie und Rohstoffen. Die Wirtschaft ist geprägt von der veralteten Infrastruktur, die schon unter Breschnew oder noch früher entstanden war. Leuchtturmprojekte werden angekündigt, aber nur im Ausnahmefall tatsächlich verwirklicht. Der Kollaps ist absehbar: Je schneller der Westen auf erneuerbare Energien umsteigt, je weniger Gas und Öl er in Russland einkauft, desto früher bricht Russlands Wirtschaft zusammen. Bislang hat die Kreml-Führung auf diese Herausforderung keine Antwort. Ebenso wenig ist sie vorbereitet auf die Gefahr, die von der Nutzung der Atomkraft ausgeht. Sie wird nach Sowjetmanier beiseite gewischt. Trotz Tschernobyl, trotz Fukushima.

Haben Gorbatschow und Jelzin den Russen – so empfinden es jedenfalls viele von ihnen – jeglichen Nationalstolz geraubt, so konnte ihn Putin wieder wecken. Der hohe Ölpreis brachte in seiner Amtszeit als Präsident den ersten wirtschaftlichen Aufschwung nach Jahren des Niedergangs. Blickt Putin zurück in die Vergangenheit, verweist er lieber auf die heroischen Momente, wie den Sieg über den Hitlerfaschismus, dem uneingeschränkt gehuldigt werden muss, als auf die unrühmlichen Kapitel der Sowjetdiktatur. Den Umgang mit der eigenen Geschichte vertraut die Regierung noch heute statt Wissenschaftlern Ideologen an, deren Erkenntnisinteresse vom Machterhalt bestimmt wird und nicht von den Lehren, die aus den unheilvollen Jahren der Diktatur gezogen werden müssten.

Das geschrumpfte Imperium geht mit seinen ehemaligen Brudervölkern stiefmütterlich um. Mit fast allen liegt es im Clinch, beansprucht mit Selbstverständlichkeit die Führungsrolle, schert sich wenig um deren Souveränität und verteidigt seine Interessen auch mit kriegerischen Mitteln wie in Georgien.

Russlands Zukunft ist in Gefahr, wenn die Machtelite nicht lernt, auf die Bedürfnisse der Nachbarn und nationaler Minderheiten im eigenen Land einzugehen. Die Politik der harten Hand entlädt sich in immer neuen Kriegen, in Terror und Gewalt, die für das Reich schon jetzt eine bedrohliche Sprengkraft entwickelt haben. In keinem Land sind brutalere Attentate verübt worden.

Russland teilt zahlreiche Interessen mit dem Westen: Es ringt um wirtschaftliche Stabilität und Aufschwung, kämpft gegen die Klimakatastrophe, wird stark bedroht vom islamistischen Terror. Leider stellt sich die politische Spitze diesen Herausforderungen meist auf althergebrachte Weise: Mit staatlichen Plänen für den wirtschaftlichen Strukturwandel, der dann doch nicht erfolgt. Mehrmals wurde beschlossen und verkündet, Zukunftstechnologien zu fördern. Bis heute wird kein einziges russisches Hochtechnologieprodukt exportiert.

Mit Druck und harter Hand, aus der Position des Stärkeren heraus gehen russische Ordnungskräfte gegen vermeintliche Extremisten und Separatisten vor, die nicht selten gegen Moskau antreten, weil sie Opfer russischer staatlicher Willkür geworden sind. Weit sinnvoller, weil nachhaltiger wäre die Beseitigung der Konfliktursachen, im Kaukasus beispielsweise die Verbesserung der desolaten wirtschaftlichen Lage.

Russland spielt mit seiner Zukunft, weil es bisher aus seiner Vergangenheit zu wenig gelernt hat.

I. TOTENGRÄBER DER SOWJETUNION

Lauter Putins, wohin man schaut

Im August 1999 erschien Wladimir Putin auf der politischen Bühne Russlands. Ehemaliger KGB-Mitarbeiter, zu jenem Zeitpunkt Chef des in FSB umbenannten Geheimdienstes. Der nahezu Unbekannte wurde rasch populär. Er bezeichnete den Zerfall der Sowjetunion als größte Tragödie des 20. Jahrhunderts und sprach damit der Mehrheit der Russen aus dem Herzen. Andererseits wuchs bei den demokratisch gesinnten Kräften die Sorge, dass sich Russland keine zehn Jahre nach dem Zerfall der Sowjetunion wieder in eine Diktatur zurückverwandelt. Michail Gorbatschow und Boris Jelzin, den letzten sowjetischen und den ersten russischen Präsidenten, verachten viele Russen, weil sie in ihnen die Totengräber der Sowjetunion sehen.

Ich begebe mich zunächst auf die Spur der Putin-Fans.Mit meinem Dienstwagen, der für Russland extra mit verstärkten Stoßdämpfern ausgerüstet worden war, fuhr ich buchstäblich ins hinterste Dorf: ganz in den Westen des Landes, wo die Grenzen von Russland, der Ukraine und Weißrussland zusammentreffen.

»Wo der Präsident wohnt? Dort drüben, das dritte Haus auf der rechten Seite.« In Sagutjewo, fünfhundert Kilometer westlich von Moskau kennt jeder den »Präsidenten«. Durch das Dreihundert-Seelen-Dorf führt keine Straße. Die Häuser rechts und links trennt ein breiter Grasstreifen. In dessen Mitte fließen Abwässer, und kleine Müllhäufchen kokeln vor sich hin. Immerhin: In Sagutjewo mit seinen Holzhäuschen, den Isbas, wo die Zeit stehengeblieben zu sein scheint, haben sie ihren eigenen »Präsidenten«. Auch einen Wladimir Putin. Genaugenommen heißen sogar vier Männer im Dorf Wladimir Putin, aber Präsident sagen sie nur zu einem: dem richtigen WWP, Wladimir Wladimirowitsch Putin. Er ist noch kein richtiger Mann, aber er hat seinem Namensvetter im Kreml Anfang des Jahres 2000 einen Brief geschrieben. Dass er nicht einmal Gummistiefel besitzt, geschweige denn richtig warme Winterschuhe. Seitdem herrscht in dem Ort, in dem sämtliche Putins neuerdings mit erhobenen Häuptern umherstolzieren – wie die Nicht-Putins finden – helle Aufregung. Die Frauen, die sich vor der Kolchosverwaltung versammelt haben, weil es keinen Marktplatz gibt, reden alle durcheinander. »Hier bei uns in Sagutjewo ist der Name Putin sehr verbreitet. Oder auch der Name Kulagin. Wieso glauben die, dass *dieser* Putin unbedingt was mit dem in Moskau zu tun haben soll?«, zetert eine breithüftige Sechzigjährige, die sofort unterbrochen wird von einer anderen, Olga. Die wundert sich, wie ausgerechnet so ein Kind, das in der Schule nur Zweien bekommt (eine russische Zwei entspricht einer Vier im deutschen Schulsystem), mit dem Präsidenten verwandt sein soll. »Wenn er mit ihm verwandt sein will, dann müsste er in der Schule zumindest Vieren schreiben. Also wenn ich der Putin wäre, der in Moskau im Kreml, ich würde mich bedanken für solch eine Verwandtschaft!« Ein russisches Sprichwort sagt: Zwei Frauen sind ein Markt. Dass Olga so schlecht von Wladimir Putin, dem 13-Jährigen, redet, spricht sich sofort herum. Schon prescht Natascha Putina, seine Mutter, in die tratschende Runde und bringt Olga lautstark zum Schweigen. Beide Frauen halten den Mund, als sich ein Mann in die Menge drängt. »Ich heiße Putin, Wladimir Ilijanowitsch. Außer mir gibt es noch dreißig andere Putins in Sagutjewo, und dort drüben im Dorf »Weiße Birke« gibt es noch zehn.« Verwechseln könne man sie nicht, keinesfalls. Der eine heiße schließlich Michail, der andere Alexander, der wohnt hier gleich in der Nähe, das ist der Alexander Wasiljewitsch, dann gibt es noch Pjotr Filatowitsch, Michail Filatowitsch und einen Nikolai Borisowitsch Putin und Iwan Borisowitsch Putin, na ja und so weiter. Von den vier Wladimir Putins tragen nur zwei den »richtigen« Vatersnamen Wladimirowitsch: sein Sohn, der ist 27 Jahre alt, aber fortgezogen, und eben der kleine Wladimir, der den Brief nach Moskau geschrieben hat.

Im Dorf haben sie auch eine Olga Gorbatschowa, aber sie heißt eben nur Olga, nicht Raissa, wie Michail Gorbatschows Frau. Für alle Putins aus Sagutjewo stand sofort fest: Die Wurzeln des jetzigen russischen Präsidenten liegen in ihrem Dorf. Ein Siedler namens Putin hatte fünf Söhne, von denen sei einer lange vor der Revolution nach Sankt Petersburg gegangen.

Wladimir Putin, der 61 ist und Traktorist, beteiligt sich nicht am allgemeinen Neidgeschwätz im Dorf. Ihm gefällt, was den Rest des Dorfes so aufbringt: dass der kleine Wladimir Putin in seinem Brief den großen und mittlerweile weltberühmten Namensvetter nach Sagutjewo eingeladen hat.

Jetzt mischt sich die Mutter wieder ein: »Wowa saß zu Hause, ihm war langweilig, und da schrieb er seinen Brief: »An Wladimir Wladimirowitsch Putin von Wladimir Wladimirowitsch Putin.«

Der Traktorist Putin malt sich den hohen Besuch des Namensvetters in den schillerndsten Farben aus. »Na, worüber würden wir reden? Über die Landwirtschaft. Der Kolchos zerfällt, jahrzehntelang wurde keine einzige neue Maschine gekauft. Wie auch, wenn noch nicht einmal die Löhne gezahlt werden. Vor einem Jahr bekam ich das letzte Mal meine 1800 Rubel (rund 60 Euro). Zwischendurch gab es von der Kolchosverwaltung einmal 200 Rubel. Das war alles.« Dann fährt er sich mit der Zunge über die Lippen. »Wir würden ihm Speck anbieten, Brjansker Kartoffeln, würden mit ihm Selbstgebrannten trinken. Wir würden ihn an die Plätze seiner Vorfahren führen, angeln gehen. Wir würden ihm schon zeigen, dass echte Putins etwas von Gastfreundschaft verstehen.«

Die Putins mit ihren vier Söhnen leben von den Renten der beiden Großmütter. Sogar die Strahlenzulage, die nach dem GAU in Tschernobyl gezahlt wurde, das dreihundert Kilometer Luftlinie entfernt liegt, hat der Staat gestrichen. Seit 1992 bekommt Sagutjewo, anders als die beiden Nachbardörfer links und rechts, keine Sonderzahlungen mehr. Natascha Putina, die Mutter des 13-Jährigen, leidet an Krebs, wie viele Frauen hier. Sie wurde operiert, doch die 200 Rubel, um zur Nachuntersuchung in die Klinik zu fahren, kann die Familie nicht aufbringen. Das weiß der kleine Putin auch, deshalb schrieb er den Brief.

Der einzige, der ihn damals zu lesen bekam, war der Schuldirektor: »Er hat sich geschämt, deshalb bat er seinen kleinen Bruder, mir den Brief zu bringen, damit ich ihn durchlese und die Fehler korrigiere. Aber ich hab gesagt, lass ihn so wie er ist, er ist gut.«

Im Januar 2000 warf der Blondschopf mit den Sommersprossen den Brief in den Postkasten, im April flatterte die Antwort ins Dorf.

»Sehr geehrter Wladimir Putin, Ihren Brief an den amtierenden Präsidenten Putin haben wir erhalten. Was Sie über Ihr Dorf und Ihre Familie geschrieben haben, ist sehr interessant. Wir danken Ihnen für die herzlichen Wünsche, die Sie dem Präsidenten übermittelt haben. Wir wünschen Ihnen Erfolg und alles Gute. Der Konsultant der Postabteilung Jachotkin.« Vielleicht wird der Junge darauf antworten und den berühmten Putin noch einmal einladen. Wenn der so gern im Jagdflieger herumdüst und U-Boot fährt, hat er ja vielleicht auch mal Lust, ihren Trecker auszuprobieren.

Wladimir Putin hat es auch zehn Jahre später nicht bis nach Sagutjewo geschafft. Als 2010 die schlimmsten Waldbrände in der Geschichte Russlands wüteten und der Ex-Präsident als Premier jeweils dorthin reiste, wo die Flammen am höchsten loderten, hätte es ihn in das Putin-Dorf verschlagen können. Aber nicht nur weil die Brände dort nicht die verheerendsten waren, machte Putin um Brjansk und Umgebung einen großen Bogen.

Dass die Sowjetunion 1991 zerbrach, hält Wladimir Putin für die größte geopolitische Katastrophe des zwanzigsten Jahrhunderts. Dieses unverblümte Geständnis legte er erstmals 2005 ab in seiner Rede zur Lage der Nation vor der Föderativen Versammlung im Kreml. Millionen Russen in den ehemaligen Sowjetrepubliken waren über Nacht Ausländer im ehemals eigenen Land geworden. Sie schmerzt – wie ihn – der Verlust. Die einstige Supermacht hatte an Autorität eingebüßt, vor allem aber an Fläche, selbst wenn es immer noch das größte Land der Welt blieb.

Winzig sieht Moskau von so hoch oben aus, und weit reicht die Stadt, bis zum Horizont. Die Goldenen Kuppeln des Kreml, rechts daneben die Erlöserkirche. Den Gartenring markieren die sieben Stalinbauten, die sich wie Mensch-ärgere-dich-nicht-Steine über das Spielbrett verteilen. Einer steht auf den Sperlingsbergen, das Hauptgebäude der Lomonossow-Universität. Die Moskwa fließt in weit ausholenden, betonierten Bögen durch die russische Hauptstadt. Die Erläuterungen des Architekten dringen wie durch Watte ins Bewusstsein, ich bin benommen von der Aussicht. Wir befinden uns in der sechzigsten Etage des »Federazija«-Turms, 240 Meter über dem Meeresspiegel. Noch ist der Wolkenkratzer im Rohbau. Er ähnelt einem Schmetterling, dem aus dem Rumpf zwei Flügel wachsen. Der Rumpf endet in einer Spitze in 506 Metern Höhe. Der Name steht als Symbol für die Russische Föderation. 2000 Bauleute tummelten sich über Jahre in den beiden Türmen. Monatelang standen die Baukräne still. Doch als es weiterging, schufteten die Handwerker mit noch einmal angezogenem Tempo, um die verlorene Zeit wettzumachen. Chinesen, Türken und Tadschiken. Der entstehende Doppelturm ist Gestalt gewordene Globalisierung. Das »Federazija«-Tragwerk wurde von einer Firma aus New York projektiert, das Windlastgutachten fertigten Kanadier an, die Elektrik ist made in Germany, die Architektur entwarfen Deutsche und Russen gemeinsam.

Um den Doppelturm recken sich weitere Hochhäuser empor, bald sollen es mehr als ein Dutzend sein. Schon jetzt kollabiert der Verkehr im Stadtzentrum täglich. »Die Moskwa wird zugeschüttet, in das Flussbett wird eine Autobahn verlegt«, scherzt der Architekt. Ein Witz, den niemand als solchen versteht, den vielmehr alle für bare Münze nehmen, die sich hierher zur Besichtigung der Baustelle mit dem Auto durch den Straßenverkehr gequält haben. Mit der U-Bahn wäre es schneller gegangen. Anders als die Bewohner der neuen Satellitenviertel an den Stadträndern, die jahrelang auf eine Metrolinie warten müssen, bekommen die Besitzer dieser Geschäfte, Büros und Luxus-Quartiere hier gleich zwei neue U-Bahn-Stationen und sind damit von Anfang an bestens an das gut ausgebaute Nahverkehrsnetz der Metropole angebunden.

In Sichtweite von »Federazija« sollte »Rossija« entstehen und noch höher werden. Doch das gigantische Projekt wurde während der internationalen Finanzkrise gecancelt. Statt im Guiness-Buch der Rekorde steht es nun in der Liste der nie gebauten Türme und schrumpfte auf ein vergleichsweise mickriges Parkhaus.

Als Russland noch in Petro-Dollars schwamm, vor der Krise, gingen mit den Architekten von »Rossija« die Pferde durch. Seit Sowjetzeiten üben Großvorhaben einen übermächtigen Reiz auf russische Städteplaner aus. »Rossija« sollte »Federazija« um ein Drittel übertreffen. Was vieles, wenn nicht alles über die Russische Föderation ausgesagt hätte. Die Russen geben den Ton an. Genau wie früher in der Sowjetunion und noch früher im Zarenreich. Russland ist ein Vielvölkerstaat mit fast hundert Nationalitäten. In ihm vereint sind 21 Republiken, die größte ist die russische, neun Regionen, 46 Gebiete, zwei Städte föderalen Charakters (Moskau und Sankt Petersburg), ein autonomes Gebiet und vier autonome Kreise, insgesamt 83 sogenannte Subjekte.

Es gehören nicht mehr dazu: Estland, Lettland, Litauen, die Ukraine, Weißrussland, Kasachstan, Kirgisistan, Usbekistan,

Tadschikistan, Turkmenistan, Aserbaidschan, Armenien, Georgien, Moldawien. Zwischen 1990 und 1991 hatte sich eine Sozialistische Sowjetrepublik nach der anderen von der Union losgesagt, bevor diese im Dezember 1991 als klägliches Rumpfgebilde gänzlich zu Grabe getragen wurde. Russland war die größte der 15 Sowjetrepubliken und ließ schon zu Sowjetzeiten kaum jemand anders neben sich gelten. Auch in der untergehenden Sowjetunion legte die Russische Sowjetrepublik besonderen Wert auf ihren Sonderstatus. Boris Jelzin, der erste frei gewählte russische Präsident, stellte Russlands Schicksal über das der damals noch existierenden UdSSR. Um Russland zu bekommen, opferte er die SU. Die wurde in der Sowjetpropaganda stets als ein Bund befreundeter Sowjetrepubliken dargestellt, war aber viel eher mit politischem Druck Moskaus zusammengehalten worden, als dass sie auf Freiwilligkeit, gar Freundschaft basierte. Russen dominierten früher die Macht- und Schaltzentralen in allen Sowjetrepubliken. Heute, in den sogenannten Subjekten, ist es nicht viel anders.

Der britische Stararchitekt Sir Norman Forster verlieh dem Giganten »Rossija« auf dem Reißbrett die Gestalt einer Trägerrakete für Weltallflüge, die 612 Meter in den Moskauer Himmel ragen sollte. Nur leider startete die »Rakete Rossija« nicht, ihr war ein Schicksal als Luftnummer beschieden.

Moskau ist kaum wiederzuerkennen. Der erste Mini-Wolkenkratzer, mit dem Restaurant »Red Bar« in der Spitze, befand sich auf dem Kutusowski Prospekt, den die Milizionäre noch immer jeden Morgen, wenn der jeweilige Präsident oder Premier zur Arbeit gefahren wird, absperren. Die »Red Bar« war der erste Vorbote einer Stadtentwicklung, die niemand im größten Land der Erde für möglich hielt, weil sie so widersinnig, so unnatürlich erscheint: Dutzende Wolkenkratzer auf engstem Raum. Denn wenn Russland irgendetwas im Überfluss besitzt, dann ist es schließlich Land, Fläche.

Mein Fahrer Sergej verlässt mit seinem klapprigen Lada den

zehnspurigen Kutusowski Prospekt, nimmt die Dorogomilowskaja uliza. In dieser Straße wohnte ich fünfeinhalb Jahre, solange wie ich Russland-Korrespondentin war. Keine zwei Kilometer von den neuen Wolkenkratzern in Moskwa-City entfernt, von denen es zu meiner Zeit erst einen einzigen gab. Der früher markante Kiewer Bahnhof mit den zwielichtigen Bettlern und Rudeln streunender bissiger Hunde ist ins Abseits gerückt. Ein überproportioniertes Einkaufszentrum dominiert jetzt die Straße Richtung Außenministerium. Zehn Jahre hat Moskau gebraucht, bis es sich nach dem Zerfall der Sowjetunion aufrappelte, bis wieder in großem Stil gebaut wurde. Als wollte man die Pause wettmachen, entstanden in atemberaubendem Tempo neue Geschäfte, Hotels, Wohnhäuser. So viele Gebäude dichtgedrängt muten in diesem Flächenland wichtigtuerisch, fast lächerlich an. Demonstrieren zudem eine Modernität, die dem Entwicklungsstand des übrigen Landes ein gutes Stück voraus ist.

Schwerelos in Unterhosen

Sergej und ich stecken fest in einer endlosen Blechlawine, die sich stadteinwärts wälzt, unsere Durchschnittsgeschwindigkeit beträgt zehn Kilometer pro Stunde. Wenn überhaupt. Wer es sich leisten kann, beschäftigt längst einen eigenen Fahrer für sein Auto, damit er im Wagen zumindest Telefonate oder etwas Büroarbeit erledigen kann. Der Wagen kommt nur im Schritttempo vorwärts. Radfahren wäre schneller. Schicksalsergeben sinniere ich vor mich hin. Der geplante »Rossija«-Turm mit seiner Raketengestalt bringt mich zu Karl Valentin: Zum Mond können sie fliegen, aber ein Mittel gegen Schnupfen haben sie nicht erfunden.

Okay: Ein Russe hat noch nicht den Mond betreten, immerhin rumpelte aber das Lunochod über die Mondoberfläche. Und schließlich schossen die Sowjets den ersten Menschen ins Weltall und ließen jahrelang die »Mir«, ihre Weltraumstation, um die Erde kreisen! Allerdings hat die manchmal auch nicht viel besser funktioniert als der Moskauer Verkehr. Keiner weiß das genauer als Alexander Lasutkin, der Pannenkosmonaut, mit dessen Geschichte ich Sergej ablenke vom Stau. 144 Tage, 13 Stunden und 47 Minuten war Lasutkin im All, vom 10. Februar bis 14. August 1997. Alle Ereignisse dieses halben Jahres hat der heute 53-jährige Kosmonaut haarklein dokumentiert. Sein Tagebuch gleicht einer Pannenstatistik. Kurz bevor die »Mir« versenkt wurde, 2001, zehn Jahre nach dem Untergang der Sowjetunion, berichtete er von seiner Höllenfahrt.

Schon der Start der Mission stand unter keinem guten Stern, die Automatik fiel aus, und Kapitän Wassili Ziblijew musste das Andockmanöver der Sojuskapsel an die »Mir« per Handsteuerung vornehmen. Zwei Wochen später brach an Bord Feuer aus. Es erfasste als erstes die Sauerstoffdusche und breitete sich dann über die Belüftungsrohre aus, die eigentlich aus feuerfestem Material bestehen sollten. Der Kosmonaut mit den großen, gutmütigen blauen Augen erzählt mir seine Geschichte mit einer Mischung aus kindlichem Vertrauen in die Errungenschaften der Technik einerseits und Neugier auf Herausforderungen andererseits.

Am 2. April 1997 roch es in der Raumstation nach Frostschutzmittel, kleine Kügelchen aus gesundheitsgefährdendem Ethylen-Glykol schwebten in der Luft, ein Hinweis auf ein Loch im Kühlsystem. Es wurde heiß auf der »Mir«. Volle zwei Monate suchten die Kosmonauten bei 40 Grad Raumtemperatur, nur mit Unterhosen bekleidet, nach dem Leck. Und entdeckten jede Menge Löcher an völlig unverhofften Stellen. Sie hatten sie kaum fertig abgedichtet, da fielen die CO_2-Filteranlage, die Wasserherstellungsanlage und die Toilette aus. »Wir haben alles immer wieder hinbekommen und mit jedem Mal sind wir ein bisschen klüger geworden. Wir fühlten uns wie gute Schlosser, die Erfahrung haben und die Technik nicht fürchten.« Wirklich Sorgen bereiteten ihnen diese Pannen nicht. Bis zum 25. Juni, als die Bodenstation ein manuelles Kopplungsmanöver mit dem Transporter »Progress« anordnete. Sobald der sich auf fünf Kilometer angenähert hatte, sollte vom automatischen Betrieb auf Handsteuerung umgestellt werden. Dass ein Andockmanöver über diese große Distanz manuell vorgenommen werden sollte, erschreckte die Besatzung, denn der Handbetrieb begann sonst immer frühestens ab 150 Metern. Und noch etwas weckte das Misstrauen der Kosmonauten: Der Raumtransporter näherte sich der »Mir« mit zehnfach überhöhter Geschwindigkeit. »Als ich sah, wie der Transporter unter dem Fenster heranraste, habe ich mir vor Angst ein Auge zugehalten, aber mit dem anderen habe ich weiter auf Wassili geschaut. Da war es auch schon passiert: Wie ein Geschoss krachte das Transportschiff in die »Mir«. Die

Alarmanlage ging los, weil das Raumschiff an dieser Stelle undicht geworden war. Luft strömte aus. Der Aufprall hatte die »Mir« zudem aus ihrer vorgesehenen Lage herauskatapultiert, sie schlingerte, drehte sich weg von der Sonne. Die Solarzellen bekamen keine Energie mehr. Stromausfall auf der ganzen Station. Alles tot. Auf dem Raumschiff, auf dem es normalerweise so laut wie in einem Flugzeug ist, herrschte plötzlich absolute Stille und Dunkelheit. »Anfangs genossen wir das. Aber bald war es so still, dass es schon wieder weh tat.« Sie fürchteten sich, saßen zu dritt am Fenster im Quant-2-Modul, schauten auf die Erde, wo es gerade Nacht war. Sie überflogen Australien und sahen plötzlich ein grandioses, riesiges, wundervolles Polarlicht. Die ganze Antarktis war erleuchtet. »So etwas haben wir danach nie wieder gesehen.«

Kein Strom auf der »Mir« heißt: keinen Kontakt zur Erde, keine Hilfe von außen. Die Mannschaft war ein weiteres Mal auf sich allein gestellt. Michael Foale, dem amerikanischen Kollegen, kam der rettende Einfall: Die Sojuskapsel, mit der die beiden Russen hergeflogen waren, parkte sozusagen in der Garage, an der Andockstelle. Mit der Energie der Sojusbatterie gelang es schließlich, die »Mir« wieder in Richtung Sonne zu drehen. Die Energiekrise war vorbei. Fürs erste.

Wassili Ziblijew machten die ständigen kleinen und großen Katastrophen krank. Er benötigte ab und an dringend eine Auszeit. In diesen Momenten lud Michael Foale ins »Kino« ein. »Er hängte seinen Laptop an die Wand, wir nahmen unsere Plätze ein, hatten was zu essen mitgebracht, Äpfel, Saft, machten das Licht aus, und dann ging es los.«

Sie schauten amerikanische Filme, »Apollo 13« zum Beispiel, der die Geschichte der gescheiterten Mondmission nacherzählt, und fragten sich, wessen Krisen schwieriger zu meistern waren. Alexander Lasutkin fand, dass die Apollo-Kollegen schlimmer dran waren. »Wir konnten jederzeit zur Erde zurück.« Zumindest dachten sie das. Bis sich herausstellte, dass Russland für das Rückholmanöver das Geld ausgegangen war. Erst im August 1997 durften Lasutkin und seine Kollegen die »Mir« verlassen. Völlig erschöpft stiegen sie in die Landekapsel. Das letzte System, das sich verabschiedete, war die Anlage, die für ein weiches Aufsetzen sorgt. Der Motor, der den schnellen Fall abbremsen sollte, fiel aus. Nach der Landung erfuhren die russischen Kosmonauten zu allem Überfluss, dass sie in den Medien, vor allem von Präsident Jelzin persönlich, als Deppen der Nation dargestellt worden waren. Jelzin hatte wieder und wieder im Fernsehen erklärt, dass die Mannschaft schuld war an den Pannen. Seit Jahren war in die »Mir« kein einziger Rubel investiert worden, lebte die Raumstation von der Substanz, wurde nicht zuletzt das Leben der Kosmonauten aufs Spiel gesetzt. Anstatt sich vor die schwer geprüften Kosmonauten zu stellen, ihr Durchhaltevermögen zu würdigen, erweckte Jelzin den Anschein, als seien Idioten geflogen. Wassili Ziblijew ging in die innere Emigration. Keine Interviews, kein einziges Wort zur seiner Verteidigung. Alexander Lasutkin jedoch trat die Flucht nach vorn an, gab seine Erfahrung weiter an nachfolgende Mannschaften, erzählte, aus welchen Katastrophen sich die Truppe immer wieder aus eigener Kraft herausbugsiert hatte. Die »Mir« verglich er mit einem Haus, dessen Substanz gut sei, das aber eine umfassende Sanierung benötigt hätte. Da Moskau das Geld dafür nicht mehr aufbringen wollte, gab es keine Rettung. Die »Mir« – ein sowjetischer Mikrokosmos? Dem Untergang geweiht wie die Sowjetunion? Er seufzt. Leider ja. Mehrere Jahre fühlte sich der frühere Geräteturner jung, fit und vor allem erfahren genug für einen Flug zur neuen internationalen Raumstation ISS. Wenngleich er den Muskelschwund durch den viel zu langen ersten Aufenthalt im All nie mehr kompensiert hat.

Alexander Lasutkins Traum, einmal auf die ISS entsandt zu werden, ließ sich nicht verwirklichen. Weil er, der Pannenkosmonaut, so etwas wie ein schlechtes Omen für ein Unternehmen darstellte? Als die »Mir« am 23. März 2001 im Südpazifik über den Fidschi-Inseln mit drei Bremsschüben zurück in die Erdatmosphäre gelenkt wurde, um dort zu verglühen, ertränkte er seine Trauer im Wodka. Er weinte der »Mir« nach, der Sowjetunion und der Blüte der Raumfahrt.

Zehn Jahre zuvor, 1991, als die Sowjetunion zerfiel, hat er keinerlei Bedauern empfunden. Noch unterstützte Lasutkin Gorbatschow, den letzten Generalsekretär des Zentralkomitees der KPdSU und Präsidenten der Sowjetunion. Boris Jelzin, Russlands Präsidenten, verehrte er gar zu jener Zeit. Nie und nimmer hätte er sich damals den Putschisten angeschlossen, die im August 1991 Gorbatschows Reformpolitik noch zurückdrehen wollten. Vielmehr begrüßte er, dass sich Jelzin mit Gorbatschow solidarisierte. Diese beiden verkörperten für ihn Russlands Zukunft, nicht die alte Kommunistengarde. Seit dem Untergang der »Mir« schaut der patriotische Kosmonaut jedoch anders auf die Geschichte.

Sergej will mir einen Freundschaftsdienst erweisen und chauffiert mich durch die Stadt. Ein Opfer, denn Sergej ist kein Taxifahrer, sondern Maler. Einer, den die Moskauer Tretjakow-Galerie für zeitgenössische Kunst schon mehrmals gefragt hat, ob er ihr nicht die eine oder andere seiner Arbeiten überlassen möchte. Natürlich möchte er. Noch lieber freilich würde er sie dem staatlich betriebenen Museum verkaufen. Aber das ist ewig klamm, und für Künstler rückt der russische Staat nur ungern seine Petro-Rubel heraus. Sergej und seine Frau Katja, ebenfalls Malerin, könnten das Geld für ein, zwei Bilder gut gebrauchen. In den 15 Jahren unserer Freundschaft habe ich ihre ständigen Geldnöte aus nächster Nähe erlebt. Anfangs wohnten sie in einem der Stalinhochhäuser, die auch »des Diktators Kathedralen« genannt wurden. Jede einzelne soll eine russische Stadt symbolisieren. Die »Kirche« in der Mitte, allerdings ohne Kreuz auf der Turmspitze, war der höchste Wohnblock. Die Gebäude ringsherum gehen ineinander über, staffeln sich wie Kaskaden, immer niedriger werdend, um die »Kathedrale«. Über 2000 Menschen wohnen in Katjas und Sergejs Haus, das in der Nähe des Kremls, am Ufer der Moskwa liegt. In diesem Stalinhaus gab es zu Sowjetzeiten ein Kino, Geschäfte, sie existieren immer noch, ebenso Spielplätze und einen kleinen Park auf dem Garagendach – alles in ihrem Haus. Katja hat die Wohnung als Geschenk ihrer Eltern in die Ehe mitgebracht, Sergej das Atelier, das ebenfalls in der Innenstadt lag. Ein heruntergekommener Altbau. Der Investor, der sich zur Sanierung bereit erklärte, setzte alle Mieter auf die Straße. Auch die Maler, deren Räume der Moskauer Künstlerverband subventioniert hatte. Mehrere Jahre kämpften beide um Ersatz für das Atelier. Die Zweizimmerwohnung im Stalinbau war zu klein, um dort auch noch Staffeleien aufzustellen. Dort ging es ohnehin schon beengt zu mit dem halbwüchsigen Sohn, der ein eigenes Zimmer beanspruchte und seine Eltern samt Gästen in den anderen Raum verbannte, ins Ess-, Wohn- und Schlafzimmer. Zwischen Sohn und Eltern pendelte Kater Lukas, der, wenn er nervte, Lukaschenko genannt wurde – wie der weißrussische Autokrat.

Nach vierjährigem Gezerre bekamen Katja und Sergej vom Künstlerverband endlich Ersatz für das verloren gegangene Atelier: eine Parterrewohnung in einem zwölfgeschossigen Plattenbau am Stadtrand von Moskau. Mit katastrophalen Lichtverhältnissen, jedoch viel Platz. Was beiden die Existenz rettete, ja sogar eine wirtschaftliche Perspektive eröffnete. Solange die Lebenshaltungskosten niedrig waren, schafften sie es immer zu überleben. Als Moskau um die Jahrtausendwende zu einer der teuersten Städte der Welt wurde, erfasste sie Panik. Obwohl sie ihrer Kunst zuliebe immer sparsam und genügsam blieben, wussten sie nicht mehr, wie sie sich noch weiter einschränken sollten. Bis Katja die rettende Idee kam: Ihre Wohnung im Stalinbau mitten im Zentrum an Ausländer oder russische Geschäftsleute zu vermieten und ganz ins Atelier am Stadtrand zu ziehen.

Als sie mir von diesem Plan berichtete, saßen wir in ihrer

winzigen Küche. In Moskau herrschte Frost, das Thermometer zeigte knatterkalte minus 18 Grad an. An den Fensterscheiben rankten dicke Eisblumen empor, durch die wir die Turmspitze des Stalinhauses nur noch schemenhaft sehen konnten. Dabei war die Wohnung fast unter dem Dach. Das Porträt der Schriftstellerin Anna Achmatowa stand wie eine Ikone auf dem Kühlschrank. Die Poetin blickte auf uns herab, aus herzzerreißend traurigen Augen. Genau wie der stets betrübten Dichterin, dem Idol aller russischen Intellektuellen, war mir jetzt zumute. Was Katja nicht hören wollte. Froh, endlich einen Ausweg aus der Misere gefunden zu haben, hatte sie kein Ohr für Einwände. Sentimentalität konnte sie sich ohnehin nicht mehr leisten: Sie würden sich Geld für eine »kapitalny remont«, eine umfassende Renovierung, leihen. Neue Fenster einsetzen, das Parkett abziehen, Küche und Bad sanieren lassen. Und das Ganze dann, so teuer es ging, vermieten. Von diesen Einnahmen würden sie ihren Unterhalt bestreiten und derweil im neuen Atelier wohnen. Die vier Zimmer dort reichten gut zum Arbeiten und Leben. Richtig, die Werkstatt lag am Ende der Welt. Ja, sie vermissten die Moskauer Innenstadt schon jetzt. Ob ich etwa eine bessere Idee hätte?

Sonntags, wenn die Straßen leer sind, ist Autofahren in Moskau die reine Freude, und so kam mir ihre Entscheidung, hinaus in die Satellitensiedlung am Stadtrand zu ziehen, keineswegs mehr als so großes Opfer an die Kunst vor. Zumal Katjas Plan aufging. War die Wohnung vermietet, kam Geld ins Haus, das äußerst bedachtsam ausgegeben wurde. Stand die Wohnung ein paar Monate leer, lebten die beiden Maler vom Ersparten aus den besseren Zeiten und von der Hilfe, die Katjas Eltern immer wieder zu leisten bereit waren.

Zu deren Zweizimmerwohnung in einem Neubau im Stadtzentrum sind wir an diesem Sonntag im Mai unterwegs und brauchen nur wenig mehr als 20 Minuten. Boris Israeljewitsch und Natascha Kirillowna, Katjas Eltern, ziehen nur wegen der

Familie nicht aus Moskau fort. Ohne ihre Enkel und Kinder würden beide längst Amerikaner sein. Ihr gut gehendes Geschäft können sie an jedem Ort der Welt betreiben. Boris berechnet die nötige Heizleistung für Neubauten und verkauft die passenden Anlagen. Alles per Internet. Natascha, seine Frau, besitzt schon seit 1993 die US-Staatsbürgerschaft. Sie gewann eine Greencard, was in der zusammenbrechenden russischen Wirtschaft damals weit mehr war als ein Sechser im Lotto, es war die Lebensversicherung schlechthin. Wenn sie beide dem finsteren Moskauer Winter nach Los Angeles entfliehen, darf ich ihre Wohnung benutzen. Jetzt, Anfang Mai, haben sie den Tisch mit russischen Vorspeisen gedeckt. Zur Feier des Tages gibt es Bliny mit Süßrahm und rotem Kaviar, gesalzenen Hering, geräucherten Stör, verschiedene Mayonnaise-Salate. Köstlichkeiten, die sie vor zwanzig Jahren, als das zerfallende Riesenreich UdSSR am Rande einer Hungersnot wie zu Kriegszeiten taumelte, nur noch aus Erinnerungen kannten. Natascha und Boris waren damals an die fünfzig Jahre alt. Wie immer lassen sie sich nicht lange bitten, freimütig erzählen sie von den stürmischen Zeiten: »Es begann mit den vielen Beerdigungen. Die Sowjetunion wurde buchstäblich zu Grabe getragen!«, gibt sich Natascha Kirillowna überzeugt. Die Mutter meiner Freundin ist eine nach wie vor bestens informierte und politisch interessierte Frau. Breschnew, Andropow, Tschernenko – gleich drei KPdSU-Generalsekretäre starben zwischen 1982 und 1985. Und jedes Mal mussten Natascha und Boris mit ihren Arbeitskollektiven an den öffentlichen Beisetzungen auf dem Roten Platz teilnehmen. Niemand machte sich noch die Mühe, Trauer vorzuspielen. Wenn kein Funktionär in der Nähe war, rissen Natascha und ihre Kollegen Witze über die, die gerade mit allem Pomp bestattet wurden. Zum Beispiel über Tschernenko, der schon bei seiner Wahl nicht mehr aus eigener Kraft stehen konnte. Hatte sich das Kollektiv ins Kondolenzbuch eingeschrieben, waren der Rest des Tages und noch der nächste arbeitsfrei. »Ein Freund hatte uns schon 1984 von Gorbatschow erzählt«, erinnert sich Boris. Ein ums andre Mal hofften seine Frau und er, dass Gorbatschow an die Macht gelassen wurde. Doch die alten Kader fürchteten seine Vitalität. Natascha und Boris, beide Ingenieure in Moskauer Betrieben, horchten das erste Mal auf, als sie von einem Treffen Gorbatschows mit einfachen, ausnahmsweise nicht handverlesenen Bürgern in Leningrad erfuhren. Boris mutmaßte schon damals, dass Gorbatschow die größten Steine von seinen eigenen Genossen im Politbüro und Zentralkomitee in den Weg gelegt bekam. Boris hatte damals, so sehr er Gorbatschow den Erfolg wünschte, Zweifel an dessen Plänen. Es sollte freie Wahlen geben? Wunderbar. Aber es gab außer der KPdSU keine weitere Partei. Die Gründung von Kooperativen sollte erlaubt werden? Großartig, nur hatten die Menschen in rund siebzig Jahren Sozialismus verlernt, selbst Unternehmen zu gründen. Die Beschäftigten sollten ihre Betriebsdirektoren selbst wählen können? Warum nicht. Allerdings hatte in Boris' Betrieb ein Alkoholiker, eine Marionette von dubiosen Hintermännern, das Rennen gemacht. Faule Mitarbeiter sollten entlassen werden können? Wie, wenn es zugleich keine Arbeitslosigkeit geben durfte? Die Betriebe sollten die Buchhaltung gemäß der wirtschaftlichen Rechnungsführung einführen? Gut. Wenn jemand dafür die nötigen Gesetze formuliert, ein Steuersystem erarbeitet, Banken gründet. Gorbatschow erlaubte den Übergang zu marktwirtschaftlichen Strukturen, doch die grundlegenden Voraussetzungen dafür fehlten vollständig. Die Zweifel an der Tauglichkeit der Gorbatschow-Ideen überwogen, dessen Glaubwürdigkeit nahm Schaden.

Volk und Regierung hatten bis dahin stillschweigend einen Pakt miteinander geschlossen: Wir tun so, als würden wir arbeiten, und ihr tut so, als würdet ihr uns zu stabilen Preisen versorgen.

Natascha nennt ein Beispiel: »Wenn jemand durch unsere Werkhalle rief: ›Es gibt Wurst!‹, ließen sämtliche Frauen ihre

Arbeit stehen und liegen und eilten davon. Keine kehrte an diesem Tag an ihren Platz zurück. Wir reihten uns ein in die ellenlangen Schlangen für die Wurst, die weniger und weniger Fleisch enthielt, zugleich immer teurer wurde. Kam eine Kollegin morgens zu spät, lag es meist daran, dass sie irgendwo auf dem Weg zur Arbeit eine Schlange entdeckt hatte. Prophylaktisch stellten wir uns damals überall an und erkundigten uns erst dann, was es eigentlich gab.« Irgendwann begannen die Betriebe, Lebensmittel in ihren Kantinen zu verkaufen. Erschallte der Ruf »Lieferung!«, stürmten die Frauen mit Einkaufsnetzen jetzt ins »Buffett«. Das sparte die Wege zu den Geschäften. Waren Brot und Milch bislang die einzigen Lebensmittel, für die sich die Sowjetbürger nicht anstellen mussten, blieb ihnen jetzt noch nicht einmal dies erspart.

Leere Regale, leere Kassen

Mit der Versorgung ging es bereits seit 1985 rapide bergab. Das Tempo, mit dem das Land auf sein Ende zusteuerte, erreichte eine rasende Geschwindigkeit. Und das hatte nichts mit Gorbatschows Machtantritt in ebenjenem Jahr zu tun. Die Misswirtschaft hatte Jahrzehnte vorher begonnen. Was seine Feinde unterschlugen. Er sollte jetzt als Sündenbock herhalten, die gesamte Verantwortung für das Ergebnis jahrzehntelanger verheerender Planwirtschaft übernehmen.

Seit dem Tod Stalins war die Arbeitsdisziplin zurückgegangen. Der Alkoholismus hatte stark zugenommen, der Pro-Kopf-Verbrauch von Hochprozentigem hatte sich seit Stalins Tod 1953 bis Mitte der achtziger Jahre verdoppelt. 90 Prozent der versäumten Arbeitstage ließen sich auf Trunkenheit zurückführen. Die Lebenserwartung der Männer sank. Strafdelikte, unter Alkoholeinfluss verübt, nahmen zu. 1986 waren in der UdSSR vier Millionen Trinker registriert. Eine politisch-korrekte Zahl. Die Dunkelziffer der Alkoholkranken unter den fast 280 Millionen Sowjetbürgern dürfte ein Vielfaches betragen haben.

Die über Jahre zentralistisch geführte und geplante Produktion war ineffizient. Während es in den USA zwei Jahre dauerte, eine neue Fabrik aufzubauen, konnte eine Industrieanlage in der Sowjetunion erst nach zehnjähriger Bauzeit in Betrieb genommen werden. Dreh- und Angelpunkt der Misswirtschaft aber war die ruinöse Landwirtschaft. Daran vermochte auch Gorbatschow, der studierte Agrarwirt und ZK-Sekretär für Landwirtschaft, nichts ändern, obwohl es genau dieses Amt war, in dem er schon früh innerhalb der Partei auf sich aufmerksam machte. Seit den sechziger Jahren stagnierte die Getreideproduktion. Auch der extensive Einsatz von DDT, auf den die Funktionäre noch setzten, als das erbgutschädigende Pflanzengift in anderen Ländern längst verboten worden war, konnte keine Steigerung erzwingen. Die Menschen verließen die vernachlässigten Dörfer, zogen in die Städte und vergrößerten damit die Menge derer, die sich nicht mehr vom eigenen Gemüse auf ihren Datschas ernährten, sondern auf die staatliche Versorgung mit Lebensmitteln angewiesen waren.

Bereits 1963 begann die Regierung, fehlendes Getreide zu importieren. Bezahlt wurde mit Einnahmen aus den Öl- und Gasexporten. Die Regierung drängte auf immer höhere Fördermengen. Denn Öl und Gas waren die einzigen Güter, die das Ausland der Sowjetunion zuverlässig abkaufte. Mit Produkten des Schwermaschinenbaus gab es nichts als Ärger.

Der Bevölkerung blieb verborgen, welche Anstrengungen es die Sowjetführung kostete, selbst diese elementare Versorgung aufrechtzuerhalten. Russland, das zu Beginn des 20. Jahrhunderts der größte Getreideexporteur war, vor den USA und Kanada, degenerierte zum größten Weizenimporteur. Solange die Ölförderung stieg und der Preis stabil blieb, konnten die immer größeren Getreideeinfuhren bezahlt werden. Wurden 1970 über zwei Millionen Tonnen Getreide importiert, waren es 1984 schon 46 Millionen Tonnen. Auf das Getreide war inzwischen sogar die Viehzucht angewiesen. Die Sowjetunion begab sich in eine empfindliche Abhängigkeit von ihrem Feind Nummer eins: den Vereinigten Staaten, von denen sie den größten Teil des Korns bezog. Bezahlt werden musste in harter Währung. Was die Ölexporte einbrachten, wurde sofort für Lebensmittelimporte ausgegeben. Der Zeitpunkt des Zusammenbruchs war vorhersehbar: Der Fall des Ölpreises. Zunächst steuerte die Regierung dagegen, indem sie die Förderung immer weiter erhöhte. Die stieß alsbald an ihre Grenzen, da die Vorkommen fast ausgebeutet waren, in die Suche und Erschließung neuer Lagerstätten aber noch nicht investiert worden war.

Als erstes wurden die Öl- und Gaslieferungen in die »Bruderstaaten« gekürzt. 1985 schließlich konnte die Sowjetunion auch die hohen Lieferquoten in die westlichen Staaten nicht mehr halten.

Just zu Gorbatschows Amtsantritt befand sich das Land in einer mehrfachen Umklammerung: Getreide musste importiert, Öl exportiert werden. Der sinkende Ölpreis konnte nicht mehr durch höhere Liefermengen ausgeglichen werden, da Geld für Investitionen in neue Lagerstätten fehlte. Die Regierung vergriff sich in nie gekanntem Ausmaß an den Goldreserven, ohne jedoch den Schuldenkreislauf durchbrechen zu können. Der sozialistische Riese schrumpfte ökonomisch mit rasanter Geschwindigkeit auf Zwergengröße. Wegen der Liefer- und Zahlungsengpässe und weil es sich rächte, an einem starren Planwirtschaftssystem festzuhalten, das nicht auf die Anforderungen der Industrialisierung reagieren konnte, das qualitativ minderwertige Güter herstellte, das unfähig war, die Jahrzehnte währende Landwirtschaftskrise in den Griff zu bekommen. Und als wäre all das nicht genug, bürdete die Partei- und Staatsführung der taumelnden Wirtschaft auch noch völlig überdimensionierte Militäraufgaben auf, um im Rüstungswettlauf mit den USA mithalten zu können. Nicht, dass etwa der dritte Weltkrieg unmittelbar vor der Tür gestanden hätte, aber man wollte vorbereitet sein. Und da es die Rüstungsbetriebe nun schon einmal gab, mussten sie auch produzieren. Hätten sie damit aufgehört, wären die Beschäftigten arbeitslos geworden. So wurden auf Teufel komm raus Panzer gebaut, obwohl ein konventioneller Krieg kaum jemals mehr geführt werden würde. Rüstungsarbeiter schraubten SS-20-Raketen zusammen, weil sie eine einmal für gut befundene Rakete war. Die Sowjetunion, längst eingebunden in den internationalen Handel von Getreide und Öl, wirtschaftete sich in ihrem abgeschotteten System zugrunde. Akribisch von Zehntausenden von Gosplan-Beamten zusammengetragene Zahlen flossen in der staatlichen Planungsbehörde zusammen. Doch einen Überblick hatte kaum jemand. Maßgebliche Angaben zum Haushalt, wie Einnahmen, Ausgaben, Schulden, Währungsreserven, Goldvorräte, Plan-Soll und Plan-Ist waren streng geheim, nur einem kleinen Kreis zugänglich, der zumeist jedoch nichts mit den Ziffern anfangen konnte, weil ihm jedes wirtschaftliche Verständnis fehlte. So stolz die Sowjetunion auf ihre Kader immer war: Die Wirtschaftswissenschaftler hinkten ihrer Zeit gewaltig hinterher.

Der Reichtum an Öl und Gold zögerte den Kollaps der sowjetischen Wirtschaft hinaus. Aber weder Gorbatschow noch jemand anders hätte ihn verhindern können. Gorbatschow wollte den Ausverkauf des Landes stoppen und schreckte nicht davor zurück, das Allerheiligste anzutasten: die Rüstungsgelder. Anfang 1989 verfügte er die Kürzung der Militärausgaben um 14 Prozent, die Ausgaben für die Rüstungsproduktion um 19 Prozent. Womöglich entsprang sein Abrüstungs- und Friedensengagement weniger der Absicht, die Erde sicherer zu machen, als vielmehr dem Interesse, die klammen sowjetischen Staatsfinanzen wieder ins Lot zu bringen. Wer hätte es ihm verdenken können.

Auch die zivile Industrieproduktion wurde gedrosselt, um Rohstoffe zu sparen. Mit der Folge, dass es 1989 keine Kühlschränke, Fernseher, Waschmaschinen, Möbel, Waschpulver, Bügeleisen, Rasierklingen, Kosmetikartikel, Seife, Schulhefte, Bleistifte, ja nicht einmal mehr Toilettenpapier gab. Die Regale waren leergefegt, die Bürger blieben auf ihrem wenigen Geld sitzen, während der Generalsekretär im Ausland verzweifelt um Darlehen warb. Die Sowjetunion, bis dahin äußerst kreditwürdig, hatte sich in nie gekanntem Ausmaß verschuldet.

Betrug das Staatsdefizit 1985 noch 18 Milliarden Rubel, war es Ende 1989 auf fast 400 Milliarden Rubel angewachsen und entsprach damit 44 Prozent des Bruttosozialprodukts.

1989 war kaum eine international tätige Bank mehr bereit,

Moskau weiter mit Dollars zu versorgen. Gorbatschow musste dazu übergehen, Kredite mit den westlichen Regierungen auszuhandeln. In einer Währung, die nirgends ausgewiesen war: in politischen Zugeständnissen.

Das Ende der Verbannung

Natascha Kirillowna sieht noch heute genervt aus, wenn sie sich daran erinnert, wie Gorbatschow redete und redete, wünschte und versprach, aber nie konkret wurde. Dass es schnell mit der Wirtschaft aufwärtsgehen würde, glaubte sie nicht. Dennoch wartete sie auf ein Hoffnungszeichen. »Gradmesser für uns war, wie Gorbatschow mit Andrej Sacharow umgehen würde.«

Seit Januar 1980 ließ der Geheimdienst den nach Gorki, dem heutigen Nischni Nowgorod, verbannten Friedensnobelpreisträger schmoren. Den Apparatschiks war seine Kritik unbequem, zumal sie nicht nur im Westen verbreitet wurde, sondern über zahlreiche ausländische Kurzwellensender auch die Sowjetbürger erreichte. Wenn der ebenso brillante wie scharfsinnige Bürgerrechtler und Naturwissenschaftler etwas kommentierte, traf er meist ins Schwarze. Die Kritik am Einmarsch sowjetischer Truppen in Prag, am Krieg in Afghanistan, seine Forderung, wenigstens während der Olympischen Spiele in Moskau die Truppen vom Hindukusch abzuziehen. Gorki war eine gesperrte Stadt. Ausländische Korrespondenten konnten ihn dort weder besuchen noch interviewen, seine international Aufsehen erregenden Statements wurden somit unterbunden. Boris und Natascha litten, wenn sie neue Details darüber erfuhren, wie dem charismatischen, warmherzigen Atomphysiker mitgespielt wurde. Andrej Dmitrijewitsch, wie sie ihn respektvoll nennen, hatte schon 1966 zu einer Demonstration gegen die sowjetische Verfassung aufgerufen, genau am dreißigsten Jahrestag ihrer Annahme. Zu diesem Zeitpunkt war der Erfinder der Wasserstoffbombe, der sich zum Philosophen gewandelt hatte, mit der Sowjetmacht bereits auf Konfrontationskurs. Dass er sich 1948 überhaupt in ihren Dienst stellen ließ, war keineswegs auf seine freie Entscheidung zurückzuführen. Der gefürchtete Geheimdienstchef Lawrentij Berija, der damals das Atomprogramm leitete, hatte ihn zur Mitarbeit aufgefordert. Sich zu verweigern wäre unmöglich gewesen, blanker Selbstmord. Fünf Jahre später, 1953, wurde Sacharow als Retter der Sowjetunion gefeiert. Dank seiner Begabung war Moskau zur Atommacht aufgestiegen, was nicht im Entferntesten der Leistungsfähigkeit der sowjetischen Wirtschaft entsprach. Sacharow hatte die Bombe aus einfachsten Mitteln »gestrickt«, wie er es nannte.

Nach dem ersten Test überkamen ihn schwere Gewissensbisse ob seiner zweifelhaften Entdeckung, die nachfolgenden Generationen ein tödliches Erbe aufbürdete. Er setzte sich erfolgreich für Teststopps ein. Zuvor jedoch bestand der höchste Mann im Staate, Generalsekretär Chruschtschow, noch auf der Entwicklung der 100-Megatonnen-Bombe. Ein halb so großer Sprengkörper wurde 1961 auf Nowaja Semlja in der europäischen Barentssee gezündet. Es war der letzte, aber auch verheerendste Test. Die seismografische Welle umrundete dreimal die Erde, der Atompilz stieg 67 Kilometer weit in die Atmosphäre hinauf. Wie viele Menschen Strahlenschäden erlitten, diese Auskunft bleibt die sowjetische Statistik bis heute schuldig.

Natascha, der Ingenieurin, öffnete Sacharow die Augen: »Er beschrieb, wer wir Sowjetbürger in Wirklichkeit waren!« Aus dem Stand zitiert sie am Küchenfenster die für sie entscheidenden Sätze, als seien sie ein Puschkin-Gedicht: »Der Sowjetbürger wird dressiert und lässt sich dressieren, ist Produkt des totalitären Regimes und wird so zur Stütze des sowjetischen Systems. Hinter der Fassade verbirgt sich ein Meer von menschlichem Unglück, Verbitterung und tiefster Müdigkeit. In ruhigen Phasen herrschen Gleichgültigkeit und Apathie. In Krisenzeiten: Schrecken.« Als Natascha damals diese Analyse las, wusste sie, dass sie ihr Leben riskierte, sollte jemand die Zeilen bei ihr finden. Sacharow hatte diese von der Sowjetmacht als Ketzerei gebrandmarkten Auffassungen nicht nur ausländischen Journalisten gegenüber geäußert, sondern sie schriftlich verbreitet. Im Selbstverlag, dem Samisdat, wurden sie mit Schreibmaschine und mehreren Durchschlägen abgetippt und wanderten von Hand zu Hand, und so gelangten auch Boris und Natascha kurzzeitig in den Besitz dieser Schätze. Der dreifach ausgezeichnete »Held der Arbeit« Sacharow wandelte sich zum Vordenker einer demokratischen Sowjetunion, die irgendwann einmal die Rechte des Individuums respektieren würde. Für diese Vision opferte er seine Privilegien, trat für andere Dissidenten ein, die häufig Wissenschaftler waren wie er. Er kämpfte für deren Freilassung aus der »Psychiatrie« oder dem Straflager, war der erste öffentliche Beobachter von Schauprozessen. Ohne ihn, ohne seine moralische Instanz, so sind Boris und Natascha überzeugt, hätte es in der Phase der Stagnation unter Breschnew noch weit mehr politische Gefangene gegeben. Der Westen, so warnte Sacharow, dürfe sich nur dann mit der UdSSR auf eine Entspannungspolitik einlassen, wenn die Sowjetunion Fortschritte bei der Demokratisierung zusagt. »Breschnew hatte die Nase voll«, behauptet Boris. Deswegen habe er Andrej Sacharow 1980 auf offener Straße verhaften lassen und für sieben Jahre nach Gorki verbannt. »Sie wollten Sacharow bei lebendigem Leibe begraben«, sagt Natascha. Dank dessen Frau Jelena Bonner, die unter hohem Risiko immer wieder Meldungen über ihren Mann an die Öffentlichkeit schleuste, erfuhr die Welt, dass er noch lebte. Wie schwer selbst diese Information unter die Leute zu bringen war, zeigte, dass Sacharows erster Hungerstreik, mit dem er die Freilassung politischer Gefangener erzwingen wollte, völlig unbemerkt blieb. Erst der zweite, vor allem der dritte Nahrungsverzicht wurde zum Politikum. Sacharow wurde zwangsernährt. Der KGB ließ ihn keine Sekunde aus den Augen, durchsuchte die Wohnung, wenn er das Haus verließ. Entriss ihm mehrmals die

Mappe mit dem Manuskript seiner Autobiographie, die er immer bei sich trug, so dass er – mit scheinbar nie versiegender Energie – Hunderte von Seiten zwei- und dreimal schrieb.

Gorbatschow, dem der KGB das Manuskript vorlegte, kannte Sacharows beeindruckende Biographie also lange vor ihrer Veröffentlichung. Wagte Gorbatschow deshalb oder trotzdem die Aufhebung von Sacharows Verbannung?

»Als Andrej Sacharow nach den fast sieben Jahren Verbannung am 23. Dezember 1986 auf dem Jaroslawler Bahnhof in Moskau ankam, vertrauten wir Gorbatschow zum ersten Mal tatsächlich. Aber alles ging so unendlich langsam!«, sagen Boris und Natascha.

Sacharow bekannte sich zwar nach seiner Freilassung umgehend zu Gorbatschows Perestroika. Konsequenter Denker, der er war, erwies er sich jedoch sofort auch als einer seiner schärfsten Kritiker. Gorbatschow reagierte nicht wie seine Vorgänger mit Maulkorb oder Denk- und Redeverboten, sondern stellte sich der Auseinandersetzung. Millionen verfolgten die Dispute der beiden auf dem ersten Volksdeputiertenkongress im Mai und Juni 1989 wie gebannt.

Zwölf Tage am Stück hatten auch Natascha, Boris und ihre ganze Familie einschließlich der Großmutter die Mega-Aussprache angehört. Zu Hause vor dem Fernseher, im Betrieb am Radio. Sie stellten die Radios so laut es ging, denn das, was im Kremlsaal diskutiert wurde, war spannender als jeder Krimi, gesteht sogar Katja, meine Malerfreundin, der ich heute mit Politik kaum kommen kann. Die Schlange vor dem Rednerpult, vor dem die Deputierten warteten, bis sie endlich das Wort ergreifen durften, riss nie ab. Fast 10 000 Briefe aus dem ganzen Land gingen täglich bei den Kongressorganisatoren ein.

Die Delegierten zeigten sich hin- und hergerissen. Applaudierte die eine Hälfte des Saales dem Abgeordneten, der Sacharow schwere Vorwürfe machte, klatschte die andere Hälfte frenetisch bei dessen Replik. Auslöser war ein Interview

Sacharows für eine kanadische Zeitung, in der er über den noch nicht aufgeklärten Vorwurf sprach, sowjetische Piloten hätten auf ihre eigenen Kameraden in Afghanistan geschossen, damit diese sich nicht ergeben. Sacharow erging sich nicht in Rechtfertigungen, sondern nutzte das Plenum, um seine Ablehnung des Krieges erneut und dieses Mal dem ganzen Land zu erklären. »Der Krieg in Afghanistan ist ein Verbrechen an sich. Ein Verbrechen, das unser Land begangen hat. Es kostete fast eine Million Afghanen das Leben. Es wurde ein Vernichtungskrieg geführt. Damit lastet eine schreckliche Sünde auf uns, auf unserer Führung, die gegen den Willen des Volkes, gegen den Willen der Armee diesen Akt der Aggression begangen hat. Ich war gegen den Einmarsch in Afghanistan, und dafür wurde ich nach Gorki verbannt. Darauf bin ich stolz.« Mit vor Empörung zitterndem Kinn beschimpfte ihn eine etwa 40-jährige Genossin: »Sie haben damit Ihre ganze Arbeit kaputtgemacht. Sie haben die ganze Armee beleidigt, das ganze Volk, alle Soldaten, die ihr Leben gelassen haben. Ich verachte Sie, Sie sollten sich schämen.«

Afghanistan war für die Sowjetunion, was Tschetschenien für Russland werden sollte. Es riss einen tiefen Graben zwischen die Befürworter einer nationalen Politik der harten Hand und die Demokraten, die im Krieg als Mittel zur Unterwerfung nichts als die Selbstdiskreditierung der Politik sehen.

Im Dezember 1989, wenige Tage vor seinem Tod, hatte Andrej Sacharow von Gorbatschow die Streichung ebenjener Artikel aus der sowjetischen Verfassung gefordert, die die Führungsrolle der Kommunistischen Partei und das Staatsziel, den Kommunismus zu errichten, festschrieben. Gorbatschow konnte mit diesem Wunsch zunächst sichtbar wenig anfangen. Die Verwirrung war ihm auf dem Parteikongress im Frühsommer 1989 anzumerken. Nie hatte er über ein solches Ansinnen, die Kommunistische Partei möge ihren Alleinvertretungsanspruch aufgeben, auch nur nachgedacht. War es

Sacharow, der Gorbatschow schließlich überzeugte? Oder hatte die Gesellschaft, die sich in diesen Monaten rasend schnell entwickelte, bereits Fakten geschaffen und die Führungsschwäche der Partei schonungslos zutage gefördert?

Was immer den Ausschlag gab: Auch dieser Wunsch des Vordenkers einer anderen Sowjetunion hatte sich erfüllt. Der Abzug aus Afghanistan, die Abkehr vom Kommunismus, alles schien die richtige Richtung zu nehmen und kam für Sacharow dennoch zu spät. Er hatte weit früher als jeder andere erkannt, wie sehr der Kommunismus als Staatsdoktrin einer Demokratisierung der Gesellschaft entgegenstand. Doch er war lange die einzige moralische Instanz in der Sowjetunion, die dieses Ziel verfolgte.

Der Kosmopolit und der Nationalist

Eine andere gewichtige Stimme, Alexander Solschenizyn, kritisierte zwar ebenfalls das System, doch anders als Sacharow sah Solschenizyn Russlands Zukunft nicht als demokratischer Staat.

Solschenizyn und Sacharow verband gegenseitige Wertschätzung, die sie allerdings nicht hinderte, den jeweils anderen wegen dessen Auffassungen anzugreifen. Eine Auseinandersetzung aus der Ferne, denn Sacharow erlebte Solschenizyns Rückkehr aus dem Exil 1994 nicht mehr.

Anders als der Physiker misstraute der Schriftsteller den Menschen, die er noch nicht einmal als Staatsbürger bezeichnen wollte, zutiefst. Russland sei zu autoritärer Struktur verurteilt, schrieb er 1973 in einem offenen Brief an die sowjetische Führung. Darin trat er für einen besonderen Weg Russlands ein, das vor der Aufgabe stünde, den russischen Nordosten und das Hauptmassiv Sibiriens zu erschließen. Russland habe über 1000 Jahre mit autoritären Herrschaftssystemen gelebt und dabei bis zum Beginn des 20. Jahrhunderts seine physische und geistige Gesundheit bewahrt. Die russische Intelligenzija dagegen habe über hundert Jahre gegen autoritäre Regimes gekämpft, was sich für sie selbst als verlustreich erwiesen habe. Ihr Weg habe sich als falsch und verfrüht herausgestellt.

Bei allen Unterschieden fand der eine über den anderen auch lobende Worte. Solschenizyn war beeindruckt vom Charme und der Sanftmut Sacharows. Er bewunderte, dass der weltbekannte Physiker seine, Solschenizyns, Vorhaltungen wegen der Erfindung der Wasserstoffbombe ertrug. Und den Vorwurf, dass es falsch von Sacharow sei, zwischen Lenin und Stalin zu unterscheiden. Solschenizyn zufolge hätten beide die

Sowjetunion unterschiedslos ins Unglück gestürzt, war Lenin keinen Deut besser als Stalin. Der Schriftsteller warf Sacharow darüber hinaus Demokratiebesessenheit vor, kritisierte dessen Eifer, dem Westen zu folgen, der an einer demokratischen Sowjetunion kein Interesse hätte und der nicht erkenne, dass die Sowjetunion ihn vernichten könne. Solschenizyn betrachtete den Westen als eine Ansammlung von Schwächlingen und warf Sacharow mangelndes nationales Selbstbewusstsein vor. Dass der aber all die Kritik über sich ergehen ließ, ohne einzuschnappen, erfüllte den Autor wiederum mit Bewunderung. Ebenso Sacharows Art, gelassen zu argumentieren, ohne zu eifern. Umgekehrt kritisierte der Friedensnobelpreisträger Sacharow die antiwestlichen, demokratiefeindlichen Ansichten des Literaturnobelpreisträgers Solschenizyn und dessen Hang zum russischen Nationalismus. Solschenizyn billige den in Russland herrschenden Untertanengeist sowie die latente Fremdenfeindlichkeit. Diese Auffassungen hatten sich bei Solschenizyn nach dessen Rückkehr aus dem amerikanischen Exil eher verstärkt, denn abgeschwächt. 1974 hatte Solschenizyn die Sowjetunion verlassen müssen. Erst zwanzig Jahre später kehrte er nach Russland zurück und war enttäuscht, dass die erhoffte »moralische Erneuerung« ausgeblieben war. Er kritisierte Jelzin und dessen Tschetschenienkrieg, schonte jedoch Putin, obwohl der nur drei Jahre nach dem Ende des ersten Krieges schon wieder in die Kaukasusrepublik einmarschierte. Wohl weil Solschenizyn Putins autokratischen Regierungsstil für richtig hielt.

Mit ihm wusste er sich bald einig, dass der Nationalstolz wiederhergestellt werden müsse. Der habe mit dem Ende der Sowjetunion 1991 schweren Schaden genommen. Sehr zum Leidwesen Solschenizyns. Wieder zu Hause, wurde er nicht müde, an die russische Identität seiner Landsleute zu appellieren, immer mit Verweis auf den rechten Glauben. Sein öffentliches Bekenntnis zur russisch-orthodoxen Kirche hatte für seine Kritiker eine Schattenseite: Es ging einher mit einem kaum verklausulierten Antisemitismus. Als Beweis wurde das zuletzt erschienene zweibändige Werk »Zweihundert Jahre zusammen – Die russisch-jüdische Geschichte« angeführt. Solschenizyn wehrte sich gegen den Vorwurf, Antisemit zu sein. Seine neuen Kritiker setzte er mit denen gleich, die ihn während der Sowjetzeit verleumdeten. Heute, so schrieb er im März 2003, würde nicht schlechter gelogen als damals. Ihm, Solschenizyn, wolle man neuerdings anhängen, er sei der Erfinder des Begriffes von der leninschen-jüdischen Revolution gewesen. Als Beweis dienten angeblich Zitate aus Solschenizyns Notizen, die ihm der KGB vor vierzig Jahren gestohlen hatte. Solschenizyn lehnte es ab, zu diesen vermeintlichen Quellen Stellung zu nehmen. Nicht er habe sie veröffentlicht.

Ob die fraglichen Passagen tatsächlich von ihm stammen? Keine Erklärung. Doch dass ausgerechnet der KGB sie ihm zuschrieb, genügte Solschenizyn, derartige Verdächtigungen als unsauberes Spiel zu brandmarken. Gleichwohl: Wirklich entkräftet wurden die Zweifel an seiner Haltung bis zu seinem Tod 2008 nicht. Er hatte Sacharow um neun Jahre überlebt. Ihre Auffassungen lagen weiter voneinander entfernt als je zuvor.

Solschenizyn mit seiner Billigung des autoritären Modells wurde zum Unterstützer Wladimir Putins, dem Ex-KGB-Mann und späteren Chef der KGB-Nachfolgeorganisation FSB. Ausgerechnet der Autor, der mit seinem »Archipel Gulag« und »Ein Tag im Leben des Iwan Denissowitsch« der Welt die Machenschaften des kommunistischen Geheimdienstes vor Augen geführt und die Autorität der Sowjetunion im Ausland schwer erschüttert hatte, ausgerechnet Solschenizyn war für die Restauration des KGB-Regimes eingetreten, das er zuvor selbst entlarvt hatte. Nur dass dieses Regime heute der früheren Ideologie abgeschworen hat. Die Methoden, das musste er noch einmal leidvoll erfahren, waren die alten.

Und als genügte diese Widersprüchlichkeit nicht, war es

wiederum ausgerechnet Putin, der den »Archipel Gulag« in Russlands Schulen zur Pflichtlektüre erhob. 1973 war das Werk erschienen, bis 1989 in der Sowjetunion verboten, seit 2010 müssen es die Jugendlichen lesen.

Sacharow sah in der russischen Obrigkeitshörigkeit ein nationales Unglück. Sacharow, ganz Kosmopolit, noch bevor das Wort von der Globalisierung überhaupt die Runde machte, entgegnete dem für seine Begriffe beengt denkenden Solschenizyn, dass sich grundlegende Probleme nicht auf nationaler Ebene lösen lassen. Sacharow hatte diese Erfahrung bereits viele Jahre zuvor beim Eintreten für ein internationales Atomtestverbot gesammelt.

Bis zuletzt hatte der besonnen, aber zugleich beharrlich für seine Überzeugungen Streitende für die universelle Gültigkeit der Menschenrechte plädiert. Außerdem für einen »Bund der sowjetischen Republiken Europas und Asiens«, den er sich ausschließlich als freiwillige Vereinigung souveräner Republiken vorstellen konnte.

Wäre Andrej Sacharow der erste Präsident Russlands geworden, wenn ihn sein viel zu früher Tod nicht daran gehindert hätte? Intellektuell befähigt wäre er mehr als jeder Andere gewesen, visionär, unbestechlich, zutiefst Demokrat. Mit vermutlich leider viel zu gering ausgeprägtem Machtwillen.

Solschenizyn und Sacharow stehen stellvertretend für zwei wichtige Strömungen des heutigen Russlands. Trotz aller Verehrung vereinnahmt seltsamerweise keine Partei, keine politische Macht die eine oder andere der beiden Persönlichkeiten. Selbstbewusste Nationalisten stehen Demokraten gegenüber. Die einen sind totalitärem Vorgehen noch immer nicht abgeneigt, jedoch ohne die kommunistische Ideologie zu verfechten. Die anderen wollen zuallererst die Rechte des Individuums gewährleistet und geschützt wissen.

»1989 bis 1991 waren wir mehr auf der Straße als zu Hause«, erinnern sich Boris und Natascha. Als hätte Sacharow geahnt, wie wenig Zeit ihm blieb, meldete er sich zu fast allen wichtigen Fragen, auf die in diesen stürmischen Zeiten Antworten gesucht wurden, zu Wort. Er erlebte zumindest noch die Vorbereitungen für den Abzug der Sowjetarmee aus Afghanistan im Dezember 1989. Am 14. Dezember starb er im Alter von 68 Jahren.

Natascha und Boris schlossen sich dem kilometerlangen Trauermarsch zu Ehren Sacharows an. Dieses Mal freiwillig und, anders als bei Breschnew, Andropow und Tschernenko, mit aufrichtigem Gefühl. Sie, die größte Mühe bei der Vorstellung hatten, dass Millionen bei Stalins Tod ehrlichen Herzens geweint hatten, sahen sich jetzt selbst in Tränen aufgelöst. Sacharows Tod erschütterte die beiden weit mehr, als der Fall der Berliner Mauer einen Monat zuvor, denn nun klaffte eine Lücke, die niemand zu schließen imstande war. Während unsere Gedanken zwanzig Jahre zurückwandern, gibt sich Boris einen Ruck, schaut auf meinen Teller und mein Glas. »Iss, trink! Selbst ein Schwälbchen kann man nicht nur mit Fabeln füttern.«

Die Grande Dame der russischen Menschenrechtler

Zwei Tage später bin ich mit Ludmilla Alexejewa, der inzwischen über 80-jährigen Sacharow-Preisträgerin, verabredet, die erst wenige Tage zuvor bei einer Demonstration verprügelt und festgenommen worden ist. Offenbar hat sie beides zumindest äußerlich unbeschadet überstanden, sonst hätte sie in unser Treffen kaum eingewilligt.

Wir sind schon wieder beinahe anderthalb Stunden unterwegs. Ich habe ein Dutzend Mal bereut, Sergejs fürsorgliches Angebot angenommen zu haben, in seinen Lada statt in die »Marschrutka«, den öffentlichen Minibus, zu steigen und dann mit der Metro weiterzufahren. Sergej versucht, mich mit russischem Folklorepop aus dem Autoradio aufzumuntern, eine abscheuliche Mischung aus schrillen Frauen-Volkschören, die in ein stampfendes Techno-Musik-Bett gepresst worden sind.

Wir kommen wieder an Moskwa-City vorbei. Auf der Baustelle dreht sich kein Kran. Droht das Prestigeobjekt zur größten Investmentruine Russlands zu verkommen? Ein Jahr zuvor, im Mai 2008, wenige Wochen vor der Finanzkrise, konnte ich den Rohbau von innen sehen. Er war führenden Vertretern der deutschen Wirtschaft präsentiert worden, die den damaligen Außenminister Frank-Walter Steinmeier nach Russland begleitet hatten. Die Reise war so terminiert, dass Dmitri Medwedjew, der neue Mann im Kreml, den deutschen Sozialdemokraten und Vizekanzler als ersten ranghohen Gast aus dem Ausland begrüßte. Ein Freundschaftsdienst. Die beiden kannten sich aus der Regierungszeit von Exkanzler Gerhard Schröder. Solange Schröder bei seinen Staatsbesuchen in Russland mit dem damaligen Präsidenten Putin politische Gespräche führte oder die beiden zusammen Schlittenfahrten unternahmen, nutzten Medwedjew und Steinmeier – der eine Chef der Präsidialverwaltung, der andere Leiter des Kanzleramtes – die Wartezeit für philosophische Exkurse. Steinmeier konnte Verweise auf Schröders Russland-Politik nicht ausstehen. Vor allem deshalb, weil dem Ex-Kanzler ein distanz- und kritikloser Umgang mit dem Riesenreich vorgeworfen wurde. Steinmeier fand diesen Vorwurf zum einen nicht gerechtfertigt, zum anderen schaute er später als Außenminister anders auf das Land. Er sah in dem neuen russischen Präsidenten Medwedjew einen Liberalen, mit dem er eine »Modernisierungspartnerschaft« schließen wollte. Ob jedoch Medwedjew neben dem selbsternannten Regierungschef Putin je wirklich etwas zu melden haben würde, war nach seiner Wahl 2008 keineswegs sicher. Aus Russland musste endlich ein Rechtsstaat werden, da waren sich Medwedjew und Steinmeier einig. Außerdem sollte das marode Gesundheitswesen Russlands den Menschen ein längeres Leben dank besserer medizinischer Versorgung bescheren.

Die Lebenserwartung russischer Männer betrug 2008 nur 58,9 Jahre, die russischer Frauen 72,4 Jahre, was deutlich unter dem europäischen Durchschnitt liegt. Allmählich steigt das zu erwartende Lebensalter an. Letzte Zahlen 2011 besagen, dass Männer im Schnitt inzwischen 62,8 Jahre alt werden.

Briten würden so einen wie Steinmeier »meticulous« nennen, detailversessen. Wer wollte ihnen widersprechen? Während alle Welt davon überzeugt war, dass Medwedjew bestenfalls Putins Marionette ist, träumte Steinmeier davon, Russlands demografischen Problemen mit deutscher Medizintechnik und -organisation zu Leibe zu rücken. Akribisch listete er sämtliche Wirtschaftszweige auf, die seiner Meinung nach außerdem auf den neuesten Stand gebracht werden müssten. Während wir Korrespondenten im Grünen Saal des Kremlpalastes warteten, erzählte mir ein Kollege die neuesten Witze: Ein Mitarbeiter pflückt einen Faden von Medwedjews Jackett, bevor der für eine Rede auf die Bühne steigt. Putin schlägt dem zupfenden Helfer auf die Finger: »Weg da! Der einzige, der hier die Fäden zieht, bin ich.«

Ich bin noch außer Atem von unserer Hatz über die ellenlangen Kremlkorridore und heilfroh, den Termin doch noch geschafft zu haben. Denn die Fahrzeugkolonne, die mit dem Minister voran vom Flughafen Wnukowo zum Kreml raste, war zuvor zerrissen. Die Fahrer der Pressebusse hatten den Anschluss verloren, wir steckten im Stau. Im Russischen heißt Stau »Probka«, wie der Korken in einer Flasche.

Auf wundersame Weise öffnete sich uns trotz unserer Verspätung doch noch das nächstgelegene Kremltor. Medwedjew und Steinmeier hatten zugunsten des Treffens mit den Journalisten die beiden Punkte der Tagesordnung einfach umgedreht: Sie führten erst ihre Unterredung und gaben dann die Gelegenheit zu kurzen Bild- und Tonaufnahmen.

Dass Medwedjew den Saal betrat, bemerkten wir wartenden Journalisten kaum. Erst das keckernde Lachen des offenbar bestens aufgelegten deutschen Außenministers gab das Signal, dass es losging.

Solange Medwedjew um den ovalen Tisch herum steifbeinig zu seinem Platz schritt, bekam ich den zweiten Witz ins Ohr geflüstert: »Wie wird Medwedjew auch genannt? Kinderüberraschung. So klein wie er ist, passt er überall rein.«

Laut Protokoll sollte der Gastgeber mit einem kurzen Resümee des Gesprächs beginnen. Medwedjew verschwand fast vollständig hinter dem breiten weißlackierten Intarsientisch, über den seine Stimme kaum herüberreichte. Wie ein braver Musterschüler, die Hände ordentlich vor sich auf der Tischplatte, schaute er den Gast aus Deutschland aufmerksam an. Ein warmer, fast weicher Blick, der nicht zu einem zu passen scheint, der es an die Spitze dieses großen Landes gebracht hat. Zu verstehen war Medwedjew auch in dem nun mucksmäuschenstillen Raum kaum.

Wenige Wochen später trat der Berliner Hauptstadtpresse im Kanzleramt ein immer noch schmächtiger russischer Präsident entgegen, dessen Körpersprache – breitbeinig, Brust raus, Kinn vorgestreckt – nun aber signalisieren sollte: Rechnet mit mir!

Kurz vor dem Arbat springe ich aus dem Auto und laufe die letzten paar hundert Meter durch die Fußgängerzone. Keine Autos! Eine Oase.

Genau gegenüber dem Theater wohnt Ludmilla Alexejewa, hoch oben unter dem Dach. Sie gehörte zu der Handvoll Menschenrechtler um Andrej Sacharow, die seit 1968 darum ringen, dass sich die Sowjetunion und später Russland an die eigene Verfassung hält. Eine Dissidentin der ersten Stunde, die sich zugutehalten darf, ein Leben lang für das eingetreten zu sein, wonach Russland erst seit Mitte der achtziger Jahre strebt: nach demokratischen Verhältnissen. Ludmilla Alexejewa hat dafür Entbehrungen in Kauf genommen, ihre Karriere aufgegeben und ist doch eine der wenigen Glücklichen aus der Mitte ihrer Gesinnungsgenossen, die den allmählichen Wandel der Gesellschaft noch mit eigenen Augen erleben.

Anfang der neunziger Jahre kehrte sie aus dem amerikanischen Exil zurück und kaufte die Wohnung am Arbat im Herzen des alten Moskau, die sich die verarmten Moskowiter nicht mehr leisten konnten. Heute sind ihre vier Wände vermutlich ein Vermögen wert. Die alte Dame, unversehrt nach der Prügelei, wie sie mir versichert, geht mit gebeugtem Rücken, sich schwer auf ihren Stock stützend, voran in ein Wohnzimmer voller Glasvitrinen, allesamt gefüllt mit dem blau-weißen russischen Gschel-Steingut. Wie in einer Verkaufsausstellung unten auf dem Arbat, wo sich ein Souvenirladen an den anderen reiht. In ihrem zartgeblümten Kleid nimmt sie Platz auf dem Sessel und wickelt ihre Beine, trotz des hochsommerlichen Wetters, in eine Felldecke. Demonstrieren, so beginnt sie, war sie vor einigen Tagen zusammen mit den »Nichteinverstandenen«, einer bunt zusammengewürfelten Oppositionsbewegung. Gegen das neue Gesetz für die Nichtregierungsorganisationen. Tausende Organisationen Russlands mussten sich nach der Novelle registrieren und auf die möglicherweise auf sie zukommende Steuerpflicht überprüfen lassen. Das ließ nur ein Teil über sich ergehen. Der große Rest der Vereine verschwand in der Illegalität oder stellte seine Arbeit ein. Das Gesetz hatte im Westen so viele Proteste hervorgerufen, dass sich die Regierung bemüßigt sah, Nachbesserungen vorzunehmen, doch sie lässt sich Zeit, beschwert sich die Menschenrechtsaktivistin im Mai 2009.

Dass sie bei der Demonstration grob angefasst wurde, regt sie nicht auf. Viel entscheidender sei, wer ihr das antat. Die Polizei nämlich. Die Milizionäre führten die Demonstranten ab, die friedlich, mit Worten auf Transparenten für ihre Überzeugungen eintraten, statt die Randalierer unter Kontrolle zu bringen, die wie bei jeder Demonstration erschienen und auf die versammelten kleinen Gruppen von Liberalen und Bürgerrechtlern einschlugen. »Verstehen Sie, wer hier von der Polizei geschützt wird und wer nicht?«

Sie bemüht sich, ihrer vom Alter brüchigen Stimme Festigkeit zu geben. Vergisst, wenn wir vom Telefon unterbrochen werden, kein einziges Mal, wo wir stehengeblieben waren. Richtig: Sie soll die Sowjetunion zerstört haben, meinte 2002 der damalige Präsident Putin. Er hatte anlässlich des russischen Nationalfeiertags ein sogenanntes Treffen der Zivilgesellschaft arrangiert, zu dem sie, die Mitbegründerin der Moskauer »Helsinki-Gruppe«, sowie die Kollegen der Menschenrechtsorganisation »Memorial« zunächst nicht eingeladen worden waren. »Weil wir ja angeblich die Sowjetunion zerstört haben!« Sie ist nicht empört, zieht bei der Feststellung jedoch ein Schnütchen, wie später noch öfter. Immer dann, wenn sie den Unsinn anderer Leute zitiert. Bevor sie fortfährt, schaut sie mir fest in die Augen, schüttelt den Kopf, dass ihr Pagenschnitt mitwippt, befeuchtet mit der Zunge die Lippen. Dann erzählt sie, dass sie eine solche Anschuldigung vor langer Zeit schon einmal gehört hat. »Mein Sohn ging in die zehnte Klasse, als er mir vorwarf, gegen die Sowjetunion zu sein. Ich sagte: ›Das bin ich nicht. Aber ich bin dagegen, dass die Regierung die Menschenrechte verletzt. Ich gehe nicht gegen die Sowjetunion auf die Barrikaden, soll sie weiter existieren! Ich wehre mich dagegen, dass die Gesetze nicht eingehalten werden.‹« Sie kommt auf die Einladung in den Kreml zurück: »Ich soll die Sowjetunion zerstört haben? Als sie zerfallen ist, habe ich mich gefreut wie ein Kind! Zugegeben! Denn ein Imperium kann nicht demokratisch sein. Das ist ein Widerspruch in sich! Mir war und ist viel wichtiger, dass Russland demokratisch wird, als dass es seine alte Größe behält. Die Sowjetunion musste auseinanderfallen, sonst hätten wir uns nie in Richtung Demokratie und Freiheit bewegen können. Aus diesem Grund musste man die Balten ziehen lassen. Estland, Lettland und Litauen sind schließlich nach dem Ribbentrop-Molotow-Pakt besetzt worden. Und der Kaukasus wird ebenso wenig mit Gewalt zu halten sein.«

Unmittelbar an dem Tag, an dem das Kremltreffen stattfinden sollte, am 12. Juni 2002, bekam sie doch noch eine Einladung. Gleb Pawlowski, Putins Chefideologe, war aufgefallen, dass er ein »Treffen mit der Zivilgesellschaft« ohne die »Helsinki-Gruppe« und »Memorial« der Öffentlichkeit nicht verkaufen konnte. Sie, die Leiterin der »Helsinki-Gruppe«, sollte deshalb flugs hinzugebeten werden. Aber Ludmilla Alexejewa hatte die Mitteilung zwischen den Zeilen herausgehört. Der Kreml teilte ein in destruktive und konstruktive Menschenrechtsgruppen, wobei ihm die »Helsinki-Gruppe« als konstruktiv, »Memorial« als destruktiv galt. Es war nicht der erste Versuch, das ohnehin kleine Lager zu spalten. Sie sprach sich mit den »Memorial«-Kollegen ab. Sie gaben keine gemeinsame, sondern jeder seine Erklärung ab und wurden schließlich beide eingeladen. Das Treffen wurde um einen Tag verschoben.

Ludmilla Alexejewa, Tochter überzeugter sowjetischer Eltern, ging bereits als Jugendliche, während des Zweiten Weltkrieges, zur UdSSR auf Distanz. Weil der Krieg ihr den Vater genommen hatte. Er war freiwillig an die Front gezogen. Nicht um die Heimat, Moskau oder die Familie zu verteidigen, nein: die Sowjetmacht. »Solch eine Familie waren wir!«

Nach dem Krieg bewarb sie sich um einen Studienplatz an der Historischen Fakultät. Die Mädchen mussten eine Aufnahmeprüfung ablegen. Jungs, die im Krieg gedient hatten, nicht. Die Soldaten-Kommilitonen verachtet Ludmilla Alexejewa noch heute. Sie waren älter, dominant, sogar gewalttätig, hatten zweifellos Schreckliches erlebt, jedoch nicht verarbeitet. Sie rissen sämtliche Funktionen an sich, kommandierten die übrigen Kommilitonen herum wie an der Front. Ihre Leistungen waren deutlich schlechter, schließlich hatten sie jahrelang im Unterricht gefehlt. Wichtig war ihnen allein die sogenannte »gesellschaftliche Arbeit«, mit der sie beweisen wollten, dass sie treue Genossen waren. Denn ihr Geschichtsstudium diente nur einem Ziel: Parteifunktionäre zu werden und damit ihre Karrieren zu sichern. Wie in der Armee kämpften sie nun an der Universität um Posten und Einfluss, um die Kommandogewalt. Die Mädchen blieben unter sich, wichen der Kasernen- gar Gefängnisatmosphäre aus, litten unter diesen Ex-Frontsoldaten, die ihnen das Leben zur Hölle machten. »Diese Soldaten verdarben das gesamte Bild, das ich von der Armee und der Partei hatte, diese Verbrecher und Angeber, die andere nur knechten wollten! Sie verbreiteten Angst. Sie wollten, koste es was es wolle, Vorgesetzte werden, und ich schwor mir, niemals wie sie zu werden, also niemals eine Leitungsfunktion zu übernehmen!« Der ganze Ärger ist ihr wieder präsent. Wenn sie sich mit den Fingern energisch durch den etwas zu kurz geschnittenen Pony ihres mittlerweile schlohweißen Haares fährt. Sie schweift ab, berichtet nur kurz: Als ihr im Alter von 69 Jahren die Leitung der Moskauer »Helsinki-Gruppe« nahegelegt wurde, ging sie mit sich ins Gericht. Willigte aber schließlich ein, die Führungsfunktion anzunehmen, denn immerhin hatte sie sich mehr als fünfzig Jahre lang an ihr eigenes »Gelübde« gehalten.

Sie, die Sowjettochter, überkamen Zweifel. Unmittelbar nach dem Examen trat sie in die Partei ein, weil Menschen wie sie, ehrlich und arbeitsam, die Organisation prägen müssten, nicht die Soldaten. Ganz Kind dieser Gesellschaft, begann sie ihre Freunde zu agitieren, dass sie auch Mitglied der KPdSU würden. Gebraucht wurden ordentliche, anständige Leute. Doch schon in den ersten drei Jahren ging ihr ein Licht auf: Solche wie sie waren in der Minderheit. Diese wenigen Aufrechten würden die Partei nicht ändern. Das Angebot, hauptberufliche Funktionärin zu werden, lehnte sie mit der taktisch klugen und von den Genossen sofort akzeptierten Begründung ab, ein zweites Kind bekommen und ihre Doktorarbeit schreiben zu wollen.

Das Thema ihrer Dissertation: Der Bund der Arbeiterklasse mit der Bauernschaft in den Jahren 1917 bis 1929. »Mich interessierte das Leben auf dem Land, seitdem mein Mann dorthin versetzt worden war. Wir wohnten in einer Isba, einem typischen russischen Bauernhäuschen aus Holzstämmen, bei einer Bäuerin und deren beiden Töchtern. Die eine war schon erwachsen, verließ das Haus aber nie, weil sie gehbehindert war. Die jüngere Tochter musste noch zur Schule. Die drei besaßen alle zusammen genau ein Paar Schuhe. Im Sommer liefen sie barfuß, um dieses Paar zu schonen. Im Winter, wenn das Mädchen zur Schule ging, blieb die Mutter zu Hause. Was für Zustände, nur einhundert Kilometer von Moskau entfernt!«

Die diplomierte Historikerin las ein ganzes Jahr lang die 35-bändige ungekürzte Lenin-Ausgabe ihres Vaters. Nicht nur, wie im Studium, einzelne Absätze und Seiten. »Mir wurde klar, welch verbrecherischer Charakter in dieser Regierung steckte: Die Bolschewiken haben 1917, als sie die Macht ergreifen wollten, kalkuliert, dass sie in dem rückständigen Russland die Bauern nur dann auf ihre Seite ziehen können, wenn sie ihnen Grund und Boden versprechen. Also taten sie dies. In der vollen Absicht, das Versprechen zu brechen, sobald sie an der Macht wären. Vielmehr würden sie die Bauern, die schon

Land besaßen, umgehend als bourgeois verurteilen, sie also als Kulaken und Klassenfeinde verunglimpfen.«

1956, als der 20. Parteitag der KPdSU stattfand, schob Chruschtschow alle Schuld auf Stalin. Die wichtigsten Punkte dieser am 25. Februar gehaltenen Geheimrede sprachen sich schnell herum. Chruschtschow prangerte Stalins Amts- und Machtmissbrauch, den Personenkult, sein Versagen während des Großen Vaterländischen Krieges an. Diese Abrechnung mit Stalin war vor allem für diejenigen eine Erleichterung, die Opfer seiner Repressionen geworden waren oder solche kannten, bestätigte sie doch deren Unschuld. Chruschtschows Rede gab ebenso denen Recht, die sich als Kommunisten verstanden, aber Stalins Politik für die falsche Umsetzung der kommunistischen Idee hielten. Auch diejenigen, die den Kommunismus ganz und gar ablehnten, sahen sich in seiner Rede bestätigt. Der ideologische Erosionsprozess hatte begonnen, ausgelöst von offizieller und oberster Stelle. »Das war der Beginn des Zerfalls der Sowjetunion«, ist Ludmilla Alexejewa überzeugt. Ihr Desillusionierungsprozess war zu diesem Zeitpunkt schon weit vorangeschritten und ging über Chruschtschows Erkenntnisse hinaus. Der hatte zwar die Frage gestellt, warum niemand den Diktator zu stoppen wagte, doch fiel die Antwort für Ludmillas Geschmack zu kleinmütig aus. Chruschtschow hatte sich damit herausgeredet, dass den Politbüromitgliedern Stalins Machenschaften nicht vollumfänglich bekannt waren. »Ich hatte 1953 bereits, nach der Lektüre aller Leninbände, verstanden, dass Stalin seinerseits keine Schuld auf Lenin abgewälzt hatte, sondern dass der Betrug an den Bauern von Anfang an geplant und Lenin somit keinen Deut besser war.« Die Dissertation jetzt noch zu Papier zu bringen, erübrigte sich, denn niemand an der Fakultät würde sie lesen wollen. Das Ganze hätte unweigerlich mit dem Parteiausschluss und Universitätsverweis geendet. Ihre Vorarbeit empfand Ludmilla Alexejewa dennoch keineswegs als überflüssig, hatte sie die Antwort auf ihre Fragen gefunden.

Noch kehrte sie der Partei nicht offiziell den Rücken, beschloss aber, von nun an eine »Karteileiche« in der KPdSU zu sein. Sie freundete sich mit den wenigen sowjetischen Dissidenten an, die es damals gab, und engagierte sich fortan bei ihnen. 1968 schließlich, mit über vierzig, als die Rote Armee in Prag einmarschierte, brach sie für immer mit der Sowjetmacht.

Wäre sie nicht im Urlaub in der Ukraine gewesen und hätte sie rechtzeitig von der spontanen Demonstration ihrer sieben Freunde am 25. August 1968 auf dem Roten Platz gewusst, so wäre sie gewiss mitgegangen. Hätte den tschechischen Häftlingen, die aus Prag in den Kreml gebracht werden sollten, ebenso mit Transparenten Mut gemacht, wie es nun ihre Freunde ohne sie versuchten. Die Miliz ließ das kleine Häuflein Demonstranten keine fünf Minuten gewähren, entriss ihnen ihr Plakat »Hände weg von der Tschechoslowakei!« und führte sie ab. Nur einen Augenblick später brauste der Wagen mit Alexander Dubček, dem Anführer des Prager Frühlings, und anderen tschechischen Spitzenfunktionären, die mit Gewalt nach Moskau gebracht worden waren, tatsächlich über den Platz und verschwand hinter einem der Kremltore. Als Ludmilla Alexejewa erfuhr, dass ihre beste Freundin und deren Mitstreiter festgenommen worden waren und in Haft saßen, begab sie sich umgehend nach Moskau. Sie kümmerte sich um die Kinder der Inhaftierten, gab sich als Cousine ihrer Freundin Larissa Bogoras aus, um sie im Gefängnis besuchen zu dürfen. Dorthin nahm sie Larissas Sohn mit. »Der Grünschnabel hatte dabei nichts Besseres zu tun, als seiner Mutter zu erzählen, dass ihr Hund Kerri gestorben war. Sie schluchzte und weinte die ganze wertvolle Besuchszeit lang. Wie ein Schlosshund! Stattdessen hätte ich mit ihr dringend bereden müssen, wie wir ihren Sohn vor der Einberufung zur Armee bewahren, wie wir verhindern konnten, dass die Behörden ihre Wohnung konfiszierten!«

Es war Larissas Strafverfahren, in dem Ludmilla Alexejewa zum ersten Mal die Rolle einer öffentlichen Prozessbeobachterin übernahm. Was ihr freilich nur für einen Prozesstag gelang. Denn sie hatte anschließend die nicht zugelassene ausländische Presse über den Verhandlungsverlauf informiert und erläutert, warum das Verfahren eine einzige Farce war: Angeklagt waren die Demonstranten nach Artikel 193, wonach dem eine Haftstrafe von drei Jahren droht, der den öffentlichen Straßenverkehr stört. Nur: Auf dem Roten Platz gab und gibt es bis heute keinen regulären Straßenverkehr.

Ludmilla durfte nicht mehr ins Gericht, flog aus der Partei, verlor ihre Arbeit als Redakteurin beim Verlag der Akademie der Wissenschaften.

Sie hatte erreicht, dass die Welt Kenntnis von diesem Akt zivilen Ungehorsams in der Sowjetunion bekam. Ganz im Sinne von Andrej Sacharow, der von Anfang an von der Arbeit der sowjetischen Menschenrechtler überzeugt war, sie notwendig und international bedeutsam fand. Der alles dafür tat, dass das, was die wenigen Aufmüpfigen riskierten, bekannt wurde. Und die Welt erfuhr von den keineswegs paradiesischen Zuständen im Sowjetreich. Seinen Weitblick bewunderte Ludmilla Alexejewa schon damals.

Geschieden und arbeitslos, war sie Freiwild für die sowjetischen Behörden, die sie von nun an nicht aus den Augen ließen. Jederzeit lief sie Gefahr, als »asoziales, arbeitsscheues Element« in einem Lager in Sibirien zu landen. Sie musste dringend heiraten. Wozu sie ihren neuen Lebensgefährten nicht erst zu überreden brauchte. Vorerst war sie gerettet, denn die Versorgung der Familie und des Haushalts wurde bei einer Frau auch in der damaligen UdSSR als Arbeit akzeptiert. Damit verschwand sie zunächst aus der Schusslinie des Geheimdienstes. Während seiner letzten 18 Lebensjahre litt ihr Mann an Alzheimer, seine Liebe zu ihr war davon unberührt. Wenn sie die Wohnung betrat, rief er: »Ludotschka ist gekommen, Ludotschka ist da.« Und wenn sie ging, fragte er: »Wann kommt Ludotschka zurück?« Ludmilla Alexejewa wischt sich mit dem Zeigefinger Tränen aus den Augenwinkeln. Erst vor drei Jahren setzte der Tod seinem jahrelangen Leiden ein Ende. Er hatte sie vor dem Lager bewahrt, weil er in seinem Drängen, sie zur Emigration zu bewegen, nicht nachließ. Die Schlinge hatte sich immer enger zugezogen. Der KGB vermutete zu Recht, dass sie unerlaubtes Material, Samisdat-Manuskripte, besaß. Brisante Aufsätze wie die von Sacharow, die den wahren Zustand der Gesellschaft beschrieben. Über soziale Probleme des Sozialismus, der nach offizieller Darstellung frei davon war. Steigende Selbstmordraten. Den Niedergang der Produktion. Daten und Fakten über die reale Sowjetunion. Die Autoren machten sich Gedanken, wie die Missstände beseitigt werden könnten, abseits von Parteitagen und Richtlinien. Der KGB bestellte Ludmilla Alexejewa in seine Zentrale, die gefürchtete Lubjanka, ein und verwarnte sie: Gemäß Artikel 70 Strafgesetzbuch drohten ihr sieben Jahre Lager und fünf Jahre Verbannung. Für »antisowjetische Agitation und Propaganda und Zerstörung der sowjetischen Gesellschaft«. Putin sagte Jahrzehnte später wortwörtlich das Gleiche, als er begründete, warum sie zunächst nicht in den Kreml eingeladen werden sollte: Sie gehöre zu denen, die die Sowjetunion zerstört hätten. Ein Offenbarungseid seines heutigen Denkens in diesen alten Kategorien.

Ihr Ehemann nahm die Drohung damals sehr ernst. Er, der selbst fünf Jahre Gulag-Haft abgebüßt hatte, prophezeite ihr, dass sie das Straflager nicht überleben würde. Als in Radio Liberty und der Deutschen Welle verbreitet wurde, dass sie eine KGB-Verwarnung erhalten hatte, bekam sie einen Anruf von einem Freund aus Israel, der sie, »seine liebe Cousine«, zu sich einlud und ihr seine Familie, die keineswegs ihre gemeinsame war, zum Schutz anbot. Ihr Sohn hatte gerade mit Bravour sein Wirtschaftsstudium beendet, auch er wollte die Sowjetunion verlassen, und so überredeten Mann und Sohn Ludmilla Alexejewa endlich zu fliehen. Die einzige Möglichkeit, ins Ausland zu gelangen, war eine Familienzusammenführung. Glücklicherweise stammte die Familie ihres Mannes aus den

USA. So brauchte sie die Hilfe der Freunde in Israel nicht in Anspruch zu nehmen. Über Großbritannien, Österreich, Belgien, Frankreich, Italien kamen die drei am 19. Mai 1977 schließlich in New York an.

Zehn Jahre später, 1987 unter Gorbatschow, durften Emigranten erstmals wieder in der Sowjetunion ihre Verwandten besuchen. Sechsmal erlaubten die sowjetischen Behörden nur ihrem Mann einzureisen. Doch ohne sie wollte er nicht. Ihr Name befand sich noch immer auf der schwarzen Liste. Bis 1990. Da fuhr das Ehepaar schließlich. Andere Dissidenten durften auch zu diesem Zeitpunkt noch nicht einreisen, und so machte das Gerücht die Runde, sie würde mit dem KGB zusammenarbeiten. Erst Jelzin erließ 1994 einen Ukas, dass denjenigen die Staatsbürgerschaft zurückgegeben werden sollte, denen sie aus politischen Gründen entzogen worden war.

Ludmilla Alexejewa rutscht auf ihrem Plaid hin und her, hebt den rechten Zeigefinger in die Luft. »Die erste Hoffnung, dass sich in der UdSSR etwas ändern könnte, schöpfte ich, als Gorbatschow in der Schweiz auftrat und die Länder der Welt aufforderte abzurüsten. Unser Planet sei klein, die Atomgefahr sehr groß. Wir sollten eine Form des Zusammenlebens finden, die für alle gut ist. Die technischen Erleichterungen für die Familienzusammenführung usw. waren Kleinkram, auf den ich absolut nichts gab. In der Abrüstungsinitiative aber sah ich einen Hoffnungsschimmer, zumal Gorbatschow die Notwendigkeit dafür fast genau mit den Worten von Andrej Sacharow begründete.« Als sie für Radio Liberty von dem Treffen zwischen Ronald Reagan und Michail Gorbatschow 1986 in Reykjavik berichtete, fiel ihr auf, dass die sowjetischen Delegationsmitglieder neuerdings anders auftraten und sprachen als die Technokraten sonst bei internationalen Konferenzen. Und Gorbatschow hatte von sich aus die Mittelstreckenraketen ins Gespräch gebracht!

Die weißhaarige Dame wird immer lebhafter: »Wann ich anfing, Gorbatschow Glauben zu schenken? Als die Mauer fiel! Ich weinte. Vor lauter Freude. Dafür muss man ihm noch zu Lebzeiten ein Denkmal setzen in doppelter oder dreifacher Lebensgröße! Der Fall der Mauer – das waren nicht mehr nur Worte, das waren Taten! Das gesamte Osteuropa in die Freiheit zu entlassen – das war das Ende des Imperiums. Von da an liebte ich ihn und tue es bis heute.«

2009 erhielt Ludmilla Alexejewa vom Europarat den Preis, der an jenen Mann erinnert, den sie über alles verehrt. Andrej Sacharow. Er hatte die »Helsinki-Gruppe« und »Memorial«-Menschenrechtsorganisation gegründet, sie führte seine Arbeit bis ins hohe Alter fort. Genauso bescheiden wie er im Auftreten, genauso leise, aber ebenso unbestechlich und bestimmt in der Sache. Sie nennt Sacharow eine Ausnahmeerscheinung. Nicht jede Generation habe das Glück, eine solche Persönlichkeit hervorzubringen. Umso bitterer, dass Russlands Schüler mit seinem Namen nichts mehr anzufangen wissen.

Dennoch steckt Ludmilla Alexejewa noch immer voller Zuversicht: Natürlich wird Russland demokratisch werden. Unter Putin habe es zehn wertvolle Jahre verloren, sagt sie, vielleicht würden noch einmal zehn Jahre vergehen, bis Kurs auf die Demokratie genommen wird. Aber Russland wird es schaffen.

So sehr die konsequente Demokratin die Regierungsgegner unterstützt, sich als Teil der außerparlamentarischen Opposition begreift, so wachsam bleibt sie selbst künftigen Machthabern gegenüber: »Ich bin Menschenrechtlerin. Es ist nicht mein Ziel, die eine oder andere Regierung herbei- oder abzuwählen. Mir ist es gleichgültig, wer Präsident ist oder wird.« Sie interessiere einzig und allein: Respektiert der Präsident, der Premier die Menschenrechte, hält er sich an die Verfassung oder nicht?

Es sind Menschen wie Ludmilla Alexejewa, Katja und Sergej, Boris und Natascha, an die ich mich in Momenten erinnere, in denen es Russland mir schwer macht, es zu mögen. Es gibt eine Redensart, die wie eine leichte Drohung klingt: Die Russen mögen ihr Land nicht, und sie mögen die nicht, die es nicht mögen. Als in der DDR Geborene adoptierte mich so manch russischer Bekannter als eine der »Unsrigen« und ahnte nicht, wie wenig zum Ostblock, zur Sowjetunion zugehörig sich viele DDR-Bürger fühlten. Diese Nähe war erzwungen, von den meisten nicht gewollt. Der Antibolschewismus aus der Nazizeit, der Antisowjetismus während des Kalten Krieges wird den Wessis zugeschrieben, die sich dem westeuropäischen Kulturraum sehr viel näher fühlen als dem osteuropäischen. Doch auch hier verlaufen die Linien nicht so gerade. Viele meiner »westlichen« Korrespondentenkollegen haben aus Begeisterung über Willy Brandts Ostpolitik und später aus Sympathie mit der Perestroika Slawistik studiert ...

Als ich die Treppen hinabsteige, überlege ich noch einmal umzukehren, zu klingeln, mich nochmals zu bedanken für das Geschenk, das Ludmilla Alexejewa mir heute gemacht hat, so ausführlich aus ihrem Leben zu erzählen. Seltsam, dass wir uns erst jetzt dafür Zeit genommen haben, obwohl wir uns so häufig begegnet sind. Wie oft hatte ich sie zuvor interviewt: zum Tschetschenienkrieg, zur Verhaftung des Öl-Oligarchen Chodorkowski, zum Abbau demokratischer Rechte.

Aber ich störe sie nicht noch mal, schließlich ist sie schlecht zu Fuß. Vor ihrem Hauseingang auf dem Alten Arbat bleibe ich noch einmal stehen. Ob die Moskauer wissen, dass sie hier eines Tages eine Gedenktafel anbringen müssen? Zu Ehren dieser Frau, die ihr Land wie kaum jemand anders liebt.

Unversöhnliche Rivalen

Neben den Menschenrechtlern wie Andrej Sacharow und Ludmilla Alexejewa – und den Präsidenten Gorbatschow und Jelzin sind es vor allem die Privatisierer der Staatswirtschaft Jegor Gaidar und Anatoli Tschubais, die immer noch als Nestbeschmutzer gelten. Die Wirtschaftsreformer gelten bei vielen heute über 50-Jährigen, also denjenigen, die die längste Zeit ihres Lebens in der Sowjetunion zugebracht haben, als Personifizierung allen Übels. Dieser Hass ist mir inzwischen leider vertraut. Seinen Höhepunkt hat er genau zehn Jahre nach dem Zerfall der Sowjetunion erreicht, im Jahr 2001.

Heute, da die meisten Menschen wirtschaftlich bessergestellt sind als vor zehn, vor allem vor zwanzig Jahren, verblasst dieser Hass glücklicherweise mehr und mehr in ihrer Erinnerung. Doch zehn Jahre nach dem Zerfall der Sowjetunion hatten die Menschen eine zermürbende Zeit in bitterer Armut hinter sich. Auf dem tief verschneiten Roten Platz demonstrierte seinerzeit ein kleines Häuflein betagter Männer und Frauen aus Anlass des Jahrestages der Oktoberrevolution. Dick eingepackt in Mützen und Mänteln trotzten sie dem Schneetreiben. Wenn sie sangen und sprachen, stiegen Atemwolken vor ihren Gesichtern auf. Oder war es Schaum vor dem Mund? Eine rotgesichtige 68-Jährige mit hoher Pelzmütze schleuderte mir, der Ausländerin aus dem Westen, entgegen: »Gorbatschow ist ein Verräter, den müsste man erschießen. Soll er dreimal verdammt sein. Er hat uns verraten, das Land und uns Bürger. Wir wünschen ihm alles Schlechte und Furchtbare, wir wünschen ihm einfach nur den Tod. Und seine Frau, die man Lady nennt, das war doch keine Lady! Eine Lady war für uns zum Beispiel Indira Gandhi oder wie heißt sie noch – die Engländerin?

Thatcher, ja, die war auch eine Lady, aber die Gorbatschowa doch nicht! Wir erlauben es nicht, dass man unsere Heimat auf faschistische Art und Weise ausraubt. Russen sind keine grausamen Menschen. Wir wollen Frieden, überall. Wir werden es nicht zulassen, dass ein Herr Clinton unsere Heimat regiert. An Russland wird sich jeder die Zähne ausbeißen.« Ihre knorrige Nachbarin legte noch einen drauf: »Was früher Hitler war, sind heute die Amerikaner. Sie wollen auch die ganze Welt.« Ein schmaler Mann, um die Fünfzig mischt sich von weiter hinten ein, kein bisschen nachsichtiger: »Die Perestroika war kein Umbau, das war die Vernichtung der Nation, ein Genozid, der Zerfall, der Ausverkauf des Landes. Alles fiel an den Westen.« – »Gorbatschow ist ein Judas, ihm gönnen wir noch nicht einmal ein Grab in russischer Erde«, keifte seine Frau. »Am besten, man schickt ihn auf einen anderen Planeten, soll seine Seele dorthin gehen! Fünf Prozent fressen sich dumm und dämlich, sind steinreich, aber 95 Prozent sind bettelarm geworden, hungern. Das Volk stirbt, anderthalb Millionen Menschen pro Jahr. Die Todesrate übersteigt die Geburtenrate!«

Der so furchtbar von den Verlierern der Geschichte oder ewig Gestrigen Gescholtene ist im Jubiläumsjahr des 20. Jahrestages des Mauerfalls zu einem Interview bereit, auch weil er weiß, welche Bedeutung diesem Jubiläum in Deutschland beigemessen wird.

Gerade noch rechtzeitig treffe ich in der Gorbatschow-Stiftung an der verstopften Leningradskoje Chaussee ein und begegne, zum wiederholten Male, dem Mann persönlich, der in Deutschland verehrt und geliebt wird, den aber bis heute zwischen Oder und Rhein kaum jemand wirklich kennt. Das erste Interview von ihm bekam ich 1993 in Hannover beim Club of Rome. Deutschland befand sich in der Gorbi-Manie. Bis heute wird er als lupenreiner Demokrat angesehen, anders als Putin oder sein unmittelbarer Nachfolger Boris Jelzin. Leider ist aber auch Gorbatschow nicht vollkommen. Sein Verständnis von der Rolle der Medien offenbarte sich, als der SPD-Kanzlerkandidat Steinmeier im Mai 2008 die »Nowaja Gaseta« besuchte, zu deren Miteigentümern Gorbatschow gehört. Gorbatschow tat Steinmeier den Gefallen, ihn bei seinem letzten Moskau-Besuch als Kanzlerkandidat zu empfangen, so dass sich der Sozialdemokrat an diesem Tag gleich mit drei Präsidenten schmücken konnte: dem gerade gewählten Medwedjew, dem russischen Ex-Präsidenten Putin und dem ersten und letzten sowjetischen Präsidenten Gorbatschow. Letzterer schrieb den anwesenden Journalisten ins Stammbuch, sie hätten nicht Öl ins Feuer zu gießen, sondern Wogen zu glätten, die Völkerfreundschaft zu befördern. Worte, die an die mitgereisten deutschen Korrespondenten gerichtet waren wie auch an die Adresse »seiner« Redakteure, eine kleine Gruppe letzter aufrechter Journalisten in Russland, die für die Unabhängigkeit ihrer (und seiner) Zeitung Kopf und Kragen riskieren. Hatte er bereits vergessen, dass deren Kollegin Anna Politkowskaja 2006 in ihrem Hausflur erschossen wurde, weil sie mit ihrer Tschetschenienberichterstattung unbequem in jeder Hinsicht war: für den Kreml wie für die tschetschenische Führung in Grosny, für die russischen Sicherheitskräfte, bestehend aus Polizei und Armee, für die Separatisten und Terroristen? Oder schätzte Gorbatschow die Enthüllungen der mutigen Kriegsreporterin etwa so wenig wie deren Feinde?

Wenig weiß man über den Begründer von Glasnost und Perestroika, vor allem seine Riesenwut kennt kaum jemand. Dass er bis heute weder vergessen noch vergeben hat und noch immer mit Boris Jelzin hadert, dem Mann, der ihn im Schicksalsjahr 1991 von der Bühne fegte. Ihn, der doch eigentlich Geschichte schrieb! Gorbatschow ist 20 Jahre später noch immer erfüllt von tiefem Hass auf seinen Widersacher. Die meisten seiner Landsleute machen keinen Unterschied, sie verachten Gorbatschow und Jelzin gleichermaßen. Von »unserem Gorbi« war im Jubiläumsjahr 2009, dem 20. Jahrestag des Mauerfalls, wenig zu erkennen, umso mehr von einem lamentierenden, enttäuschten, sogar genervten Ex-Präsidenten, der mit dem ewigen, seit 2007 toten Kontrahenten noch immer nicht seinen Frieden gemacht hatte. Entsprechend gereizt fielen seine Antworten auf meine Fragen aus.

Michail Sergejewitsch, Ihre Verdienste für die Wiedervereinigung sind unvergessen, die Deutschen sind Ihnen bis heute dankbar dafür. Würden Sie sagen, dass sich Deutschland umgekehrt dafür ebenfalls erkenntlich gezeigt hat?
Gorbatschow: Wir müssen uns dafür einsetzen, dass Europa beginnt, Russland zu verstehen. Das verhindern Sie und ihre Kollegen!

Es ist erstaunlich und auch enttäuschend gewesen, wie der Westen auf die Probleme Russlands während der Regierungszeit von Boris Jelzin reagiert hat. Die Menschen hatten ein halbes Jahr keinen Lohn bekommen, die Industrieproduktion fiel um die Hälfte. Westliche Berater kamen, applaudierten der hiesigen Führung. Das hinterließ bei der russischen Bevölkerung den Eindruck, dass es dem Westen gefällt, wenn es den Menschen hier schlecht geht. Aber: Russland ist sich selbst genug, wir haben alles! Energie, Rohstoffe, Arbeitskräfte. Unser Grund und Boden reicht aus, um 800 Millionen Menschen zu ernähren. Solche Sprüche aus dem Westen, Russland sei ein Aggressor, ein Imperialist, sind alle Quatsch. Denken wir doch lieber darüber nach, wie wir in Europa friedlich zusammenleben können! Russland ist bereit, seine Ressourcen zu teilen.

Sie sind immer wieder zu Besuchen in Deutschland. Finden Sie, dass die Deutschen Russland gegenüber die nötige Dankbarkeit zeigen?
Gorbatschow: Viel zu viele Brandstifter sind unterwegs, die die Atmosphäre vergiften! Und uns diskreditieren! Ich empfehle unseren Politikern immer, dem keine Beachtung zu schenken,

ein solides Land zu bleiben und sich sicher weiterzuentwickeln. Als 2007 in München der damalige Präsident Putin auftrat, sagte er nichts Neues, als er vor der Weltherrschaft der USA warnte. Zugegeben: Er tat es sehr emotional. Aber wie die deutschen Medien über Putin herfielen, von einem neuen Kalten Krieg schrieben, das war beispiellos. Russland will gegen niemanden kämpfen. Wofür? Russland hat alles. Unser Land muss modernisiert werden. Aber nicht mit der Europäischen Union, wenn die uns ständig herumstößt. Präsident Obamas Haltung gefällt mir, der offen sagt, dass wir unterschiedliche Ansichten haben, aber dennoch zusammenarbeiten können.

Das Jahr 1989, an das man sich in Deutschland ausgesprochen gern erinnert, wird in Russland eher als Jahr gesehen, in dem sich der Zerfall der Sowjetunion ankündigte …
Gorbatschow: 1989 fanden die ersten wirklich freien Wahlen in der tausendjährigen Geschichte Russlands statt. Wir wussten damals nicht, worauf es bei freien Wahlen ankam. Woher auch. Bisher traten immer nur Kandidaten an, für die alle stimmten, und fertig.

In dieser Wahl zum Volksdeputiertenkongress 1989 erlebten fünfunddreißig Bezirks-Sekretäre ihre Niederlage. Darunter war auch ein Kandidat des Politbüros. Die Mitglieder des Politbüros waren so schockiert, dass ich nach der Wahl nicht einmal die Sitzung eröffnen konnte, sie hörten nicht auf zu diskutieren. Ich gratulierte ihnen, das waren schließlich die ersten Perestroika-Wahlen! Und die Kommunisten haben mit 84 Prozent gesiegt. Das war ein ehrlich errungener Sieg von Kommunisten aus gesellschaftlichen Organisationen, Gewerkschaften, Vereinigungen – ganz anderen Persönlichkeiten als sonst.

Und dann sagte einer, ich will ihn gar nicht beim Namen nennen: Was für Kommunisten sollen das schon sein? In dieser ersten Sitzung drehte sich alles nur darum, wie die Abgewählten nun versorgt werden sollten. Man tat, als hätte man eine Katastrophe zu bewältigen.

Für den damaligen Bundeskanzler Helmut Kohl, aber auch für die DDR-Führung waren Sie von Anfang an ein wichtiger Gesprächspartner, umso mehr, je mehr sich der Widerstand gegen das DDR-Regime formierte. Wie haben Sie das erlebt?
Gorbatschow: Im Juni 1989 weilte ich zu einem Besuch in der Bundesrepublik. Die Situation war erschütternd. Zwei Länder, zwei Völker gingen aufeinander zu, um die Situation zu beenden, die nach der faschistischen Aggression entstanden war. Damals fragte man Kohl und mich: Und was ist mit der Wiedervereinigung, haben Sie diese Frage erörtert? Kohl und ich antworteten mit unterschiedlichen Worten sinngemäß das Gleiche: »Ja, die Zeit dafür wird kommen. Das ist eine Frage für das 21. Jahrhundert.« Drei, vier Monate später fiel in Berlin die Mauer, und in den Bruderstaaten des Warschauer Vertrages begannen mit Ausnahme Rumäniens samtene Revolutionen.

Es gab eine große Debatte unter den Europäern, einige waren kategorisch gegen die Wiedervereinigung. Ich wurde gefragt, wie wir uns verhalten, und ich sagte: »Mit der Wiedervereinigung muss man sich anfreunden.« Wer im Oktober bei der 40-Jahr-Feier der DDR war, konnte die offiziellen Fackelzüge sehen. Der konnte aber auch die andere Stimmung erkennen, die es gab, diese Unruhe! Wer die Helden der Vereinigung sucht, dem sage ich: Deutsche und Russen sind es. Sie haben sich an das, was sie verbindet, erinnert: an ihre Geschichte. Und am Ende des Jahres 1989 traf ich den Papst in Rom, Johannes Paul II., der die Perestroika unterstützte und der mir sagte: Europa muss wieder mit zwei Lungenflügeln atmen.

Wie erfolgte die Abstimmung mit den Amerikanern?
Gorbatschow: Es gab ein Treffen mit George Bush senior auf Malta. Er wollte unbedingt die Muskeln spielen lassen. Und dazu gehörte für ihn, dass wir unser Gespräch auf einem Kriegsschiff weit draußen auf dem Meer abhalten. Aber am Morgen des nächsten Tages stellten wir fest, dass die See tobte,

wir nicht hinausfahren konnten, eine Unterredung auf dem amerikanischen Kriegsschiff unmöglich war. Also trafen wir uns auf einem zivilen sowjetischen Schiff, der »Maxim Gorki«, mit dem sonst Touristen unterwegs sind. Anstelle einer Machtdemonstration erklärten wir schon in den ersten fünf, zehn Minuten, dass wir uns nicht mehr als Gegner betrachten. Und damit ging der Kalte Krieg zu Ende. Auch das geschah in diesem denkwürdigen Jahr 1989.

In Deutschland werden Sie bis heute sehr geschätzt und sogar verehrt, in Russland dagegen müssen Sie sich schwerste Vorwürfe gefallen lassen. Sie werden als Verräter nationaler Interessen bezeichnet, weil Sie den Vertrag über die Reduzierung strategischer Waffen 1991 unterzeichnet haben. Sind Ihre Landsleute ungerecht, undankbar?
Gorbatschow: Warum soll ich einen solchen Blödsinn kommentieren? Solche Unterstellungen erfüllen den Tatbestand der Verleumdung! Seit 20 Jahren muss ich mir das jetzt anhören. Diese Verträge wurden damals mit allen Dienststellen, Ministerien abgesprochen und zum Schluss natürlich auch im Politbüro diskutiert. Ich, Gorbatschow, habe nie vergessen, wem gegenüber ich verantwortlich bin, wen ich zu schützen habe. Ich kann mich nur ganz energisch dagegen wehren und solche Lügen und Unterstellungen zurückweisen.

Sollen sie doch ein öffentliches Tribunal abhalten! Mich aufhängen! Nur bitte, wenn sie das schon tun, dann nicht für das, was Jelzin angerichtet hat. Und bitte, wenn sie mich aufknüpfen wollen, dann, so weit es geht, von Jelzin entfernt! Es ist wirklich schade, dass solche Leute, die so reden, heute wichtige Posten in unserem Land bekleiden.

Sie haben die Sowjetunion mit aller Kraft zu erhalten versucht, am Ende vergeblich. Wie weh tat dieses Scheitern?
Gorbatschow: Die Sowjetunion hätte man erhalten können und sollen. Meine Mitstreiter und ich haben in dieser Frage

verloren. Deswegen war es besser, dass sie ohne mich weitermachten. Sollten sie dem Volk Rechenschaft ablegen! Nur: Wer jetzt von einer Wiederauferstehung der Sowjetunion träumt, gibt sich Illusionen hin. Nicht mehr als neun Prozent der Menschen wollen heute zur UdSSR zurückkehren.

Was sagen Sie heute denen, die die Restauration des alten Imperiums fordern?
Gorbatschow: Was hatte man alles versprochen, als man die GUS schuf, die Gemeinschaft Unabhängiger Staaten! Dass außer einem Zentralstaat, den es nicht mehr geben sollte, alles andere erhalten bleibt. Gemeinsame Streitkräfte, eine Währung, eine Außenpolitik. Und dazu erhält jede Republik ihre Unabhängigkeit. Was folgte, war ein einziger Betrug, und niemand, nicht die Presse, nicht die Armee, hat etwas dagegen unternommen.

Die Sowjetunion heute wiederherzustellen ist völlig unrealistisch. Eine realistische und zeitgemäße Variante wäre allerdings ein Wirtschaftsverbund, bestehend aus Russland, Weißrussland, der Ukraine und Kasachstan. Das wären immerhin 80 Prozent der früheren Sowjetunion.

Michail Sergejewitsch, wie blicken Sie heute auf den Umgang Russlands mit seinen Nachbarn?
Gorbatschow: Der Westen erinnert Russland permanent daran, was im August 2008 geschah. Ich weiß nicht, welches Land ich mehr liebe: Russland oder Georgien. Ich stamme aus dem Kaukasus. Aber in jenem August zeigte sich, dass Georgien ein aggressiver Staat ist. Ich habe mehrmals vorgeschlagen, dass Georgien eine Föderation aus Adscharien, Abchasien und Südossetien gründen soll. Das ist inzwischen unmöglich geworden, genau seit dem Zeitpunkt, an dem die Abchasier und Osseten ihre Unabhängigkeit erklärt haben. Wenn ich höre, Russland soll ein kriegerischer Aggressor sein, ein Imperialist: Es werden natürlich Fehler gemacht, wenn die Poli-

tik zum Beispiel viel zu heftig auf bestimmte Ereignisse reagiert, nicht nur, was die Emotionen betrifft.

Wie schätzen Sie Präsident Medwedjew ein?
Gorbatschow: Er gibt sich Mühe. Er ist interessiert an der weiteren demokratischen Entwicklung. Aber ich habe den Eindruck, dass er hinter sich noch mehr Kräfte versammeln muss. Er hat wenig Erfahrung. Als ich in das Zentralkomitee berufen wurde, was mit dem Amt des Präsidenten nicht zu vergleichen ist, aber auch nicht ohne war, hatte ich schon jahrelang im Gebietsparteikomitee gearbeitet, die Gebietsverwaltung geleitet, war Bürgermeister. Er muss Erfahrung sammeln, und er tut es.

Sicher verdient Gorbatschow ein Denkmal. Und wenn er irgendwann auf einem Sockel steht, wird man verzeihen, dass auch er nur ein Mensch war. Einer, den verbittert hat, dass ihn engste Mitarbeiter, allen voran Jelzin, verraten haben.

II. GLASNOST UND PERESTROIKA

Gorbi-Manie

Die meisten Ostdeutschen sahen in der Sowjetunion den ungeliebten »großen Bruder«, der der DDR den Sozialismus aufgezwungen hatte. Die Begeisterung, in das Land Lenins zu reisen, hielt sich in Grenzen. Bis plötzlich Gorbatschow Glasnost und Perestroika predigte. Ich wäre mir wie ein Glückskind vorgekommen, durfte ich doch 1986 am Studentenaustausch nach Leningrad, Vilnius und Tallinn teilnehmen, wäre nicht kurz zuvor in Tschernobyl der größte Atomunfall der Menschheit geschehen.

Seit 1985, als Michail Gorbatschow die Macht übernommen hatte, kam die Sowjetunion nicht zur Ruhe. Er war es, der das Bild von der UdSSR zu wandeln vermochte. Plötzlich schauten selbst die Menschen in der DDR interessiert in Richtung Moskau. Das Angebot, 1986 zu einem Studienaufenthalt in die Sowjetunion zu reisen, schien uns – einer kleinen Gruppe von angehenden Journalisten – zunächst wie ein Lottogewinn. Noch dazu, weil wir zuerst in Leningrad sein würden. In einer Stadt, wie wir Studenten sie zuvor nie gesehen hatten. Nichts von dem wenigen, was wir kannten, konnte mit der Stadt an der Newa mithalten. Das Goldene Prag? Pah! Ein Dorf!

Wie endlos weit und leer der Platz am Winterpalais dalag! Ganz anders als in unserer Vorstellung. In unserer Phantasie hatte es auf ihm stets und ständig von Tausenden Revolutionären im Kampfesgetümmel gewimmelt. Zauberhaft die grünweiße Fassade der Eremitage am Newa-Ufer. Der Fluss wie rausgeputzt mit seinen türkisfarbenen quirligen Wellen und ihren zierlichen weißen Kämmen, geklöppelter Spitzenborte ähnlich. Die Sonnenfunken hüpften nur so über die Wasserfläche. Die Schöne zog wirklich alle Register! Leningrad, heute

Sankt Petersburg, ist die majestätischste und zugleich kühlste aller russischen Städte. Denn sie versteht es, ihre Gäste nach allen Regeln der Kunst zu täuschen. Erst zieht sie sie in ihren Bann, dann zeigt sie ihnen die kalte Schulter, lässt binnen weniger Stunden die Temperaturen sinken, so dass Besucherinnen, gerade noch im luftigen Sommerkleid, nach einem Wintermantel verlangen.

Bei meinen späteren Reisen nach Sankt Petersburg machte ich mich von vornherein auf alles gefasst, auch wenn sich die Kapriziöse mit dem neuen alten Namen noch so große Mühe gab, ihr launenhaftes Wesen zu verbergen, und den historischen Bauten mit Hilfe von Sonnenstrahlen belebendes Rouge auf die Wangen stäubte, alles aus dem Sandstein herausholte, was an verjüngenden rotgelben Tönen in ihm steckte. Die nordische Schöne verhexte mich nicht mehr, nicht mit ihren anmutig geschwungenen Brücken, die zusammen mit ihren Spiegelbildern auf der Wasseroberfläche zittrige Ellipsen bildeten. Nicht mit den prächtigen Fronten der Adelspaläste entlang der Kanäle.

Denn auf die Verzauberung folgt nirgends so schnell die Enttäuschung.

Vor den Massen von Passanten auf dem vielgerühmten Newski-Prospekt waren wir damals schon gewarnt worden. Der Newski sei ständig so überlaufen, als hätten sich gerade ganz in der Nähe die Kinotüren nach einer Vorstellung geöffnet, hieß es. Es stimmte. Die Feiertagslaune beim ersten Bummel auf den breiten Fußwegen verhagelte uns eine dicke Alte, Marke altsowjetische Garderobenfrau, die einen zur Ordnung ruft, wenn der Aufhänger am Wintermantel abgerissen ist: »In der Sowjetunion wird rechts gegangen!«, blaffte sie.

Und warum man den Newski als Prachtstraße bezeichnete, wollte sich mir bei unserer ersten Begegnung mit der Stadt erst recht nicht erschließen. Die Geschäfte schauten so traurig durch ihre verhängten Schaufenster wie kleine schieläugige Kinder durch ihre halbseitig mit Heftpflaster zugeklebten

Brillen. Selbst in der DDR war mehr in den Auslagen zu sehen. Hier: Ebbe! Nichts als verstaubte Vorhänge.

Wir fragten uns, ob die Newa und der Newski-Prospekt miteinander zu tun hatten. Alexander Jaroslawowitsch Newski war ein – was auch sonst? – Feldherr. 13. Jahrhundert.

Unsere Eroberungslust hatte einen anderen Charakter. Als unser Studentenbus unmittelbar hinter der Brücke am anderen Ufer hielt, fehlte nicht viel, und wir hätten gejubelt. Wir befanden uns auf der Strelka-Insel, von der sich uns die beste Aussicht auf das Panorama von Winterpalais und Eremitage auf der anderen Uferseite bot.

Diesseits des Flusses wanderten unsere Blicke eine reich verzierte Altbaufassade empor. Hinter der sollte sich ein Studentenwohnheim verbergen? Kein Vergleich zu unserem tristen Leipziger Plattenbau, in dem wir uns zu viert ein Zimmer mit Doppelstockbetten teilten. Fast schämten wir uns für unser Zögern, als uns der Studentenaustausch angeboten worden war.

Dabei lag unser Erweckungserlebnis noch gar nicht so lange hinter uns. Noch vor kurzem galt jeder als verdächtig linientreu, wenn er passable Noten in den Russisch-Prüfungen schaffte – klarer Fall von angepasstem Parteikarrieristen. Aber jetzt lasen wir wie elektrisiert die Reden von Michail Gorbatschow. Am bisher so grauen Sowjethimmel, der so lange nichts als Ungemach oder bestenfalls gähnende Langeweile verhieß, leuchtete ein heller Stern. Er war schon hin und wieder mal aufgeflackert. Als Breschnew, der schon zu Lebzeiten mehr tot als lebendig zu sein schien, am 10. November 1982 starb. Doch statt Michail Gorbatschow mussten die Nachrichtensprecher zunächst dem ehemaligen KGB-Chef Juri Wladimirowitsch Andropow das Titelungetüm »Generalsekretär des ZK der KPdSU« und wenige Monate später auch noch »Vorsitzender des Präsidiums des Obersten Sowjets« anhängen. Der Funke Hoffnung erlosch.

Als Andropow, ehemaliger Ideologie-Sekretär des Zentralkomitees, in einem Artikel zum 100. Todestag seines geistigen Vaters Karl Marx mehr andeutungsweise als offen den Sozialismus kritisierte, von »Folgen von der Entfremdung der Arbeit«, von »Problemen und ernsthaften Schwierigkeiten« schrieb, schlug kein einziges Herz auch nur einen Takt schneller. Zwar fanden sich hier unerwartet kritische Anmerkungen, etwa dass »immer wieder gefasste Beschlüsse zur Erhöhung der Effektivität der Produktion praktisch nicht realisiert wurden«, dass der Sozialismus nur als »leistungsorientierte Gesellschaft« eine Chance habe, dass die sowjetische Demokratie »Wachstumsschwierigkeiten« aufweise. Wir vernahmen diese Worte wohl, allein der Glaube fehlte uns, dass dies der Anfang einer realistischeren Betrachtung der bislang schöngeredeten Gegenwart sein könnte. Andropow, Kollege von Stasi-Chef Mielke, war einfach der Falsche für ein Hoffnungssignal. Schließlich hatte er am 1. September 1983 ein südkoreanisches Passagierflugzeug über Sachalin abschießen lassen. Andropow war der Ruf eines unmenschlichen Geheimdienstapparatschiks vorausgeeilt – er bewahrheitete sich: Wie immer wurde zunächst alles abgestritten, dann doch zugegeben, allerdings mit der »Richtigstellung«, dass es sich um eine amerikanische Provokation gehandelt habe. Ein weiteres Mal schämten wir uns für dieses System, das zwar viel von Humanismus redete, in Wirklichkeit aber unmenschlich agierte.

Noch weniger als an Andropow, der keine anderthalb Jahre Generalsekretär blieb, musste man sich an seinen greisen Nachfolger Konstantin Ustinowitsch Tschernenko gewöhnen. Ihn brachte das Amt mit den vielen Bezeichnungen schon nach elf Monaten unter die Erde. Im Gedächtnis blieben hauptsächlich Witze über die Gerontokraten: *Breschnew probt seine Rede zur Eröffnung der Olympischen Spiele: »Oooohh, Oooohh, Ooohh, Ooohh, Ooohh …« – Genosse Generalsekretär«, unterbricht ihn die Sekretärin, »das sind die Olympischen Ringe, die brauchen Sie nicht mitzulesen.«*

Michail Sergejewitsch Gorbatschow kam im März 1985 an

die Reihe, der erste seit langem, der ohne Hilfe gehen konnte, wie der Volksmund sofort spottete. Was, wenn die Hoffnung trog? Schließlich sollte er wie seine beiden Vorgänger vom Ideologie- zum Generalsekretär ernannt werden. Was sollte unter diesem Vorzeichen auf ein neues Tauwetter hindeuten? War nur der Wunsch der Vater des Gedankens?

Zum ersten Mal nicht. Denn dieser Mann schlug völlig neue Töne an. Hier redete plötzlich ein Sowjetfunktionär, noch dazu der oberste, Klartext. Sprach bereits in seiner Antrittsrede von unsauberen Machenschaften in der Partei, von Verstößen gegen die Normen des Parteilebens, von Amtsmissbrauch der Funktionäre, von radikalen Reformen und der Erneuerung der Sowjetgesellschaft. Und das Politbüro hatte ihn ausnahmsweise nicht einstimmig, sondern »einmütig« gewählt, mit anderen Worten: Es hatte Gegenstimmen gegeben, Machtkämpfe.

In unsere Russischseminare an der Universität kam Leben, die »Prawda« wanderte von Hand zu Hand. Anders als früher, als wir uns die Bleiwüsten teilten, die wir zu Hause übersetzen mussten, wollten wir nun die Artikel vollständig und im Original lesen.

Dass Gorbatschow die Lage nicht nur nüchtern analysierte, sondern auch zu handeln bereit war, zeigte uns sein Beschluss am 16. Mai 1985, den Alkoholmissbrauch zu unterbinden. Ein Generalsekretär als Mineralsekretär. Einer, der wusste, was draußen, im wahren Leben, vor sich ging.

Wie weit die Gorbi-Begeisterung gediehen war, zeigten die Pamphlete, die das »Neue Deutschland« vom XXVII. Parteitag der KPdSU nicht nur abdruckte, sondern die jetzt auch gelesen wurden. Wir Journalistikstudenten, die geübt darin waren, aus zaghaftesten Andeutungen Kritik herauszulesen – Kritik, die nun vielleicht wirklich konstruktiv für die Verbesserung des bestehenden Sozialismus genutzt werden würde – wir grasten jetzt die seitenlangen Parteitagsreden ab und fanden nicht nur dürre Hinweise auf Missstände, hier wurden sie laut und deutlich ausgesprochen. Eine sowjetische Ärztin beklagte sich über den allgegenwärtigen Mangel im Gesundheitswesen. Moderne Medizintechnik, neueste Medikamente, Fortbildungen für Ärzte und Schwestern – alles Fehlanzeige. Ein Kolchos-Vorsitzender schimpfte, dass Parteifunktionäre, die nichts von Viehzucht und Getreideanbau verstehen, die Arbeitsabläufe diktieren.

Wir fühlten uns wie Zeugen einer Revolution: Endlich, endlich hörte die Schönfärberei auf, wurde unverblümt der Alltag so geschildert, wie auch wir in der DDR ihn erlebten: als täglich demütigende Misswirtschaft. Gorbatschow war es, der verlangte, die »Klassiker« – Marx, Engels – beim Wort zu nehmen, der richtigstellte, dass das, was bislang Sozialismus, gar Kommunismus, genannt wurde, bestenfalls der Anfang auf dem Weg dorthin war.

Wie entsetzt hatte mein Vater reagiert, als ich ihm im Alter von 14 Jahren eröffnete, Journalistin werden zu wollen. »Noch eine mehr, die uns belügt!« Sich damit die Lizenz zum Fragenstellen zu verschaffen, Neugier und Wissbegier zu stillen, erschien ihm, dem Lkw-Fahrer, rettungslos naiv.

Von da kannten wir, wenn es um Politik ging, nur zwei Kommunikationsformen: Schweigen oder Streiten. Anstatt mir von seinem Alltag als Fahrer zu berichten, seinem Zorn, der in ihm aufstieg beim Anblick des »Silbersees« zwischen der ORWO-Filmfabrik und dem Chemiekombinat Bitterfeld, an dem er täglich vorbeikam. Er verriet mir nicht, welche Gifte in den See gekippt wurden, Quecksilber zum Beispiel, daher hatte der See seinen Namen. Seit ich ihm meinen Berufswunsch mitgeteilt hatte, schien es mir, als machte er mich für alles Kritikwürdige im Land verantwortlich. Als hätte er endlich die Schuldige gefunden, als sei ich mit allem einverstanden. Ich verübelte ihm, dass er mich damals in die Verteidigungsrolle drängte, statt mir zu erzählen, was ich nicht wissen konnte, weil es eben nicht in der Zeitung stand. Er kam herum in den schrottreifen Betrieben, in die seit ihrer Entstehung Ende des 19. Jahrhunderts nichts mehr investiert worden war. Die ich nur vom Unterricht in »praktischer Arbeit« kannte. Einen Tag pro Woche verbrachten wir als Siebt- und Achtklässler bei ORWO. Lernten in der Fahrrad-Werkstatt, platte Reifen zu flicken, verpackten Filme in den Dunkelräumen. Auch in den Sommerferien arbeitete ich in den Chemiefabriken, weil dort die Löhne am höchsten waren. Im Zellulose-Betrieb, wohin ich einmal eingeteilt wurde, traf ich zum ersten Mal auf Analphabeten, die es in der DDR angeblich gar nicht gab. Um die Zellstoffballen an der Presse zusammenzuschnüren, brauchten die Arbeiter nur Kraft. Die Klügeren unter ihnen droschen in der Mittagspause Karten: Mau-Mau. Die, die nur zusahen, konnten weder lesen noch schreiben.

Gemessen an dem, was mein Vater erfuhr, hatte ich keinen Schimmer. Ihm raunten die Arbeiter zu, welchen Slalom er durch die Werkhallen nehmen musste, damit ihm die Säure aus den lecken Leitungen unter dem Dach nicht auf den Kopf tropfte. Er sah den verrotteten Zustand sämtlicher Betriebsteile, kippte Giftmüll auf Anweisung seines Meisters auf ungesicherte Halden in den Dörfern rings um die Betriebe. Uns Kindern erzählte er so gut wie nichts von seiner Arbeit, weil er Schwierigkeiten im Betrieb fürchtete, sollten wir uns in der Schule verplappern. Und so wie er kein Wort über den wahren Arbeitsalltag verlor, so wenig stand davon in der »Freiheit«, der Bezirkszeitung. Je größer sein Widerstand gegen meinen Berufswunsch war, desto mehr war ich überzeugt: Man musste versuchen, die Zustände zu benennen, sonst würden sie sich nie ändern.

So naiv es heute nach dem Zerfall der Sowjetunion und des Ostblocks auch anmuten mag: Uns Studenten elektrisierte die von Gorbatschow eingeleitete Entwicklung. Noch glaubten wir an die Reformierbarkeit des Systems. Den Sozialismus einfach abzuschaffen war zu diesem Zeitpunkt zu utopisch. Das würde schon der Große Bruder, die Sowjetunion, verhindern. Polen und die Solidarność zeigten, dass es einen gewissen Spielraum gab, mehr aber auch nicht. Wir genossen vorerst, wie sich uns neue Räume auftaten. Beobachteten in Zeitschriften wie in der sowjetischen »Nowoje Wremja« (Neue Zeit), dass die Perestroika die Sowjetunion verwandelte. Plötzlich bekamen bislang blutleer referierte Themen wie »Das Verhältnis von Politik und Unterhaltung in den Massenmedien« Bedeutung, wurden nicht nur erwünschte Propagandaeffekte beschrieben, sondern füllten sich mit Leben. In einem Seminar schilderte ich meine Begeisterung, mit der ich eine Gorbatschow-Rede gelesen hatte. Dass sich mir erst anhand dieser Rede erschlossen hatte, wie unterhaltsam Politik sein und wie Politik durchaus in die Unterhaltung einfließen kann, in Form von Witzen, neuen Filmen etc. Dass eine Gorbatschow-Rede sogar in Alltagsgesprächen breiten Raum einnahm. Dass sich Leser darüber austauschten, stellte sich als etwas Neues, Unerhörtes heraus, weil der DDR-Journalismus so selten darüber berichtete, was die Menschen wahrhaftig betraf und bewegte. Als ich im Seminar derart ins Schwärmen geriet, traf mich ein eiskalter Blick des Dozenten. Zum ersten Mal schwante mir, wie suspekt unseren Lehrkräften unsere Gorbi-Begeisterung war. Mit einer gehörigen Portion Schadenfreude beobachteten wir, wie sie sich in ihrer Erklärungsnot wanden. Noch wagte niemand von ihnen, die Sowjetunion, erst recht den Generalsekretär, offen zu demontieren. Noch galt schließlich: »Von der Sowjetunion lernen, heißt siegen lernen.« Punkt. Die Lernbereitschaft war bei den DDR-Funktionären allerdings sichtbar gesunken, quasi bei Null angekommen. Ohnehin hatten sie die Wahrheit bereits seit Jahrzehnten gepachtet. Diese Apparatschiks stellten keine Fragen, sie erteilten Antworten. Unglücklicherweise wollten die aber nicht mehr passen. Sollten sie Gorbatschow antisowjetische Hetze vorwerfen? Unparteiliches Verhalten? Jemandem, der den Sozialismus verbessern wollte? Noch galten Perestroika und Glasnost als innersowjetische Angelegenheiten,

Rückschlüsse auf den Umgang mit den »Bruderländern« wären verfrüht gewesen. Noch war die Umarmung eisern. War an Mauerfall und das Ende der Sowjetunion 1986, ein Jahr nach der Machtübernahme Gorbatschows, nicht zu denken. An Korrekturen innerhalb des Systems allerdings schon. Aber die DDR-Führung sah sich außerhalb jeder Kritik, ließ keinerlei Bereitschaft erkennen, Wege zu erörtern, wie der »entwickelte Sozialismus« weiter »entwickelt« werden könnte. Wer an die Veränderungsfähigkeit und -bereitschaft des Systems geglaubt hatte, wurde in diesen Monaten eines Besseren belehrt und begriff, dass es nicht um einen höheren Lebensstandard, um Entfaltungsmöglichkeiten für den Einzelnen ging, auch wenn das die reine marxistisch-leninistische Lehre bislang predigte, sondern um Bewahrung der Privilegien einer greisen, größtenteils ungebildeten Führungsriege von Tischlern, Dachdeckern und Schustern, die eben nicht bei ihren Leisten geblieben waren, sondern sich die Regierung eines Viertels von Deutschland angemaßt hatten und in ihrem Denken in den autoritären dreißiger und vierziger Jahren stehengeblieben waren. Die auf den unteren Ebenen vor allem Betonköpfe als Statthalter installierten. Volk und Regierung trennten Lichtjahre. Wie Gorbatschow und Honecker. Wir Studenten wünschten uns, dass die DDR auf den Prüfstand gestellt würde wie die Sowjetunion.

Für uns wurde der Große Bruder in dem Maße interessanter, je mehr die Veränderungen in der Sowjetunion von der offiziellen DDR-Propaganda, nicht zuletzt von den Hochschullehrern an der Universität ignoriert wurden. Was war es, worauf sie derart empfindlich reagierten? Wovon fühlten sie sich bedroht?

Alles Lüge

Der Moment, sich ein eigenes Bild zu verschaffen, war nie günstiger. Wie oft hatten wir die hohle Phrase von der deutsch-sowjetischen Freundschaft gehört, wie oft hatten wir uns schon als Schulkinder dagegen gewehrt und uns den Spruch zugeflüstert: »Russki, Russki, du musst wissen, deine Sprache ist besch…«

Für uns ostdeutsche Studenten hielten sich die Wahlmöglichkeiten für Auslandsaufenthalte ohnehin in Grenzen. Was sollte es also lange zu überlegen geben?

Zwischen dem ereignisreichen XXVII. Parteitag im Februar 1986, der drei Tage gedauert hatte, und unserem Studentenaustausch im Juni lagen vier Monate – und der 26. April 1986. Der Tag des Unfalls im vierten Block des Atomkraftwerkes von Tschernobyl. Den Gorbatschow vertuschte. Selbst mehrere Tage nach dem Reaktorunglück erließ er keinerlei Warnungen. Dabei drohte ganz Europa eine nukleare Verseuchung.

Das Erdbeben in Fukushima von 2011, der Tsunami, in dessen Folge gleich mehrere japanische Atomkraftwerke havarierten, weckten längst verschüttet geglaubte Erinnerungen: Der Hunger nach Information wird wieder lebendig, den wie damals die sowjetische, nun die japanische Regierung nicht stillen wollte oder konnte. Oder beides. Die Überheblichkeit, mit der vor genau 25 Jahren die westliche Welt auf die Sowjetunion schaute: Kein Wunder, bei der Schrott-Technik. Von betrunkenen sowjetischen AKW-Ingenieuren war sofort die Rede. Typisch Russen. Klar, dass die die Atomtechnik nicht beherrschten. So mancher stieg erst nach Fukushima, ein Vierteljahrhundert später, von seinem hohen Ross.

Damals aßen wir ahnungslos weiter den ersten grünen Salat und Rhabarber, frühe Erdbeeren – das Angebot in der DDR war verdächtig groß in jenem Frühjahr und: samt und sonders verstrahlt. Als das bekannt wurde, blieb den Menschen der Bissen im Hals stecken. Kinder hatten in Sandkästen gespielt, über denen die radioaktiven Regenwolken ihre Last abgeladen hatten. Und der Generalsekretär des Landes, in dem die Katastrophe geschah, blieb stumm und verschwieg lebenswichtige Informationen. Unsere Leidenschaft für Gorbatschow hatte einen schweren Knacks bekommen. Ebenso unsere Reiselust.

In den Wochen nach dem Reaktorunfall interessierte es Pjotr Palamartschuk nicht im Geringsten, dass sich Gorbatschow erst zwei Wochen nach der Katastrophe an seine Landsleute wandte. Er hatte es gar nicht mitbekommen.

Dem braungebrannten, hochgewachsenen heute Sechzigjährigen sieht, wenn er die Rolle des gut gelaunten und charmanten Gastgebers gibt, niemand an, dass er ein Todgeweihter ist. Er ist ein Tschernobylopfer, einer von 800 000 Menschen, die während und nach der Katastrophe in dem Atomkraftwerk oder in dessen Umgebung gearbeitet haben. Zehntausende sind durch die hohe Strahlenbelastung erkrankt und gestorben.

Pjotr Palamartschuk krempelt erst das linke, dann das rechte Hosenbein hoch. Auf die linke Wade haben Ärzte ein großes Rechteck Haut transplantiert, das aussieht wie ein mit groben Stichen angehefteter Stoffflicken. Rechts ein ähnliches Bild, auch hier haben die Chirurgen gesunde Haut auf das Schienbein verpflanzt. Der Rücken sei ebenso schlimm, auch dort Verbrennungen ersten Grades, erklärt er beschämt, als müsse er sich entschuldigen: »Ich war damals schon acht Jahre dabei. Als Betriebsingenieur, Stellvertreter des Abteilungsleiters, zuständig für alle vier Reaktoren. In jener Nacht ließen wir zwölf Programme im Probebetrieb laufen, denn ein Block sollte heruntergefahren werden. In meiner Schicht arbeiteten 14 Leute. Mein Platz war in der Leitzentrale des vierten Blocks, vorn befand sich der Turbinensaal, hinten lagen die Reaktoren.« Von dieser Schaltzentrale aus wurden alle Blöcke des Kraftwerks überwacht. Was als Experiment begann, den Reaktor versuchsweise zu drosseln, wuchs sich zur Katastrophe aus. Hatte seine Schicht, die seit Mitternacht im Einsatz war, die Anlage fehlerhaft bedient?

Unmittelbar vor seinen Augen spielte sich das ganze Unglück ab. »Irgendetwas explodierte, direkt in der Schaltwarte. Es gab eine riesige Druckwelle. Trotz der dicken Betonwände ringsherum riss es mich exakt um 180 Grad herum. Und dann sah ich an der Anzeigetafel alles blinken. Wenn der Druck den Grenzwert übersteigt, müssen sich alle Ventile öffnen, das geschah auch. Auf einmal wurde es dunkel, von der Decke fielen einzelne kleine Betonstücke herunter. Ich hatte noch nicht begriffen, was passiert war, da gab es plötzlich noch eine Explosion. Das geschah ganz schnell hintereinander, fast gleichzeitig.« Bei den Wartungsarbeiten hatte sich Kühlwasser angestaut, die Brennelemente wurden zu heiß, es bildete sich Wasserstoff, der in einer gewaltigen Explosion das Reaktorgebäude wegsprengte. Pjotr Palamartschuk bezeichnet sich noch heute als Atomtechniker mit Leib und Seele, doch was er in dieser Nacht am 26. April erlebte, war das komplette Versagen der bis dahin hochgelobten Technik. Im Falle eines Unfalls müssen die Havarie-Pumpen anspringen, Wasser in den Reaktor leiten, ihn damit kühlen. Ein Problem, mit dem 25 Jahre später auch die Kollegen im japanischen Fukushima kaum fertig wurden. Aus irgendeinem Grund funktionierte von den drei Pumpen in Tschernobyl nur eine. »Deshalb gingen wir nachsehen, warum die anderen nicht liefen. An Schutzkleidung dachte in diesem Moment noch niemand. Später, als jemand die Gasmasken und Anzüge aus der Kleiderkammer holen wollte, stellte sich heraus, dass die zuständige Kollegin frei und den Schlüssel mit nach Hause genommen hatte.«

Kaum dass Pjotr Palamartschuk den Turbinensaal betreten hatte, fuhr ihm schon der nächste Schreck in die Glieder. Die 24 Meter hohen Betonplatten, aus denen die Wände zusammengesetzt waren, hatten sich gelöst und schwankten. Der Ingenieur mochte nicht glauben, was das bedeutete: Gleich würden die Rohrleitungen mit dem radioaktiven Wasserdampf bersten. Kurz darauf umwaberten ihn kniehoch Dampfschwaden. Der Wasserdampf wird mit einem Druck von 70 Atmosphären durch die Leitungen geschickt bei einer Temperatur von 165 Grad. Heiß genug, um das Öl in der Anlage zu entzünden. Es brannte. Als er die Feuerwehrleute sah, atmete er erleichtert auf, wenigstens etwas, worauf noch Verlass war. Doch dann merkte er, dass die Männer hilflos herumstanden. Sie hatten mit einem Atomunfall keinerlei Erfahrung, man hatte sie hierher beordert, aber sie wussten nicht, was zu tun war.

Weder die Feuerwehrleute noch die vielen tausend Soldaten, Liquidatoren, die man nach Tschernobyl abkommandierte, verfügten über eine spezielle Ausbildung oder Vorkenntnisse. Pjotr Palamartschuks Nachtschicht versuchte verzweifelt, die Sicherheitssysteme in Gang zu bekommen und so die Havarie in Grenzen zu halten. »Uns war vollkommen klar, wie gefährlich die Lage war. Die anderen drei Blöcke waren schließlich noch am Netz. Der dritte und der explodierte vierte Block hatten noch dazu viele gemeinsame Systeme, und der dritte fuhr, gleich hier neben dem GAU, noch mit voller Kraft.« In dieser Situation riss plötzlich der Kontakt zu seinem Kollegen Wladimir Schoschenuk ab. »Ich suchte ihn in der Reaktorabteilung, ging weiter nach oben und hörte eine Kollegin schreien: ›Hilfe, das Dach ist weg, man kann die Sterne sehen.‹ Ich begann meinen Kollegen zu rufen, ich brüllte, so laut ich konnte, und da sah ich ihn plötzlich liegen. Es gab keine Wände mehr und er befand sich in zwanzig Metern Höhe. Ich stieg hinauf und fand ihn reglos mit weit aufgerissenen Augen, mitten in den Trümmern. Sein Körper war mit Brandblasen übersät, regelrecht verbrüht, denn die Wasserdampfleitungen mit dem hohen Druck waren auch hier geborsten. Ich hatte Mühe, ihn von dieser Höhe aus dem Reaktorraum rauszuholen. Wie ich das schaffte, weiß ich selbst nicht. Alles war eingestürzt. Ich packte ihn, bewusstlos wie er war, auf meinen Rücken. Er war in der 27. Sektion, also unmittelbar neben dem Reaktor. Kurz darauf starb er, die Explosion geschah um 1.26 Uhr, er ging um sieben von uns.« Für Pjotr lag ein Reaktorunfall außerhalb seiner Vorstellungswelt. Am Institut hatte man den angehenden Ingenieuren eingebläut, dass dieser Reaktortyp nicht explodieren könne, das sei laut Konstruktion völlig ausgeschlossen. Für entsprechend zuverlässig hielten sie die Technik. Die Sprengkraft der Explosion hatte, wie sich später herausstellte, 90 Prozent des Brennmaterials in die Luft geschleudert, samt dem Dach, das lediglich vor Wind und Wetter schützte. Doch der Reaktor lief immer noch. Pjotr Palamartschuk brach wenig später zusammen. Die Werksleitung hatte sich am Morgen angesagt, er wollte sich frisch machen, vor allem das radioaktive Wasser abspülen, mit dem er sich in der Nacht verbrüht hatte, als er das Bewusstsein verlor. Er fand sich im Krankenhaus wieder, zunächst in Pripjat, später in der Moskauer Klinik Nummer sechs, in der alle Tschernobylopfer lagen.

Wer durch Pripjat fährt, wo bis zur Katastrophe 50 000 Einwohner lebten, wird erfasst von einer Beklemmung, die ausgeht von dem inzwischen verrotteten Riesenrad, den sichtbar von einer Minute zur nächsten verlassenen Gebäuden, halboffenen Türen, als hätten die Bewohner jeden Moment zurückkehren wollen. Eine unwirkliche menschenleere Kulisse, wie in einem düsteren Science-Fiction-Film. Keine Spur von Gewalteinwirkung, keine Krater, keine Zerstörung. Ein schleichender Tod, wie man sich im Kalten Krieg die Wirkung einer Neutronenbombe vorstellte: Das Leben wird vernichtet, die Infrastruktur bleibt erhalten, nutzbar für den Sieger.

Das Unkraut gedeiht meterhoch, die Natur holt sich die Stadt zurück.

Die folgenden zwölf Monate verbrachte Pjotr Palamartschuk in verschiedenen Kliniken. »Man hat hochgerechnet, dass ich mit einer Dosis von 600 Röntgen verstrahlt worden bin, in einem meiner Papiere steht sogar geschrieben, dass es 900 Röntgen waren.« Er bekam eine Knochenmarktransplantation mit Gewebe, das seiner Schwester entnommen worden war. »Ich hatte einen langen Weg zu gehen, denn anfangs gab es eine Abstoßungsreaktion, ich verlor sämtliche Haare, hatte eine Glatze wie ein Neugeborenes. Und hatte doch so viel Glück. Von den 19 Männern, bei denen diese Operation durchgeführt wurde, sind nur zwei noch am Leben, 17 starben. Sie wurden alle gemeinsam in einem Grab auf dem Moskauer Mitinskoje-Friedhof beigesetzt.« Es heißt, dass dieses Gemeinschaftsgrab mit Bleiplatten versehen wurde, weil von den Körpern der Tschernobylopfer weiter eine solche Strahlung ausgeht, dass die Angehörigen die Gräber nicht gefahrlos besuchen könnten. Mit 35 Jahren war Pjotr Palamartschuk Invalide. Neben der Strahlenkrankheit, die Blutveränderungen auslöste und sein Immunsystem schwächte, erblindete er zeitweilig. Zwischen dem vierzigsten und dem achtzigsten Tag nach der Katastrophe erlitt er einen Nervenzusammenbruch nach dem anderen, trotz starker Beruhigungsmittel. Die Verbrennungen ersten Grades an Rücken und Beinen schmerzten, die Ärzte rieten dringend zu Hauttransplantationen.

Zwischendurch wusste er nicht mehr, wie er die immer neuen Operationen bezahlen sollte, denn obwohl die medizinische Versorgung in Russland offiziell kostenlos ist, müssen die Patienten ihre Medikamente selbst mitbringen und die Kosten für Operationen tragen. Das reformbedürftige Gesundheitswesen ist hoffnungslos unterfinanziert. Als Pjotr Palamartschuk die Amputation beider Beine drohte, begann er zu kämpfen, gründete eine Hilfsorganisation, die Geld für die medizinischen Behandlungen von Strahlenopfern auftreibt.

Der freundliche Riese knetet die Finger, rutscht hin und her auf dem Plastikstuhl in dem Moskauer Büro der Organisation, die den Tschernobylopfern eine Stimme verschaffen will. 15 Mal wurde er operiert bis zu dem Zeitpunkt, als wir uns das erste Mal trafen, wenige Wochen bevor das Werk in Tschernobyl am 15. Dezember 2000 endgültig vom Netz genommen wurde. Jener Dezembertag stellte für ihn keineswegs einen Grund zum Feiern dar, denn in das kleine Lager russischer Atomkraftgegner ist er bis heute nicht gewechselt. Als ich ihn um einen Kommentar zu den Atom-Plänen des ein Jahr später der Korruption angeklagten Atomministers Jewgeni Adamow bat: kein böses Wort. Russlands oberste Atombehörde propagierte zehn Jahre nach dem Zusammenbruch der Sowjetunion ihre Absicht, innerhalb der nächsten 30 Jahre, also bis zum Jahr 2030, 30 neue Atomkraftwerke zu bauen. Teilweise als Ersatz für die alten, teilweise um nicht nur Öl und Gas, sondern auch Atomstrom zu exportieren. Pjotr Palamartschuk hatte noch nicht einmal Einwände gegen die abenteuerlich klingenden Pläne, für Russlands nördliche Regionen schwimmende AKW zu bauen. Schiffe, auf die zwei Atomreaktoren montiert werden und die über die breiten Flüsse wie den Jenissej oder die Lena Energie in den Norden bringen sollen. Pjotr Palamartschuks Kommentar klang wie die Beschwichtigungsformel des Atomministers: »Wir sind Pioniere der Atomnutzung in der Schifffahrt. Unsere uranbetriebenen Eisbrecher sind seit Jahrzehnten unterwegs. Eine ganze Armada hält uns die Wege auf dem nördlichen Eismeer frei.« Adamow wollte auf eine schwimmende Unterlage ein Kraftwerk setzen, in dem ein Techniker wohnen würde, der alles kontrolliert. Der entsprechende Kraftwerkstyp sei schon fertig gebaut. Er könne 25 Jahre laufen, ohne neu mit Brennstäben bestückt zu werden, und wenn er dann irgendwann frisches Nuklearmaterial brauche, werde die ganze Anlage in die Fabrik transportiert und neu ausgestattet. »Seit mehr als 40 Jahren funktionieren die Eisbrecher absolut reibungslos und die Atomanlagen, die wir heute benutzten, sind in vierter

Generation dieselben wie auf dem ersten Eisbrecher, auf der ›Lenin‹. So sieht die Praxis aus. Nicht ein einziger Unfall im Zusammenhang mit Radioaktivität. Und für die schwimmenden AKW gelten natürlich alle Normen, wie sie auch für AKW an Land vorgesehen sind.«

Für den Atomminister war Tschernobyl offenbar nicht einmal eine Episode. Zweifel an der Kraftwerkstechnik? Fehlanzeige! Obwohl eine Untersuchungskommission bestätigte, dass nicht menschliches Versagen den GAU verursacht hat, sondern die Fehlkonstruktion des Reaktors vom Typ RBMK-1000, später bezeichnenderweise nur noch »Tschernobyl-Reaktor« genannt.

Zehn Jahre lang schienen Adamows Pläne lediglich die Phantasien eines Atomministers zu sein. Doch in der Zwischenzeit nahmen sie beängstigende Gestalt an. In der Petersburger Werft, die Andrej Fomitschew leitet. Der Werft-Chef kündigte einen Monat nach dem Unglück in Fukushima an, dass Russland an dem Projekt festhält und das erste Schiff mit zwei kleinen Atom-Reaktoren an Bord unter dem Namen Michail Lomonossow zu Wasser lassen will. Seine Bestimmung: Strom für die Erschließung der Ressourcen in der Arktis zur Verfügung zu stellen. Weitere schwimmende Kraftwerke sollen folgen, wenn die Rechnung aufgeht, und sie zum russischen Exportschlager werden.

Wer die Frühjahrshochwasser russischer Flüsse erlebt hat, wie das 2001 an der Lena, dem wird angst und bange bei der Vorstellung, diese Kraftwerksschiffe in solche Gewässer zu lassen. Was, so fragt man sich, würde bei Unwettern oder auch nur einer normalen Schneeschmelze mit einem solchen schwimmenden Untersatz geschehen? Die Lena, der Amur oder der Jenissej sind kilometerbreite sibirische Ströme, die, einmal zugefroren, in den Wintermonaten zu Straßen umfunktioniert werden, mit Verkehrsschildern, Ampeln, Kreuzungen. Während der Schneeschmelze bricht das Eis in dicke Schollen, die auf den anschwellenden Flüssen in rasendem

Tempo flussabwärts getragen werden und alles auf ihrem Weg mitreißen. Ganze Isba-Bauernhäuschen sausen plötzlich auf dem Fluss vorbei.

Anfang 2001 türmte sich das gebrochene Eis auf der Lena meterhoch. Erst im fünften Stock eines Plattenbaus in Jakutsk war ich mit den Schollen auf Augenhöhe! Kampfflugzeuge warfen Bomben auf die Gebirge aus Eis, um sie zu sprengen, weil sie wie Pfropfen das Flussbett verstopften.

Die Atomkraft kann Pjotr Palarmatschuk bis heute nicht schrecken. Als hätte es Fukushima, Tschernobyl, seine Verbrennungen und die vielen Operationen nicht gegeben. Solange er zwischen Leben und Tod schwebte, bekam er nichts mit von den Lügen in den sowjetischen Zeitungen. Wir Studenten schon. Die DDR-Medien hatten ebenso zuerst geschwiegen, dann gelogen und alles, was an westlicher Berichterstattung über die Grenzen drang, abgestritten.

Der Journalistin Alla Jaroschinskaja, die nur ein paar Kilometer vom Unglücksreaktor entfernt wohnte und arbeitete, ließen die Vertuschungsversuche keine Ruhe mehr. Sie ging den Gerüchten nach, die ab dem 27. April 1986, einen Tag nach der Katastrophe, die Runde machten. Beschäftigte des AKW redeten hinter vorgehaltener Hand von einem schweren Unfall am Vortag. Doch weder Radio noch Fernsehen oder Zeitungen griffen auf, was in Tschernobyl und Kiew und Umgebung kursierte, getreu sowjetischer Manier wurde ignoriert, was nicht geschehen sein durfte.

Die Leute gingen zur Selbsthilfe über. Aus den Apotheken verschwanden Jodpräparate, die als Prophylaxe und ohne ärztliche Konsultation geschluckt wurden. Die Ärzte wurden nicht gefragt, denn wer über einen GAU öffentlich »spekulierte«, riskierte die Verurteilung wegen eines politischen Verbrechens, wozu das Verbreiten von »antisowjetischen Gerüchten« zählte. Zudem stellte sich heraus, dass auch die Mediziner nicht informiert worden waren. Etliche Patienten, die bei ihrer Selbstmedikation nach der Methode »Viel hilft viel« die Jodmenge zu hoch dosiert hatten, verätzten sich die Kehlen und Gedärme.

Zehn Tage nach dem Reaktorunfall wandte sich der ukrainische Gesundheitsminister Romanenko an die Bürger mit dem Ratschlag, die Fortotschki zu schließen, die kleinen Fensterchen in den Küchen. Dazu die Wohnungen nass zu wischen, die Schuhe an der Haustür auf einem feuchten Tuch abzustreifen.

Als ausländische Radiosender bereits über die Explosion im vierten Block des AKW Tschernobyl berichteten, schwiegen die sowjetischen Medien noch drei Tage lang. Am 1. Mai fanden in den russischen, weißrussischen und ukrainischen Städten rund um Tschernobyl, auch in Schitomir, wo Alla Jaroschinskaja lebte, die Feiern zum »Tag der Werktätigen« statt. Schitomir ist nur 180 Kilometer von Tschernobyl entfernt. Ahnungslose Menschen, zu Tausenden auf den Straßen, genossen leicht bekleidet die frühe Sommerhitze. Derweil ließen hohe Beamte vom Kiewer Flughafen Borispol aus ihre Kinder aus der verseuchten Gegend ausfliegen. Das sprach sich herum wie ein Lauffeuer. Wer konnte, tat es den Bonzen gleich. Auf Bahnhöfen und Reisebüros waren Zugfahrkarten und Flugtickets im Nu ausverkauft.

In den Dörfern rund um Tschernobyl spielten sich in den kommenden Tagen und Wochen dramatische Szenen ab. Die Bevölkerung begehrte auf gegen Evakuierungspläne, die jeder Logik, jedes Systems entbehrten.

Die Bewohner des Dorfes Nowoje Scharnje wurden in das Dorf Mirnoje geschickt, obwohl dort die Radioaktivität ähnlich hoch war. Mehr noch: In ihrem neuen Dorf befand sich zusätzlich eine Müllkippe mit giftigen Abfällen von Agrarflugzeugen. Warum in Gottes Namen sollten sie dorthin umziehen? Den Einwohnern wurde verboten, mit Holz aus dem nahegelegenen Wald zu heizen, weil das als radioaktiv verseucht galt. Die Umsiedler holten sich deshalb ihr bereits geschlagenes Brennholz aus ihren verlassenen Dörfern, anderes gab es ohnehin nicht.

Alla Jaroschinskaja erfuhr, dass im Dorf Golubijewitschi neue Häuser für Umsiedler gebaut worden waren, die aber nicht kamen. Das Dorf liegt in 60 Kilometer Entfernung von Tschernobyl, 30 Kilometer von der »Todeszone«, in die jeder hineinfahren konnte, obwohl sie Sperrgebiet war. In der Todeszone wohnten nach wie vor Familien mit kleinen Kindern.

Auch in anderen Orten zog niemand in die neuen Häuser, die eigens für die Evakuierten gebaut worden waren, weil die Räume über keinerlei Heizungen oder Öfen verfügten. Darauf war verzichtet worden, damit ihre Fertigstellung zügiger voranging. Kindergärten wurden gebaut, wo es gar keine kleinen Kinder mehr gab, ebenso unnütze gemeinschaftliche Badehäuser (Banjas) entstanden, obwohl jeder Hof traditionell seine eigene Banja besitzt.

Die Einteilung der Dörfer in verstrahlte und weniger verstrahlte erfolgte völlig willkürlich, ohne dass etwa die gemessene Radioaktivität zugrunde gelegt wurde. Die Unterschiede der Strahlenbelastung waren ohnehin marginal. Für die Menschen hatte die Einteilung dennoch erhebliche Auswirkungen. Bekamen doch diejenigen, die in einem belasteten Ort wohnten, ein Viertel mehr Lohn oder Gehalt gezahlt und zusätzlich 30 Rubel pro Monat, also einen Rubel pro Tag, für unbelastete Lebensmittel. Den Landbewohnern wurde verboten, Obst und Gemüse aus ihren eigenen Gärten zu essen. Beamte aus der Gebietsverwaltung konfiszierten die Kühe, die in Ställen eines anderen, ebenso verstrahlten Dorfes untergebracht wurden. Ähnlich verfuhren sie mit Lebensmitteln, die aus einem verstrahlten Dorf in ein anderes verstrahltes Dorf gebracht und dort, als »sauber« deklariert, für teures Geld verkauft wurden. Hunde und Katzen, die bei der Evakuierung zurückgelassen werden mussten, wurden drei Tage später erschossen, was die Bürger endgültig gegen »die Macht« aufbrachte. Die Einwohner waren außer sich, sträubten sich, aus ihren Dörfern fortzugehen, in denen die Familien seit Hunderten von Jahren gelebt hatten, die ihnen deshalb so lieb und teuer waren, gerade weil sie weit entfernt von Industriebetrieben lagen. Das »saubere« AKW hatte für sie bislang nicht gezählt. Häuser für Umsiedler wurden in insgesamt acht Dörfern gebaut, alle acht waren ebenso verstrahlt wie die Dörfer, die evakuiert worden waren. Über 100 Millionen Rubel ließ sich der sowjetische Staat Maßnahmen kosten, die komplett unsinnig waren und dennoch nicht gestoppt wurden. Bei Erwachsenen wurden erhöhte Strahlenwerte registriert, bei Kindern diagnostizierten die Ärzte Vergrößerungen an inneren Organen wie Schilddrüse und Leber. Tiere mit zu vielen Extremitäten oder drei Augen wurden geboren. Schwangere fragten sich, ob ihrem Nachwuchs Ähnliches drohte. Bis heute gibt es über menschliche Missbildungen nach dem GAU keine offiziellen Angaben.

Den Journalisten der Sowjetunion war es untersagt worden, über die Katastrophe bzw. das verheerende Krisenmanagement zu berichten. Alla Jaroschinskaja tat es dennoch. Von Walentin Semjonowitsch Budko, dem Vorsitzenden der Kreisverwaltung, erhielt die Redakteurin eine Landkarte mit den am meisten verstrahlten Orten ihres Landkreises: Die ganze Region war völlig verseucht. Die am höchsten belastete Stelle lag allerdings außerhalb der Todeszone, 300 Meter von dem Stacheldrahtzaun entfernt, der das Gebiet eingrenzte. Die Journalistin begriff nicht, warum den Menschen die Wahrheit vorenthalten wurde, statt sie umfassend zu informieren, um den Schaden für ihre Gesundheit, zumindest im Nachhinein, so gering wie möglich zu halten. Hatte Gorbatschow nicht Glasnost verordnet? Zwar war er Generalsekretär einer Partei, der sie nicht angehörte, aber doch schließlich auch oberster Repräsentant des Staates, in dem sie lebte. Offenheit? Transparenz? Die Behörden, die jegliche Information verweigerten, reagierten wie eh und je. Keine Spur von Veränderung. Weder stand in der Prawda (»Wahrheit«) die Wahrheit, noch enthielt die Iswestija (»Nachrichten«) Nachrichten. Was für die sowjetischen Zeitungen zutraf, galt auch für sämtliche DDR-Blätter: Keine Zeile von dem, was Alla Jaroschinskaja schon in den ersten Wochen nach dem Unglück herausgefunden hatte, fanden wir deutschen Journalistikstudenten in irgendeiner Zeitung. Wie auch. Im Sommer 1986 funktionierte die Nachrichtensperre noch tadellos. Alla hat zu diesem Zeitpunkt ihre Artikel noch selbst fotokopiert und an Freunde und Bekannte verteilt.

Was für ein Gewinn wäre für uns Journalistikstudenten eine Begegnung mit ihr gewesen! Von ihr hätten wir aus erster Hand erfahren, was sich in der Todeszone wirklich tat. Ihr Mut hätte die Hardliner in unserer Gruppe eines Besseren belehrt, und den Idealisten unter uns wäre sie zum Vorbild geworden. Sechs Jahre recherchierte Alla Jaroschinskaja, was in jenen Wochen und Monaten nach dem Reaktorunfall in Tschernobyl vertuscht worden war. Die Journalistin aus der ukrainischen Provinz entriss den Behörden Informationen, die die zwar sorgfältig zusammengetragen hatten, aber den Bürgern nicht mitzuteilen gewillt waren. Wieder einmal wollten die Herrschenden, in diesem Fall die Dritte Hauptabteilung des sowjetischen Gesundheitsministeriums, besser wissen, was gut für die Menschen sein sollte. In einem Ukas vom 27. Juli 1986 wurde angeordnet, alles, was die Havarie, die medizinische Betreuung oder das Ausmaß der Verseuchung betraf, als streng geheim zu betrachten. Den Ärzten wurde verboten, auf den Totenscheinen Todesursachen zu vermerken, die auf einen Zusammenhang mit dem GAU schließen lassen könnten. Für verstorbene Kinder wurden gar keine Totenscheine ausgestellt. Verschwiegen werden mussten die Verluste unter dem AKW-Personal, die vielen Menschen, die medizinische Hilfe benötigten und nicht arbeitsfähig waren, die Zahl der mehr als 300 000 umgesiedelten Personen, die Verseuchung der Siedlungen. Das Verteidigungsministerium musste geheim halten, dass es Hunderttausende Soldaten als

»Liquidatoren« in das Katastrophengebiet geschickt hatte, wie viele Flugzeuge und Hubschrauber im Einsatz waren, um Sand, Lehm, Borcarbid, Blei und Dolomit abzuwerfen, um den brennenden Graphit im Reaktorkern abzudecken, zu kühlen, die Kettenreaktion endlich zu unterbinden.

Wochenlang traf sich die Operative Gruppe des Zentralkomitees der KPdSU beinahe täglich, um Informationen zusammenzutragen: über die Zahl der strahlenverseuchten Patienten. Am 12. Mai 1986 wurden mehr als Zehntausend in den Kliniken registriert. Bis zum 2. Juni waren 26 Todesopfer gezählt worden. Regelmäßig mahnte die Operative Gruppe an, der Reaktor müsse schneller gelöscht, die Temperatur gesenkt und der Ausstoß radioaktiver Materialen endlich reduziert werden. Der Vertreter des Staatlichen Tourismuskomitees bekam eine Abreibung, wie aus der Sitzungsmitschrift vom 11. Mai 1986 hervorgeht, weil die Zahl der Touristen aus dem »kapitalistischen Ausland« um 20 Prozent gesunken war. Er solle seine Anstrengungen verstärken, für Reisen in die Sowjetunion zu werben.

Die Informationen an die Presse sollten genauer gefiltert werden. Nichts sollten Rundfunk, die Nachrichtenagentur TASS, die Zeitungen und Zeitschriften erfahren, was »naturwissenschaftliche Einzelheiten« betraf, nichts, was zur Bewältigung der Havarie und zum Wiederaufbau unternommen wurde. Keine Messdaten über verunreinigte Ortschaften oder Lebensmittel. Erfasst war alles, gesagt wurde nichts. Stattdessen Propaganda. Die instruierten Journalisten sollten das Augenmerk auf die Anstrengungen des Zentralkomitees der KPdSU und der Regierung zur Normalisierung der Lage der umgesiedelten Bevölkerung richten.

Alla Jaroschinskajas Popularität wuchs so sehr, dass sie von den Arbeitern gleich aus zwei Betrieben gebeten wurde, als ihre Volksdeputierte für den Obersten Sowjet zu kandidieren.

Als sie schließlich zur Abgeordneten gewählt war, bekam sie Zugang zu vielen Dokumenten, die den allzu großzügig verliehenen Zusatz »streng geheim« und »für den Dienstgebrauch« trugen. Stand für sie bislang fest, dass vor allem die Provinzfunktionäre den offenen Umgang mit Informationen behinderten, erkannte sie auf dem Volksdeputiertenkongress ab dem 25. Mai 1989, wie wenig Generalsekretär Gorbatschow selbst an mehr Offenheit interessiert war. Auf ihr beharrliches Drängen erteilte ihr Gorbatschow während des Volksdeputiertenkongresses genau drei Minuten Redezeit.

Ihr Auftritt ging unter inmitten der Vielzahl angeprangerter Missstände: der sterbende Aralsee, die Verschmutzung des Schwarzen Meeres wie des Baikalsees, die versteckte Arbeitslosigkeit im Land, die es offiziell nicht geben durfte, die abstoßende Qualität sowjetischer Konsumgüter, der allgegenwärtige Mangel, die Inflation. Die Delegierte aus der Ukraine fuhr enttäuscht nach Hause. Sie beschloss, als Abgeordnete nach Moskau zu ziehen und von dort aus die Folgen des Unglücks von Tschernobyl aufzudecken.

Die Protokolle, die dank Alla Jaroschinskaja heute jedermann zugänglich sind, lesen sich wie eine Anleitung zur Desinformation: Zwar verfügt der Apparat über eine Fülle von Details, doch was davon an die Öffentlichkeit dringt, bestimmen allein die Natschalniks, die Vorgesetzten. (Ein russisches Sprichwort lautet: Ja natschalnik – ty durak, ty natschalnik – ja durak. Bin ich Chef, bist du der Dumme, bist du Chef, bin ich der Dumme.)

Die heute in Moskau lebende Autorin hat erst unter Präsident Jelzin publik machen können, was Gorbatschow noch unter den Teppich gekehrt wissen wollte, und bekam für ihren Mut und ihre akribische Recherche ein Jahr nach dem Zerfall der Sowjetunion, 1992, den Alternativen Nobelpreis verliehen.

Als am 15. Dezember 2000 der letzte, der dritte Block des Atomkraftwerkes für immer vom Netz genommen wurde, konnte die Europäische Union einen Erfolg für sich verbuchen. Jahrelang hatte sie die ukrainische Regierung gedrängt, den letzten Meiler des Katastrophenkraftwerks abzuschalten.

Im Wissen, wie stark verstrahlt das Gebiet immer noch ist, wagte ich zu diesem Anlass eine nur kurze Reise nach Tschernobyl. Aus größtmöglichem Abstand bestaunte ich die zum »Elefantenfuß« erstarrte Kleckermasse aus Uran, Plutonium, Graphit und Sand im vierten, havarierten Block. Der Sarkophag, der den Unglücksreaktor umhüllte, war bereits baufällig. Poröse Betonplatten, verrostete Stahlträger, alles ohne Fundament, eilig auf die alte Werkshalle gesetzt. Es schien nur eine Frage der Zeit zu sein, wann die von der starken Strahlung zerfressene Hülle zusammenbrach. Das Betriebsgelände sah sowjetisch verwahrlost aus. Obwohl von außen nichts mehr auf die Katastrophe hindeutete, kribbelte mir die Haut. Duschen half nicht. Am liebsten hätte ich mich meiner gesamten Tschernobyl-Kleidung, einschließlich Gepäck und Technik entledigt. Zumindest warf ich in meiner Wohnung in Moskau alles, was Wasser vertrug, in die Waschmaschine. Die reinste Placebo-Aktion.

In Slawutitsch, rund fünfzehn Kilometer von Tschernobyl entfernt, hatte ich an einem Volksfest teilgenommen. Als Ehrengast wurde der damalige ukrainische Präsident Leonid Kutschma empfangen. Die Menschen waren aufgeräumter Stimmung. Nicht etwa, weil nun der letzte Reaktor heruntergefahren worden war, sondern weil sich die Öffentlichkeit, einschließlich ihres Staatsoberhauptes, endlich wieder an die Einwohner im verseuchten Gebiet erinnerte. Ihr Ort gehörte zu ebenjenen, die zwar völlig neu aufgebaut worden, aber nach wie vor übermäßig verstrahlt waren. Eine Anti-Atomorganisation hatte auch jetzt noch niemand gegründet, viel zu sehr waren die Menschen noch immer vom AKW Tschernobyl abhängig.

Ein neuer Sarkophag soll über den alten gestülpt werden und so die Strahlung für die nächsten 100 Jahre abschirmen. Das Projekt zögert sich Jahr um Jahr hinaus, was verständlich ist, wird es doch noch einmal Millionen verschlingen und die Lügen strafen, die Kernkraft als eine kostengünstige Energiequelle betrachten.

Kurz vor dem 25. Jahrestag des Reaktorunfalls begann eine Kiewer Tourismusagentur eine bizarre Idee umzusetzen: Sie organisierte Reisen in die menschenleere Todeszone. Mit Bussen wurden Besucher von Kiew nach Tschernobyl gekarrt. Unterwegs wurde ihnen von einem Experiment berichtet, das Wissenschaftler 1996, zehn Jahre nach dem GAU, durchführten. Die Experten hatten ein Feld mit Hafer bestellt, um zu erfahren, ob und in welchem Maße sich die Strahlung des verseuchten Bodens in den Pflanzen und Früchten wiederfindet. Wenig überraschend stellte sich heraus, dass die geernteten Körner so hoch mit Strontium belastet gewesen seien wie der Boden ringsherum. Den Strahlentouristen war untersagt worden, unbefestigte Wege zu betreten, Pflanzen oder Erdproben mitnehmen. Sie durften sich nirgendwo hinsetzen oder anlehnen. Während der wenigen Stunden in dem abgesperrten Gebiet schauten die Fremden unablässig auf ihre Geigerzähler und warteten auf Erklärungen. An den Stellen, an denen die Messgeräte noch aufgeregter piepsten als ohnehin schon, sei höchstwahrscheinlich Atommüll im Boden vergraben worden, sagte man ihnen: Schutt aus dem havarierten Kraftwerk.

Auch heute wird Alla Jaroschinskaja nicht müde, vor der Atomkraft zu warnen. Die Publizistin kritisiert die Versuche des weißrussischen Präsidenten Alexander Lukaschenko, das Ausmaß des Tschernobyl-Unglücks zu verharmlosen. Als wolle er jede Erinnerung auslöschen, verbot der Minsker Autokrat den Kindern aus der verstrahlten Region, ihre Ferien in Deutschland zu verbringen. Sein Kalkül: Wenn keine neuen kranken Feriengäste aus Weißrussland kommen, werden keine alten Erinnerungen geweckt. Eine Rechnung, die nach Fukushima erst recht nicht mehr aufgeht. Weil sich während der Urlaubsaufenthalte in unverstrahlten Gebieten das Immunsystem der jungen Patienten sichtbar stabilisiert, protestierten weißrussische Ärzte und westliche Hilfsorganisationen entsprechend laut gegen das Reiseverbot für die Kinder. Lukaschenko scheut dennoch nicht davor zurück, auf Kosten der Menschen in den betroffenen Gebieten zu sparen. Indem er die überhöhte Strahlenbelastung leugnet, versucht er die Streichung der Entschädigungszahlungen zu rechtfertigen. Geld, auf das die Betroffenen aber wegen ihres höheren Bedarfs an Medikamenten nicht verzichten können. Außer der Ukraine ist ein Fünftel Weißrusslands und ein Teil Westrusslands um die Gegend von Brjansk ein Vierteljahrhundert nach dem Unfall noch immer verstrahlt. Tausende Kinder und Erwachsene leiden an den Folgen des GAU.

Ausgestattet mit diesen Informationen, hätten wir 1986 die Reise in die Sowjetunion vermutlich abgesagt oder aber sie mit völlig anderem Ziel unternommen. Das Austauschangebot auszuschlagen ohne diese handfesten Begründungen, die uns damals (und noch viele Jahre später) nicht zur Verfügung standen, war unmöglich. Unsere Lehrkräfte von der Karl-Marx-Universität, die die Studienaufenthalte organisierten, hätten eine Weigerung als Beweis unserer Unfähigkeit gewertet, »westlicher Propaganda und Angstmache« zu widerstehen. Die wenigen Argumente, die wir überhaupt hätten anbringen können, stammten aus westlichen Medien, die für uns tabu zu sein hatten.

Wir versuchten, uns mathematisch Klarheit zu verschaffen, das Dilemma zu berechnen: Kiew, das zusammen mit Riga auch im Angebot war, kam von vornherein nicht in Frage, denn Kiew und Tschernobyl trennen nur 100 Kilometer. Leningrad und Tschernobyl sind knapp 1000 Kilometer voneinander entfernt. Zwischen Leipzig und Tschernobyl liegen 1200 Kilometer. Kiew, die ukrainische Hauptstadt, war eindeutig das größere Übel. Das konnten wir absagen, wenn wir uns für Leningrad entschieden. Zu zweit bezogen wir das tanzsaalgroße Zimmer im Studentenwohnheim, von dessen

Fenster wir weit über die Newa flussabwärts und hinüber zur Eremitage blicken konnten, die sich unwirklich wie eine Theaterkulisse am Ufer aufgebaut hatte. Euphorisch schmiedeten wir Pläne und bemerkten nicht, was sich zu unseren Füßen tat. Auf den abgewetzten Dielen lieferten sich Kakerlaken ein Sechs-Tage-Rennen. Die Gemeinschaftsküche galt unter den munteren Krabblern vermutlich als Metropole, über den Toiletten hing bestimmt der Wegweiser »Zum Paradies«. Wir zückten unsere Geldbörsen, zählten die Rubel und hofften, dass sie für einen Flug zurück nach Schönefeld reichten. Keine zehn Pferde konnten uns in diesem Kakerlakenschloss halten. Wie gut, dass die Nacht weiß und nicht dunkel war. Unser Wortschatz hatte sich bereits erweitert: um »tarakany«.

Wir gaben uns eine Frist. Sollten die Biester, auf die wir einen Gasangriff mit unserem Insektenspray made in GDR gestartet hatten, bis zum Morgen nicht verschwunden sein, würden wir abfliegen.

Jetzt, da das Geld vielleicht nur noch für den Flug reichen musste, spazierten wir über die Schlossbrücke, die spätnachts mehrere Stunden lang für die Schiffe hochgezogen wurde, und gönnten uns einen Restaurantbesuch. Dort schienen zwei Verteidiger des sowjetischen Vaterlandes auf solche hasenfüßigen Gesellinnen wie uns nur gewartet zu haben. Heldenhaft retteten sie uns vor den Kakerlaken, unsere Rubel vor russischen Kassen und ihr Land vor unserer Verachtung. Als Beschützer standen sie fortan an unserer Seite, nicht nur bis die Brücke am Morgen wieder passierbar war. Zu viert trafen wir uns in den nächsten Tagen, wann immer es ging. Die beiden Berufssoldaten hatten, wie es schien, alle Zeit der Welt. Wie wir später erfuhren, warteten sie darauf, an die afghanische Front abkommandiert zu werden. Seit 1979, sieben Jahre also schon, führte die Sowjetunion Krieg am Hindukusch, angeblich auf Bitten des kommunistischen Regimes in Kabul, dem die islamistischen Mudschaheddin den Kampf angesagt hatten.

Wenn ich Jahre später jene verwahrlosten ehemaligen Afghanistankämpfer sah, die, auf einem Wägelchen sitzend, ihre beinlosen Körper über den Asphalt rollten, sich mit bloßen Händen vom schmutzigen Boden abstießen, um vorwärts zu kommen, dann fielen mir Igor und Sergej ein. Jahrelang beobachtete ich einen Afghanistan-Invaliden, dessen »Arbeitsplatz« auf einer Kreuzung war, an dem zwei zehnspurige Straßen aufeinandertrafen. Der Bettler saß auf seinem Wägelchen – im Winter auf einem Kinderschlitten – an der Ampel und fuhr bei Rot an den Autos entlang. Sein Gesicht immer auf Höhe der Auspuffe. Wenn es gut lief, musste er sich nicht nach Münzen bücken, sondern las statt der Kopeken Rubelscheine vom Asphalt auf. Igor, Sergej – verzeiht! Natürlich hattet Ihr in Eurer perfekt sitzenden Uniform keinerlei Ähnlichkeit mit den verstümmelten Gestalten, die es nicht verwinden konnten, dass man sie nicht als heimgekehrte Helden begrüßte. Die sich aus Wut und Enttäuschung, Verzweiflung oder Ausweglosigkeit, ein Nichts in der postsowjetischen Gesellschaft zu sein, nur noch am Wodka festhielten.

Für Euch sind damals vor gut zwanzig Jahren schließlich selbst alte Mütterchen in den überfüllten Leningrader Bussen aufgestanden, um Euch, den Verteidigern der Heimat und damit künftigen Helden des Vaterlandes, ihren Platz anzubieten. Ihr Privilegierten hattet eine eigene Wohnung mit Küche, Bad und Fernwärme, von der Tausende Leningrader, die immer noch in den Kommunalkas zusammengepfercht hausten, nur träumen konnten. Dass es in Leningrad Tausende solcher unfreiwilligen Wohngemeinschaften gab, hatte man uns, den DDR-Austauschstudenten der Leningrader Fakultät für Journalistik, vorenthalten. Russische Gastgeber setzen bis heute Himmel und Hölle in Bewegung, ihren Besuchern ein möglichst heiles Bild ihrer Heimat zu präsentieren. Auf ihre Familie, ihre Stadt, ihr Land lassen sie nichts kommen. Alles Unschöne wird beiseitegelassen, totgeschwiegen, versteckt. Viel lieber zeigt man, was man hat. Die Kehrseite der zweifellos herzlichen Gastfreundschaft ist die »Pokasucha«. Pokasucha mit »mehr Schein als Sein« zu übersetzen wäre wohlwollend, aber unvollständig. Pokasucha schließt Angeberei mit ein. Es wird mit allem geprotzt, auch mit dem, was einem nicht gehört. Schließlich will man Eindruck schinden, auch auf die Gefahr hin, ein unwahres Bild von sich zu zeichnen. Da wird schon mal der neue Fernseher der Nachbarn so lange ausgeliehen, wie Gäste im Hause sind …

Die krabbelnden Mitbewohner im Wohnheim passten nicht in dieses Bild, weshalb die stellvertretende Rektorin der Leningrader Journalistik-Fakultät auf unsere Beschwerde hin kurzen Prozess machte und unsere Aufmerksamkeit fortlenkte von den unappetitlichen Dingen hin zur Schönheit der Stadt. Kurzerhand quartierte sie uns um. Eine unbenutztere Unterkunft als die uns nun zugewiesene konnte es nirgends geben: Das Studentenwohnheim weit draußen neben dem damals ebenfalls nagelneuen Pribaltiskoje-Hotel an der Ostsee befand sich noch im Bau. Offenbar in etwas unorthodoxer Reihenfolge war der Innenausbau vorangetrieben worden: Während man im Vestibül noch durch lose aufgeschütteten Sand stapfte, waren der vierzehnte und fünfzehnte Stock bereits fix und fertig, samt Bädern und Küche. Sogar der Fahrstuhl funktionierte, und die Adresse hatte sich bei den sechsbeinigen Untermietern noch nicht herumgesprochen.

Wie zur Strafe für unser Herummosern zeigte uns die Stadt fortan die kalte Schulter. Der Juni war nicht bereit, uns mehr als sieben Grad zu schenken, umso ergiebiger regnete es. Wir lernten die Unerbittlichkeit sowjetischer Fernheizungspläne kennen, für die einzig der Kalender, nicht das Thermometer, maßgeblich war. Was unseren durchtrainierten Soldaten, vermutlich Fallschirmjägern, nichts anhaben konnte. Sergej und Igor froren nie. Aufgewachsen waren sie in der Kadettenschule. Ihre Eltern zogen von Baustelle zu Baustelle durch die gesamte Sowjetunion, während die Söhne in den berühmten Leningrader Anstalten seit ihrem siebten Lebensjahr für ihr späteres Berufssoldatendasein gedrillt wurden. Ob sie je einen

Fuß auf afghanischen Boden gesetzt haben? Ob sie den Abzug der sowjetischen Truppen im Dezember 1989 unversehrt erlebten? Ob sie zu denen gehörten, die Andrej Sacharow und seine öffentliche Verurteilung dieses Vernichtungsfeldzuges verachteten? Unsere Empörung über den sowjetischen Einmarsch führte in jenem Sommer 1986 zu heftigen Diskussionen mit ihnen, sie brachte die Wende, den Bruch. Von Stund an sahen sie sich vermutlich Verräterinnen gegenüber. Schon unserer Gorbi-Manie hatten sie nichts abgewinnen können. Für sie war der neue Generalsekretär jemand, der »ihrer« Sowjetunion die heroische Geschichte stehlen wollte.

Seit Oktober 1991 heißt die Stadt, in der ich meine erste Bekanntschaft mit der Sowjetunion machte, wieder wie früher: Sankt Petersburg. 1990, ein Jahr vor dem Ende der UdSSR, setzte die Unesco das historische Stadtzentrum auf die Liste des Weltkulturerbes. Die Umbenennung, die per Referendum entschieden worden war, erwies sich als wesentlich kostengünstiger, als das, was nun von der Stadt verlangt wurde: Zu einem Zeitpunkt, da Tausende Betriebe bankrott gingen, Löhne nicht mehr ausgezahlt wurden, die Inflation galoppierte, die Menschen alles, was sich zu Geld machen ließ, verkauften, ausgerechnet in diesem Moment wurde ein Rekonstruktionsprogramm beschlossen, das die utopische Anzahl von 3000 Gebäuden umfasste! Sie sollten renoviert, aber gleichzeitig weiter bewohnt werden. Alexander Margolis, ein Universitätsprofessor, der die »Internationale Gesellschaft zur Bewahrung Sankt Petersburgs« leitet, klang damals mutlos angesichts des Mammutprojektes: »Es ist nicht das Ausmaß dieser Aufgabe, es ist unsere russische Mentalität: Erst fehlt uns das Geld, dann können wir uns ewig nicht aufraffen, und am Ende rennen wir.« Alexander Margolis, der patriotische Historiker, eilte in jenen Tagen aufgelöst durch die Stadt. Die Sowjetunion war im Untergang begriffen, und er sollte Petersburg retten. Er sollte eine Dringlichkeitsliste erstellen, welche Gebäude zuerst renoviert werden mussten. Im offenen Mantel, den der nasskalte Wind immer wieder bauschte wie ein Segel, jagte er im Schweinsgalopp voran, richtete einen misstrauischen Blick gen Himmel, dann auf den Fluss und klagte, dass es in Petersburg nichts so reichlich gibt wie Wasser. Den Bauleuten macht ständig entweder Hoch- oder Grundwasser zu schaffen, die Stadt ist auf Sümpfen errichtet. Die Winter wollen nicht enden und sind so zermürbend dunkel, wie die Stadt sommers unentwegt taghell bleibt. Die Petersburger hadern ungebrochen mit ihrem Stadtgründer, Peter dem Großen: Warum hatte er das Fenster zum Westen nicht weiter südlich aufstoßen können! Angeblich weil er Widerstände, Kämpfe liebte. Weil er Wasser mochte. So sehr, dass er verbot, Brücken zu bauen. Unter seiner Ägide sollten die Petersburger lernen, sich auf Booten zu bewegen. Als erste Amtshandlung nach seinem Tod veranlasste Jekaterina I. angeblich, unverzüglich Brücken zu errichten, weil sie es leid war, ständig in Kähne steigen zu müssen.

Zwanzig Jahre nach dem Zerfall der UdSSR herrscht auf dem Newski-Prospekt Hektik. Viel zu viele Autos fahren heute auf dieser vierspurigen Straße, stauen sich, stinken und lärmen, das eigene Wort ist nicht mehr zu verstehen. Die Stadt steht genau wie Moskau vor einem Verkehrskollaps. Alexander Blocks Schwärmerei von der »lyrischsten und poetischsten Straße« scheint weniger denn je zu passen.

Bunter als die frisch renovierten Paläste leuchten inzwischen die allgegenwärtigen Reklametafeln. Das Einheitsgrau, das die jahrzehntelang vernachlässigten Stadtpalais' überzogen hatte, ist übermalt. Unzählige Fassaden haben kurz vor dem 300. Stadtjubiläum 2003 neue Anstriche mit der berüchtigten russischen Wasserfarbe erhalten. Die Häuser, die ein paar Monate zu früh angepinselt wurden, waren zum eigentlichen Fest schon wieder blass um die Nase, denn der Regen und die ständige Feuchtigkeit hatten das billige Make-up bereits wieder abgespült. Kaum dass die Stadt ihren früheren Glanz zurückgewonnen hatte, sollte sie sogleich verschandelt werden. Durch den »Maiskolben«, wie die Gegner den Gazprom-Tower nannten. Errichtet werden sollte ein Wahrzeichen des neuen russischen Reichtums im Zuge des Petro-Rubel-Rausches, aber die Finanzkrise machte auch diesen Plan zur Freude der meisten Petersburger vorerst zunichte.

An jeder Ecke laden Cafés und Restaurants zum Verweilen ein, verdrängen die Erinnerungen an die ewigen Bulotschkis, Kuchenbrötchen, die man während der Perestroika als einzig Essbares für unterwegs überall und zu jeder Zeit kaufen konnte. Überhaupt begriffen wir damals, warum die DDR als das reichste Ostblockland beneidet wurde. Im Leningrad des Sommers 1986 gab es weder Obst noch Gemüse noch Fleisch. In der Kaufhalle des neuen Stadtbezirks, in den wir ausquartiert worden waren, lagerten in den meterlangen Kühltruhen nichts als tiefgefrorene weiße Fettklumpen. Zwischen versteckt gelegenen Buden auf einem Hinterhof boten Händler mit goldenen Zähnen Birnen und Pfirsiche feil. Wir bezahlten auf diesem »kaukasischen Markt«, einer der unter Gorbatschow zugelassenen privaten Kooperativen, ein Vermögen für ein paar Früchte, die samt und sonders innen faul waren. Nach und nach schauten wir ebenso missmutig drein wie die Menschen ringsherum. Aufbruchstimmung? Fehlanzeige! Wen wir auch fragten: nichts als Wehklagen. Seitdem der Verkauf von Wodka limitiert worden war, mussten die Sowjetbürger auch dort noch Schlange stehen, wo es früher schnell voranging: in den Spirituosengeschäften. Freilich: Gemeckert werden durfte hier offener als in der DDR.

Für die Sowjetbürger begann der Abstieg ihres Landes.

Kämpfer an allen Fronten

Gorbatschow kämpfte an unzähligen Fronten, musste es mit einem ganzen Heer von Gegnern aufnehmen. Boris Jelzin wurde sein größter. Dabei hatte Gorbatschow ihn 1985 von Swerdlowsk im Ural, dem heutigen Jekaterinburg, nach Moskau ins Zentralkomitee geholt. Er ernannte Jelzin zum Ersten Sekretär der Moskauer Stadt-Parteiorganisation und beauftragte ihn, gegen Korruption und Bürokratie vorzugehen.

Eine Aufgabe, die Jelzin auf den Leib geschneidert zu sein schien, obwohl er sich bis dahin nicht von den restlichen Spitzenfunktionären der KPdSU unterschieden hatte. Bestenfalls war er rücksichtsloser, machtbewusster. Was so mancher erst auf den zweiten Blick bemerkte. Er sprach, auch nüchtern, mit schleppendem Tempo, konnte allerdings unerwartet spitz und persönlich verletzend werden, wie Gorbatschow immer wieder leidvoll erfahren musste. Einmal losgelassen, machte Jelzin schonungslos Gebrauch von Glasnost und Perestroika. In Moskau setzte er 22 von 33 Stadtbezirks-Parteisekretären ab. Auf dem XXVII. Parteitag 1986 forderte er die radikale Umorganisation des Zentralen Parteiapparates. Ab 1987 kritisierte er den durch und durch korrupten Beamten- und Parteiapparat, als gehörte er nicht dazu. Jelzin gab sich als einer aus dem Volk, er fuhr hin und wieder, nie, ohne die Medien vorher zu informieren, Metro und Straßenbahn, verbotenerweise mit Dokumenten in der Aktentasche, die den Vermerk »streng geheim« trugen. Jelzin tauchte auf, wo niemand mit ihm rechnete. Er stellte sich in die Warteschlangen vor den Geschäften, um zuzuhören, worüber die Leute schimpften und spotteten. Über das Husarenstück beispielsweise, das Mathias Rust auf dem Roten Platz gelungen war. Der 18-jährige Westdeutsche landete am 28. Mai 1987, ausgerechnet am Tag des sowjetischen Grenzsoldaten, auf einer Brücke, 100 Meter vom Roten Platz entfernt. Die Sowjetbürger lachten sich kaputt und mit ihnen die halbe Welt. Rust war mit einer Cessna von Hamburg nach Finnland, von dort nach Leningrad und dann immer entlang der Bahnlinie direkt in die sowjetische Hauptstadt geflogen. Eskortiert wurde seine kleine Privatmaschine von mehreren MIG-Abfangjägern, die ihn aber weder beschossen noch auch nur bedrängten und ihn sogar noch mehrere Runden über dem Roten Platz drehen ließen. Die Luftabwehr, die sowjetische Armee, der Generalsekretär der KPdSU waren bis auf die Knochen blamiert, die Autorität der Sowjetunion samt ihrer Streitkräfte dahin. Die Sympathie für Moskau aber stieg sprunghaft, schien doch die Zeit des Kalten Krieges vorbei zu sein, als Flugzeuge, die den Luftraum verletzten, noch gnadenlos vom Himmel geholt wurden.

Im November 1987 enthob Gorbatschow den Moskauer Parteichef Jelzin seines Postens. Der stritt ungeachtet dessen im Politbüro weiter gegen die Reformbremser, brachte auch dort sämtliche Mitglieder, einschließlich des Generalsekretärs, gegen sich auf und flog schließlich wegen seines »ultralinken Radikalismus und politischen Abenteurertums« 1988 aus dem obersten Parteigremium. Fortan war er weder Parteichef noch Kandidat des Politbüros, sondern vollständig ohne Ämter und Funktionen. Gorbatschow soll geschworen haben: »Dich lasse ich in die Partei nie wieder rein!« Aber wankelmütig, wie er war, verschaffte er seinem Feind doch schon bald wieder eine Arbeitsstelle: als stellvertretender Bauminister.

Jelzin, im Katzenjammer, lebte auf, als er sah, dass ihn die Moskauer als Märtyrer plötzlich umso mehr liebten. Sie stilisierten ihn zum Helden. Während Gorbatschow zögerte, zurückwich, schwankte, kannte Jelzin nur eine Richtung: vorwärts im Sturm. Gegen Gorbatschow.

Immer mehr informelle Gruppen und Vereinigungen entstanden, Rock- und Jazzclubs, Umweltgruppen, Hilfsorganisationen. Das Monopol, das die kommunistische Partei und der Jugendverband Komsomol bislang innehatten, war gebrochen.

Wie sehr den Berliner Genossen der Wandel in der Sowjetunion gegen den Strich ging, brachte Kurt Hager als SED-Chefideologe in einem Interview zum Ausdruck. Es erschien im Magazin »Stern«, das wir in der DDR nicht lesen konnten, und im »Neuen Deutschland«, das für uns Journalistikstudenten Pflichtlektüre war. Es enthielt den entlarvenden und denkwürdigen Satz: »Würden Sie, wenn Ihr Nachbar seine Wohnung neu tapeziert, sich verpflichtet fühlen, Ihre Wohnung ebenfalls neu zu tapezieren?«

Schon dieser kleinbürgerliche, beschränkte Vergleich offenbarte, wie sehr die Altherrenriege fürchtete, dass ihr die Felle davonschwimmen könnten. Ahnte sie, dass mit Gorbatschow die DDR noch schneller als die Sowjetunion zu Ende ging?

Jelzins Aufstieg

Verbissen hatte Boris Jelzin an seinem politischen Comeback gearbeitet. Den Sprung zurück in die erste Riege schaffte er mit seinem furiosen Wahlsieg, mit dem er sein Mandat zum Volksdeputiertenkongress im Mai 1989 gewann. 89,4 Prozent der Stimmen hatte er im Moskauer Stimmbezirk Nummer eins geholt. Die Bürger hatten sich klar für ihn als ihren Delegierten entschieden.

Auf dem Volksdeputiertenkongress wurde Jelzin zudem in den Obersten Sowjet gewählt und führte zusammen mit Andrej Sacharow, dem charismatischen Wissenschaftler und freigelassenen Dissidenten, die parlamentarische Opposition der Demokraten und Reformer, radikal und ungeduldig. Jelzin wurde ihr Idol.

Nicht nur in Moskau, sondern in der gesamten Russischen Teilrepublik der Sowjetunion hatte er sich eine Machtbasis gesichert. Die russische Teilrepublik hielt einen Volksdeputiertenkongress ab, auch dort eroberte er sich ein Mandat. Und dort schlug ihn die parlamentarische Opposition sogleich für das Amt des Parlamentspräsidenten vor, das später in das Amt des Präsidenten der Russischen Republik umgewandelt wurde. Nach drei Anläufen wurde Jelzin am 29. Mai 1990 im dritten Wahlgang Herr im »Weißen Haus« in Moskau, erster Präsident Russlands und damit für Gorbatschow noch gefährlicher.

Wenige Wochen zuvor hatte Gorbatschow ein Amt geschaffen, das es bislang nicht gab. Er ließ sich am 15. März 1990 zum Präsidenten der Sowjetunion wählen. Was wie ein Griff nach mehr Macht aussah, stellte sich in Wirklichkeit als Bereitschaft heraus, Macht zu teilen. Denn zum ersten Mal verzichtete die KPdSU mit der geänderten Verfassung und der Einführung des Präsidialsystems auf ihren alleinigen Machtanspruch.

In der Sowjetunion freilich schwoll der Chor seiner Gegner immer lauter an: Gorbatschow habe die DDR, den Ostblock viel zu billig abgegeben.

Der Friedensnobelpreisträger Michail Gorbatschow war der Liebling des Westens, Jelzin bis dahin nur Insidern bekannt. Doch das sollte sich schlagartig ändern. Im August 1991 wurde Gorbatschow in seinem Urlaubsort Foros auf der Krim von Putschisten festgehalten, während deren Helfershelfer in Moskau versuchten, die Macht an sich zu reißen. Was Boris Jelzin verhinderte. An jenem 18. August sendete das Radio ein Sonderprogramm: Ohne jede Erläuterung wurde wieder und wieder ein- und dieselbe Erklärung verlesen. Dazwischen nur Tschaikowskis »Schwanensee«. Im Fernsehen genau das Gleiche, auch dort wurde auf allen Kanälen ausschließlich der Ukas des Vizepräsidenten der UdSSR bekanntgegeben: »Da Michail Sergejewitsch Gorbatschow aus Gesundheitsgründen seinen Amtsgeschäften und Verpflichtungen als Staatspräsident der UdSSR nicht mehr nachkommen kann, übernimmt gemäß Artikel 128/7 der Verfassung der UdSSR die Funktionen des Staatspräsidenten der Sowjetunion ab dem 19. August 1991 der Vizepräsident der UdSSR, Janajew. 18. August 1991.«

Was hier verklausuliert wurde, war einAufstand, verbunden mit einer Geiselnahme und einem Ultimatum. Wenig später rollten die Panzer durch den Moskauer Berufsverkehr in Richtung Weißes Haus.

Gorbatschow erlebte die Enttäuschung seines Lebens. Die Putschisten, Mitglieder des selbsternannten sogenannten Notstandskomitees vom August 1991, entstammten samt und sonders seiner unmittelbaren Umgebung. Er hatte sie bis dahin für seine Mitstreiter, Freunde gehalten, was viel aussagt über seine Menschenkenntnis. Zu dem Verräter-Dutzend gehörten unter anderem der Vizepräsident der Sowjetunion,

Gorbatschows unmittelbarer Stellvertreter, Gennadi Janajew, Ministerpräsident Walentin Pawlow, auch KGB-Geheimdienstchef Wladimir Krjutschkow, der Innenminister Boris Pugo, Verteidigungsminister Dmitri Jasow sowie dessen Stellvertreter Walentin Warennikow. General Warennikow befehligte seinerzeit die Bodentruppen mit insgesamt 1,5 Millionen Soldaten. Die Neufassung des Unionsvertrages, die Michail Gorbatschow ausgehandelt hatte, sollte am 20. August unterschrieben werden. Das wollten die Putschisten in letzter Minute, am 19. August 1991, verhindern – so wie sie am liebsten Gorbatschows gesamte Perestroika rückgängig gemacht hätten. Am 18. August war Warennikow auf die Krim gereist, um den damaligen Generalsekretär der KPdSU und Präsidenten der Sowjetunion zum Abdanken zu zwingen. Gorbatschow sollte seinen Rücktritt erklären. Er wurde in seiner Datscha von der Außenwelt abgeschnitten. In Moskau schickten die Putschisten schweres Gerät in Richtung Weißes Haus. Boris Jelzin stellte sich den heranrollenden Panzern entgegen. Er war der Hausherr, denn das Weiße Haus am Ufer der Moskwa war damals Amtssitz des russischen Präsidenten und des Obersten Sowjets, also des russischen Parlaments. Russland war die größte der sowjetischen Republiken. Kurz entschlossen kletterte Jelzin, damals noch stark und gesund, auf einen Panzer, um den möglicherweise wankelmütigen Armeeangehörigen einzuschärfen, was sie keinesfalls tun dürfen: als sowjetische Soldaten auf Sowjetbürger schießen.

Der Menge erklärte Jelzin, dass Michail Gorbatschow, Präsident der Sowjetunion, von kommunistischen Putschisten auf der Krim festgesetzt worden war. Zwei Tage und zwei Nächte ließen es sich Zehntausende von Moskauern nicht nehmen, das Weiße Haus, ihr erstmals frei gewähltes russisches Parlament, selbst zu schützen.

Altkommunist Warennikow spricht den Demonstranten vor dem Weißen Haus noch heute ab, dass es ihnen um die Verteidigung der demokratischen Rechte ging. Seiner Ansicht nach waren sie alle gekauft. Mit Wodka, Essen und natürlich Geld. Dass es keine Unterstützung für die Putschisten gegeben hätte, sei ebenfalls eine Lüge. »Man schrie immerzu, dass es eine Erstürmung geben werde. Aber niemand hatte vor, das Weiße Haus zu stürmen. Im Gegenteil, wir schickten zehn Panzer dorthin zum Schutz des Weißen Hauses.« Seine Worte erinnern an die Walter Ulbrichts 1961: »Niemand hat die Absicht, eine Mauer zu errichten.«

In der zweiten Nacht eskalierte die Situation. Mit Benzin gefüllte Flaschen flogen auf die Panzer, die in Flammen aufgingen. Einige junge Männer versuchten mit Planen den Panzerfahrern die Sicht zu versperren. Einer stürzte und wurde überrollt, später widerfuhr dies noch zwei jungen Männern, die sich den Panzern entgegenstellten, um sie aufzuhalten.

Lew Tolstoi, Chef der KGB-Abteilung auf der Krim, kam in jenem denkwürdigen August 1991 drei Tage lang nicht nach Hause. Er patrouillierte auf dem Gelände der Regierungsvilla, hatte dafür zu sorgen, dass Gorbatschow das »Objekt« nicht verließ.

Tolstoi liebt es noch immer konspirativ. Zum Gespräch erklärt er sich bereit, aber nur unter vier Augen. Und nur im Hotelzimmer. In Jalta. Dabei wirkt der pensionierte Oberst wie ein Durchschnittsrentner, ungewöhnlich rüstig vielleicht. Hoch gewachsen, weißes Stoppelhaar, braun gebrannt mit fröhlichen braunen Knopfaugen, die urplötzlich misstrauisch hin- und herflitzen können. Kerzengrade wie ein mustergültiger russischer Schuljunge sitzt er auf dem Sofa. Ja, mit dem berühmten Schriftsteller sei er verwandt. Tolstoi ist der Enkel von Sergej Nikolajewitsch Tolstoi, dem ältestem Bruder des Schriftstellers. Dieser Zweig der Familie hatte sich von jeher dem Militär verschrieben. Der Onkel diente als Husar und Oberst, der Vater des Ex-KGB-Mannes, der vor mir sitzt, gab ihn in die Kadettenschule. Dort bekam der junge Lew mit acht Jahren seine ersten Schulterstücke. So sprachgewandt wie der berühmte Vorfahre ist der heutige Lew Tolstoi nicht. Für die Begegnung hat er sich Bürokratensätze zurechtgelegt, aus denen sorgsam jede Lebendigkeit herausgefiltert ist.

51 Jahre lang trug er Uniform, bezeichnet sich als jemanden, der »das System« kennt, der auf alle Wechselfälle des Lebens vorbereitet ist. Auch darauf, selbst zum unmittelbaren Akteur zu werden. Als er im Jahr 1956 in den Dienst des Kreml eintrat und Chruschtschow gerade die Entstalinisierung der Partei einleitete, erlebte er, wie schnell sich das Blatt wenden kann, wie es wenig später dem Stalin-Nachfolger Chruschtschow selbst an den Kragen ging. »Wenn jemand wie ich 40 Jahre beim KGB arbeitet, dann rechnet man mit allem.«

Sich schützend vor Gorbatschow zu stellen und damit seinem obersten Dienstherren zu Hilfe zu eilen, kam dem KGB-Chef der Krim nicht in den Sinn. Mit weit aufgerissenen Augen heischt er naiv um Verständnis, versteckt sich hinter der Verlautbarungs- und Befehlssprache der Funktionäre und führt zu seiner Rechtfertigung die Befehlskette an. Auf Gorbatschow zu hören, ihm zu helfen, hätte eigenmächtiges Überspringen von Rangstufen bedeutet. Nichts für einen gehorsamen Geheimdienstbeamten, eher etwas für einen rückhaltlos von der Perestroika überzeugten Reformer, zu denen der KGB-Chef auf der Ferienhalbinsel Krim nun gewiss nicht zählt. Gorbatschow bedeutete Veränderung, Veränderungen sind ihm zuwider. Seine großen fleischigen Finger zeichnen wieder und wieder die Bügelfalte auf den Hosenbeinen nach, er sitzt noch immer da, als hätte er ein Lineal im Rücken.

Die Ereignisse hatten sich ihm, dem eigentlich nichts verborgen bleiben durfte, zunächst durch nichts angekündigt. Erst wenige Stunden vor Gorbatschows geplanter Rückreise nach Moskau wurde Tolstoi aufgetragen, fünf Autos und einen Bus auf das Rollfeld des Flughafens zu schicken. Für die Leute, die kommen sollten, um den Präsidenten auf seinem Rückflug nach Moskau zu begleiten. Dass etwas nicht stimmte, sah er, als aus dem Flugzeug »meine Führung stieg und einige Mitglieder des Politbüros«. Dem kerngesunden pausbäckigen Hünen, der eher an einen fröhlichen Urlauber erinnert, denn an einen vom Leben enttäuschten Geheimdienstler, nimmt man es kaum ab, wenn er erzählt, dass seine guten Tage alle *vor* dem Augustputsch 1991 lagen. Schlecht geht es ihm auch heute nicht. Richtig glücklich sei er gewesen, als er mit 20 Jahren als Offizier in das Kremlkorps aufgenommen wurde. Er könne nicht klagen über sein Leben. Aber er sei sich die meiste Zeit so sicher gewesen, dass seine Familie, seine Kinder und Enkel für immer in der Sowjetunion leben würden. Als diese Gewissheit nicht mehr galt, geriet sein Weltbild ins Wanken. Je mehr es wankte, desto heftiger hielt er sich an den alten Wahrheiten fest. Statt sich vertraut zu machen mit den neuen Gegebenheiten, beschloss er stehenzubleiben, sich überhaupt nicht mehr zu bewegen, als könne er damit die rasanten Veränderungen aufhalten.

Jalta, wo ich den Apparatschik Lew Tolstoi getroffen habe, zehrt noch immer von seinem Ruf als einstiges sowjetisches Urlaubsparadies. Nach der Landung auf dem Flughafen von Simferopol stieg ich in einen Linienbus, der fast fünf Stunden quer über die Krim bis nach Jalta benötigte. Keine bequeme, aber eine muntere Anreise über Landstraßen. Sie werden von urwaldartigen Gehölzen gesäumt und führen an kilometerlangen, Klatschmohnfeldern vorbei. Eingezwängt zwischen Katzenkörben und zusammengeschnürten Federbetten lauschte ich den Gesprächen im Bus, die sich allesamt um die neue Urlaubssaison drehten. Hat das Dach der Ferienpension gehalten, werden genügend Touristen kommen? Wird die Verpflegung dieses Mal ihr Geld wert sein?

Den historischen Urlaubsort, den Russlands Literaten verewigt haben, hatte ich mir mondäner vorgestellt. Auf der Strandpromenade tobt das Leben. Aus jedem Kiosk, Geschäft und Restaurant dröhnt, stampft, kreischt und plärrt es den Besuchern wie auf einem Rummelplatz entgegen. Die Dezibelstärke entscheidet über Verweilen oder Flucht. Ein Stand wirbt mit Garderobe russischer Zarentöchter. Auf Kleiderständern reihen sich Dutzende Samt-und-Taft-Roben mit Reifröcken unterschiedlichster Größen aneinander. Mit Vergnügen werfen die Urlauberinnen die aufwändigen Kostüme über ihre Strandkleider, stülpen sich Perücken über den Kopf, wählen aus Körben Fächer und Täschchen. Letzte Prüfung vor dem Spiegel und dann ab zum Fotografen, der das ganze in Sepiabraun festhält.

Ein beschaulicher Ort ist die Uferpromenade von Jalta bestenfalls außerhalb der Saison. Wer die zarten Töne aus Anton Tschechows Erzählung »Die Dame mit dem Hündchen« vernehmen will, muss wohl später wiederkommen, zur Zeit der Herbststürme oder im Frühling, wenn die Besuchermassen fort sind. Die ertragen den Höllenlärm mit Gleichmut, vermutlich, weil sie von früher Schlimmeres gewöhnt sind. Ende der 1970er Jahre suchten jährlich bis zu zehn Millionen Touristen die Krim heim. Der Zerfall der Sowjetunion verschaffte der Halbinsel eine Ruhepause. Die Besucherzahlen gingen Jahr für Jahr zurück, bis auf ein Tief von 2,5 Millionen 1998. Inzwischen machen jeden Sommer wieder rund fünf Millionen Menschen hier Ferien. Jalta und die Krim sind der vielleicht russischste Teil der Ukraine. Iwan-Normalverbraucher, aus welchem Teil der ehemaligen Sowjetunion er auch kommen mag, schaut nicht auf die Griwna, die hier übrigens fast immer Rubel genannt wird, und erinnert sich an die Zeiten der Sowjetunion.

Dass die Perle des Schwarzen Meeres nicht mehr zu Russland gehört, hat zunächst für Bauchschmerzen gesorgt, doch mittlerweile haben sich Gäste und Einheimische an den Zustand gewöhnt. Während sie die Sommerfrische genießen, streiten sich russische und ukrainische Spitzenpolitiker in Moskau und Kiew über die Pachtdauer und -gebühren für die russische Schwarzmeerflotte im ukrainischen Hafen von Sewastopol. 1997 war ein Vertrag ausgehandelt worden, der bis 2017 gelten sollte. Ihn hätte das Regierungsduo Viktor

Juschtschenko und Julia Timoschenko, das siegreich aus der »orangenen Revolution« 2004 hervorgegangen war, am liebsten sofort aufgekündigt. Zugunsten eines schnellen NATO- und EU-Beitritts der Ukraine, den jedoch niemand anders als sie selbst mit ihren jahrelangen innenpolitischen Reibereien verhinderten. Auch außenpolitisch war die »orangene« Regierung vor allem auf Krawall aus, zumindest im Verhältnis zu Moskau. Ein sichtbares Zeichen der Wiederannäherung an Russland setzte Viktor Janukowitsch, ukrainischer Präsident im zweiten Anlauf von 2009 und Wahlbetrüger von 2004. Sein Amtskollege aus dem Kreml, Dmitri Medwedjew, und er unterzeichneten 2010 die Verlängerung des Pachtvertrages für die russische Flotte in Sewastopol auf der Krim um 25 Jahre. Gegenleistung der Russen: Preisrabatte für Erdgaslieferungen. In der Werchownaja Rada, dem ukrainischen Parlament, warf die Opposition Eier und Rauchbomben, als der Vertrag im April 2010 ratifiziert werden sollte. Janukowitsch verhökere die Ukraine an Russland, so der Vorwurf. An den ehemals mehr als 300 russischen Marineschiffen nagt der Zahn der Zeit, und mit jedem Jahr nimmt ihre Zahl ab. 20 Jahre nach dem Zerfall der Sowjetunion liegen nur noch rund 30 Fregatten vor Anker, die meisten museumsreif. Mehr Bedeutung als der dort versammelten militärischen Schlagkraft messen russische Heeresstrategen der Lage des Hafens bei. Will die Flotte Moskaus schnell im Schwarzen Meer Präsenz zeigen, wie während des Georgienkrieges 2008, dürfen nicht etwa schlechte Windverhältnisse ein Auslaufen der Schiffe verhindern, was im russischen Hafen Noworossisk häufig der Fall ist. Die Stadt liegt am östlichen, russischen Ufer und somit oft in ungünstiger Windrichtung, weshalb Sewastopol für das Kontrollbedürfnis Moskaus nach wie vor unverzichtbar bleibt.

Am Hafen von Jalta hat ein riesiger Flussdampfer angelegt und versperrt den Blick auf das azurblaue Meer. Die »Marschall Koschewoi« ist vier Stockwerke hoch und rund 100

Meter lang. Ein Steward lehnt lässig an der Treppe und erklärt, wohin die Reise geht: nach Kiew, immer den Dnepr rauf, zwölf Tage lang. Wie Katharina die Große 1787, als sie die von ihrem Geliebten, Fürst Potjemkin, eroberten neuen Gebiete am Schwarzen Meer besichtigte. Die »Marschall Koschewoi« strahlt schneeweiß in der Sonne, ihre Geburtsurkunde – ein Metallschild – blinkt und informiert die Gäste auf Russisch: Gebaut wurde der Flussdampfer in der DDR, auf der Elbewerft Boitzenburg/Rosslau 1985.

Wenn jemand die Pflicht hat, uneingeschränkt parteiisch für die Krim zu werben, dann ist es Alexander Tarjanik, der Tourismuschef der Gebietsverwaltung. Er tut es in blumigen Worten. Angespornt von all den Lermontows, Puschkins oder Tschechows, die auf der Kulturhalbinsel am Schwarzen Meer ihre Spuren hinterlassen haben: »Die Krim ist wie eine schöne, sogar wunderschöne Frau, die allerdings weder gewaschen noch frisiert ist, die ein altes Kleid und schmutzige Schuhe trägt. Sie muss sich duschen, kämmen, in Ordnung bringen, und dann, bin ich sicher, kommt man zu ihr.«

Das Herz der Krim schlug über viele Jahrhunderte hinweg in Bachtschissarai, als noch die tatarischen Ureinwohner das Sagen hatten. Bachtschissarai liegt in der Mitte der Krim. Rings um die historische Hauptstadt sind auffällig viele neue Siedlungen entstanden. Tatarendörfer. Die wenigsten mit behördlicher Genehmigung. Auch die Rentnerin Gulja Rasakowa hat sich ihren Hausbau nicht erst bewilligen lassen. Seit 1991 wohnt sie wieder in der alten Heimat, aus der Stalin 1944 ihre Familie wegen angeblicher Kollaboration mit den Deutschen vertrieben hatte. Ihr neues Land haben sie nicht gekauft, sondern besetzt. Denn als die Tataren 1990 auf die Krim zurückkehrten, kümmerte sich niemand um die ehemaligen Deportierten. Gulja Rasakowa fuhr unverrichteter Dinge wieder zurück nach Tadschikistan. Plötzlich riefen Bekannte an und erzählten von den Landbesetzungen. Also fuhren sie und ihr Mann erneut auf die Krim und taten es wie viele andere den

Landsleuten gleich. Da erst erwachten die Behörden und versuchten die Landbesetzer zu vertreiben, mit Soldaten samt Panzern. Sie harrten aus.

Allen Schwierigkeiten zum Trotz freut sich Gulja Rasakowa noch immer, dass sie den Schritt zurück auf die Krim gewagt hat. Wie alle Tataren zieht es sie von Zeit zu Zeit nach Bachtschissarai in den prachtvollen Khan-Palast, in dem viele Generationen von Tataren-Herrschern gelebt haben. Zusätzlichen Ruhm erlangte der Palast – und mehr noch sein Brunnen – durch ein Poem von Alexander Puschkin, Russlands Nationaldichter, der am 7. September 1820 den Ort besuchte. Der Brunnen mit seiner romantischen Geschichte hatte Puschkin inspiriert, die »Fontäne von Bachtschissarai« entstand. Gewidmet dem Wasserspiel, das der damalige Khan angeblich aus Liebeskummer bauen ließ. Der Herrscher, der sich zwei Frauen hielt, hatte eine der anderen vorgezogen, woraufhin die Verschmähte starb. Der Khan war untröstlich und steckte mit seinem Kummer auch den Brunnen an, der nicht mehr plätscherte, sondern nur noch tröpfelte, als weine er.

Serwer Ebubekirow, der Museumsdirektor, schmunzelt, wenn er heute das Gedicht hört. Die Realität ist – wie so oft – profaner. Weder befände sich der Brunnen an seinem historischen Ort, noch würden seine Steine nachts vor Kummer stöhnen. Und dass aus dem Brunnen Tränen kullern, sei Ergebnis täglicher Mühe. Jeden Morgen werde ein hinter einer Klappe versteckter Behälter mit zwei Eimern Wasser gefüllt, der Hahn mit Pappe und Watte verstopft, damit das Wasser nicht zu schnell abfließt. Keine perfekte Vorrichtung, denn am Morgen flössen die Tränen schneller als am Abend, wenn sie wirklich nur noch langsam herauskullerten. Der Museumsdirektor hält mit dieser Wahrheit hinter dem Berg. Selbst seinen Landsleuten, den Tataren, verrät er sie tunlichst nicht.

Auf der Promenade von Jalta lädt eine Ticketverkäuferin per Megafon zu einer Dampferfahrt zum sogenannten Schwalbennest ein. Ein weißer Palast mit spitzen Türmchen, gefährlich knapp auf den Schwarzmeerklippen erbaut. Schloss Neuschwanstein mit Meerblick. Große Geschichte geschrieben wurde außer in der Gorbatschow-Datscha von Foros auch im Sommerschloss von Zar Nikolaus II., dem Livadia-Palast fand im Februar 1945, als sich das Ende des Zweiten Weltkrieges abzeichnete, die Konferenz von Jalta statt. Stalin, US-Präsident Franklin D. Roosevelt und der britische Premier Winston Churchill, verbündet in der Anti-Hitler-Koalition, teilten Deutschland und Europa auf, verhandelten das Schicksal der sowjetischen Kriegsgefangenen und Zwangsarbeiter und berieten den Zuschnitt der Vereinten Nationen einschließlich des Weltsicherheitsrates.

Der Zerfall

Als Gorbatschow von der Krim nach Moskau zurückkehrte, glaubte er, dort weitermachen zu können, wo er aufgehört hatte: Er warb für den neuen Unionsvertrag. Doch er hatte die Stimmung im Lande nicht erfasst, das bereits einen neuen Helden feierte: Boris Jelzin.

Anders als Gorbatschow redete Jelzin in einfachen, kurzen Sätzen. Nicht in endlos langen, häufig nicht vollendeten wie Gorbatschow. Der schwankte ständig derart hin und her, dass keine Richtung erkennbar war. »Jelzin war einerseits eine starke Figur und andererseits aber nicht abschreckend für die ehemaligen Kommunisten, weil er doch selbst in der Partei groß geworden war. Dass er getrunken hat, störte am Anfang niemanden, für die meisten gehörte das zu einem richtigen russischen Mann. Gorbatschow war in dieser Hinsicht eher untypisch«, erinnern sich meine Freunde Boris und Natascha.

Warennikow, stellvertretender Verteidigungsminister und Abgesandter des Notstandskomitees der Putschisten, der Gorbatschow auf der Krim zur Aufgabe seiner Ämter überreden sollte, erlebte während des Putsches gleich zwei faustdicke Überraschungen: Gorbatschow, der Präsident, weigerte sich strikt zurückzutreten. Damit hatten die Putschisten nicht gerechnet. Genauso wenig wie mit dem plötzlichen Schulterschluss Jelzins mit Gorbatschow. Gennadi Janajew, Vizepräsident der UdSSR und einstiger Gorbatschow-Vertrauter, verwirrte die überraschende Entwicklung so sehr, dass er bei seiner Fernsehansprache wie ein drittklassiger Komparse auftrat. Die Garde, die angetreten war, das Rad der Geschichte zurückzudrehen, erwies sich im entscheidenden Moment als zu zaghaft und verfehlte ihr Ziel.

Statt des geplanten Umbaus der Sowjetunion wurde deren Ende eingeläutet, das allerdings nicht mehr Gorbatschow, sondern ausschließlich Jelzin orchestrierte.

Gorbatschow und Jelzin, beide Demokraten, wurden erbitterte Gegner. Jelzin spielte knallhart die nationalistische Karte. Was ihn stärkte, sollte Gorbatschow schwächen. Der sowjetische Präsident stand dem russischen feindlich gegenüber. Der griff nach immer mehr Macht. Der Oberste Sowjet Russlands, Jelzins Parlament mit ihm an der Spitze, hatte schon im Juni 1990 eine Souveränitätserklärung verabschiedet und sich damit von der Sowjetunion losgelöst. Jelzin zögerte keinen Augenblick, die Sowjetunion zu opfern, wenn er dafür Russland haben konnte. Im Juli 1990 trat Jelzin, mit Verweis auf sein Amt als Präsident Russlands, aus der Kommunistischen Partei aus. Im Juni 1991 stellte er sich erfolgreich der ersten Direktwahl.

In diesem Jahr, an dessen Ende Jelzin die Sowjetunion zu Grabe tragen würde, veröffentlichte Alla Jaroschinskaja das von ihr gesammelte Material »Tschernobyl – streng geheim«. Es schlug ein wie eine Bombe und machte sie im ganzen Land bekannt. Jelzin wurde auf sie aufmerksam und holte die Journalistin als Pressesprecherin in sein Team.

Schon kurz nach dem Putsch im August 1991 war bekannt geworden, dass Alla Jaroschinskajas Name ganz oben auf einer Liste der Personen stand, die nach einer erfolgreichen Rebellion verhaftet werden sollten. Aber wieder erwiesen sich die einfachen Leute in ihrer Heimat als ihre Verteidiger. Sie erhielt Anrufe und Briefe, in denen Bürger ihr anboten, sie und ihre Familie aufzunehmen und zu verstecken, für den Fall, dass die Putschisten die Oberhand gewinnen sollten.

Am 20. August 1991 sollte der neue Unionsvertrag der Sowjetunion ratifiziert werden. Die Legitimation dafür hatte Gorbatschow in einem Referendum im März 1991 eingeholt, in dem sich 76 Prozent der Bürger für den Erhalt der Sowjetunion ausgesprochen hatten. Das Ergebnis spiegelte jedoch die Stimmung in den Sowjetrepubliken inzwischen nicht mehr wider. Die Entwicklung hatte eine solche Dynamik bekommen, dass der Unionsvertrag, noch bevor die Bürger über ihn abgestimmt hatten, bereits überholt war.

Die Litauer, die ihre Unabhängigkeit schon im März 1990 erklärt hatten, waren längst nicht mehr zu halten. Erst recht nachdem im Januar 1991 sowjetische Omon-Elite-Truppen mit Waffengewalt auf Vilnius vorrückten. Die junge unabhängige Demokratie wurde mit Panzern und Gewehren zusammengeschossen, um sie zurück in das sowjetische Bündnis zu zwingen. 14 Menschen, die sich zusammen mit Tausenden am Fernsehturm in Vilnius versammelt hatten, starben. Gorbatschow hatte diesen Einsatz angeblich nicht befohlen, aber auch nicht verhindert. Im Februar 1991 sprach sich die große Mehrheit der Litauer nun erst recht für die Unabhängigkeit aus und besiegelte so die Entscheidung, die der Oberste Sowjet bei seiner Umbenennung in »Verfassungsgebende Versammlung« schon ein Jahr zuvor getroffen hatte. Estland und Lettland verkündeten kurz vor der geplanten Unterzeichnung des neuen Unionsvertrages ihre Souveränität. Damit hatte sich das Baltikum von der UdSSR losgelöst. Russland war schon seit über einem Jahr abtrünnig, Georgien hatte sich am 9. April 1991 für unabhängig erklärt. Jelzin verstand es, die antisowjetische Stimmung zusätzlich am Kochen zu halten, indem er den anderen Sowjetrepubliken empfahl, »sich so viel Souveränität und Freiheit zu nehmen, wie sie greifen können«.

Nach dem Augustputsch erklärten die übrigen Sowjetrepubliken eine nach der anderen ihre Unabhängigkeit von Moskau. Die Ukraine (am 24. August), Weißrussland (am 25. August), die Republik Moldau (am 27. August), Armenien (am 30. August), Kirgisistan (am 31. August), Tadschikistan (am 9. September) und Aserbaidschan (am 18. Oktober). Offiziell existierte die Union der Sozialistischen Sowjetrepubliken zwar noch, de facto aber war sie schon Monate vor ihrem förmlich erklärten Ende im Dezember 1991 in ihre Bestandteile zerfallen.

Die nach Souveränität strebenden Sowjetrepubliken besannen sich auf ihre Identität, indem sie sich zunächst von Russland und der Moskauer Zentrale abgrenzten, aber auch untereinander. Dabei erhielten sie Unterstützung der Kirche, die nun keine Beschränkung mehr erfuhr, aber anders als in der DDR nie eine Vorreiterrolle in der Demokratisierungsbewegung übernommen hatte. Die russisch-orthodoxe Kirche verstand sich stets als Staatskirche. Anders der Islam, der im Kaukasus eher Bestandteil des Widerstands gegen die russische Vorherrschaft war, denn streng gelebte Religion. Er diente als Regelwerk für das alltägliche Miteinander, ersetzte teilweise die sowjetische Gerichtsbarkeit.

Groteske Formen nahm mitunter die Wiederbelebung der Nationalsprachen an. Die Ukraine erklärte Ukrainisch zur Amtssprache, obwohl die Elite des Landes ausschließlich Russisch sprach und die »Muttersprache« erst lernen musste. Ähnlich verhielt es sich in Weißrussland. Der autokratisch herrschende Präsident Lukaschenko spricht auch nach 20 Jahren Unabhängigkeit seines Landes nur mäßig gut Weißrussisch. Im Kaukasus wiederum, wo ohnehin über hundert Nationalitäten beheimatet sind, dient Russisch bis heute weiterhin als Verkehrssprache, ohne die eine Verständigung kaum zu erzielen wäre.

In Estland kämpften Russen viele Jahre um die Beibehaltung ihrer Sprache als Amtssprache, immerhin stellen sie ein Drittel der Bevölkerung und fühlen sich seit dem Zerfall der Sowjetunion wie Ausländer im eigenen Land. Die es freilich zu Sowjetzeiten nie für nötig befunden hatten, Estnisch zu lernen. Oder Kasachisch in Kasachstan, Georgisch in Georgien etc.

III. DER STEINIGE WEG ZUR DEMOKRATIE

Erdbeben und Krieg

Den Zerfall der Sowjetunion beschleunigten aufkeimende Nationalitätenkonflikte. Während das Baltikum in immer unverhohlener Opposition zu Moskau stand, fingen die Völker im Kaukasus an, sich untereinander zu bekriegen. Die Partei- und Staatsführung der Sowjetunion sah zunächst hilflos zu. Als sich der Kreml schließlich einmischte, schickte er statt Vermittler Truppen, was nicht zur Befriedung beitrug.

Der erste bewaffnete Nationalitätenkonflikt auf sowjetischem Boden wurde um die aserbaidschanische Enklave Berg-Karabach ausgetragen.

Als ich mehr als 20 Jahre nach dem Beginn des Konfliktes in die ehemaligen Sowjetrepubliken Armenien und Aserbaidschan reiste, erfuhr ich, wie es noch immer unter der Oberfläche brodelt. Der Hass der Armenier auf die Aserbaidschaner (und umgekehrt) ist präsent, als wäre der Krieg erst vor kurzem zu Ende. Aufmerksame Beobachter waren sich schon zu Sowjetzeiten der Sprengkraft der ethnischen Konflikte bewusst. Die vielfach geehrte Menschenrechtlerin Swetlana Gannuschkina ist überzeugt davon, dass sie nicht nur das Ende der Sowjetunion beschleunigten, sondern auch eine stete Gefahr für das verbliebene Russland mit seinen vielen Nationalitäten sind. Streiks, Demonstrationen, Massaker, sogar Krieg zwischen zwei Republiken – in der sowjetischen Realität angeblich Dinge der Unmöglichkeit – hatten in der Perestroika vom Kaukasus aus ihren Lauf genommen.

In allen Kaukasusrepubliken, ganz gleich ob sie heute eigenständige Länder sind wie Georgien, Aserbaidschan oder Armenien oder ob sie zur Russischen Föderation gehören wie Nordossetien, Inguschetien, Tschetschenien oder Dagestan –

überall leben und lebten viele unterschiedliche Ethnien auf engstem Raum und zu keiner Zeit völlig frei von Zwistigkeiten. Die gab es bereits im Zarenreich. Die kaukasischen Völker leisteten erbitterten Widerstand gegen ihre Einverleibung. Stalin zog die Grenzen der neuen Sowjetrepubliken bzw. Autonomen Republiken oder Gebiete ohne jede Rücksicht auf die Ethnien, wodurch zusätzliche Konflikte vorprogrammiert waren.

Die Exklave Nachitschewan ist, neben etlichen anderen, ein besonders absurdes Beispiel. Das Gebiet gehört seit 1921 zu Aserbaidschan, liegt aber wie eine Insel auf armenischem Territorium. Mit Argusaugen wachte Stalin über die widerspenstige Region mit ihren eigenen Gesetzen, die der gebürtige Georgier natürlich kannte. Ihm, der den Russen freiwillig ein Vorrecht unter den Nationalitäten einräumte, war jeder Vorwand recht für ein hartes Durchgreifen der Zentrale gegenüber den Regionen.

Weder Gorbatschow noch Jelzin waren der Herausforderung gewachsen, vor denen der zerfallende Staatenbund stand. Die über Jahrzehnte aufgestauten Spannungen entluden sich explosionsartig in blutigen Auseinandersetzungen.

Der Autoritätsverlust der sowjetischen Zentralregierung unter Führung Gorbatschows war nicht mehr aufzuhalten und begann buchstäblich mit einem Erdbeben. Um 11:41 Uhr am 7. Dezember 1988 in Lori im Nordwesten Armeniens.

Bis heute sind die Spuren des verheerenden Unglücks noch immer nicht restlos beseitigt. Sie zeugen von der Unfähigkeit des unabhängigen Armeniens, sich zuallererst um die Bedürfnisse der Bürger zu kümmern. Statt den Hinterbliebenen der 25 000 Toten von Lori jede erdenkliche Hilfe zuteil werden zu lassen, lieferte sich die armenische Regierung einen erbitterten Kampf mit Aserbaidschan um die Enklave Berg-Karabach. Was im Baltikum nach den Toten in Vilnius befürchtet worden war, eine gewaltsame Loslösung von der Sowjetunion, brach sich im Kaukasus mit voller Wucht Bahn. Gorbatschow tat nichts, um das Blutvergießen aufzuhalten.

Die Weltöffentlichkeit erlebte ein nicht für möglich gehaltenes Versagen der Sowjetführung. Weder die armenischen noch die Moskauer Beamten schafften es, die obdachlos gewordenen Erdbebenopfer in der Winterkälte mit dem Nötigsten zu versorgen: medizinischer Hilfe, Kleidung, Unterkünften, Heizmaterial. Erstmals ließ die Sowjetunion schließlich ausländische Unterstützung ins Land, deutsche Helfer bauten ein Krankenhaus, das noch heute als eines der neueren Gebäude in der Republik ins Auge fällt.

Vor der Zuspitzung des Berg-Karabach-Konfliktes weckte der Name der armenischen Hauptstadt Jerewan vor allem positive Assoziationen, Schmunzeln, verbanden die Menschen im Ostblock – und nicht nur dort – mit Jerewan doch zuallererst politische Witze. Die Sowjet-Witze begannen stets mit der »Anfrage an den Sender Jerewan«. Stimmt es, dass die Kommunisten wirklich den Kommunismus aufbauen können? Antwort: W prinzipje: Da! Aber haben Sie schon mal einen Zitronenfalter Zitronen falten sehen? Urheber der Witze soll der KGB gewesen sein, um ein Ventil für den angestauten Unmut zu schaffen.

Den Sender Jerewan gibt es bis heute, er verbreitet ein staatliches Rundfunkprogramm in 14 Sprachen. Von einem altehrwürdigen Bau aus, der eher an eine Radiobehörde erinnert denn an ein quirliges Redaktionsgebäude. Einige ältere armenische Kollegen, die ich auf die charmanten Witze von damals anspreche, verhalten sich wie betonköpfige Parteifunktionäre zu Sowjetzeiten. Sie können selbst heute nicht darüber lachen. Schade eigentlich, sagen die jungen. Ginge es nach ihnen, würden sie offensiv mit dem Sowjethumor werben und die berühmten Witze zur Imagepflege nutzen. Ende 2010 konnten sie sich durchsetzen. Direktor Armen Amirjan lässt Witze senden. Jeden Tag einen, am Ende der Nachrichten des deutschen Dienstes.

Keine fünf Minuten vom Sender Jerewan entfernt befindet sich die Residenz der deutschen Botschaft. Dort wartet Lewon Ter-Petrosjan, der ehemals Mitverantwortliche für den Berg-Karabach-Konflikt. 20 Jahre, nachdem der Krieg um die Enklave ausbrach, strebt Lewon Ter-Petrosjan seine Rückkehr ins politische Leben an. Er war der erste Präsident Armeniens. 2008 kandidierte der mittlerweile 63-Jährige abermals für das Amt des Staatsoberhauptes. Der Kettenraucher, der seine Zigaretten in ein prunkvolles Mundstück schiebt, das ebenso protzig wirkt wie die Goldringe an seinen Fingern, erklärt, wer in Wahrheit das Ende des Sozialismus eingeläutet hat: die Armenier, als sie sich für ihren Anspruch auf Berg-Karabach einsetzten. Noch bevor die »Solidarność«-Gewerkschaft in Polen aktiv wurde, noch bevor sich die Unabhängigkeitsbewegungen im Baltikum formierten, noch bevor in Berlin die Mauer fiel. Wenn er den Zigarettenqualm ausbläst, kneift er das linke Auge zu, was ihm ein verschlagenes Aussehen verleiht.

Die Forderungen der Armenier galten nicht der Unabhängigkeit von Moskau, erklärt Lewon Ter-Petrosjan, sondern nur der Vereinigung ihres Landes mit der Enklave Berg-Karabach. Die allerdings hätte die breite demokratische Bewegung verbunden mit Rufen nach Meinungs- und Pressefreiheit. Man habe mit Moskau verhandelt, voller Angst, dass Gorbatschow Panzer schickt. Das tat er später, zunächst ließ er das gesamte Berg-Karabach-Komitee verhaften, dem auch Ter-Petrosjan angehört hatte. Sechs Monate saßen die Männer in einem Moskauer Gefängnis. Als sie dort von Bergarbeiterstreiks in den sowjetischen Kohlerevieren hörten, ahnte Ter-Petrosjan, dass die Sowjetunion über kurz oder lang zusammenbrechen würde. Dafür jedoch brauchte es noch das russische Volk. Würde es sich nicht erheben, würde auch das Ende auf sich warten lassen. Just in diesem Moment sei Jelzin auf der Bildfläche erschienen. Damit waren für den Armenier Petrosjan die Tage des Sowjetreiches gezählt.

Die ersten Steine aus der Berliner Mauer wurden nach Meinung des ehemaligen armenischen Präsidenten in Jerewan losgeschlagen.

In seiner Amtszeit von 1991 bis 1998 sei die Beilegung des Konfliktes um Berg-Karabach zum Greifen nahe gewesen, brüstet er sich. Allein: Sein Kabinett war auch nach jahrelangem Kampf um das Gebiet zu keinerlei Zugeständnissen an Aserbaidschan bereit. Weder wollte es die Frage über den Status vertagen, noch erklärten sich seine Minister mit dem Abzug armenischer Truppen aus Aserbaidschan einverstanden. Der Präsident, der das Blutvergießen nicht verhindert hatte, dankte ab, als niemand ihm mehr folgte. Solange er regierte, sei Armenien eine Insel der Demokratie gewesen. Seit 2002 jedoch seien sämtliche Wahlen gefälscht worden. Dass die Oppositionsparteien ihn, den Vorsitzenden des Armenischen Nationalkongresses, als ihren gemeinsamen Kandidaten bei der Präsidentschaftswahl 2008 aufstellten, begründeten sie reichlich hilflos damit, dass sie keinen Besseren hatten und außerdem das christliche Gebot der Vergebung gelte. Vergebung dafür, dass der 1945 geborene Ter-Petrosjan während des Krieges gegen Aserbaidschan Strom an Georgien verkaufte, um so den Waffengang zu finanzieren. Auf Kosten der eigenen Landsleute, die sich mit vier Stunden Elektrizität am Tag begnügen mussten. Er, der heute der Regierung Wahlfälschung vorwirft und deswegen zu Massenprotesten aufrief, der heute dem derzeitigen Präsidenten Sersch Sargisjan Unterdrückung politischer Gegner unterstellt, verbot in seiner Präsidentschaft selbst die größte Oppositionspartei samt Zeitung.

Die Demonstrationen nach den Wahlen 2008 arteten in Gewalt aus. Es gab zehn Tote, weil Soldaten gegen die Demonstranten angeblich scharfe Munition verwendeten. Von den rund 50 Verhafteten saßen zwei Jahre später noch immer 20 im Gefängnis. Politische Gefangene in Armenien! Und der Europarat schweigt!

Die einheimische Presse sowieso. Sie ist so schwach wie die Opposition, weicht aus ins Unterhaltungsgenre. Auch deshalb hat der Beruf des Journalisten vielerorts in der Ex-Sowjetunion seine Reputation fast vollständig eingebüßt. Die meisten Kollegen verfassen entweder Auftragsarbeiten, die im Widerspruch zu ihrem eigenen politischen Verständnis stehen, oder sie lassen die Finger ganz und gar vom politischen Journalismus. Das Durchschnittsalter der armenischen Redakteure liegt bei 30 Jahren, hauptsächlich Philologiestudentinnen begeistern sich für Medienberufe, in denen sie jedoch nur wenige Jahre arbeiten, meist bis sie verheiratet sind. Als nach den Wahlen 2008 Ausnahmezustand herrschte, wurden unliebsame Webseiten gesperrt. In Jerewan galt die Zensur, der sich einige unabhängige Zeitungen nicht beugten, sie erschienen lieber überhaupt nicht.

Für die Vertreter von Nichtregierungsorganisationen wie Transparency International, das Komitee zum Schutz der Meinungsfreiheit oder das Open Society Institute ist Armenien 20 Jahre nach der Erklärung seiner Unabhängigkeit von Moskau und dem Zerfall der Sowjetunion auf dem Weg, Russlands Beispiel zu folgen und in ein feudales System zurückzufallen, in dem Regierung und Unternehmen aufs engste verflochten sind. Larisa Minasjan vom Open Society Institute sieht zwar nicht die Tendenz zu sowjetischem Totalitarismus, wohl aber dass die Gesellschaft von Entscheidungsprozessen in Wirtschaft und Politik ausgeschlossen wird. Sie beklagt, dass sich der Westen sowohl in Russland als auch in den Nachfolgestaaten der UdSSR mit der bloßen Imitation von Demokratie zufriedengibt. Erkenne die Europäische Union oder der Europarat gefälschte Wahlen an, schade sie dem Ansehen der Demokratie insgesamt. »Die Menschen leiteten für sich daraus ab: Der Sozialismus in der Sowjetunion mag schlecht gewesen sein, aber so viel besser ist die Demokratie auch nicht.«

Alte Institutionen bekämen lediglich einen neuen Anstrich: Das Parlament mit nur einer zugelassenen Oppositionspartei sei ineffektiv, das Gerichtswesen nicht unabhängig. Die Regierung betreibe statt einer Demokratisierung Kosmetik.

Die sowjetische Planwirtschaft bestimmte, welche Sowjetrepublik welche Produkte herstellte bzw. abnahm. Entfernungen spielten keine Rolle, die gegenseitige Abhängigkeit sollte das Sowjetreich zusammenschweißen. Armenien mit seinen hervorragenden Technikern und Ingenieuren genoss einen tadellosen Ruf. Stolz sollten seinerzeit die Errungenschaften des Sozialismus gepriesen werden. In Tscheremuschka, einer Jerewaner Siedlung außerhalb des aufgehübschten Hauptstadtzentrums, wurden dafür die Plattenbauten so in Bögen aufgestellt, dass sie vom Flugzeug aus als CCCP (»UdSSR«) gelesen werden können. Die Hochhäuser ergeben zwar tatsächlich die kyrillischen Buchstaben, aber die Wohnblöcke kauern armselig auf einem Hügel ohne jede Verkehrsanbindung, ohne Straßen, Fußwege oder Grünanlagen – von Spielplätzen ganz zu schweigen. Die Energiekrise inmitten des Krieges um Berg-Karabach von 1992 bis 1994 traf die Hochhausbewohner besonders hart. Das einzige Atomkraftwerk Metsamow blieb nach dem Erdbeben für fünf Jahre abgeschaltet. (Das neue soll auf den Fundamenten des alten entstehen.) Für Jahre fiel die Fernwärme- und Wasserversorgung aus. In ihrer Not stellten die Bewohner Jerewans Bolleröfen in ihre Wohnzimmer, schlugen für die Ofenrohre Ausgänge in die Außenfassaden. Notdürftig zugeschmierte Löcher, durch die einst die Abluftrohre führten, ringsherum von Ruß geschwärzt, künden noch heute von der damals katastrophalen Lage.

Ein trister Anblick. Genau wie die ehemalige Fabrik, in der Autoradios hergestellt wurden. Das Physikalische Institut. Das Astronomische – all diese Einrichtungen gibt es nicht mehr. Nur die verlassenen Gebäude legen Zeugnis ab vom ehemals reichen geistigen Potential Armeniens. Das alte Rechenzentrum – ein riesiger, zwanzig Etagen hoher Komplex – leer. Keine Bäume, kein Café. Nichts. Eine Einstimmung auf das, was uns in Aschtarak erwartet, dem einstigen armenischen

Wissenschaftsstädtchen. Der Fahrer hat dort etwas zu erledigen und fragt, ob ich mitkommen will. Ich nutze die Gelegenheit, Jerewan, die Hauptstadt, zu verlassen. Eine Fahrt, die lange am majestätischen Berg Ararat vorbeiführt, dem Stolz der Armenier, der ihnen aber gar nicht gehört. Die beiden hoch aufragenden Kuppen des mächtigen Berges liegen jenseits der jahrzehntelang geschlossenen Grenze auf türkischem Boden. Früher gehörte er den Armeniern. Nach dem Ersten Weltkrieg wurden der Berg und ein großer Teil armenischen Territoriums der Türkei zugeschlagen. Noch eine schmerzliche Erinnerung an die einstige Größe ihres Landes.

Hinter Jerewan öffnet sich das Land. Soweit das Auge reicht – rotbrauner Steppenboden. Ein paar Schafherden, kaum Gräser. Die Brauntöne schimmern warm in der Abendsonne. Doch als die hinter den hohen Bergen versinkt, macht sich nichts als blaugraue staubige Tristesse breit. Aschtarak mit seinen Plattenbauten ist aus mehreren Kilometern Entfernung zu sehen. Von Nahem bieten die Wohnblöcke ein Bild der Verwahrlosung, Verwüstung. Eingeschlagene Fensterscheiben, herausgerissene Rahmen, Rußspuren auch hier an den Fassaden. Vom Heizen, Wohnungsbränden? Vor den Eingängen lungern Halbwüchsige, Männer, kleine Kinder herum. Frauen sind nicht zu sehen.

Der Fahrer will zu Georg Machitarjan, Tapezierer von Beruf. Der schmächtige rund 50-Jährige bittet uns höflich auf einen Tee hinein. Das ist in der ganzen Sowjetunion und dem, was heute davon geblieben ist, als Einladung zu einem ausgiebigen Essen zu verstehen. Wir lehnen energisch ab, geben Eile vor, um den gastfreundlichen Mann nicht in Verlegenheit zu bringen, bieten ihm stattdessen eine Mitreisegelegenheit nach Jerewan an. Georg Machitarjan nimmt die unvermutete Abwechslung dankbar an, vor allem hofft er auf einen Job, den der Fahrer möglicherweise für ihn hat.

Kurz nach dem Zerfall der Sowjetunion, als der Krieg in Berg-Karabach zwischen Armenien und Aserbaidschan ausbrach, sein Betrieb in Jerewan geschlossen wurde und er in seiner Heimat keine Beschäftigung mehr fand, suchte er sich Arbeit in Moskau. Knapp eine Million Armenier haben damals die isolierte Bergrepublik verlassen. Über 90 Prozent gingen nach Russland, andere wanderten bis in die USA aus. 17 Jahre lang renovierte Georg Machitarjan Moskowitern ihre Wohnungen, bis zum Sommer 2008, zur großen Wirtschaftskrise. Wenn sich heute seine armenischen Landsleute eine Renovierung leisten können, nehmen sie »Moskauer« wie ihn mit Kusshand. Er kennt die neuesten Handwerkerprodukte, die es im immer noch isolierten Armenien nicht zu kaufen gibt. Einfache Leute wie Georg Machitarjan zahlen den Preis für den jahrelangen Kampf ihrer Regierung um ein Gebiet, das über keinerlei Rohstoffe verfügt und Nachbarland ist. Als verheiße sein Besitz alleinige Glückseligkeit. Abgeschnitten von Aserbaidschan und der Türkei, die aus Solidarität zu Baku ebenfalls die Grenzen zu Armenien geschlossen hält, hängt Jerewan wirtschaftlich am Tropf Moskaus. Nicht weniger als zu Sowjetzeiten. Entsprechend anmaßend benimmt sich Russland. Stationiert seine Truppen in Armenien, um die Kontrolle über den Südkaukasus zu behalten. Tanzen die Jerewaner Politiker nicht nach der Pfeife Moskaus, so die stete Drohung, kann Armenien jederzeit die Unterstützung entzogen werden, könnte sich Russland stärker Aserbaidschan zuwenden, dem verhassten Gegner. Moskau liefert Energie zu subventionierten Preisen, ohne die das Land schnell in die Knie zu zwingen wäre. Russische Unternehmen bestimmen die Wirtschaft Armeniens.

Georg Machitarjan arbeitet gut, rasch und zuverlässig. Davon gehen jedenfalls die armenischen Auftraggeber aus. Hätte er sonst jahrelang Aufträge in Moskau bekommen? Zwei Monate lang versuchte er, die Krise auszusitzen, wie damals 1998, als der Rubel abstürzte. Aber dieses Mal, zehn Jahre später, war die Lage ernster, rief ihn einfach niemand mehr an, dessen Wohnung er in den Sommerferien auf Vordermann bringen sollte. Für Georg und seine Kollegen war die heiße Jahreszeit, in der die Moskauer, wann immer möglich, der Hitze in der Stadt auf ihre Datschen entfliehen, sonst die arbeitsreichste Periode im Jahr, konnte er sich vor Aufträgen kaum retten. Die Solidarität unter den Gastarbeitern ist groß. Aber jetzt durfte er den Freunden nicht länger auf der Tasche liegen. In all den Jahren in Moskau wohnte er keinen einzigen Tag in einer bezahlten Unterkunft. Er übernachtete in den Wohnungen, die er gerade tapezierte, oder dort, wo Bekannte tätig waren. Die Gastarbeiter halfen sich gegenseitig, doch schließlich hatte kein einziger seiner Kollegen mehr eine Beschäftigung. Die Arbeitslosigkeit wurde zum Sicherheitsrisiko. Zum ersten Mal konnten sie sich nicht mehr in die geschützten Räume der Wohnungen zurückziehen. Zwar sind die Armenier in der Hierarchie der Gastarbeiter recht weit oben angesiedelt, hinter Chinesen und Türken, vor den Tadschiken, die meist nur als Dwornik, Straßenfeger, Arbeit bekommen, die die Höfe kehren und im Winter den Schnee räumen. Armenier gelten als gute Fachkräfte. Als Maler und Tapezierer durfte sich Georg noch weniger beklagen, weil er nicht im Freien arbeiten musste. Sobald sie sich in der Öffentlichkeit blicken ließen, waren sie, die »Schwarzärsche«, wie Kaukasier von rassistischen Russen beschimpft werden, Freiwild. Die Hetzjagden verängstigten die Gastarbeiter. Georg Machitarjan ging den meist kahlgeschorenen Nationalisten wie den Polizisten aus dem Wege. Auch, weil er in Moskau nie vorschriftsmäßig gemeldet war. Hätte er slawisch ausgesehen, blond, helle Augen, vielleicht noch hohe Wangenknochen – niemand hätte ihm ein Haar gekrümmt. Doch auf Kaukasier haben sich nicht nur die Rechtsextremen, sondern auch die Milizionäre spezialisiert, die auf Schritt und Tritt ihre Papiere sehen wollen. Deshalb verließ Georg nur im Notfall das Haus, lernte, sich unsichtbar zu machen. Stets zieht er den Kopf ein, rundet den Rücken, als wolle er noch kleiner, noch schmaler werden, eine Angewohnheit, von der er auch jetzt, wieder zu Hause, nicht ablässt. Viele, die er aus

Moskau kennt, trifft er jetzt in Jerewan oder in Aschtarak, wo er mit seiner Familie wohnt.

Ein scharfer Wind pfeift über das weite karge Land, in der Ferne leuchten die zwei schneebedeckten Ararat-Kuppen. Georg Machitarjan lächelt bei dem Anblick, und sein goldener Eckzahn wird sichtbar.

300 Euro schickte er seiner Frau und den drei Kindern früher jeden Monat. Jetzt müssen sie mit viel weniger auskommen, alle fünf. Er hofft, dass er nach Moskau zurückkehren kann oder bei seinem Landsmann Gerab, dem Fahrer, möglichst viel zu tun bekommt.

Über den Krieg um Berg-Karabach mag er nicht reden. Er ging ihm aus dem Weg, als er begann, und versteht nicht, warum sich viele Männer seines Alters bei diesem Thema von einer Minute zur anderen in Rage reden können.

Berg-Karabach

Der Konflikt hat Armenien auf Jahre paralysiert. Es war der erste Krieg von vielen in der jüngsten Geschichte des Kaukasus.

Berg-Karabach ist eine Enklave, die zwar auf dem Nachbarterritorium liegt, mehrheitlich aber nicht von Aserbaidschanern, sondern von Armeniern besiedelt war. Um das Gebiet nahe der Grenzlinie zwischen Armenien und Aserbaidschan wurde jahrhundertelang gestritten. 1918 wurde es Aserbaidschan zugesprochen, mit einer weitgehenden Autonomie für die Armenier. 1923 bekam Berg-Karabach den offiziellen Status eines Autonomen Gebietes in der Aserbaidschanischen Sozialistischen Sowjetrepublik. In den sechziger Jahren kochten die Streitigkeiten immer wieder hoch, die Armenier forderten den Anschluss der Region an ihre Republik, was Aserbaidschan ablehnte, zumal den Aseri (Aserbaidschanern) umgekehrt in Armenien keinerlei Sonderrechte zugestanden wurden. Die in der Enklave lebenden Aseri waren zumeist fleißige und überaus produktive Bauern. Jedes Mal, wenn es in der Sowjetunion Lebensmittelengpässe gab, zogen sie den Neid der urbanen Armenier auf sich.

Michail Gorbatschow wusste um den Konflikt, legte ihn jedoch nicht bei.

Er, dem jedes Überlegenheitsgefühl als »Großrusse« abging, hatte keine Vorstellung vom Ausmaß nationaler Empfindungen. Gorbatschow war Internationalist und damit ein denkbar schlechter, wenngleich immer noch der einzige Ansprechpartner. 1987 und 1988 ersuchten ihn armenische Delegationen, die nach Moskau gekommen waren, einzugreifen. Vergeblich. Um sich Gehör zu verschaffen, gingen die Armenier in Berg-Karabachs Hauptstadt Stepanankert und anderen armenischen Orten auf die Straße, was bis dahin in der Sowjetunion einen seltenen und deswegen umso unerhörteren Akt politischen Ungehorsams darstellte. Zudem wurden die ersten Aseri vertrieben. Der Streit eskalierte wie sonst nirgendwo im Vielvölkerstaat UdSSR. Das Bergvolk übte die offene Rebellion. Es setzte den moskautreuen Statthalter ab und hob stattdessen einen Armenier in die Position. Schließlich brach sich Gewalt Bahn. Angeblich zuerst gegen Aseri in Berg-Karabach. Dann in einem Racheakt in Sumqayit bei Baku. In der Nähe der aserbaidschanischen Hauptstadt wurden 26 Armenier getötet, sechs Aseri starben. In der Sowjetunion, dem angeblichen Hort der Völkerfreundschaft, töteten Angehörige verschiedener Nationalitäten einander! Moskau musste Farbe bekennen, tat dies jedoch nur halbherzig. Was nicht zuletzt an der eingeschränkten Handlungsfähigkeit der heruntergewirtschafteten Sowjetunion lag. Das eilig verabschiedete Sonderprogramm für Berg-Karabach litt von Anfang an unter seiner Unterfinanzierung und blieb entsprechend wirkungslos.

Es kam weiter zu Vertreibungen, Ausschreitungen. In Baku formierte sich wochenlanger Massenprotest, ohne Unterbrechung demonstrierten Tausende vom 17. November bis 5. Dezember 1988 in der Hauptstadt, um auf die Verbrechen an ihren Landsleuten hinzuweisen. Bei der Räumung des Lenin-Platzes in Baku starben wieder Menschen.

Alle Versuche, Berg-Karabach unter Moskaus Zentralverwaltung zu stellen, schlugen fehl. Bei weiteren Pogromen gegen Armenier in Baku und anderen aserbaidschanischen Städten starben Anfang 1990 wieder 50 Menschen. Über Berg-Karabach wurde das Kriegsrecht verhängt, Panzer rollten in Aserbaidschan ein, als in der Hauptstadt Baku ein unerlaubter Generalstreik begann. Es gab 150 Tote. Russen und Armenier flohen aus Baku. Als sich nach dem Augustputsch 1991 in Moskau Aserbaidschan und Armenien für von der Sowjetunion unabhängig erklärten, tat es ihnen auch die Enklave Berg-Karabach gleich.

Als eine der ersten Intellektuellen und Dissidenten in Moskau hatte Swetlana Gannuschkina das Konfliktpotential der repressiven sowjetischen Nationalitätenpolitik erkannt, deren wirksamstes Instrument permanenter Druck war. Je mehr die Kraft nachließ, mit der Moskau die Völker zusammenzwang, desto größer wurde deren Chance erfolgreich auszuscheren.

Der erste mit handfester Gewalt ausgetragene Konflikt um die aserbaidschanische Enklave Berg-Karabach wurde noch mit Fassungslosigkeit beobachtet. Swetlana Gannuschkina, 1988 etwas über 40 Jahre alt, wollte dieser Krise auf den Grund gehen, denn sie schien so wenig zur angeblichen Völkerfreundschaft der Sowjetunion zu passen. Sie ahnte nicht, dass dies der Beginn ihres Engagements für Bürgerkriegsflüchtlinge werden sollte.

Die kleine blonde Frau mit der warmen, freundlichen Stimme war zu jener Zeit Dozentin an der Russischen Staatlichen Humanistischen Universität. Ihr Fach: Mathematik. Niemand würde vermuten, dass die blitzgescheite Naturwissenschaftlerin Legasthenikerin ist. Seit Computer über integrierte Rechtschreibprogramme verfügen, fühlt sie sich viel sicherer. Denn nun läuft sie nicht mehr Gefahr, sich durch handgeschriebene oder auf Maschine getippte Briefe zu blamieren, gibt sie mit einem schüchternen Lächeln zu. Swetlana Gannuschkina fasste über die Mathematik Zutrauen zu sich selbst: Sie erwies sich als überdurchschnittlich begabt und schwärmt bis heute von der Strenge und Logik der Mathematik, die zum konsequenten und unbestechlichen Denken erziehe. Und sie liebte das Fach aus einem weit weniger naheliegenden Grund: Als Mathematikerin war es ihr vergönnt, völlig ideologiefrei zu unterrichten. Wie die Menschenrechtlerin Ludmilla Alexejewa las sie im marxistisch-leninistischen Teil ihres Studiums, von dem auch Mathematiker nicht verschont blieben, nicht nur die angegebenen Absätze und Auszüge der Schriften, sondern alle Bände der alten Lenin-Ausgabe. Mit dem Ergebnis, dass sie den Marxismus-Leninismus verabscheute, vor allem die ihm immanente Gewalt und den Terror. Dabei habe sie sich von ihrer Jugend an gern für die Gesellschaft engagieren wollen. Doch diese Ideologie machte ihr das unmöglich. »Wir hatten in unserer Universitätsbibliothek noch die alte Lenin-Ausgabe, die noch nicht von den unschönen Kapiteln gesäubert war, in denen er sich hart und unflätig über seine Genossen äußerte. Das las ich und verglich die Passagen mit unserem sogenannten Philosophie-Heft, das mit Philosophie nun wirklich nichts zu tun hatte. Dutzende Bände, die Marx, Engels und Lenin verfasst hatten, waren auf ein paar Merksätze eingedampft worden. Und so etwas nannte sich Philosophie! Das beleidigte meinen Verstand.« Interessant fand sie die Politische Ökonomie. Vor allem die Kapitel über den Kapitalismus, der ohne Zweifel eine Reihe von Unzulänglichkeiten enthielt. Wie untauglich allerdings die Planwirtschaft war, erlebte sie Tag für Tag. Bei allen Nachteilen gab es im Kapitalismus natürliche Regulatoren: den Markt und die Nachfrage. »Das schien mir logisch. Doch obwohl diese Widersprüche so offensichtlich waren, hatten wir sie ständig zu ignorieren.« Swetlana Gannuschkina verlebte keine Pionier-Kindheit, weil sie häufig krank war. Drei Jahre hütete sie wegen einer Herzschwäche, die ihr jede Bewegung verbot, ununterbrochen das Bett. Damit wurde aus ihr ein ganz und gar unideologisches Kind. In ihren 30 Berufsjahren als Dozentin konnte sie das leisten, was sie gesellschaftliche Arbeit nennt: weder ihren Kindern noch den Studenten Lügen über diese Gesellschaft zu erzählen, sie stattdessen zum eigenständigen kritischen Denken zu erziehen. Sie flocht in die Mathematik-Vorlesungen Poesie-Lektionen ein: Verse von Zwetajewa, Kapitel von Pasternak. Dissidentenliteratur. Sie schrieb ständig Leserbriefe. Setzte sich für Solschenizyn ein, lange bevor der verdächtigt wurde, ein Antisemit zu sein, erhob ihre Stimme gegen den allgegenwärtigen Antisemitismus.

»Die Perestroika begann für mich im März 1988, als alle, die sich zuvor je öffentlich gegen Antisemitismus ausgesprochen hatten, vom Zentralkomitee der KPdSU in einen Saal des Hauses der Wissenschaftler gebeten wurden. Oben auf dem Podium saßen Historiker und begannen im alten Stile zu dozieren: Endlos erörterten sie die Unterdrückung der Schwarzen in Amerika. Ich forderte, vor unserer eigenen Tür zu kehren und darüber zu sprechen, wer für den Antisemitismus und Nationalismus in der Sowjetunion zur Verantwortung gezogen werden muss. Sofort begann eine heftige Debatte.

Der armenisch-aserbaidschanische Konflikt hatte sich bereits zugespitzt. Die Moskauer Intelligenzija war auf Seiten der Armenier, gegen die angeblich nicht demokratisch gesinnten, sowjetischen, harten Aserbaidschaner.«

Swetlana Gannuschkina zweifelte an dieser Schwarzweißmalerei. Sie entschloss sich, nach Jerewan zu fahren und dort mit der progressiven demokratischen Bewegung zu sprechen. Im letzten Moment entschied sie sich anders. Aus Jerewan kamen schließlich permanent Leute, die von dort berichteten. Aber niemand wusste, was in Baku vor sich ging. »Es baute sich eine Xenophobie gegen die Aserbaidschaner auf. Ich mochte die Schuldzuweisungen nicht ungeprüft nachplappern.« Der Flug kostete ein Viertel ihres Gehalts. Sie wohnte bei Leuten, deren Adresse sie von Bekannten bekommen hatte. Ihren Gastgebern erklärte sie, was sie in Baku wollte: etwas über die Pogrome gegen Armenier in Sumqayit erfahren. In dieser Woche führte sie 30 Interviews, die sie auf Kassetten aufnahm. Sollte ihr in Moskau niemand glauben, würde sie Beweismaterial vorlegen. »In Baku wollten alle mit mir reden.«

1988, unmittelbar nach dieser Reise, begann sich Swetlana Gannuschkina um Kriegsflüchtlinge zu kümmern. Die ersten Flüchtlinge, die sie traf, waren Armenier in Aserbaidschan. Armenische Christen, die kaum wussten, wo Berg-Karabach lag. Sie begriffen nicht, worum es überhaupt ging, und noch weniger unterstützten sie eine der beiden Seiten. »Einer Frau war ihr zwei Monate alter Säugling in den bloßen Händen erfroren, es war Januar. Sie hatte darüber den Verstand verloren. Sie lief mit dem Leichnam auf dem Arm herum und weigerte sich, ihn herzugeben. Die Armenier hatte man vertrieben, sie wussten nicht warum. Und dann kamen irgendwelche Funktionäre in Pelzmänteln und mit Pelzmützen zu ihnen. Die redeten mit den Leuten wie mit kleinen Kindern: Wir sind für euch nicht zuständig. Wendet euch an eure Leute, an die Armenier. Einfache Leute aus dem Ort brachten den obdachlos gewordenen Armeniern schließlich Brot.«

Als Swetlana Gannuschkina davon in Moskau berichtete, galt sie umgehend als Feindin der Demokratie und des armenischen Volkes. »Für mich ist das Streben nach Unabhängigkeit zweitrangig, wenn ich den Preis sehe, den ein Volk dafür zahlen soll.« 40 000 Menschen flohen vor den Pogromen in Baku 1990 nach Moskau. Von ihnen haben 20 Jahre später 5000 noch immer keine feste Bleibe gefunden. Niemand hat sich ihrer angenommen. Sollten die Moskauer Behörden ihre Drohung wahr machen und sie aus den Flüchtlingsheimen vertreiben, würden Hunderte auf der Straße landen. »Bei keiner Flüchtlingswelle, die die bewaffneten Konflikte nach Russland spülte, wurden die Probleme der Ankömmlinge so gelöst, dass die Menschen eine Perspektive und vor allem Sicherheit bekommen haben.«

Der Menschenrechtsaktivistin Swetlana Gannuschkina sind die Ziele der jeweiligen Unabhängigkeitsbewegungen suspekt. »Ich glaube an die Unabhängigkeit des Individuums in einer demokratischen Gesellschaft. Und deswegen interessiert mich einzig und allein: Wer hilft dem Volk, das unschuldig unter den Kämpfen leidet?«

1990 gründete sie das »Komitee für bürgerlichen Beistand« in der Menschenrechtsorganisation »Memorial«, das sich um die armenischen Flüchtlinge aus Aserbaidschan kümmert. Dann kamen afghanische Flüchtlinge hinzu, die nach dem Sturz des Nadschibullah-Regimes und dem Abzug der sowjetischen Truppen nicht in ihre Heimat zurückkehren konnten. Es folgten Opfer des georgisch-abchasischen und des georgisch-südossetischen Konfliktes. Schließlich die Georgier, die in Folge des russisch-georgischen Krieges 2008 aus Südossetien geflohen sind. Das offizielle Russland kümmerte sich nicht um sie.

Jedem, der bis zum 6. Februar 1992 nach Russland eingereist ist und seitdem dort lebt, steht laut Gesetz zu, russischer Staatsbürger zu werden. Doch die russischen Behörden wollen sich der Flüchtlinge entledigen, indem sie die Erteilung der Staatsbürgerschaft von einer Aufenthaltserlaubnis (Propiska) abhängig machen, die die jeweiligen örtlichen Meldeämter immer noch ausstellen, obwohl das längst dem Gesetz widerspricht. »Diejenigen, die bis jetzt noch keinen Pass haben, werden ihn nur mit immer größeren Schwierigkeiten bekommen. Wir erleben zunehmend häufiger, dass ihnen das Recht auf die russische Staatsbürgerschaft verwehrt wird, obwohl sie alle Voraussetzungen erfüllen. Sie werden hingehalten und wie Kriminelle behandelt.«

Nationalitätenpolitik ist für Swetlana Gannuschkina eine zunächst individuelle Angelegenheit. Ob Völker friedlich zusammenleben oder nicht, beantwortet nicht der Staat, sondern der Einzelne für sich. Wer von der Freundschaft der Völker redet und ein ganzes Volk umsiedelt, weil es an irgendetwas kollektiv schuld sein soll, entlarvt sich ihrer Meinung nach selbst.

Krimtataren, Inguschen, Tschetschenen, Karatschai-Tscherkessen, Russlanddeutsche – sie alle wurden während des Zweiten Weltkrieges nicht nur umgesiedelt, sondern zum Teil als angebliche Kollaborateure Hitlers ins Gefängnis und in Lager gesteckt.

»Meine Großmutter war Deutsche, mein Vater sprach Deutsch als Muttersprache. Ein Mann aus unserem Haus, sein Name war Rudolf, wurde während des Krieges interniert«, erinnert sich Swetlana Gannuschkina. »Nach seiner Rückkehr wandte er sich an meinen Vater: ›Wir Russlanddeutschen müssen zusammenhalten und uns gegenseitig unterstützen‹. Die Antwort meines Vaters hat sich mir eingeprägt: ›Ich bin Russe.‹ Ich war damals zwölf oder dreizehn Jahre alt und verstand noch nicht, wie gefährlich es nach dem Krieg war, sich offen dazu zu bekennen, Deutscher zu sein.«

Knapp 20 Jahre nach Ausbruch des Krieges um Berg-Karabach will ich – wie damals Swetlana Gannuschkina – auch die andere Seite hören: die Aseri. Aserbaidschans Präsident Ilchan Alijew und sein armenischer Amtskollege Sersch Sargisjan haben sich mehrfach getroffen. Die Türkei, die den Kontakt zu Armenien aus Freundschaft zu Aserbaidschan 1993 abbrach, hatte die Rolle des Vermittlers übernommen und übte sich im Vorfeld der Fußball-Weltmeisterschaft 2010 in Fußball-Diplomatie. Ankara und Jerewan erwägen die Öffnung der Grenze, die seit dem Bestehen der Republik Türkei nur ein einziges Mal frei passierbar war: zwischen 1991 und 1993. Die neue Annäherung beäugt Aserbaidschan misstrauisch. Doch bevor die armenisch-türkische Grenze tatsächlich wieder passierbar wird, was die beiden Präsidenten Sargisjan und Erdogan während der zwei Qualifikationsspiele zur Weltmeisterschaft 2010 verabredet haben, müssen Armenier und Türken noch über ihren Schatten springen: Seit fast 100 Jahren belastet der armenische Vorwurf des Genozids die beiderseitigen Beziehungen. 300 000 bis 1,5 Millionen Armenier sollen in den Jahren 1894 bis 1896, vor allem aber 1915 bis 1917 im Schatten des Ersten Weltkrieges enteignet, deportiert und getötet worden sein. Die christliche Minderheit im damaligen Osmanischen Reich hatte für mehr Autonomierechte gekämpft, zum Teil mit terroristischen Methoden. Für ihre Aufmüpfigkeit musste sie bezahlen. Armenier, die nicht bereits während der zahllosen Massaker getötet wurden, starben auf den Todesmärschen, auf denen sie mehrfach angegriffen wurden. Die angebliche Deportation hatte nicht den Zweck, die Armenier anderswo anzusiedeln, sondern noch auf ihrem Weg zu einem vermeintlichen Ziel zu vernichten. Die europäischen Großmächte wie Deutschland, Frankreich und Russland, aber auch die USA wussten von den Verbrechen, schauten zu oder waren daran beteiligt. Deutschland leistete bei der Deportation logistische Hilfe. Könnten sich heute die türkische und die armenische Regierung darauf einigen, eine Historikerkommission einzusetzen, die die Ereignisse von 1915 untersucht, stünde der Annäherung wohl kaum noch etwas im Wege. Doch davon sind die Kontrahenten noch weit entfernt. Während die Armenier der Kommission zutrauen, die Geschichte zu fälschen, befürchten die Türken Wiedergutmachungsansprüche. Wohin man schaut: vermintes Terrain.

Neue Medien – neue Demokratie?

Einfach die Grenze zum Nachbarn Aserbaidschan zu überqueren ist unmöglich. Sie ist geschlossen. Somit muss ich Armenien per Flugzeug verlassen und habe die Wahl: entweder nach Tiflis, Teheran oder Moskau zu fliegen und von dort meine Reise nach Aserbaidschan anzutreten. Über Moskau geht es am schnellsten. Im Flugzeug nach Baku sind von den rund 150 Passagieren etwa ein Drittel Kinder unter 14 Jahren. Kein Klassenausflug, sondern Eltern mit ihrem Nachwuchs. Ehe ich mich versehe, drückt mir eine junge Mutter ihren Säugling in den Arm, um die zweijährige Tochter neben sich mit Keksen zu füttern. Was sie in Moskau zu tun hatte? Ihr Mann habe ein Business dort. Sie redet viel, obwohl ihr Russisch miserabel ist, aber sie gibt nicht preis, womit der Gatte sein Geld verdient.

Ich bin mit dem deutschen Menschenrechtsbeauftragten Günter Nooke unterwegs, der noch vor unserem Abflug in Moskau per SMS erfahren hat, dass sein aserbaidschanischer Dolmetscher, Emin Milli, in Baku verhaftet wurde. Nooke ist der erste deutsche Politiker seit langem, der sich nicht für das aserbaidschanische Öl im Kaspischen Meer interessiert, sondern fragt, wie es um die Demokratie bestellt ist. In aserbaidschanischen Gefängnissen sitzen sechzig politische Gefangene ein. In der Hauptstadt Baku herrscht seit vielen Jahren vollständiges Demonstrationsverbot. Nookes inhaftierter Dolmetscher ist in Baku vor allem ein bekannter Oppositionspolitiker mit weltweit guten Kontakten. Seine Anhänger, junge Leute in seinem Alter, bewundern sein Charisma. Das Regime in Baku fürchtet ihn wohl zu Recht. Emin Milli war es gelungen, bei einem USA-Aufenthalt eine Demonstration gegen das Verfassungsreferendum in Aserbaidschan zu organisieren. Zurück in der Heimat bekamen er und sein Freund die Rechnung dafür. Sie wurden zusammengeschlagen und hinterher des Rowdytums angeklagt. Dem aserbaidschanischen Satiriker Mirsa Sakit, der soeben drei Jahre Haft abgesessen hat, kommt das Muster, nach dem Nookes junger Übersetzer festgenommen wurde, nur allzu bekannt vor. »Wie bei mir. Weil sie mich wegen der Satiren nicht kriegten, verprügelten sie mich, schoben mir Drogen in die Jackentasche und verurteilten mich vor Gericht zu drei Jahren Haft. Emin Milli wird wohl zwei Jahre kriegen.«

Emin Milli wehrte sich gegen die grundlose Gewalt und erstattete sofort, verletzt wie er und sein Freund waren, Anzeige bei der Polizei. Mit dem Ergebnis, dass sie beide in Handschellen abgeführt wurden.

Die Nachricht bestimmt Nookes Visite, er fragt in den Gesprächen mit Regierungsvertretern nach. Elmira Suleymann, Ombudsfrau für Menschenrechte, will den jungen Dolmetscher und dessen Freund angeblich auf der Polizeistation besucht haben, eine glatte Lüge. Wenn man sie reden hört, klingt es, als sei nicht Öl, sondern die Demokratie Aserbaidschans Exportschlager Nummer eins.

Der CDU-Politiker Nooke ist in der DDR aufgewachsen. Sein Misstrauen gegen alles, was eine Diktatur verkörpert, ist geweckt. Er verlässt sich nicht auf die hörigen Staatsdiener, selbst wenn sie als angebliche Menschenrechtsbeauftragte daherkommen. Er erkundigt sich stattdessen an Ort und Stelle, zum Beispiel auf der Polizeistation Nr. 37. Vor dem Gebäude warten bereits einige Freunde von Emin Milli, denen die Miliz jede Auskunft verweigert. Der deutsche Regierungsbeauftragte für Menschenrechte jedoch wird vom Chef der Polizeistation empfangen. Unterdessen schwärmt Parvana Persiani, eine bildhübsche 22-Jährige, wie populär die von Emin Milli gegründete Oppositionsbewegung unter aserbaidschanischen Jugendlichen ist. Dank Facebook, Youtube, Blogs und Twitter können sie miteinander kommunizieren und erreichen ihre Anhängerschaft auch ohne die ohnehin staatlich kontrollierte Presse. Mit Hilfe der neuen Medien verfolgen sie ihre wichtigsten Ziele: Aufklärung, mehr Demokratie, Kampf gegen Korruption, für Transparenz. Die Mitstreiter, von denen die meisten im Ausland studiert haben, wollen einen Wandel in den Köpfen ihrer Landsleute bewirken. Damit sind sie dem Regime nicht nur suspekt. Es wittert zu Recht die Gefahr, die von mobilen, unbestechlichen jungen Leuten ausgeht, die zumeist bei ausländischen Firmen gutes Geld verdienen und auf das Wohlwollen der aserbaidschanischen Regierung nicht angewiesen sind.

Per SMS organisieren Emin Millis Freunde Solidaritätsaktionen. Vor dem Sabail-Bezirksgericht haben sich bereits rund 100 Sympathisanten versammelt, die in das Gebäude wollen. Sie wissen bereits, was Nooke erst auf der Polizeistation erfuhr, nämlich dass ihre beiden Anführer hier festgehalten werden. Trotz ihrer Rufe im Chor, ihres energischen Klopfens bleibt die Gerichtstür verschlossen. Dass Nooke draußen geduldig wartet, beeindruckt die Richter. Der Deutsche mit Diplomatenpass wird schließlich eingelassen.

Die Warterei geht weiter. Einer der Aktivisten fragt mich: »Kennen Sie den alten Sowjetfilm ›Iwan Wassiljewitsch wechselt den Beruf‹? Der Film schildert eine Episode, die auch von einem Dolmetscher handelt. Zar Iwan Grosny (der Schreckliche) braucht einen Dolmetscher. Der Zar hatte eigentlich einen. Aber den haben sie aufgehängt, nun brauchen sie einen neuen.«

Seit den Mittagsstunden, zum angesetzten öffentlichen Termin, harren inmitten der jungen Leute auf der Straße vor dem Gericht die gebrechlichen Eltern des Inhaftierten aus. Jemand hat sie auf Stühle gesetzt – ein Häuflein Elend. Ihrem Sohn war angeboten worden, für 2000 Euro in der Regierung zu arbeiten, doch er hat abgelehnt, erzählt der Vater. Emin habe befürchtet, ebenso korrupt zu werden wie die, die ihn anheuern wollten. Die kannte er, denn er hatte zuvor für das Außenministerium mehrfach übersetzt. »Weil sie ihn anders nicht kriegen konnten, haben sie ihn jetzt mit dieser Lüge verhaftet.« Als Nooke aus dem Gerichtsgebäude tritt, wendet er sich zuerst an die Eltern der Inhaftierten, denn immerhin hat er ihren Sohn Emin gesehen. Dem Sohn geht es gut. »Sind die, die ihn überfallen haben, auch dort drin?«, fragt die Mutter. Sie hofft immer noch auf Gerechtigkeit. Die Schläger wurden nicht festgenommen. Sie befinden sich auf freiem Fuß. Stunden später, in der Nacht, das Urteil: zwei Monate Untersuchungshaft, keine Besuche.

Baku heißt »Stadt der Winde«, der wirtschaftliche Aufschwung der vergangenen Jahre ist deutlich sichtbar. Während der heißen Phase der Berg-Karabach-Auseinandersetzungen war die Öl- und Gasförderung rapide gesunken. Die Republik verarmte. Dabei bieten Aserbaidschans Rohstoffreichtum und die fruchtbaren Böden mit der gut entwickelten Landwirtschaft beste Ausgangsbedingungen für ein Leben in Wohlstand. Schon zu Sowjetzeiten lieferten aserbaidschanische Händler in die gesamte Sowjetunion, was die Bauern zu Hause produzierten. Deswegen waren sie immer schon ein wenig betuchter als ihre russischen Kollegen. Doch erst heute, da die Produktion wieder auf Hochtouren läuft, erstrahlen die gut 100 Jahre alten Jugendstilpaläste in neuem Glanz. Erbaut wurden sie mit dem Geld des ersten Ölbooms Ende des 19. Jahrhunderts, als Aserbaidschan weltgrößter Ölförderer war. Neue Prachtbauten sind hinzugekommen, Parkanlagen, Brunnen, Geschäfte, Banken, Hotels, Boutiquen. Die Stalin-Bauten zieren orientalische Ornamente. Gab es zu Sowjetzeiten 18 Moscheen, sollen es heute 1750 sein. Bis spät in den Abend flanieren die Einwohner auf den Straßen im Stadtzentrum, das auffallend sauber ist. Das Land wird seit 1969 mit nur fünf Jahren Unterbrechung vom Alijew-Clan regiert. In jeder Amtsstube hängen zwei Porträts: vom jetzigen Präsidenten Ilchan Alijew und dessen Vater Heydar Alijew. Angeblich teilen sieben Familienclans Macht und Reichtum, einschließlich der Petro-Dollar, unter sich auf. Die Wirtschaft wächst rasant. Die Regierung sorgt dafür, dass die Öffentlichkeit keinen Einblick bekommt, wieviel Öl verkauft wird, wofür die Einnahmen verwendet werden. Der Staat gilt als hochkorrupt, feudal, autoritär. 13 Prozent der Bevölkerung leben trotz des seit Jahren zweistelligen Wirtschaftswachstums unter der Armutsgrenze, die Mehrzahl der Plattenbauten, sobald sie nicht an den Hauptverkehrsstraßen liegen, befinden sich in erbärmlichem Zustand.

Mindestens 30 000 Tote hat der Krieg um Berg-Karabach gefordert, eine Million Menschen, Armenier und Aseri, mussten ihre Heimat verlassen. Wie in Armenien gilt auch in Aserbaidschan der Konflikt um Berg-Karabach bis heute als Druckmittel, um der Regierung gegenüber Loyalität einzufordern. Die Presse ist für Widerstand zu schwach: Radio Liberty und die BBC sind verboten. Was vor zwanzig, noch vor zehn Jahren undenkbar wäre, ist inzwischen wahr: Auch russische Fernsehsender stehen auf dem Index, zwei türkische ebenso. Mit Satellitenschüssel jedoch sind alle zu empfangen. Die Regierung schert sich nicht um internationale Kritik, schließlich sitzt sie auf angeblich immensen Gas- und Ölvorkommen.

Für die interessiert sich der deutsche Menschenrechtsbeauftragte nicht. Günter Nooke will sich mit Repräsentanten von Oppositionsparteien treffen, von denen lediglich eine, die Hoffnungspartei, im Parlament vertreten ist. Sämtliche Wahlen, außer der ersten 1992, gelten als gefälscht. Die Parteiaktivisten, die sich in der obersten Etage eines Luxushotels um den Tisch versammelt haben, schenken der grandiosen Aussicht auf Baku und das Kaspische Meer, das schwer und unbeweglich wie Blei daliegt, keinerlei Beachtung. Sie wollen den deutschen Politiker in kürzester Zeit so umfassend wie möglich über die Missstände informieren, appellieren an mich, unbedingt über die aserbaidschanische Opposition zu berichten, damit die Welt erfahre, dass das Land noch über Andersdenkende verfüge. Alle sieben, unter ihnen Lala Schovket, die einzige Frau, saßen bereits im Gefängnis. Ausnahmslos alle sind gefoltert worden. Mehreren wurde der Pass abgenommen.

Igbal Aghazade verbrachte zuletzt 17 Monate hinter Gittern. Er beklagt, dass die Opposition keinerlei Kontrolle über den Gas- und Ölfonds der Regierung besitzt. Die ein ums andere Mal gefälschten Parlaments- und Präsidentschaftswahlen setzen dem Ansehen aller Parteien zu, die Oppositionsparteien verlören fast im gleichen Maße wie die Regierungsparteien an Wertschätzung. Wenn der Westen über die Verletzungen der demokratischen Rechte hinwegsehe, würden die demokratischen Regeln von Mal zu Mal mehr missachtet. Isa Gambar von der ältesten Partei Aserbaidschans, der »Müsavat« (»Gleichheit«), die 1911 gegründet wurde, beschreibt die Regierung Alijew als kriminelles korruptes Regime. Dessen alleiniges Interesse sei der unbeschränkte Machterhalt, um Reichtümer anzuhäufen. Das Parlament sei für die Regierung lediglich ein Notariat, das Gesetze ratifiziere. Dass sich Ex-Bundeskanzler Gerhard Schröder nur noch für die Ostsee-Pipeline und der ehemalige Außenminister Joschka Fischer für die Nabucco-Leitung interessierten, sei ihnen nicht zu verdenken. Das aserbaidschanische Volk jedoch habe inzwischen eine Allergie gegen Öl und Gas, denn nur noch den Energieträgern gelte die ausländische Aufmerksamkeit, nicht mehr den Menschen. Europa sollte zumindest an der Gültigkeit der Gesetze gelegen sein. Ali Karimili von der »Volksfront« fände es richtig, wenn Aserbaidschan wegen der fehlenden Rechtsstaatlichkeit seinen Sitz im Europarat verlöre, doch bedauerlicherweise habe der Europarat das Mandat der neuen korrupten Regierung bestätigt. Anfang der neunziger Jahre, kurz nach dem Ende der Sowjetunion, habe es im aserbaidschanischen Parlament Debatten gegeben, die die Menschen am Fernseher verfolgt hätten. Knapp zehn Jahre später seien noch 50 Prozent der Medien frei gewesen, heute gebe es lediglich zwei Oppositionszeitungen mit einer Auflage von wenigen tausend Exemplaren. Unter Heydar Alijews Sohn Ilchan schreite der Demokratieabbau mit neuer Geschwindigkeit voran, weil Ilchan, anders als sein Vater, kein Politiker sei, sondern ein Manager. Ilchan Alijew denkt nach Meinung der anwesenden Oppositionellen wie ein Firmenchef in Kategorien von Konkurrenz und Anweisungen, nicht aber von Meinungsvielfalt und politischer Auseinandersetzung. Der Alijew-Clan beherrsche das Land. Von den 30 reichsten Personen seien nur drei Geschäftsleute, die restlichen 27 gehören zum Clan des Präsidenten, der auch die Ministerposten unter sich aufgeteilt hat. Beinahe beschwörend ruft Karimili über den langen Tisch: »Wir verlieren selbst den letzten Rest unserer Demokratie!«

Die Perestroika, später das Verbot der KPdSU machten die »gesellschaftliche« Arbeit der Moskauer Mathematikdozentin Swetlana Gannuschkina überflüssig. Sie musste ihren Studenten nicht mehr beibringen, wie sie trotz Diktatur frei denken lernen konnten. Die Meinungsfreiheit galt über Nacht. Wie eine Last war der ideologische Ballast von Lehrkräften und Studenten gefallen. Im Jahr 2000, als an der Universität die Korruption um sich griff, gegen die sie so verzweifelt wie vergeblich ankämpfte, ging sie. Im Wissen, dass der größte Teil ihrer Kollegen bis heute käuflich ist. Sie vergeben die knappen Studienplätze nicht an die begabtesten Schüler, auch nicht an die, die sich die Vorbereitung auf die Aufnahmeprüfungen leisten können und sie deswegen bestehen, sondern an jene, die die größten Schmiergeldsummen an die Aufnahmekommission zahlen. Das bekümmerte Swetlana Gannuschkina weit mehr als die Not Anfang der neunziger Jahre, als es nichts zu kaufen gab. Sie war mit völlig anderen Dingen beschäftigt: mit der Vorbereitung eines Nationalitätenkongresses, bei der ihr eine Freundin helfen sollte, Material über die verschiedenen Ethnien zusammenzutragen. Die Freundin sagte ihr: »Wenn du hilfst, meine Katze zu füttern, mache ich mit.« Swetlana Gannuschkina teilte nicht das Gefühl der Erniedrigung, das ihre Bekannten ob der miserablen Versorgungslage empfanden. Auf die Lebensmittelmarken für Mehl und Zucker waren schließlich große Mengen zu bekommen. Ihre Studenten bat sie, die Bezugsscheine abzugeben, die sie nicht brauchten, damit die aserbaidschanischen Flüchtlinge, die diese Talons nicht bekamen, wenigstens Zucker erhielten. Die Sorge um die Verlierer, die die zerfallene Sowjetunion hervorgebracht hat, lässt die inzwischen über 60-Jährige nicht ruhen.

Armenier, Aserbaidschaner, Usbeken, Moldawier, Kasachen, Kirgisen – sie alle galten plötzlich als Fremde, wo sie sich bislang zu Hause und mehr oder minder willkommen fühlten. Ebenso erging es Millionen Russen, die über Nacht zu Ausländern, überdies zu sehr unbeliebten, in den Nachfolgestaaten der Sowjetunion wurden. Sie, die stets die besten Posten besetzten, weil Moskau den nationalen Statthaltern nicht traute, bekamen die Rechnung serviert, ob sie nun schuldig waren oder nicht.

Migration ist in den Nachfolgestaaten der Sowjetunion ein Mammutproblem, dessen sich die Gesetzgeber in den jeweiligen Ländern nur unvollständig angenommen haben. Nur in den USA, so schrieb es das politische Magazin »Itogi« 2009, leben mehr Migranten als in Russland. Und kaum irgendwo, so möchte man hinzufügen, haben die so wenige Rechte wie im Kernland der ehemaligen Sowjetunion.

In den ehemaligen Sowjetrepubliken nehmen die Nationalitätenkonflikte kein Ende. In Kirgisistan zogen Unbekannte im Sommer 2010 marodierend durch Osch und Dschalalabad, töteten zwischen 300 und 2000 Personen. Wie schon 1990 brachten Kirgisen Usbeken um, die in den südkirgisischen Städten in der Minderheit sind. Aber auch Kirgisen wurden ermordet. Ein Muster war einmal mehr nicht erkennbar.

Einen Monat nach den schweren Ausschreitungen besuchten der deutsche Außenminister Guido Westerwelle und sein französischer Amtskollege Bernard Kouchner zusammen das Atymbek-Datka-Stadtviertel in Osch. Die aufgebrachte Menge wartet vor einem abgebrannten Geschäft auf der Hauptstraße. Ihr ehemaliger Bürgermeister Schantaro Satylbadijew, heute Vize-Regierungschef in Kirgisistan, führt die ausländischen Gäste zu den Häusern, die scheinbar wahllos überfallen wurden. Eine füllige ältere Frau in buntem Kleid schleppt an der Menge vorbei, was sie tragen kann: eine zusammengeschnürte Matratze in der einen, Plastikeimer und Aluminiumtöpfe in der anderen Hand. Statt die Hilfsgüter, die an mehreren Lkws entlang der Hauptstraße abgeholt werden können, schnellstens nach Hause zu schaffen, drängt sie es, von jenen schlimmen Tagen ab dem 10. Juni 2010 zu berichten. Offiziell wurden nach den Ausschreitungen 75 000 Personen obdachlos. »Es wurde geschossen, es war wie im Krieg, vier Tage lang. Wir hatten Angst, haben immer noch Angst. Schließlich gab es Tote, und von etlichen fehlt noch immer jede Spur. Nachts herrscht Ausgangssperre, aber auch tags trauen wir uns allein nicht raus. All diese Gerüchte, dass sie zurückkommen! Wir fürchten, unsere Kinder auf die Straße zu lassen.« Sie spricht so schnell, dass sie sich ständig verhaspelt. Immer wieder nennt sie ihr Alter, 58 Jahre, und genauso oft sagt sie, dass sie Invalidin zweiten Grades ist. Die Menschen in Osch stehen auch einen Monat später noch immer unter dem Eindruck der schrecklichen Überfälle. Ein junger Mann in schneeweißem, akkurat gebügeltem Hemd, den Unterkiefer voller Goldzähne, weist auf ein Gebäude weiter unten in der Straße und erzählt seine Geschichte. Dass sie am helllichten Tag gekommen sind und sein Haus vor seinen Augen abfackelten. Nichts ist mehr übrig, nur ein paar Ziegelsteine. »Als ich das Feuer löschen wollte, drohten sie mir, mich umzubringen. In der Nähe seien Scharfschützen postiert, die würden mich beim ersten Löschversuch erschießen.« Sein Haus, das Auto, alles hat der Kirgise verloren.

Ein alter Mann, er ist 75, erklärt, warum mir niemand seinen

Namen sagen möchte: »Alle haben Angst, vertrauen keinem mehr. Wenn ich Ihnen heute meinen Namen sage, was dann? Sie fahren weg. Aber ich bleibe hier, und wer weiß, was morgen passiert. Sie können mir keine Garantie geben, also halte ich doch besser meinen Mund.«

In einer Seitenstraße, der Besuchertross ist weitergezogen, lehnt eine kleine hutzelige Frau mit gelbem Kopftuch erschöpft am Tor ihres Gehöfts. Durch die offene Tür fällt der Blick auf eine Grube voller Trümmer. Ihr Sohn übersetzt mir ihr Gemisch aus Usbekisch und Russisch, was unter ihren Tränen kaum zu verstehen ist. Als die ersten Schüsse fielen, hätte sich die Familie sofort ins Auto gesetzt und sei zu einem der Söhne aufs Land gefahren. Als sie hörten, dass die Banditen die Häuser zerstören und Frauen vergewaltigen, hätten die Männer der Familie alle Frauen und Kinder über die Grenze nach Usbekistan gebracht, wo bereits eilig Flüchtlingslager errichtet worden waren. Erst als die Familie knapp zwei Wochen später nach Osch zurückkehrte, sah sie das Ausmaß der Zerstörung. Direkt vor dem Blechtor draußen auf der Straße steht ein blau-weißes Zelt vom UN-Flüchtlingshilfswerk, in dem die Familie jetzt wohnt. Die alte Frau trocknet ihre Tränen, streift die Sandalen von den Füßen, setzt sich im Zelt geschwind im Schneidersitz auf die Matratze. Sie bittet zum Tee in der neuen Bleibe, die aus genau zwei Matratzen und einem Tablett mit Geschirr besteht.

Draußen geht ein Paar vorbei. Er ist Händler auf dem Markt, der seit dem Überfall der Terroristen vor fünf Wochen geschlossen ist. Seine drei Stände wurden niedergebrannt, die Waren geplündert, er ist seither arbeitslos. Seine Frau zieht ihn hin zu der lärmenden Menge, die den Ex-Bürgermeister von Osch und seine ausländischen Gäste umringt. »Vertraut Ihr mir?«, fragt der Funktionär schreiend die Frauen und Männer. »Wenn Ihr mir nicht vertraut, setze ich mich nicht für Euch ein!« Die Frauen bedrängen ihn mit ihren Anliegen. Keiner hat mehr Arbeit, die meisten Geschäfte sind noch immer geschlossen, klagen sie. Ihre Stimmen überschlagen sich, einige versuchen, die Hemdsärmel der Minister zu fassen, um ihnen von ihren persönlichen Nöten zu erzählen und sich später bei den örtlichen Behörden auf diesen Moment zu berufen. Polizisten in Zivil nehmen einige dieser handgreiflich werdenden Frauen beiseite, um diese Art Zwiegespräche zu unterbinden. Die Menge wälzt sich durch die enge Gasse, über ein Bett von Schutt und Glasscherben. Die abgedrängten Frauen lassen sich nicht abspeisen, sie rufen den Ministern zu, was sie loswerden wollen. Dass niemand etwas gegen die Angreifer unternommen hat, sie vier Tage lang wüten konnten. Etwas abseits überwacht ein junger Milizionär das Geschehen. Schwer bewaffnet wie alle seine Kollegen, die zum Schutz des Ministerbesuches abkommandiert worden sind. Sein breites teigiges Gesicht sieht freundlich aus und bedeutend jünger als 32. Er redet mit fast tonloser Stimme, bewegt kaum die Lippen, als sollten seine Kameraden nicht mitbekommen, dass er mit einer ausländischen Reporterin spricht.

Aber er will etwas loswerden. Es sei schwer gewesen, nicht einzuschreiten, hilflos zuzusehen in jener Nacht. »Wir haben ja nicht einmal kugelsichere Westen. Ich stand neben meinem Kollegen, der von einem Schuss ins Bein getroffen wurde. Zehn von uns sind getötet worden und einer unserer Vorgesetzten. Einem Fahrer wurde die Kehle durchgeschnitten, der ganze Kopf abgetrennt.« Als er in der Grundschule war, vor über 20 Jahren, hat er schon einmal so viel Gewalt erlebt. Im Unterschied zu damals waren die Täter dieses Mal Unbekannte, sie stammten nicht aus Osch. Woher sie kamen, warum sie wen töteten, soll eine internationale Kommission untersuchen. Deutschland spendete zudem 80 000 Euro für einen Dialog zwischen den Ethnien. Hohe Ziele! Für General Kasimalijew vom Katastrophenschutzministerium wäre viel gewonnen, wenn die internationalen Hilfsorganisationen schnell Baumaterial verteilten. Dann seien die Bewohner mit ihren Häusern beschäftigt und würden eventuelle Rachegedanken am ehesten begraben.

15 Jahre lang, von 1990 bis 2005, regierte der korrupte Präsident Askar Akajew das kleine Land im Tienschan-Hochgebirge, das zu seinem Amtsantritt noch Kirgisische SSR hieß. 2005, nach wiederum gefälschten Parlamentswahlen, wurde er davongejagt. Die kirgisische »Tulpenrevolution« folgte dem Muster der »Rosenrevolution« in Georgien 2003 oder der »orangenen« 2004 in der Ukraine: Das Volk weigerte sich, die Wahlmanipulationen ein ums andere Mal zu schlucken.

Während der kirgisischen Revolution kam es zuerst zu Unruhen in Osch und Dschalalabad. Die Tulpenrevolution bekam auch deshalb ihren schönen Namen, weil es zunächst keine Todesopfer zu geben schien. Fünf Jahre später sitzen schon zwei kirgisische Präsidenten im ausländischen Exil: Askar Akajew und Kurmabek Bakijew. Letzterer wurde im April 2010 des Amtes enthoben. Proteste gegen die Regierung, unter anderem wegen zu hoher Energiepreise, hatten sich zu einem Aufstand ausgewachsen, der als Demonstration begann und in der Absetzung der Ministerriege mündete. Präsident Bakijew, der noch den Ausnahmezustand verhängte, hatte jede Autorität eingebüßt, flüchtete nach Dschalalabad, dankte ab und verließ schließlich das Land, das dann von einer selbsternannten Übergangsregierung geführt wurde. Der Blutzoll, mit der sich die Opposition der als korrupt verrufenen Regierung entledigt hatte, war hoch: offiziell 75 Tote. Zur Übergangspräsidentin ernannte sich Rosa Otumbajewa, die unter beiden Vorgängerpräsidenten Botschafterin bzw. Außenministerin war. Wie die kleine, nicht eben charismatische Frau an Format gewinnt, erlebte ich im Juli 2010 in Bischkek, als sie mit ihrer sanften Stimme in einem sehr gepflegten Russisch ihr Einverständnis gab zu einer OSZE-Polizeimission. Sie, die eher wie eine sowjetische Beamtin wirkt, verfolgte mit der in Kürze anberaumten Parlamentswahl das ehrgeizige Ziel, Kirgisistan in eine parlamentarische Republik zu transformieren.

Viel typischer für die postsowjetischen Länder Zentralasiens sind bislang autokratisch geführte Präsidialsysteme. Wie einst Akajew in Kirgisistan regiert Nachbar Nursultan Nasarbajew in Kasachstan seit 1990. Als Präsident darf er laut Verfassung maximal zwei Amtszeiten lang bleiben, für ihn, den »lieben Führer«, wie ihn die Mitglieder seiner Partei nennen, »wollte« das Parlament eine Ausnahme und beschloss 2007, dass er unbegrenzt oft kandidieren könne.

Der andere Nachbar, Usbekistan, wird schon seit 1989, noch bevor sich Taschkent von der Sowjetunion unabhängig erklärte, von Islom Karimow geführt. 2005 mussten die autokratischen Führer einen Flächenbrand in Zentralasien befürchten. Zwei Monate nach der kirgisischen Tulpenrevolution brach in der östlichen usbekischen Stadt Andischan eine Revolte in einem Gefängnis aus. In deren Folge wurden mehrere Hundert Menschen vom usbekischen Militär niedergeschossen. Andischan liegt im Ferghanatal nicht weit von der kirgisischen Grenze und den Städten Osch und Dschalalabad entfernt. Der usbekische Präsident Karimow löschte den Herd mit noch mehr Druck auf Oppositionelle, die pauschal als Islamisten verunglimpft wurden. Etlichen Gefangenen sollte der Prozess wegen angeblicher islamistischer Umtriebe gemacht werden, bei einem Befreiungsversuch aus der Justizvollzugsanstalt geriet die Lage außer Kontrolle. Die fällige Ablösung der inzwischen greisen Staatsoberhäupter Usbekistans und Kasachstans, aber auch von Tadschikistans Emomali Rahmon birgt die Gefahr weiterer Unruhen in sich. Die Präsidenten werden möglicherweise nicht so geräuschlos ersetzt werden wie der turkmenische Diktator Saparmurat Nijassow 2006. Wieder stehen den ehemaligen Sowjetrepubliken bewegte Zeiten bevor, die arabische Revolution im Frühjahr 2011 versetzt Herrscher bis nach China in Unruhe.

Als reichten Nationalitätenkonflikte, Krieg und Vertreibung nicht aus, hat die schwere Finanz- und Wirtschaftskrise die ohnehin miserable Lage der Arbeitsmigranten in Russland zusätzlich verschlechtert. So sehr, dass Swetlana Gannuschkinas »Komitee für bürgerlichen Beistand« sein Aufgabengebiet erweiterte. Massenhaft hatte es schockierende Menschenrechtsverletzungen mitten in Moskau festgestellt, für die nur ein Begriff passt: Sklaverei. Den Arbeitern, zum Bespiel aus Tadschikistan, Armenien oder Moldawien wird häufig überhaupt kein Lohn gezahlt. Sie werden geschlagen. Es herrscht Korruption in großem Ausmaß. Die Polizeispezialeinheit Omon, die für Arbeitsmigranten in keiner Weise zuständig ist, wird wieder und wieder im Zusammenhang mit Einschüchterungsaktionen erwähnt. Omon-Polizisten werden von Firmen angeheuert, um Arbeitsmigranten auf Baustellen oder Märkten zu verhaften, zu verprügeln oder sie mitzunehmen, um sie woanders ohne jede Kopeke arbeiten zu lassen. Die Menschenrechtsaktivisten kämpfen genaugenommen gegen Kriminalität.

Swetlana Gannuschkina prognostiziert den Zerfall des Vielvölkerstaates Russland, der, so befürchtet sie, weit weniger geräuscharm vor sich gehen wird als der Kollaps der Sowjetunion. Das Riesenreich könnte einerseits durch eine weitere Demokratisierung bedroht werden. Wenn Willensbekundungen der Völker erhört werden, wenn deren Separationsbestrebungen nachgegeben wird, etwa nach demokratisch abgehaltenen Referenden. Bei allem Optimismus ist die zweite Möglichkeit wohl die wahrscheinlichere: dass die Sezessionskräfte so gewalttätig werden, dass Moskau sie nicht mehr niederzuringen vermag. Um das Imperium tut es ihr kein bisschen leid. Solange Wladimir Putin – ob Präsident oder Premier – die politische Bühne beherrscht, habe ein Imperator, kein Demokrat das Sagen. Der werde an dem Reich festhalten – koste es, was es wolle. Dem Reich, das sich Jelzin im harten Kampf gegen Gorbatschow geschaffen hatte.

Vorwärts und zurück

Rede- und Versammlungsfreiheit, freie Wahlen, eine schlagkräftige Opposition im Parlament, eine unabhängige Presse – bis in der russischen Gesellschaft diese demokratischen Grundrechte fest verankert sind und die dazugehörigen Instrumente funktionieren, wird noch viel Zeit vergehen. Keine Präsidentschaftswahl seit 1991 verdient es, fair genannt zu werden. Bei fast jeder Dumawahl ging eine neue sogenannte »Partei der Macht« ins Rennen, Wladimir Putin gründete gleich mehrmals »seine« Partei, ohne ihr freilich je anzugehören.

Die jeweilige Präsidentenpartei bediente sich im Wahlkampf schamlos der administrativen Ressourcen: Mittel und Apparate der Präsidial- oder Regionalverwaltungen wurden in den Dienst der Kreml-Kandidaten gestellt, die Oppositionsparteien mussten dagegen ohne diese zusätzliche, ungesetzliche Unterstützung auskommen. Zudem blieb ihnen der gleichberechtigte Zugang zu den Medien verwehrt. Seit dem Zerfall der Sowjetunion dürfen die Menschen zwar weitgehend ungestraft sagen, was sie denken, solange sie nicht heikle Themen ansprechen: Separationsbestrebungen einzelner Regionen sind ebenso tabu wie Kritik an korrupten Politikern. Doch was der einfache Russe auf der Straße meint, interessiert die Herrschenden ohnehin kaum, erst recht nicht bei Wahlen, wie ein Rückblick auf die Ergebnisse sowohl der Duma- wie auch der Präsidentschaftswahlen zeigt.

1991, dem Jahr seiner Wahl, stieg Jelzins Stern zunächst noch. In genau jenem Maße wie der Gorbatschows sank. Der letzte Generalsekretär schaute hilflos zu, wie Jelzin in Russland 1991 die KPdSU verbot. Ein Schritt, den der harmoniesüchtige Gorbatschow schon deshalb nie auch nur erwogen hätte, weil er die Sprengkraft fürchtete, die eine mögliche Hatz auf ehemalige Genossen entwickeln könnte. Die von ihm befürchtete Jagd auf die 23 Millionen Parteimitglieder blieb freilich aus, das Land hatte andere Probleme. Es zerfiel gerade vor aller Augen.

Bei der ersten russischen Präsidentschaftswahl im Juni 1991 stimmten die Sowjetbürger, die sie damals noch waren, zu 57,3 Prozent für Boris Jelzin und Alexander Ruzkoi. Bei dieser Wahl wurden Präsident und Vizepräsident das erste und einzige Mal im Doppelpack gewählt, der das Land gleich durch mehrere Krisen steuern musste.

Jelzin holte zum zweiten großen Schlag aus, mit dem er die Sowjetunion endgültig zerschmettern sollte: Zusammen mit den Amtskollegen Leonid Krawtschuk aus der Ukraine und Stanislaw Schuschkewitsch aus Weißrussland traf er sich am 8. Dezember 1991 in der Nähe von Minsk in der Regierungsdatscha von Beloweschsk, um mit ihnen gemeinsam die UdSSR für aufgelöst zu erklären. Die drei beendeten die Existenz des Staatenbundes, ohne die Repräsentanten der anderen Sowjetrepubliken auch nur zu konsultieren. Kasachstan hatte sich bis dahin noch nicht für unabhängig erklärt, hätte also in jedem Fall hinzugebeten werden müssen. Sein Austritt aus dem Staatenbund erfolgte am 16. Dezember 1991.

Fast ein ganzes Jahr hatte Gorbatschow mit den Führern der Teilrepubliken um eine Verständigung über das Fortbestehen der Sowjetunion gerungen. Nun war sie mit einem Federstrich zerstört, begossen in einem Gelage, von dem Jelzin nach Hause getragen werden musste. Das nächste sollte alsbald folgen, als Jelzin am 24. Dezember 1991 in Gorbatschows Amtszimmer im Kreml zu einem Umtrunk eingeladen hatte, zu dem der Hausherr, Gorbatschow, aber nicht hinzugebeten worden war. Dessen Erinnerungen fallen entsprechend bitter aus. »Am Morgen bekam ich einen Anruf. Jelzin, Chasbulatow, der Vorsitzende des Obersten Sowjets, und sein Stellvertreter Burbulis sollen in meinem Arbeitszimmer eine Flasche Whiskey geköpft haben. Danach hielt ich es im Kreml nicht mehr aus.« Am 25. Dezember gab Gorbatschow, auch zur Überraschung Jelzins, seinen Rücktritt bekannt. Am 26. Dezember 1991 hatte die Union der Sozialistischen Sowjetrepubliken keine Republiken und auch keinen Präsidenten mehr.

Gorbatschow, der in seinen besten Jahren seine Popularität durchaus genoss, erwies sich als ein würdiger Verlierer. Weder klebte er an seiner Macht, noch sann er auf Rache. Im Unterschied zu Jelzin, der seine Gegner jeweils vernichtete. Zunächst wusste er besser als jeder andere die Gunst der Stunde zu nutzen. Als sich die Massen enttäuscht von Gorbatschow abwandten, stand er schon bereit. Sagte zu, die Probleme zu lösen, mit denen Gorbatschow nicht fertig zu werden vermochte. Ein leeres Versprechen, wie sich herausstellte. Aber der Bauingenieur aus Swerdlowsk verstand es, auch und gerade die Intellektuellen anzusprechen, die auf die Perestroika große Hoffnungen gesetzt hatten. Sowie die, die endlich einfach nur ein besseres Leben wollten. Statt Gorbatschow war nun Jelzin ihr Held. Ein machtsüchtiger Provinzler, aus dem bis zum Ende seines Lebens kein kultivierter Mann wurde. Der seinem Gegner, wo er konnte, schmerzliche Hiebe versetzte. Er demütigte den ehemaligen Präsidenten der Sowjetunion öffentlich, indem er beispielsweise binnen weniger Tage dessen Auszug aus dem Kreml forderte.

Beide Kontrahenten verdankten der kommunistischen Partei alles, sie hatte den Arbeitersöhnen den Bilderbuchaufstieg ermöglicht. Der Schöngeist Gorbatschow, ein einstiger Mähdrescherschlosser, hat das nie vergessen und behielt vielleicht auch deshalb immer etwas Kommunistisches. Jelzin dagegen regierte wie ein Zar. Mit großem zeremoniellen Aufwand, brutal, zuweilen gütig. Dabei hatte auch er 1991, als er sich glorreich in die Bresche warf, um die Demokratie zu schützen, seinen Zenit bereits überschritten.

Bis heute wird in Russland hauptsächlich Gorbatschow,

nicht Jelzin für das Ende des unfreiwilligen Staatenbundes verantwortlich gemacht, dabei hatte Gorbatschow um den Fortbestand gekämpft, während es Jelzin mit der Zerschlagung nicht schnell genug gehen konnte.

Durch Gorbatschow verbesserte sich das Leben von Millionen von Menschen: in Deutschland, Osteuropa und schließlich auch in Russland. Auch wenn das für ihn zu spät kam, um noch politischen Nutzen daraus zu ziehen.

Als am 31. Dezember des überaus ereignisreichen Jahres 1991 auf dem Kreml die rote Fahne eingeholt und die russische aufgezogen wurde, lag zu viel hinter den Menschen, als dass sie noch Hoffnung auf ein baldiges Ende der Wirrnisse hegen konnten. Sie waren wie seit dem Zweiten Weltkrieg nicht mehr mit dem Überleben beschäftigt und nahmen kaum Notiz davon, dass ihr Land soeben seine Existenz beendet hatte.

Obwohl die Bürger ärmer waren als je zuvor, schaffte es Jelzin auf wundersame Weise, sich in dem Wirtschaftsreferendum im April 1993 die Unterstützung der Wähler zu sichern. Noch hatte er Kredit bei den Menschen, weil sie ihn als Garanten einer Zukunft ohne Kommunismus sahen. Doch der Kongress der Volksdeputierten, wie die Duma damals noch hieß, folgte ihm nicht auf seinem liberalen Wirtschaftskurs. Auch mit seinem Vorschlag, ein Verfassungsreferendum abzuhalten, stand Jelzin allein da. Im Sommer 1993 legte der Präsident den Abgeordneten den Entwurf einer neuen Verfassung vor, doch das kommunistisch dominierte Parlament verweigerte die Annahme.

Woraufhin Jelzin seinerseits per Dekret das Parlament auflöste und Neuwahlen plus Verfassungsreferendum für Dezember 1993 ansetzte. Die Abgeordneten wehrten sich. Sie erklärten die Parlamentsauflösung für ungültig, enthoben Präsident Jelzin des Amtes und ernannten den Vizepräsidenten Alexander Rutzkoi zum Ersten Mann im Staate. Präsident und Parlament gerieten so schwer aneinander, dass Jelzin nur noch in der Anwendung von Gewalt einen Ausweg sah.

Russland stand im Herbst 1993 am Rand eines Bürgerkrieges. Im Weißen Haus, damals Sitz des Parlamentes, heute der Regierung, verbarrikadierten sich die widerspenstigen Deputierten. Jelzin ließ ihnen den Strom abstellen und unterband jede Versorgung mit Lebensmitteln. Schließlich ordnete er an, das Weiße Haus unter Feuer zu nehmen. Was für ein Symbol: Der Präsident ließ das Parlament beschießen! Die massive Waffengewalt veranlasste die Aufständischen schließlich zur Aufgabe. Der Machtkampf zwischen Parlament und Präsident im Oktober 1993 forderte fast 200 Menschenleben und beschädigte das Image des angeblichen Demokraten Jelzin nachhaltig. Dennoch gelang es ihm zwei Monate später, das Verfassungsreferendum für sich zu entscheiden.

Er war noch einmal davongekommen. Doch die Verfassungskrise, die gescheiterten Wirtschaftsreformen sowie zahlreiche Korruptionsvorwürfe gegen ihn und seine sogenannte Familie – ein Kreis von Günstlingen und Vertrauten – minderten Jelzins Aussichten, als Präsident wiedergewählt zu werden, erheblich. So zögerte er die längst fällige Abstimmung immer wieder hinaus.

1994 begann der Tschetschenienkrieg, der bis 1996 dauerte. Erst als der Frieden in Sicht war, wagte der Präsident die Wahl. Im Sommer 1996 sollte das Volk endlich über Jelzins Schicksal befinden. In einer beispiellosen Kampagne spitzte er mit Hilfe westlicher, vor allem amerikanischer Wahlkampfberater, die Entscheidung über den Präsidenten auf ein Entweder-Oder zu: Demokratie oder Kommunismus, Jelzin oder Sjuganow. Der Vorsitzende der Kommunistischen Partei der Russischen Föderation, die sich nach Jelzins Verbot der KPdSU neu gegründet hatte, wurde dämonisiert. Sjuganow wurde als Vertreter der alten Nomenklatura verunglimpft, der er nicht war. Eher vertrat und vertritt der ehemalige Provinzfunktionär aus Orjol sozialdemokratische Positionen. Seine Anhänger huldigen ihm vor allem deshalb, weil sie in der Kommunistischen Partei noch heute die Kraft vermuten, die ihr altes Leben verkörpert und es ihnen am ehesten zurückbringen kann. Obwohl Sjuganow die Partei seit 1995 führte, ging sein Einfluss eher zurück, als dass er ihn im Laufe der Jahre ausbauen konnte. Was an seinem wenig charismatischen Führungsstil lag und liegt. Zusammen mit der Partei der Agrarier bildeten die Kommunisten in der Duma während der Herrschaft Jelzins eine schlagkräftige Opposition, die dem Präsidenten bis zu seinem freiwilligen Rücktritt unablässig schmerzlich zusetzte. So initiierten sie mehrfach Amtsenthebungsverfahren gegen das kranke, trunksüchtige Staatsoberhaupt. Begründung: Genozid an der russischen Bevölkerung, die tatsächlich in beängstigendem Maße schrumpfte: wegen der geringen Lebenserwartung (nicht zuletzt wegen des verbreiteten Alkoholismus), wegen des Krieges in Tschetschenien, der veralteten Infrastruktur, die immer wieder zu Unfällen mit tödlichem Ausgang führte, und der sinkenden Geburtenrate.

Der schwer herzkranke Präsidentschaftskandidat Jelzin erlitt vor dem zweiten Wahlgang, der die Entscheidung zwischen ihm und Sjuganow herbeiführen sollte, einen weiteren Infarkt. Doch er gewann die Abstimmung. Ein Sieg, den er sich bei der Wirtschaft erkauft hatte.

Die Menschenrechtsaktivistin Gannuschkina beobachtete die Wahl 1996 mit Argwohn. Finanzkräftige Unternehmer versuchten den abgehalfterten Präsidenten unter allen Umständen im Amt zu halten. Um ihre Pfründe zu sichern, die sie durch die Kommunisten bedroht sahen. Im Falle eines Wahlsieges von Sjuganow fürchteten sie um ihr soeben zusammengerafftes Eigentum, für das einige von ihnen über Leichen gegangen waren. Den Kommunisten wurde unterstellt, dass sie Gerichtsverfahren gegen diejenigen einleiten würden, die sie für die Auflösung der UdSSR und den Ausverkauf der russischen Wirtschaft verantwortlich machten. Die in kurzer Zeit schwerreich gewordenen Unternehmer waren nicht gewillt zuzusehen, wie ihre Felle davonschwammen. Boris Beresowski, Wladimir Gussinski, Wladimir Potanin, Michail Chodorkowski, Michail Fridman –

alles Inhaber der wichtigsten Banken, der größten russischen Rohstoff-, Medien- oder Autounternehmen, waren bereit, Boris Jelzins Wahlkampf zu finanzieren. Diese einflussreichen Männer, die in Russland »Oligarchen« genannt werden, schlossen mit dem Präsidenten einen Pakt: Sie unterstützen seinen Wahlkampf, dafür würde er sich von nun an nicht mehr in die Wirtschaft einmischen.

Die Rechnung ging auf. Die teuer bezahlte Kampagne war erfolgreich. Doch sie hatte den im Amt Bestätigten an den Rand des körperlichen Ruins gebracht. Vier Monate nach seiner Wiederwahl wurden Jelzin in einer Herzoperation – auch mit Hilfe zweier deutscher Ärzte – fünf Bypässe gelegt. Der soeben wiedergewählte Präsident verschwand wochenlang von der politischen Bühne. Ärztliche Bulletins kursierten zusammen mit Spekulationen über den wahren Gesundheitszustand wie zu Breschnews Zeiten.

Die Opposition im Parlament unternahm weitere Versuche, sich des Präsidenten per »Impeachment« zu entledigen. Die Liste der Beschuldigungen wurde immer länger. Beim letzten Anlauf am 15. Mai 1999 umfasste sie fünf Anklagepunkte: den Genozid am russischen Volk, das Beloweschsker Abkommen im Dezember 1991, das das Ende der Sowjetunion besiegelte, den Beschuss des Weißen Hauses 1993, den Vorwurf der Zerstörung der russischen Armee, den Krieg in Tschetschenien.

Jelzin konnte auch dieses letzte gegen ihn gerichtete Amtsenthebungsverfahren des Parlaments verhindern: Er präsentierte der Duma nach dem kommunistischen Apparatschik Jewgeni Primakow als neuen Ministerpräsidenten den stark kurzsichtigen FSB-Geheimdienstchef Sergej Stepaschin, den er allerdings nur für drei Monate im Amt behielt. Sechs Ministerpräsidenten hatte der abgewirtschaftete Präsident verschlissen, einer sollte noch folgen: Wladimir Putin. Am 9. August 1999. Nur Insider wussten mit dessen Namen etwas anzufangen. Von 1985 bis kurz nach dem Fall der Berliner Mauer KGB-Agent in Dresden, später von Korruptionsgerüchten umwitterter Vize-

Bürgermeister von Sankt Petersburg, 1996 im Wahlkampfteam von Boris Jelzin, danach in der Präsidialverwaltung des Kreml. Seit 1998 bis zur Berufung zum Ministerpräsidenten Chef des FSB-Geheimdienstes. Man konnte ihn kennen, doch noch hatte niemand ein Gesicht vor Augen.

Bei der Dumawahl im Dezember des gleichen Jahres fuhren die Kommunisten ihr bestes Ergebnis ein: über 25 Prozent der Stimmen.

Jelzin trat am Silvestertag 1999 zurück und legte sein Amt übergangsweise in die Hände des immer noch fast unbekannten Premiers Wladimir Putin.

Russland führte schon wieder Krieg gegen seine Teilrepublik Tschetschenien. Putins Vorgänger, Sergej Stepaschin, hatte den Separatisten, die eine islamische Republik Tschetschenien-Dagestan errichten wollten, nicht genug entgegenzusetzen gehabt. Deswegen schickte Jelzin Putin las. Der folgte Stepaschin nun schon das zweite Mal ins Amt. Erst auf die Stelle des FSB-, dann auf den Posten des Regierungschefs. Angeblich hatte Jelzin auf Putin schon länger ein Auge geworfen. Der Leiter des Geheimdienstes, so vermutete der damalige Präsident, würde sich auf den Deal einlassen, die »Familie« zu schützen, Jelzin und dessen als durch und durch korrupt geltenden Clan Immunität bis ans Lebensende sichern.

Swetlana Gannuschkina schrieb den FSB-Mann Putin schon am ersten Tag als amtierender Präsident ab. Mit seinem Satz, er werde die tschetschenischen Terroristen wenn nötig »bis auf die Toiletten jagen und dort abmurksen«, hatte er sich in ihren Augen für alle Zeiten diskreditiert. Anders als später Dmitri Medwedjew. Der kommuniziere ziviler mit den Menschenrechtsorganisationen, habe sie gar um Mitarbeit beim Kampf gegen die Korruption gebeten, doch: Getan habe er bislang nichts, was geeignet wäre, der russischen Zivilgesellschaft den Rücken zu stärken. Im Gegenteil, er stimmte der Verlängerung der Amtszeit für den russischen Präsidenten von vier auf sechs Jahre zu, so wie es die Duma 2008 wohl nicht zuletzt im Auftrag von Premier Wladimir Putin wollte. Und er verstieg sich im Sommer 2010 zu der Behauptung, eine parlamentarische Demokratie, wie sie Kirgisistan einführen wollte, wäre eine Katastrophe für Russland. »Russland muss noch Jahrzehnte, vielleicht Jahrhunderte eine präsidiale Republik bleiben, um die Einheit des Staates zu sichern.«

So wenig wie Boris Jelzin daran gelegen war, eine eigene Partei zu gründen, so wenig gefestigt ist das Parteiensystem bis heute. Nur einige wenige Parteien, die schon bei der ersten demokratischen Dumawahl 1993 antraten, existieren auch heute noch: die Kommunistische Partei und die Liberal-Demokratische Partei Russlands. Hinter letzterer verbirgt sich eine opportunistische und nationalistisch ausgerichtete Organisation. Ihr Führer Wladimir Schirinowski schafft es vor allem wegen inszenierter Politskandale immer wieder in die Schlagzeilen. Ein Politclown, der vor nichts zurückschreckt, nicht einmal vor einer Schlägerei mit einer Abgeordnetenkollegin in der Duma.

»Jabloko« als traditionelle Oppositionspartei verlor seit 1993 mit jeder Parlamentswahl mehr Stimmen, wurde 2007 schließlich nicht mehr in die Duma gewählt, was an der Uneinigkeit der Oppositionellen, aber auch an der neuen Sieben-Prozent-Hürde lag.

Auch wenn Jelzin dem Parlament wenig Bedeutung beimaß: Mit seinem Rückzug aus dem Präsidentenamt verschwand nicht nur die Pressefreiheit in Russland, sein Nachfolger Putin sorgte auch dafür, dass der Opposition in der Duma kein Platz mehr eingeräumt wurde.

Seit der ersten Dumawahl 1993 trat bei jeder nachfolgenden Abstimmung eine neue »Partei der Macht« an, die zwar nie von den amtierenden Präsidenten gegründet wurde, sich aber dennoch bedingungslos loyal zu ihm verhielt. Als Präsident oder Premier aller Russen, so hatte es Putin bislang begründet, dürfe er keiner Partei angehören. Welche Scheinheiligkeit.

Längst hatte er das Potential einer ihm gewogenen politischen Kraft im Parlament erkannt und systematisch ausgebaut. Aus der 2001 gegründeten »Jedinstwo« (»Einheit«) ging die heutige Präsidentenpartei »Jedinaja Rossija« (»Einiges Russland«) hervor, die bei der Dumawahl 2003 immerhin schon 37,6 Prozent der Stimmen holte, mehr als jede andere Partei vorher. Nur die Kommunisten und die Nationalisten brachten es zu ihren besten Zeiten auf über 20 Prozent. Im Verlauf der Legislaturperiode ab 2003 brach eine regelrechte Opportunismuswelle in der Duma los. Plötzlich wollten noch viel mehr Dumaabgeordnete zu den Siegern gehören und schlugen sich auf die Seite von »Jedinaja Rossija«. Die Fraktion verfügte schließlich über 305 der 450 Parlamentssitze.

Bei der Dumawahl 2007 baute die Präsidentenpartei ihren Vorsprung noch weiter aus. Sie erreichte die verfassungsgebende Zwei-Drittel-Mehrheit von 315 Stimmen. Wladimir Putin hatte die Wahlliste angeführt, obwohl er nach wie vor nicht Mitglied der Partei war. Prompt holte »Jedinaja Rossija« 64,3 Prozent der Stimmen, soviel, wie noch nie eine Partei in der Duma. Im April 2008 wurde Wladimir Putin paradoxerweise Vorsitzender von »Jedinaja Rossija«, aber noch immer nicht Mitglied dieser zentristisch ausgerichteten Beamtenpartei.

Staatliche Stellen unterstützen die jeweilige »Partei der Macht« bei den Dumawahlen und noch einmal mehr das amtierende Staatsoberhaupt bei den Präsidentschaftswahlen. Putin bediente sich ähnlich ungeniert wie Jelzin dieser »administrativen Ressourcen«. Gegen ihn, der in den gleichgeschalteten und nahezu vollständig entpolitisierten Medien auf allen Kanälen präsent war, hatte keiner seiner Herausforderer je eine Chance.

Bei der Präsidentschaftswahl 2004 traten zwar fünf Mitbewerber gegen ihn an, Sergej Mironow – einer der Kandidaten – jedoch nur, »um den Präsidenten zu unterstützen«. Oleg Malyschkin, ehemaliger Boxer und Leibwächter des Ultranationalisten Wladimir Schirinowski, sollte in den Ring steigen, damit sein Chef nicht ein viertes Mal bei einer Präsidentschaftswahl verliert. Und den liberalen Kandidaten Irina Chakamada und Sergej Glasjew hatten die eigenen Parteifreunde die Unterstützung verweigert. Einzig Nikolai Charitonow von den Kommunisten konnte sich des Rückhalts seiner Partei und Gesinnungsgenossen gewiss sein.

Ist Wladimir Putin tatsächlich ein Überflieger, an den niemand heranreicht? Mitnichten, sagt Grigori Jawlinski, der Parteichef der demokratischen Partei »Jabloko«, der früher selbst bei Präsidentschaftswahlen kandidierte. Putin habe inzwischen sämtliche demokratischen Strukturen zerstört und politischen Opponenten die Luft abgeschnürt. Deshalb rief Jawlinski 2004 zum Wahlboykott auf. Seiner Meinung nach fehlten für eine demokratische Wahl drei Grundvoraussetzungen: unabhängige Gerichte, die im Zweifel über die Rechtmäßigkeit der Wahlen befinden können, freie landesweite Medien und eine unabhängige Finanzierung der Kandidaten.

Allen Mutmaßungen zum Trotz, dass Putin rechtzeitig die Verfassung ändern lassen würde, um sich eine dritte Amtszeit in Folge zu verschaffen, trat bei der Abstimmung 2008 der von ihm vorgeschlagene Dmitri Medwedjew an. Bis dahin Stellvertretender Ministerpräsident, Ex-Leiter der Präsidialadministration und Aufsichtsratsvorsitzender des größten Unternehmens des Landes, des staatlichen Erdgasförderers »Gazprom«. Als Kandidat von Putins Gnaden machte Medwedjew zu niemandes Überraschung das Rennen. 2012, wenn das russische Staatsoberhaupt erneut gewählt wird, könnte er sein Amt verteidigen oder aber, die wahrscheinlichere Variante, Putin erneut Platz machen, der dann wieder antreten dürfte. Denn die Verfassung begrenzt zwar die Präsidentschaft auf zwei Amtszeiten hintereinander, untersagt aber nicht ausdrücklich eine Wiederwahl, wenn der Amtsinhaber eine Pause eingelegt hat.

Medwedjew verharrt in Putins Schatten, wenngleich ihm die Rolle als Präsident eine weit größere politische Bedeutung zuschreibt, als bislang je ein Premier innehatte. Solange die Ministerpräsidenten nicht Putin hießen.

Das Verschwinden einer echten parlamentarischen Opposition, die Sieben-Prozent-Hürde für Parteien, die verlängerte Amtszeit des Präsidenten auf sechs Jahre – für Demokraten wie die Menschenrechtlerin Swetlana Gannuschkina sind das alles aber Zeichen für den weiteren Abbau der Bürgerrechte.

Für sie ist es ausgemachte Sache, dass Wladimir Putin schon bald wieder an Russlands Spitze stehen wird und Dmitri Medwedjew dann die Partei »Einiges Russland« führt. Frei nach dem Motto: Bäumchen, wechsle dich! »Die Sieger dieses Wettbewerbs stehen schon jetzt fest: Wir werden Putin für zwei weitere Male à sechs Jahre bekommen. Auf solche Wahlen habe ich noch weniger Lust als auf die letzten. Das ist ein falsches politisches Spiel, Betrug«, so Gannuschkina.

Was seit dem Zerfall der Sowjetunion besser geworden ist? »Dass wir in einer realen Landschaft leben, nicht mehr inmitten einer Dekoration mit lauter Lügen. Aber derzeit wird die Theaterkulisse wieder aufgebaut, werden Pappmachéwände mit aufgemalten Phantasielandschaften errichtet. Wenn es uns jetzt nicht gelingt, die Dekorateure zu stören, werden wir bald wieder in dieser falschen, unechten Kulisse leben. Besser als früher ist«, so die Flüchtlingsaktivistin, »dass wir ein viel agileres Leben führen können. Mich hat unser entbehrungsreiches Leben nicht gestört, das wir in der Sowjetunion in materieller Hinsicht geführt haben. Ich finde im Gegenteil, dass man bescheiden leben sollte. Aber die geistige Armut und Trägheit der Sowjetjahre ist glücklicherweise vorbei.«

IV. DER RASANTE WIRTSCHAFTLICHE NIEDERGANG UND DER MÜHSAME AUFSTIEG

Von der Kommunalka zur WG

Mit dem Wort »Demokratie« verbinden viele Russen einzig und allein die missglückte Privatisierung des sowjetischen Volkseigentums, die einige wenige steinreiche Oligarchen generierte. Die große Mehrheit der Bevölkerung verlor ihr Hab und Gut und verkaufte in ihrer Not alles, was sich zu Geld machen ließ. Denn Anfang der neunziger Jahre litten die Russen Hunger. Das zerfallene Sowjetreich war auf Lebensmittelhilfen aus dem Ausland angewiesen. Deutschland zeigte sich aus Mitgefühl und Dankbarkeit für die Einheit besonders großzügig.

Selbst wer in den abgelegenen Regionen arbeitete, weil dort gute Verdienste lockten, konnte sich vorübergehend nicht einmal das Nötigste leisten. Keine Nahrungsmittel, keine eigene Wohnung. Nach dem Zusammenbruch der UdSSR dauerte es zwölf Jahre, bis die Wirtschaft wieder auf die Beine kam, erst 2003 übertraf das Bruttosozialprodukt die Wirtschaftsleistung der Sowjetunion.

Seitdem geht es aufwärts. Mit Unterbrechungen. Zwar gibt es immer noch die aus der Not geborenen Gemeinschaftswohnungen. Aber auch dort ist nicht mehr nur das Elend zu Hause.

Ich besuchte Russlands Hauptstadt der Kommunalkas, Sankt Petersburg. Nirgends findet man so viele Gemeinschaftswohnungen wie dort, weil es in keiner russischen Stadt so viele hochherrschaftliche Wohnungen gibt wie in der einstigen Zarenhauptstadt.

Antonina Karonina erlebte den Zerfall der Sowjetunion im russischen Norilsk hoch oben im Nordpolarkreis. Norilsk, die Nickelstadt, war keineswegs ihre Heimat, niemand stammt aus

Norilsk. In Norilsk hielt sich auf, wer schnell viel Geld verdienen wollte, um danach ebenso schnell wieder zu verschwinden. Den Karonins machte die sogenannte Privatisierung der volkseigenen Betriebe einen Strich durch die Rechnung. Wie Millionen ehemaliger Sowjetbürger war die Familie buchstäblich über Nacht derart verarmt, dass ihr das Geld fehlte für einen Umzug aufs »Festland«, wie Russland im Nordpolarkreis oder in Gegenden fern der europäischen Metropolen genannt wird. Zudem war die diplomierte Geologin zum vierten Mal Mutter geworden, eine zu jener Zeit lebensgefährliche Angelegenheit. Denn Babys und Müttern, die nicht in einer öffentlichen Einrichtung wie Kindergarten, Schule oder Betrieb essen konnten, drohte der Tod durch Unterernährung. Lebensmittellieferungen kamen in den Geschäften des hohen Nordens nicht mehr an. Zudem wurden die Gehälter nicht ausgezahlt. Die Regale waren so leer wie die Lohntüten. Einige Monate später, Anfang 1992, waren von einem Tag auf den anderen die Preise freigegeben worden. Massenhaft überfluteten plötzlich westliche Joghurts, Instant-Kaffeesorten, Bier, Zigaretten und Kosmetikartikel den russischen Markt, denn das Einfuhrverbot für Lebensmittel war aufgehoben worden. Einheimische Waren hatten keine Chance mehr. Inhaber von Import-Export-Firmen, meist gewiefte junge Männer, verdienten sich goldene Nasen an den Produkten, die sie im Westen günstig erwarben, um sie in Russland teuer zu verkaufen. Ungeniert vergrößerten sie ihren Reibach mit billigen Fälschungen westlicher Markenprodukte. (Und brachten die westlichen Produkte in Verruf.) Parallel dazu durften erstmals auch die Betriebe die Löhne festsetzen, sprich: erhöhen. Das Wirtschaftssystem der Sowjetunion war wie die Union selbst zusammengebrochen. Die zentralistisch geführten Betriebe mussten plötzlich allein Abnehmer für ihre Produkte finden, womit sie hoffnungslos überfordert waren. Ein verhängnisvoller Kreislauf setzte ein: Die Betriebe konnten ihre Waren nicht absetzen. Die früheren Sowjetrepubliken schotteten sich voreinander ab, um ihre Märkte zu schützen und vor Inflation zu bewahren. Der einheitliche Rubel-Raum, das war bereits absehbar, würde nicht mehr lange bestehen. Estland hatte bereits seine eigene Währung eingeführt.

Wer noch produzierte, tat dies mit längst veralteter Technik und mit zu hohem Aufwand an Material und Energie. Ohne Einnahmen aus dem Verkauf konnten die Betriebe die höheren Löhne so wenig bezahlen wie die alten, niedrigen. Um ihren Arbeitern dennoch ihren Lebensunterhalt zu sichern, nahmen die Betriebe Kredite auf, die sie jedoch innerhalb der vorgegebenen drei Monate nicht zurückzuzahlen vermochten. Hoch verschuldet bekamen sie nur schwer oder gar keine Darlehen mehr, schließlich blieben die Löhne ganz aus. Die Produktion wurde vielerorts zurückgefahren. Erstmals seit 1945 wies die Statistik für das Jahr 1990 einen Rückgang der gesamtwirtschaftlichen Produktion der Sowjetunion aus. In den folgenden Jahren sank sie noch weiter. Ein Jahrzehnt lang, bis zum Jahr 2000, war die Vergütung in »Naturallöhnen« in ganz Russland weit verbreitet.

»Damals«, so erinnert sich Antonina Karonina, »zahlte unsere Werksleitung monatelang keine Kopeke. Nicht einmal Lebensmittel verteilte sie anstelle von Lohn, wie es anderswo gehandhabt wurde. Stattdessen schickte sie ein Schiff mit Nickel in unser Dorf. Das war unser Lohn: ein Schiff voller Nickel! Wir durften damit machen, was wir wollten, den Nickel unter uns aufteilen und verkaufen.« Auch wenn der Tauschhandel über mehrere Jahre üblich werden sollte, das war damit wohl nirgends gemeint.

Und dieser Betrieb, der nicht einmal in der Lage war, die Löhne auszuzahlen, sollte nun privatisiert werden! Die Beschäftigten fragten sich besorgt, wer ihr Unternehmen kaufen würde? Fernab jeglicher Zivilisation, hoch oben im Nordpolarkreis, wo es monatelang nicht hell bzw. dunkel wurde, wo Schneestürme durch die Straßen fegten, dass sich die Einwohner an eigens dafür gebauten Geländern festhalten mussten. Ein

Unternehmen, das noch dazu eine Dreckschleuder war, dessen Schornsteine giftige Schwermetalle weit in die Landschaft pusteten?

Nach alter Sowjetmanier ordnete Boris Jelzin mit dem Dekret 721 vom 1. Juli 1992 die Privatisierung durch die Umwandlung von rund 7000 Großbetrieben in 1000 Aktiengesellschaften an. Unwichtig, ob Verkaufschancen bestanden oder nicht. Jeder Mitarbeiter bekam einen Voucher über 10 000 Rubel. Den konnte er verkaufen oder behalten, er war zunächst Miteigentümer des Unternehmens, in dem er arbeitete. Nur leider waren die Gutscheine über 10 000 Rubel mit jedem Monat galoppierender Inflation immer weniger wert. Irgendwann entsprachen sie einer Flasche Wodka. Schneller als sämtliche anderen Betriebe kam die Notenbankpresse auf Touren. Betrug die Geldmenge Ende 1991 rund 280 Milliarden Rubel, so waren es gut ein halbes Jahr später bereits 740 Milliarden. Zudem schossen Banken wie Pilze aus dem Boden. Gab es 1987 außer der Staatsbank erstmals fünf Geschäftsbanken, die jeweils für bestimmte Segmente der Wirtschaft zuständig waren, wurden im Juli 1992 fast 1500 kommerzielle Banken registriert. Mit viel zu wenig Eigenkapital und viel zu vielen Problemkunden. Der Bankencrash, das war 1992 schon absehbar, würde kommen. Wann, war nur eine Frage der Zeit.

Das Preisniveau war am Jahresende 1992 20-mal höher als zu Jahresbeginn. Die Menschen verarmten rapide. 50 Prozent der Bevölkerung hatte im Sommer 1992 weniger Geld zur Verfügung als das amtliche Existenzminimum von 2150 Rubel.

Den Karonins ging es nicht besser, sie verzweifelten. Als Antonina Karonina hörte, dass internationale Hilfsorganisationen in Sankt Petersburg Lebensmittel und Kleidung verteilten, war die Entscheidung gefallen. Die Familie kehrte in die Geburtsstadt ihres Mannes zurück. Die einzige Rettung. Wie im Krieg! So häufig den Menschen dieser Vergleich in den Sinn kam, so beschämend fanden sie ihn. 1943, unmittelbar nach der Blockade durch die Wehrmacht, hatten amerikanische

Alliierte Lebensmittel nach Leningrad gebracht. Dosenmilch, Dosenfleisch, Dosenbutter.

War die Sowjetunion oder das, was von ihr 50 Jahre später übrig war, wirklich keinen Schritt weiter? Stimmte, was der amerikanische Präsident George Bush (der Ältere) im Januar 1992 in der Rede zur Lage der Nation gesagt hatte: Dass die USA im Kalten Krieg dank der Gnade Gottes gesiegt haben. Erlebten sie also gerade die Niederlage der Sowjetunion?

Offenbar nicht ganz, denn so rasant, wie die Karonins verarmten, häuften einige wenige große Vermögen an. Entweder sie hatten den einfachen Arbeitern die Voucher abgeluchst und sich die ehemals volkseigenen Betriebe unter den Nagel gerissen, windige Import-Export-Geschäfte eröffnet und dabei Lizenzen ergattert, die Gold wert waren. Oder aber sie gehörten zu denen, die in einer zweiten Privatisierungswelle Filetstücke wie »Norilsk Nickel« erwarben. Das Unternehmen liegt zwar im unwirtlichen Nordpolarkreis, gilt aber als größte Nickel- und Palladiumförderstätte der Welt, zudem verfügt es über die viertgrößten Platinvorkommen, zählt zu den zehn wichtigsten Kupferlieferanten, besitzt Kobalt-, Silber- und Goldminen. »Norilsk Nickel« wurde 1993 regelrecht verschleudert. 170 Millionen Dollar zahlte eine Bank, die nicht einmal den höchsten Preis geboten hatte, für den Anteil von 51 Prozent. Ein klarer Fall von Günstlingswirtschaft, waren die Mitarbeiter überzeugt. »Norilsk Nickel« hätte viel teurer verkauft werden können, wies das Unternehmen doch allein im Jahr vor seiner Versteigerung einen Gewinn von drei Milliarden Dollar aus.

Antonina Karonina kümmerte sich nicht darum. Sie zog mit ihren Kindern Anfang der neunziger Jahre in eine Petersburger Kommunalka. Die Stadtvilla aus dem 19. Jahrhundert wäre renoviert ein Traum, doch niemand im Haus kann sich erinnern, dass überhaupt jemals etwas auch nur repariert worden wäre. Der Schneeregen hat riesige feuchte Flecken an der

Fassade hinterlassen. Das einst herrschaftliche zweigeschossige Gebäude wurde in vier Einheiten unterteilt, jeweils Gemeinschaftswohnungen.

Walja Kitowa, von allen Tante Walja genannt, lebt schon 50 Jahre hier. Mit 55 ging die Berufsschullehrerin für Straßenbahnfahrer in Rente. Die fröhliche Frau, die ständig ohne erkennbaren Grund kichert, watschelt in Bademantel und Plüschpantoffeln wie eine Ente durch den mit dunkelgrüner Ölfarbe gestrichenen engen Korridor, der gleichzeitig als Abstellkammer, Garderobe und Schuhschrank dient. Sie bleibt vor der Toilette stehen und lacht gackernd: »Die Rohre sind undicht. Deshalb haben wir an die kommunale Verwaltung eine Beschwerde geschrieben. Ein halbes Jahr später kam das Antwortschreiben, dass die Rohre gewechselt und der Fall für die Verwaltung erledigt sei. Verstehen Sie? Die sind so kaputt wie zuvor, hier war kein Mensch, um sie zu reparieren!« Auf dem Flur in der Nähe von Tante Waljas Zimmer steht das einzige Telefon, so dass meist sie den Hörer abnimmt und die gewünschten Bewohner an den Apparat ruft. Antoninas Kinder leihen sich bei Tante Walja Bücher aus, ihre Tür steht für jeden offen.

Sie stellt mir ihre Katze »Mussja« vor und bahnt uns einen Weg durch den Vorraum voller unzähliger leerer und gefüllter Einmachgläser, hin zu den zwei Zimmern, die sie mit ihrem Sohn bewohnt. Der schläft auf dem Sofa den Schlaf der Gerechten. »Das einzig Schöne bei mir ist der Spiegel, Jugendstil, deutsch, den mein Vater noch vor dem Krieg gekauft hat. Er hat die Blockade überstanden, die anderen Möbel leider nicht.« Sie findet, dass sie sich in dieser Kommunalka gut vertragen, und erläutert ein dem Laien unverständliches Gesetz: Je mehr Leute in einer Kommunalka wohnten, desto unkomplizierter gehe es zu.

15 Bewohner teilen sich die neun Zimmer, für das Saubermachen wird jeder eingeteilt, Erwachsene wie Kinder, sodass die Karonins am häufigsten an der Reihe sind.

Es läutet. Walja erklärt, dass jede Wohnpartei ihre eigene Klingel hat, die sie alle unterscheiden können. Antonina Karonina huscht zur Tür und kommt mit einem Brief zurück und gesellt sie sich wieder zu uns.

Mit ihrem Mann hat sie eine für russische Verhältnisse ungewöhnlich große Familie gegründet. Das Paar, das mittlerweile fünf Kinder hat, ist fast schon eine Ausnahmeerscheinung, auch weil es sich nach vielen sehr schweren Ehejahren nicht getrennt hat.

In diesen Tagen hält die Familie besonders fest zusammen, denn den Zweitältesten hätte der Dienst bei der Armee fast umgebracht. Nachdem Antonina Karonina erfahren hat, wie sehr er unter den Schikanen der dienstälteren Soldaten litt, »entführte« sie kurzerhand ihren eigenen Sohn bei dessen Vereidigung. Seitdem versteckt sie ihn und kämpft nun mit Hilfe der Organisation der Soldatenmütter um seine legale Befreiung vom Wehrdienst.

Ein ganzes Netz von Sympathisantinnen gewährt den Fahnenflüchtigen in wechselnden Verstecken Schutz vor der Militärpolizei. Die »Soldatenmütter« verpflegen die Deserteure und statten sie mit ziviler Kleidung aus. Antoninas 18-Jähriger hätte, weil er studiert, gar nicht eingezogen werden dürfen. »Ein Polizeieinsatzkommando hat ihn hier im Hausflur aufgegriffen, ich eilte zur Universität, um die Bescheinigung über seine Immatrikulation zu holen, aber das kostete mich anderthalb Stunden. Als ich ins Wehrkreiskommando kam, sagte man mir, dass er bereits Armeeangehöriger sei.«

Seit 1994 kümmert sich Antonina fast immer allein um ihre fünf Kinder. Ihr Mann Anatoli, ebenfalls Geologe, arbeitet immer noch in Norilsk. 2001 wurde die Stadt wegen der Luftverschmutzung für Ausländer gesperrt und gehört heute zu den zehn am meisten belasteten Städten weltweit. Gerade verbringt Anatoli seinen Urlaub mit seiner Familie in »Piter«. So nennen die hier geborenen Einwohner ihre Stadt und die, die

die Abkürzung schick finden. Antonina führt uns in die Gemeinschaftsküche, wo sie ihren Mann vermutet. »Hier sind die Herde, einen eigenen hat keiner, aber ich nehme meist den hier in der Mitte. Dort drüben wird abgewaschen. Heute kocht Anatoli. Irgendetwas mit Fleisch. Was es bei mir selten gibt, ich bereite meist Brei oder Gemüse zu, aber jetzt ist er da, und Männer brauchen ja immer Fleisch.« Während irgendetwas auf der Gasflamme köchelt, erzählen die beiden. Dass sie sich aus purer Not für die zeitweiligen Trennungen entschieden haben. Anatoli befürchtete damals, dass seine Frau samt dem jüngsten Sohn, der noch nicht in einer Kindertagesstätte betreut wurde, in Norilsk im Nordpolarkreis verhungern würde. Antonina, die Hochschulabsolventin, berichtet sachlich, ohne Emotionen, dass sie monatelang Fisch in allen Varianten aßen. Ihr Mann musste angeln gehen, denn mitunter gab es nicht einmal mehr Brot oder Mehl. »Wir sprechen nicht vom Krieg, sondern von den Jahren 1992 bis 94! In dieser Zeit verstand ich, dass man auf eine Menge verzichten kann, wenn man nur Mehl hat.«

Wie aus einem anderen Leben kommt es ihnen vor, wenn sie sich an ihre Zeit als frischgebackene junge Geologen erinnern. Als sie in den Weiten des Hohen Nordens oder Sibiriens an den Ölbohrstellen nachts am Lagerfeuer saßen, weit und breit keine Menschenseele, nichts als Natur. Damals hatten sie wenig auszusetzen an der Sowjetunion. Ihr Land schien ihnen ein geeigneter Platz für ein gemeinsames Leben zu sein. Dass Antonina aus der Ukraine stammte, war ohne Belang, sie beide studierten in Leningrad, wo sie sich kennengelernt hatten. Als Geologen würden sie das ganze Land bereisen, in entlegenen, unerschlossenen Regionen Pionierarbeit leisten. Ein paar Jahre lebten sie diesen Traum. Bis die Sowjetunion zerfiel.

Heute erhält Anatoli ausschließlich die Erschwerniszulage in der eisigen Nordregion, die Romantik gehört der Vergangenheit an. Anatoli und Antonina schmerzt jeder Tag, den sie getrennt sind. Antonina, mit Leib und Seele Geologin, ist entlassen worden und muss sich mit einem Leben als Hausfrau begnügen. Sie kümmert sich um die Kinder, hält die beiden Räume in der Kommunalka sauber, die mit Möbeln wie vom Sperrmüll bestückt sind. Nichts passt zueinander, Tische, Sofas und Stühle erfüllen lediglich ihren Zweck. Die Zimmer sind vollgestopft, doch weil die kinderreiche Familie die beiden größten Räume der Gemeinschaftswohnung belegt, hat sie das Gefühl, über unerhört viel Platz zu verfügen. Anatoli ist zwischen diesen vier Wänden aufgewachsen und hat ein zwiespältiges Verhältnis zur Wohnung seiner Kindheit, in der die Familie nun, Gorbatschow und Jelzin sei Dank, wieder gelandet ist. »Der einzige Vorteil dieser Wohnung ist, dass sie im Zentrum liegt, aber sonst: Hier gibt es noch nicht einmal heißes Wasser.« In den fünfziger und sechziger Jahren, also nach dem Krieg, wohnten 40 Menschen in diesen neun Zimmern, mit einer einzigen Toilette. Nie war die Wohnung so leer wie während der Leningrader Blockade durch die deutsche Wehrmacht. Nur fünf Bewohner überstanden diese Zeit. »Meine Großeltern starben hier, sie sind verhungert, wie viele andere. Wir haben noch nicht einmal erfahren, wo genau sie begraben sind.«

Die Karonins können in der angeblichen Demokratie keinerlei Vorteile gegenüber dem Leben in der Sowjetunion erkennen. Mit der Demokratie begann der Hunger, das Elend.

Jahre später schaue ich mir wieder Kommunalkas in Sankt Petersburg an. Für viele war und ist die Kommunalka noch immer eine Notgemeinschaft. Die Bezeichnung WG, Wohngemeinschaft, wäre ein Euphemismus, den niemand in den Mund nimmt. Auch Wladimir Putin ist in einer Leningrader Kommunalka aufgewachsen, legendär seine Schilderung, wie er eine Ratte bis unters Dach jagte, sie in die Enge trieb und das Tier ihn in völliger Ausweglosigkeit ansprang.

Kommunalkas halten inzwischen als Gegenstand soziologischer Untersuchungen her. 2004 fahre ich wieder mit dem Nachtzug von Moskau an die Newa, in einem Coupé, das ich mir mit niemandem teile, weil ich gleich zwei Tickets gekauft habe, schließlich lasse ich sonst auch keine wildfremden Leute in mein Schlafzimmer. Die Stadt empfängt mich in abscheulicher Laune. Vom Himmel hängt fast bis auf die Dächer schwarz-graues Sackleinen. Auf den Straßen häuft sich dreckiger Schneematsch, dicke Eisplatten bedecken die zum Bordstein abschüssigen Gehwege, die im Tauwasser schwimmen, besonders rund um die Regenrinnen, die ihre Fluten auf die Füße der Passanten ergießen. Bis zur Pension »Turgenjew« sind es vom Bahnhof nur ein paar Minuten. Natascha steht freudestrahlend im Korridor, in gebührendem Abstand zur Türschwelle. Wiedersehen mit einer Freundin. Aber stopp: die Umarmung erst im Flur, nie, nie! auf der Schwelle. Selbst Russen, die nicht abergläubisch sind, nehmen es hiermit sehr genau.

Die Pension ist bei Lichte besehen unmodern. Toilette und Telefon befinden sich auf dem Flur, gegessen wird gemeinsam in der Küche, allerdings von goldgerändertem blau-weißem Lomonossow-Porzellan, das prunkvoll, nicht fein, vor allem original St. Petersburger Herkunft ist. Im Zimmer eine provisorisch eingebaute Dusche, ein uralter Fernsehapparat, schwarzweiß. WG- statt Hotel-Atmosphäre. Es ist wie bei Freunden zu Besuch und dieses Mal der passende Vorgeschmack auf mein Thema.

Verabredet bin ich mit Ilja Utechin, Kommunalka-Experte. Wir treffen uns am Kamenno-Ostrowski-Prospekt unmittelbar an der Peter-und-Pauls-Festung. Wer Anfang des 20. Jahrhunderts diese Straße als seine Adresse angeben konnte, kam aus gutem, ja vornehmem Hause. Wer hier baute, hatte Geld, wer hier wohnte ebenfalls, und er lebte deswegen gefährlich. Die mehretagigen Stadthäuser mit ihren prunkvollen Fassaden haben etwas von ihren alten prächtigen Glanz zurückbekommen und werden nach und nach von denen in Besitz genommen, die erst jüngst Reichtum anhäufen konnten.

Im Haus Nummer 44 b wurde Ilja Utechin geboren. Er ist ein typisches Kommunalka-Kind, wofür sich seine Urgroßeltern vermutlich geschämt hätten. 1924 wohnten sie noch allein in der hochherrschaftlichen Wohnung, die ursprünglich elf Zimmer hatte. Oder vielmehr elf Türen, denn hinter diesen Türen befinden sich so große Räume, dass man sie später teilte. Aus einem entstanden bis zu drei Zimmer. Ilja Utechin wohnt selbst in einer winzigen Mietwohnung im Plattenbau, hat aber die Wohnung seiner Urgroßeltern zu seinem Forschungsgegenstand auserkoren: »Als die Kommunisten die Wohnung beschlagnahmten, verfuhren sie nach einer seltsamen Methode, um in Ungnade gefallene Parteifunktionäre zu bestrafen: Man verkleinerte ihren Wohnraum, indem man ihnen wildfremde Menschen in die eigenen vier Wände setzte. Mit denen mussten sie dann zusammenleben, ob sie wollten oder nicht. Von ihnen wurden sie ausspioniert, kontrolliert.« Die Großeltern hatten sich »zuschulden« kommen lassen, Dienstboten zu beschäftigen. Sie flohen aus der Stadt.

Direkt nach der Revolution 1918 bis Anfang der zwanziger Jahre standen jede Menge der geräumigen Wohnungen in Petersburg leer. Viele ihrer Bewohner, die nicht rechtzeitig emigrierten, wurden während der Revolution erschossen. Mieter wie Eigentümer, weil sie unterschiedslos die feindliche Bourgeoisie verkörperten. Die Einwohnerzahl der Stadt war auf weit unter eine Million gefallen. Das geschah später noch einmal: während der Leningrader Blockade durch die deutschen Nationalsozialisten. Als nach der Kollektivierung der Landwirtschaft in den zwanziger und dreißiger Jahren die Bauern in der Stadt Arbeit suchten, wies man ihnen diese leeren Wohnungen zu. Aber die eigneten sich nicht für Arbeiter, denn diese Quartiere befanden sich im Stadtzentrum, während die Fabriken am Stadtrand lagen. Die Tagelöhner verdienten viel zu wenig Geld, um ein Verkehrsmittel zu bezahlen, außerdem erwies sich das Beheizen dieser riesigen Wohnungen mit ihren fast fünf Meter hohen Decken für sie als zu teuer. Nach dem

Krieg mit seinen Zerstörungen war die Wohnungsnot immens, und Ende der fünziger Jahre lebten schließlich in solchen Wohnungen meist über 50 Menschen.

»Als ich geboren wurde, 1968, wohnten hier immer noch 34 Personen.« Ilja startet seine Führung in der Eingangshalle der einst großbürgerlichen Wohnung. Heute vermittelt die dunkelbraun getäfelte Diele allerdings einen weniger vornehmen als vielmehr verkramten Eindruck: Die Garderoben der elf Wohnparteien sind provisorisch an die Wände geschraubt, unzählige Schuhpaare versperren den Durchgang. Der Soziologe Utechin erklärt das Kommunalka-Gefühl: »Für Außenstehende scheint es vielleicht so, dass sich jeder von jedem beobachtet fühlt wie auf einer Bühne. Aber wer hier geboren und aufgewachsen ist wie ich, dem fällt es noch nicht einmal auf, dass der Nachbar gerade im Unterhemd an einem vorüberschlurft.« Er gesteht, dass ihm die Zeitpläne auf die Nerven gingen. Denn er durfte nur zu einer bestimmten Zeit baden oder Wäsche waschen. Und ständig diese Schlangen vor der Toilette. Früher, als an Handys noch nicht zu denken war, tobte auch um das einzige Telefon ein ewiger Kampf. »Jeder weiß von jedem alles, kennt die Farbe deiner Unterhosen, weil er sie auf der Leine gesehen hat, ist darüber informiert, wer bei dir zu Besuch ist, was es zu Mittag gibt.«

Ilja macht mich mit Garik, einem dünnen Männchen von Mitte 40, bekannt. Der fängt sofort an zu schnauben: Er würde so gern wegziehen, habe die Nase voll, sei nie allein, nie! Aber, so räumt er ein, die Zimmer seien schön und meist sei es recht lustig, hier zu wohnen. »Manchmal betrachte ich uns wie von außen und muss lachen. Es ist wie in einem Zoo. Einfach witzig, vor allem die Nachbarn. Ich wohne mit meinem Sohn und meiner Tochter hier, wir haben vier Zimmer, das ist sensationell viel. Früher lebten wir mit meiner Frau und ihrer Mutter in nur einem Zimmer. Das war mehr hoch als breit. Manchmal fragten uns Gäste, ob wir den Raum nicht mal umdrehen könnten, damit ein bisschen mehr Platz ist. Es war wie in einer

Streichholzschachtel. Jetzt haben wir Platz. Trotzdem will ich manchmal weg. Denn es nervt einfach, nicht nur die Schlange vor der Dusche, auch, dass es kein heißes Wasser gibt. Du wartest, um Wasser warm zu machen, wartest, um ins Bad zu kommen, wartest vor dem Klo. Wenn dir dann noch ein betrunkener Nachbar entgegenkommt, möchtest du ihm am liebsten eine verpassen. Aber wir sind friedlich. Meist bleibt es bei Geschrei, wir prügeln uns nicht, was hauptsächlich daran liegt, dass hier vorwiegend alte Mütterchen wohnen. Aber laut ist es immer. Ich selbst singe schrecklich gern, auch auf dem Flur. Und meine Nachbarin Sweta erst! Sie ist verreist, im Urlaub, erholt sich von uns, aber sie schreibt mir jeden Tag e-mails, denn sie verzehrt sich vor Sehnsucht. Wenn sie daheim ist, bekommt es jeder mit. Alles, was sie tut, ist laut, wenn sie über den Flur geht, hörst du es, wenn sie spricht oder in die Hände klatscht. Sie ist riesig groß. Wahrscheinlich liegt es daran. Aber trotzdem haben alle sie gern, denn sie hat einen wunderbaren Humor.«

Nachdem ich einen Blick in das finstere Badezimmer werfen durfte, an dessen olivgrün gestrichenen Wänden elf Plastikwannen oder Schüsseln in allen Formen und Farben hängen, kommen wir in der Küche an, wo eine alte rundliche Frau Gurken schnippelt. Garik stellt mir seine Nachbarin vor: »Da ist meine liebe Ira. Schauen Sie sich um, so sieht unsere Küche aus. Der Arbeitsplatz, der am dreckigsten ist, gehört mir.« In der Mitte steht eine Reihe zusammengeschobener Küchentische. Alles erinnert an die sieben Zwerge. Statt sieben elf Tische, Herde, Geschirrschränke. Ira ist zu einem Schwätzchen aufgelegt: »Wenn die Nachbarn in Ordnung sind, kann man durchaus gut in einer Kommunalka leben. Ich wohne schon seit 1969 so. Mit einer eigenen Wohnung kann mich niemand locken. So alt wie ich bin, will ich doch nicht allein leben. Wer würde mir Wasser bringen, wenn mir schlecht wird? Wer ruft den Arzt?«

Garik bedauert, dass Nina Wassiljewna und Anna Matwejewna ausgerechnet an diesem Abend ausgegangen sind. »Die eine war das Kindermädchen der anderen, und diese Beziehung haben sie zueinander bewahrt. Bis heute erzieht die eine die andere, zeigt ihr, wie sie Wäsche waschen muss, kochen soll, schimpft, wenn sie etwas falsch macht. Die eine ist fast 80 Jahre alt, die andere weit über 90. Das Kindermädchen duzt Nina, die wohl bis an ihr Lebensende unmündig bleiben wird. Und Nina, die ihre Ehrfurcht vor dem Kindermädchen nie mehr verlieren wird, redet sie hochachtungsvoll immer noch mit ›meine Teuerste‹ an.«

Gariks Tochter Sonja lässt sich auf ein Gespräch ein, als wir in sein Wohnzimmer zurückkehren. »Jedes Mal, wenn ich jemanden nach Hause mitbringe, ist mir das peinlich. Aber meine Freunde sind begeistert: Sonja, wie toll du wohnst! Für Kinder, die in eigenen Wohnungen aufgewachsen sind, ist eine Kommunalka eine Attraktion, wie ein Rummelplatz, immer was los.«

So wenig wie Garik will seine Tochter Sonja ausziehen.

Verglichen mit den Zwangsgemeinschaften der Sowjetzeit haben sie sich heute in einer Nobelvariante eingerichtet, die kaum mehr eine Kommunalka als vielmehr eine WG ist.

Ein Land erstarrt

Zehn Jahre nachdem die Sowjetunion von der Landkarte verschwand, drohte Russland, der Rest des einstigen Riesenreiches, buchstäblich zu erfrieren. Ich fragte mich, wie das ausgerechnet in dem Land geschehen konnte, das über die weltweit gewaltigsten Erdgasvorkommen, die drittgrößten Öllagerstätten, den siebtgrößten Vorrat an Kohle verfügt. Erst 2003, zwei Jahre nach der Kältekatastrophe, erreichte das Bruttosozialprodukt wieder den Stand wie zu Sowjetzeiten. Noch mussten die alten Produktionsstätten ihren Dienst tun, in deren Modernisierung kein Rubel neu investiert worden war. Die veraltete Infrastruktur brach zusammen: Im Winter 2001 froren die Menschen im Fernen Osten wie während des Großen Vaterländischen Krieges.

Eingefrorene Rohrleitungen, Eiskristalle an den Zimmerwänden in den Wohnungen. Menschen, die in dicken Wintermänteln, mit Pelzmützen und Schals in Betten stiegen. Die Fernsehbilder aus dem Fernen Osten Russlands muteten an wie Aufnahmen aus dem Krieg. Russland erlebte den kältesten Winter seit 50 Jahren. Eine Katastrophenmeldung jagte die nächste. Nowoschachtlinsk: minus 34 Grad, nach einem längeren Stromausfall fror auch die Kanalisation ein. Barnaul: minus 48 Grad, Krankenhauspatienten wurden verlegt, weil im Klinikheizhaus die Kohle am Förderband festgefroren war. Kemerowo: minus 57 Grad, eine Gasleitung explodierte, etliche Dörfer und Betriebe blieben tagelang ohne Strom, eine Kokserei stand still. Krasnojarsk: minus 50 Grad, 25 Menschen starben in der tagelangen Extremkälte, etlichen Notfallopfern wurden erfrorene Gliedmaßen amputiert, 31 Personen erstickten bei Zimmerbränden, die wegen eingefrorener Löschwasserleitungen nicht bekämpft werden konnten. Altai: minus 53 Grad, Aufzüge funktionierten nicht mehr, weil sie nur für 40 Grad unter Null ausgelegt sind, Überlandbusse durften nicht über die Dörfer fahren, denn jede Panne hätte für die Passagiere lebensgefährlich werden können. Die Menschen konnten sich noch nicht einmal Trost in der Kirche holen, denn die Gottesdienste mussten abgesagt werden, weil die Öfen nicht beheizt werden konnten.

Ich habe mich nach Wladiwostok aufgemacht, acht Zeitstunden von Moskau entfernt am anderen Ende des Landes. Vom Hotelzimmer bietet sich mir ein malerischer Blick auf das zugefrorene Japanische Meer. Angler harren stundenlang regungslos vor ihren Eislöchern aus. Unbegreiflich. Mir ist kalt und heiß zugleich: Durch die undichten Fenster kraucht ein eisiger Wind ins Zimmer, so dass sich die Vorhänge bewegen. Die Heizkörper sind nicht einmal lauwarm, aber das Bett, auf dem ich sitze, der reinste Backofen! Ein Wasserbett, das bei jeder Bewegung gluckst. Zumindest eine warme Nacht ist damit gesichert. Mein Fahrer bringt mich nach Artjom, 30 Kilometer von Wladiwostok entfernt. Das Lenkrad auf der rechten Seite erinnert an die Nähe zu Japan, von woher die meisten Autos im Osten Russlands stammen. Das Thermometer zeigt 33 Grad unter Null. Der Fahrer rast über die vereisten Straßen von Wladiwostok, kalkuliert in den Kurven den fast ungebremsten Schleudereffekt auf dem spiegelglatten Untergrund ein und hat sichtlich Spaß. Er bringt uns in die Kleinstadt, die eingeflogene Retter aus Krasnojarsk, Irkutsk, Omsk und Moskau wieder »auftauen« sollen. Heizungsmonteure aus allen Teilen des Landes haben per Flugzeug herangeschafft, was in Artjom nicht mehr aufzutreiben war: Dieselaggregate, Heizkörper, Ventile, Rohrleitungen. Wir halten vor einem brummenden Generator in der Gagarinstraße. Handwerker eilen im Laufschritt mit Heizkörpern und Rohren unter dem Arm in ein Haus.

Eine gebeugte alte Hausbewohnerin, Katharina Ossdiowa, schleppt schwer an den zwei vollen Wassereimern, die sie von der wieder flott gemachten Pumpe im Hof zum Haus trägt. Mit einem dunkelbraunen Wolltuch um den Kopf, in Wattejacke und Filzstiefeln wuchtet sie sich und die Eimer hinauf in den dritten Stock. In der ärmlichen dunklen Wohnung herrscht Chaos, die Handwerker haben sich Platz verschafft. Die Rentnerin zieht die Stiefel aus. Schmutzige Socken kommen zum Vorschein, schmutzig wie ihre Hände, ihr Gesicht, Jacke und Rock. Und das Bettzeug auf dem Sofa, unter das sie jetzt schlüpft. Obwohl Olga Fedossowa, die etwas jüngere Nachbarin, ihr ein Brot vorbeibringt, beginnt Katharina Ossdiowa sofort ihr Klagelied. Jeden Tag, einen ganzen Monat lang, hätte sie bei der Stadtverwaltung wegen der kalten Heizungen vorgesprochen. Hätte geweint, geschimpft, vor allem gefroren. »Sie haben mich einfach rausgeschmissen! ›Mach, dass du rauskommst‹, haben sie zu mir gesagt. ›Für dich alte Hexe rührt sowieso keiner mehr einen Finger. Schluss! Verschwinde.‹ Ich sagte: ›Ich friere, mir ist kalt, furchtbar kalt. Wir steigen in die Betten, mit all dem, was wir anhaben. Die Sachen sind seit Wochen nicht gewaschen, wir selbst auch nicht, wie auch. Ich bin 79, habe ich denen gesagt. Den Krieg habe ich mitgemacht, da war es kalt, wir haben gehungert, aber so haben wir damals nicht gelebt.«

Olga Fedossowa rollt mit den Augen. Sie kennt das Wehklagen auswendig. In der Wohnung ist es so kalt, dass der Atem in Wölkchen aufsteigt.

In der offen stehenden Wohnungstür taucht die junge Nachbarin aus der Wohnung im Parterre auf. Eine Studentin. Sie beschreibt, was sich über Monate hinweg in der Stadt abspielt: »Null Grad haben wir hier in den Wohnungen, die Leitungen sind eingefroren, selbst die Kanalisation. Den gesamten Winter, seit November, frieren wir schon! Vorige Woche hatten wir 36 Stunden, anderthalb Tage, keinen Strom. Können Sie sich das überhaupt vorstellen?« Die Stimme der Studentin klettert immer höher. Sie keift wie ihre betagte Mitbewohnerin zuvor: »Keine Heizung und dann auch noch keinen Strom!

Meine Nachbarin von gegenüber ist eine alte, sehr kranke Frau. Ich habe ihre Angehörigen gebeten, sie von hier fortzuschaffen, sonst holt sie sich noch den Tod. Die halbe Stadt, halb Artjom friert.«

Heute sollen zumindest die Heizungen endlich wieder funktionieren, das haben die Handwerker aus Moskau versprochen.

Im November wurde der Chef der kommunalen Wohnungsverwaltung entlassen, jetzt leitet Galina Woloschina die Behörde. Vor wenigen Tagen rief sie für die Stadt den Notstand aus, wandte sich an Moskau, weil in immer mehr Häusern, Schulen und Kindergärten die Heizungsanlagen ihren Dienst versagten. Bis zum 18. Januar versuchten sie, der Lage selbst Herr zu werden, die Klempner arbeiteten an den Wochenenden und Feiertagen durch. »Aber die Monteure kamen einfach nicht mehr hinterher. Kaum war ein Haus fertig, waren inzwischen zwei weitere eingefroren.«

Was die Handwerker von Artjom in Monaten nicht zuwege brachten, schafften die Profis von außerhalb in wenigen Tagen. Kein Wunder, denn sie bauten einfach neue Heizkörper ein, während die örtlichen Installateure einzelne Heizkörperrippen, die noch nicht löchrig waren, ausgebaut und zu funktionstüchtigen Heizkörpern neu zusammengesetzt haben. Ein zeitraubendes Flickwerk. Wohnungen, Kindergärten und Schulen – ein Haus nach dem anderen landete währenddessen auf der Havarieliste. Slawa Bitschkow ist 13, Schüler der achten Klasse. Er schaut den herumflitzenden Handwerkern zu. Macht sich ein wenig nützlich, hat alle Zeit der Welt. Auch in seiner Schule sind Heizungsrohre geplatzt. Zwei Tage saßen sie in der Kälte, demnächst soll der Unterricht in einem Raum im Postamt stattfinden.

Die Sonne, die nur wenige Stunden scheint, taucht die karge ostsibirische Landschaft in ein eisiges Licht. Vor der Tour zurück nach Wladiwostok bittet der Fahrer um Benzingeld. Wir sind keine 50 Kilometer unterwegs gewesen, doch der Tank ist fast leer. Der Motor lief ununterbrochen, weil wir uns im geheizten Wagen immer wieder aufwärmen mussten. Trotz meiner modernen Winterkleidung für Extremtemperaturen halte ich es keine Stunde am Stück draußen aus. Jedenfalls nicht, wenn ich mich kaum bewege. Die Kälte, auch das eine neue Erfahrung, macht viel schneller als sonst hungrig. Die minus 35 Grad auf den Straßen von Artjom fordern ihren Tribut.

Wir kehren zurück nach Wladiwostok, denn wir haben mit Viktor Agranat vom Zivil- und Katastrophenschutz eine Verabredung zum Interview. Der Oberst koordiniert den Einsatz der eingeflogenen Handwerker. Ist es nicht peinlich, dass sich die Region nicht selbst helfen kann?. »Peinlich oder nicht. Wir haben zu danken. Ob aus Sachalin, Tomsk oder Krasnojarsk, alle diese Helfer sind Russen, wir alle sind Russen. Russland ist wie eine Hand mit fünf Fingern, egal, an welchem Finger du zerrst, es ist immer schmerzhaft.« Die Region Primorje steht vor dem Bankrott. In sieben Jahren hat Gouverneur Jewgeni Nasdrjatenko in Wladiwostok das Gebiet heruntergewirtschaftet. Als die Situation für ihn brenzlig wurde, ließ er sich ins Krankenhaus einliefern. »Nasdrjatenko – ein Simulant« titelten sofort die Zeitungen. Präsident Putin forderte den Gouverneur ungeachtet seiner angeblichen Herzprobleme auf zurückzutreten. Natalja Polasowa, Oppositionsabgeordnete in Wladiwostok, sollte unter dem wie ein Fürst herrschenden Gouverneur Nasdrjatenko mehrere Male mit Einschüchterungsversuchen zum Schweigen gebracht werden. Ihrer Meinung nach hat der korrupte Gouverneur ein Klima der Angst erzeugt.

Die Menschen, die sie in ihrer Not anrufen, weinen zwar häufig am Telefon, haben aber dennoch Angst, ihren Namen zu nennen, weil sie sich vor den Behörden fürchten. »Was hat man mit diesem Volk gemacht, dass es sich wie ein Nichts fühlt? In den letzten drei Jahren, von 1997 bis 2000, sind über 50 000 Menschen fortgezogen von hier, weil die soziale Versorgung praktisch Null ist.« Dieser Winter sei ganz besonders eisig. Nicht weil das Thermometer seit Monaten schon minus 30 Grad und kälter anzeigt, sondern weil vor allem die Seele friert.

Eine Formulierung, die ich wenig später bei Nina Gurejewa wieder höre. Ich lerne sie in Magadan kennen. Auch diese Stadt hat der Frost in Geiselhaft genommen. Acht Winter wie diese, fast alle ähnlich kalt, musste Nina Gurejewa in einer viel zu dünnen Wattejacke überstehen. Als Gulaghäftling bekam sie sommers wie winters unzureichende Essensrationen – trotz der körperlich schweren Arbeit. Noch heute wundert sie sich, warum ausgerechnet sie am Leben geblieben ist. Sibirien war zu Sowjetzeiten übersät von Straflagern. Die zierliche Frau hatte es ans Ende der Welt, nach Magadan, verschlagen. In die Stadt, die wegen der hier ansässigen Gulag-Hauptverwaltung traurige Berühmtheit erlangt hatte. Nach ihrer Entlassung und Rehabilitierung blieb Nina Gurejewa in dem tristen Ort, wo es so viele ehemalige Häftlinge gab, dass sie die Norm, nicht die Ausnahme waren. Hier nahm niemand Anstoß an ihrer Vergangenheit, stellte keiner Fragen nach Schuld oder Unschuld, die Antwort verstand sich von selbst.

Nina Gurejewa lächelt selten. Die 82-Jährige, der man ihr Alter nicht ansieht, schaut traurig aus. Tatsächlich war sie nur für eine sehr kurze Zeit in ihrem Leben glücklich: während ihrer Ehe mit einem Mithäftling, den sie nach Chruschtschows Machtantritt und ihrer Entlassung aus dem Lager geheiratet hatte. Er, der als Filmvorführer angeblich einen »verbotenen« Streifen gezeigt hatte, saß als politischer Gefangener ein, genau wie sie, die 1944 zu Unrecht als ukrainische Kollaborateurin verurteilt worden war. »Er hat selbst im Gulag sein Lachen nicht verloren, darum beneide ich ihn bis heute. Meines ist für immer im Lager geblieben.« Ihnen waren nur fünf gemeinsame Jahre beschieden, die glücklichste Zeit ihres Lebens. Ihr Mann starb 1958.

Den damaligen Präsidenten Putin, der 2001 gut ein Jahr im Amt war, überforderten Katastrophen wie Kälteeinbrüche oder der im Sommer 2000 brennende Moskauer Fernsehturm Ostankino. Erst recht das havarierte Atom-U-Boot »Kursk«, dass mit 118 Matrosen an Bord gesunken war. All diese Unglücke ließen sich auf einen gemeinsamen Nenner bringen: veraltete, schrottreife Infrastruktur. Selten hat man ihn so hilflos erlebt wie in jenen Wintertagen. Die Kameras zeigten einen Präsidenten, der ratlos fragte: »Was jetzt? Konstatieren wir nur noch, dass die Bevölkerung sterben, erfrieren muss, weil das Thermometer auf eine bestimmte Gradzahl fällt?«

Eine sechzigköpfige Untersuchungskommission aus Moskau wurde beauftragt, die Ursache der Energiekrise herauszufinden. Erster Sündenbock, auf den das Schlaglicht fiel, war Anatoli Tschubais, der Chef von Russlands Strommonopolist RAO EES. Der verteidigte sich vor der Duma und schilderte, dass in Artjom wichtige Anlagen für die Energieversorgung zerstört waren. Ventile aus Buntmetall seien gestohlen worden, um sie bei Schrotthändlern zu Geld zu machen. Die Wasserleitungen seien verschlissen, die Fernwärmeleitungen teilweise defekt, weshalb kaum noch die Hälfte der Häuser mit warmem Wasser versorgt werden konnte.

Wegen dieser Schlamperei wurde der Chef des Fernwärmenetzes von Artjom zu zwei Jahren auf Bewährung verurteilt. Er durfte außerdem mehrere Jahre keine Führungsposition bekleiden. Doch nicht nur die Misswirtschaft und die fehlende Zahlungsmoral der Stromabnehmer – zum Beispiel die russische Armee! – machen dem Energieunternehmen das Leben schwer.

Zehn Jahre kämpfte Tschubais für die Aufspaltung des Sowjetkonzerns in Regionalgesellschaften, für weniger Plan- und mehr Marktwirtschaft.

Elena Medwedjewa, nicht verwandt mit dem russischen Präsidenten, aber Mitautorin eines Reformkonzepts des Stromkonzerns, bestätigte, dass die Zögerlichkeit der Regierung zu Lasten der kleinen Leute ging. »Sie wurden Geiseln der falschen staatlichen Energiepolitik der letzten Jahre, in denen die Strompreise noch nicht einmal die Selbstkosten der Energieproduktion gedeckt haben.« Unternehmen wie Beamte hätten die Stromproduzenten zwar beständig an ihre Verpflichtung erinnert, Energie zu liefern. Doch die Stromrechnungen zu bezahlen, stand für die Mahner an letzter Stelle. Was die privaten Verbraucher ermunterte, es ihnen gleich zu tun. Mit der Folge, dass noch nicht einmal die ohnehin künstlich niedrig gehaltenen Stromkosten beglichen wurden. Logisch, dass dadurch Geld fehlte, um Brennstoffvorräte anzulegen, von Investitionen in neue, effizientere Anlagen ganz zu schweigen. Der miesen Zahlungsmoral rückte Tschubais mit drastischen Maßnahmen zu Leibe. Er drehte den säumigen Zahlern den Hahn ab. Unterschiedslos, ob es sich um die Raketenstreitkräfte oder eine örtliche Verwaltung handelte. Den Aufschrei in den Medien hatte Tschubais einkalkuliert. Das Ergebnis gab ihm recht, die Zahlungsmoral besserte sich. Sein Ansehen nicht. Auch wegen seines Vorhabens, den Monopolisten RAO EES zu privatisieren, blieb er eine der meistgehassten Personen Russlands. Eine Rolle, an die er seit vielen Jahren gewöhnt ist. Tschubais zählt zu den in der Bevölkerung tief verachteten Installateuren der Marktwirtschaft in den frühen neunziger Jahren. Fünfmal sollen ihm Killer nach dem Leben getrachtet haben.

Die russischen Vereinigten Energiebetriebe mit ihren 670000 Mitarbeitern waren bis zum Juli 2008 der größte Stromkonzern der Welt. 400 Kraftwerke schickten ihre Elektroenergie über zweieinhalb Millionen Kilometer Hochspannungsleitungen zu den Abnehmern, über die damals noch elf (heute neun) Zeitzonen Russlands hinweg. 60 Prozent der Anlagen des Stromgiganten waren verschlissen, manch ein Kraftwerk lief bereits seit den zwanziger Jahren.

Kaum ein Industriezweig veranschaulichte deutlicher, wie schwer der russischen Wirtschaftselite der Abschied vom zentralistischen Denken fiel. Arkadi Wolski, Präsident des Russischen Industriellen- und Unternehmerverbandes, klammerte sich an die sowjetischen Vorstellungen, die theoretisch plausibel klingen mögen, den Praxistest aber zu keiner Zeit bestanden haben: »Wenn die Menschen in Fernost aufwachen, schalten sie in Moskau gerade ihre Fernseher und das Licht aus. Es gibt keine einheitliche Spitzenzeit, wir haben insgesamt neun Zeitzonen. Um eine Privatisierung kommen wir nicht herum, aber sie darf nicht übereilt erfolgen.«

Von Eile konnte keine Rede sein, Tschubais, der das Unternehmen bis 2003 demontiert haben wollte, wurde immer wieder gebremst. Bis am 25. Mai 2005 in der Hauptstadt die Lichter erloschen, 20 000 Menschen aus feststeckenden U-Bahnwaggons befreit werden mussten, Trolleybusse nicht mehr fuhren, Ampeln ausfielen, die Elektritschkas, die strombetriebenen Vorortzüge, nicht vom Fleck kamen. Zwei Brände im Osten Moskaus, in der Transformatorenstation Tschagino – über 40 Jahre alt –, verursachten neben dem Blackout in der Hauptstadt auch Stromausfälle in 24 weiteren Städten des Umlandes. Plötzlich war es in den Köpfen der Moskauer Regierungsbeamten angekommen: Russland konnte nicht weiter von der Substanz leben, es musste in die morsche Infrastruktur investieren.

Dem Kältewinter 2001 war ein fast ebenso harter 2005 gefolgt, in dem die Moskauer Industriebetriebe abermals ihre Produktion drosseln mussten, damit die Wohnungen beheizt werden konnten.

Unermesslich der Imageverlust im Ausland: Der größte Gas- und Ölproduzent erfriert. 15 Jahre nach dem Zerfall der Sowjetunion drohten die Engpässe in der Stromerzeugung das ohnehin erst zaghafte Wirtschaftswachstum zu kappen, wälzten sich über immer noch veraltete, zu klein dimensionierte Straßen mehr und mehr Lkw und Privatautos in neue Gewerbezentren, die neben maroden Sowjetbetrieben entstanden waren. In Jekaterinburg zahlten Unternehmer Schmiergelder an die Energieproduzenten und Verwaltungsbeamten, um ihren Firmen die Stromversorgung zu sichern. Die Kapazitäten reichten nicht mehr für alle. Unternehmen, die es sich leisten konnten, erzeugten ihren Strom selbst.

Erst nach zehn statt, wie von ihm angestrebt, nach fünf Jahren konnte Tschubais Vollzug melden. Als letzter Generaldirektor der Vereinigten Russischen Energiebetriebe hatte er RAO EES zerschlagen. 2008 hörte das letzte sowjetische Kombinat auf zu existieren. War aufgespalten worden in kleinere Privatbetriebe.

Das Übertragungsnetz gehört weiter dem russischen Staat, ebenso die Wasserkraftwerke. Tschubais Chefsessel wurde zugunsten eines Kinderheimes in Kaluga versteigert. Der markante Rotschopf des Spitzenmanagers ist inzwischen grau.

Von den neuen Kraftwerkseigentümern wird die Modernisierung der bestehenden, vor allem aber der Bau neuer Anlagen erwartet.

SUEK, Russlands größter Kohleproduzent, besitzt seit der Privatisierung von RAO EES 18 Kraftwerke zusätzlich. Das Sibirische Kohle- und Energieunternehmen, dem die drittgrößten Kohlevorräte der Welt gehören, interessiert sich wieder für Stromerzeugung, seit die endlich wieder ein Geschäft zu werden verspricht. Anders als die 40 Bergwerke, in die in den vergangenen Jahren stetig investiert wurde, führten die Kraftwerke ein stiefmütterliches Dasein. Die meisten haben 25 bis 50 Jahre auf dem Buckel. Bis zur Freigabe der inländischen Energiepreise lohnte die Modernisierung der Anlagen nicht, da sich die nötigen Investitionen nicht amortisierten. Stromerzeugung für das Inland war jahrzehntelang ein Minusgeschäft. In Deutschland gilt die Verstromung von Kohle inzwischen als Klimasünde pur. Neue Kraftwerke, und sei ihr Wirkungsgrad noch so hoch, sind kaum noch politisch durchsetzbar. Neben regenerativen Energien kommt nur das emissionsärmere Erdgas bzw. Erdöl noch in Frage. Zum Nutzen Russlands, das beides teuer exportiert. Und kräftig Politik damit betreibt. Gazprom kommt der Part des Erfüllungsgehilfen der Politik zu. Der Gasmonopolist verkauft sein Erdgas zu Preisen, die die russische Regierung festlegt. Hat Moskau Zoff mit Georgien, kann sich Gazprom freuen, weil der Preis steigt.

Stehen die Zeichen zwischen der Ukraine und Russland auf Entspannung, wie seit der Wahl des kremlfreundlichen Präsidenten Viktor Janukowitsch, fangen die Buchhalter bei Gazprom an zu rechnen. Weil Russland glaubt, auf den Schwarzmeerhafen Sewastopol für seine Flotte nicht verzichten zu können, muss ein Tauschgeschäft her, auf das sich nur ein Moskau wohlgesinnter ukrainischer Präsident einlässt: Gazprom senkt den Gaspreis für die Ukraine ab 2010 um ein Drittel, dafür verlängert Kiew den Pachtvertrag für den Marinehafen in Sewastopol bis zum Jahr 2042. Welch selige Zeiten, als die ukrainische Regierung zutiefst zerstritten war, sich Viktor Juschtschenko und Julia Timoschenko in den Jahren von 2004 bis 2009 pausenlos in den Haaren und beide fast ständig mit Moskau im Clinch lagen! Bei Gazprom klingelten fünf Jahre lang die Kassen.

Was das mit Marktwirtschaft zu tun hat? Nichts. Öl und Gas sind Moskaus moderne Waffen bei der Regelung internationaler Konflikte.

Die sowjetische Wirtschaft hat ihre Abhängigkeit vom Öl- und Gaspreis mit dem Zusammenbruch bezahlt. Russland könnten vergleichbare Schwierigkeiten drohen, wenn es nicht schleunigst eine verarbeitende Industrie errichtet.

Selbst wenn Deutschland wegen des Atomausstiegs die Einfuhr von russischem Gas- und Öl für einige Jahre noch einmal erhöht, so ist doch das Ende dieser Importe, einschließlich russischer Kohle, schon heute absehbar. Nämlich mit dem Zeitpunkt, da die Umstellung auf erneuerbare Energien vollzogen ist. Für Gazprom und die russischen Ölfirmen ist somit schon heute absehbar, ab wann Deutschland nicht nur auf nukleare, sondern auch auf fossile Brennstoffe verzichtet. Unabhängig, wann andere Länder nachziehen: Der Trend ist unaufhaltsam.

Obwohl Russland das Kyoto-Klima-Protokoll unterzeichnet hat, werden seelenruhig neue Kohlekraftwerke geplant. Dank der kollabierten Planwirtschaft erfüllt Russland immer noch locker seine Verpflichtungen, den CO_2-Ausstoß niedrig zu halten. Zwölf Jahre lang stagnierte das Bruttosozialprodukt auf dem Stand von 1991, erst Ende 2003 ging es laut Statistik der Weltbank mit der russischen Wirtschaft wieder bergauf.

Sibirische Kohle hat sich zum Exportschlager entwickelt und wird längst nicht mehr nur in Russland verstromt, erklärt Alexander Landia, Direktor bei SUEK. Seit der Kohlendioxidausstoß der Länder gemessen und CO_2-Zertifikate weltweit gehandelt werden, erlebt die sibirische Kohle aus dem Kussbass, aus Kemerowo, Krasnojarsk und Irkutsk wegen ihres extrem niedrigen Schwefelgehalts eine Renaissance. Als äußerst einträglich hat sich die Ausfuhr der hochwertigen Steinkohle nach Großbritannien, Japan, Taiwan oder Südkorea erwiesen. Lohnte früher der Export nicht, weil die nächste Grenze Richtung Osten oder Westen mindestens 3000 Kilometer entfernt lag, wird jetzt ein Drittel der geförderten Kohle ins Ausland verkauft. Was zwei Drittel der jährlichen Einnahmen einbringt und neben dem Bau neuer Kraftwerke auch die Errichtung eines eigenen Hafens in Wanino gegenüber der Insel Sachalin im Fernen Osten ermöglichte. Vor allem aber wurde in die Bergwerke investiert. Modernes Abraumgerät, verbesserte Sicherheitstechnik. In einigen Pilotschächten gleichen die Grubenlampen der Kumpel heute Minicomputern, ausgestattet mit Mikrofon und Lautsprecher. Sie sind drahtlos mit dem PC des Schichtleiters vernetzt, der mit ihnen kommuniziert und sie im Notfall ortet. Seit 2010 wird in einer Grube erprobt, das beim Abbau freiwerdende Methangas aufzufangen und in einem Minikraftwerk zu nutzen.

Junge Führungskräfte haben die alte, sowjetische Werkselite abgelöst. »Wir wollen das Ingenieurwissen aus den Sowjetzeiten erhalten, das war nämlich sehr gut«, meint Alexander Landia, gebürtiger Georgier, »und wir wollen das Managementwissen hinzugewinnen, das es in der Sowjetunion überhaupt nicht gab.«

Gut ausgebildete Leute mit Auslandserfahrung werden mit Kusshand genommen. Als Alexander Landia nach dem Zerfall der Sowjetunion im Alter von 29 Jahren nach Deutschland kam, brachte er sechs Jahre Berufspraxis in einer Kooperative, die Software verkaufte, mit. Bei der Dresdner Bank lernte er marktwirtschaftliches Management. Marktwirtschaft plus soziale Verantwortung – so versteht er moderne Unternehmensführung. Keine Rundum-Päppelung wie zu Sowjetzeiten, sondern Hilfe zur Selbsthilfe. Bei der Finanzierung von Eigentumswohnungen für die Bergleute zum Beispiel. Zustände, von denen die Kumpel anderswo nur träumen können.

Nördliches Kuwait

Mein Besuch im Bergwerk Inta im nördlichen Polarkreis glich noch vor wenigen Jahren einer Reise in die Vergangenheit. Ich unternahm die Tour, weil zahlreiche Grubenunglücke im Land Dutzende Todesopfer gefordert hatten. Russische Bergarbeiter sind nicht von Natur aus streiklustig. Sie hatten nach dem Zerfall der Sowjetunion nur häufiger als anderswo Grund dafür. Sie riskierten in den veralteten Gruben ihr Leben und wurden noch nicht einmal pünktlich bezahlt. Ein ums andere Mal besetzten sie deshalb Eisenbahngleise oder protestierten in Moskau, wo sie mit ihren orangefarbenen Helmen wochenlang auf die Gehwegplatten vor dem Weißen Haus, dem Sitz der russischen Regierung, klopften und damit den Politikern, allen voran Boris Jelzin, die Nerven raubten.

Wir schrieben das Jahr 2003 und befanden uns immer noch in Europa, in der Komi-Republik im Nordosten der Russischen Föderation. Inta ist von Moskau 2000 Kilometer entfernt. Die Anreise mit der Bahn dauerte 36 Stunden.

Um 21.50 Uhr schiebt sich der Zug Moskau-Workuta gemächlich aus dem Jaroslawer Bahnhof hinaus in die schwarze Nacht. Ein kurzer Pfiff ertönt. Der Bordfunk dudelt russische Tanzmusik, die Reisenden verstauen ihr Gepäck unter den Klappliegen der Zweierabteile, beziehen die Betten und legen sich sofort schlafen. In der Nacht lassen wir Jaroslawl, Danilow und Wologda an uns vorbeiziehen, 16 Stationen liegen noch vor uns. Der Zug steht mehr, als er fährt. Wenn er in Bewegung ist, dann nur mit höchstens 50 Stundenkilometern. Draußen zuckelt die immer gleiche Landschaft vorüber, tiefverschneite Nadelwälder, ab und an ein einsames Dorf, dicke Schneemützen auf den Dächern. Schwer lastet eine allgemeine

Trägheit auf den Fahrgästen. Selbst wenn der Zug auf einem der Bahnhöfe hält, rafft sich kaum ein Passagier auf, frische Luft zu schnappen. Auch das Angebot der dick eingemummelten Verkäuferinnen auf dem Bahnsteig – heiße Kartoffeln, Marmelade und Gurken in Litergläsern, getrocknete Fische – kann sie nicht hinauslocken.

Schenja scheint der einzige im Zug zu sein, der alles aufregend und bemerkenswert findet und es deshalb jedem mitteilen möchte, der sich auf ein Schwätzchen mit ihm einlässt. Wenn er keinen Reisenden zum Reden hat, erzählt er seinem kleinen Plüschschneemann von den Abenteuern um ihn herum. Dem Schneemann führt er auch die Feuerwehr vor, die er seinem Freund in Workuta aus Moskau mitbringen wird, der kleine Weiße gibt sein stummes Einverständnis, das Geschenk ist genehmigt, der Vierjährige zufrieden. Beide schauen weiter zum Zugfenster hinaus.

In Kottlas, wo Kohle für die Beheizung der Waggons nachgeladen wird, zeigt das Thermometer auf dem Bahnsteig minus 28 Grad. Elmira Narnakowa, die Zugbegleiterin, bekommt acht viereckige Blecheimer mit Koks ins Abteil gereicht. Sie schüttet sie in einen Vorratsbehälter neben dem Ofen und wirft lustlos die leeren Alukästen wieder hinaus auf den Bahnsteig. Ihre herabhängenden Mundwinkel verraten, wie wenig sie von dieser Arbeit hält. Viel lieber plaudert die kaukasische Schönheit mit den brutal blond gefärbten Haaren mit den Passagieren. Jedem, der es wissen möchte, meldet Elmira die Außentemperatur an der jeweiligen Station. Die sinkt, je näher der Nordpolarkreis rückt. Alle 15 bis 20 Minuten legt Elmira Kohlen nach, denn bei diesem Wetter sorgt sie sich ständig um die Wasserleitungen ihres Wagens, die auf keinen Fall einfrieren dürfen. Sie meint es zu gut. Im Abteil klettert das Thermometer auf 30 Grad, während es draußen auf minus 30 fällt. Von den Orten an der Strecke kennt die Zugbegleiterin nur die Bahnhöfe. Doch ob Uchta, Petschora, Inta oder Workuta – keine der über zwanzig Städte in Richtung Norden interessiert sie. »Was kannst du hier schon sehen, außer Steppe, Tundra und Schnee?«

Am nächsten Morgen, dem zweiten im Zug, rattern wir über ein sich immer weiter verzweigendes Gleisnetz, vorbei an langen Güterzügen, die Kohle geladen haben. Am glühendroten Winterhimmel geht die Sonne auf, es ist acht Uhr. Wir haben Inta am Rande des Polarkreises erreicht. Außentemperatur: minus 42 Grad. Die Wintertage sind kurz, sechs Stunden nach der Morgendämmerung verschwindet die Sonne hinter dem Horizont.

Inta lebt von der Steinkohle. Das Bergwerk liegt am Stadtrand. Der Schacht, in den ich mit einer deutschen Fotografin zusammen einfahre, heißt »Sapadnaja«, »die Westliche«. Die Technik stammt aus den Zeiten sozialistischer Produktionsschlachten und gehört auf einen Schrottplatz, bestenfalls in ein Bergbaumuseum. Nichts, was die Kumpel mit Stolz erfüllt. Der Förderkorb ist bereits voll besetzt. Die wartenden Männer in der hellgrün gestrichenen verbeulten Blechkiste mit Maschendrahttür begrüßen uns mit mürrischem Gemurmel, die Fahrt in 140 Meter Tiefe beginnt.

Unten, wenige Schritte vom Förderkorb entfernt, wartet ein Personenzug auf dem Gleis. Eine Bahn mit vier Anhängern, außen und innen völlig verrostet. Sie ist so klein wie ein Kinderzug auf einem Rummelplatz, nur bedeutend hässlicher. Finstere Blicke, als der Kameraauslöser klickt.

Aus unerklärlichen Gründen fährt der Blechzug nicht ab. Igor Koroluk, ein Bergmann, beginnt zu reden. »200 Dollar verdienen wir im Monat. Lächerlich!« Auf die Frage, ob er wegziehen würde, wenn er könnte, bellt er nur: »Wohin?« Dann, nicht mehr ganz so unwirsch: »Wenn mich jemand einladen würde, würde ich sofort kommen.« Gleich darauf ist er wieder mürrisch: »Was für eine blöde Frage, viele von uns wären schon längst weg.« Der Arbeitsplatz kann ihn nicht mehr halten, denn auch der ist nicht mehr sicher. Zwei der sechs Gruben in Inta wurden stillgelegt, weil sich der Abbau nicht mehr rentiert.

Fanil Kalinmulin gibt sich als Gewerkschafter zu erkennen. Er hakt ein beim Wort »sicher«. Der Staat fordere die Einhaltung der Gesetze, gebe dafür aber seit zwei Jahren schon keine einzige Kopeke mehr aus. Nicht für Ersatzteile oder neue Ausrüstung, nicht für neue Förderbänder, schon gar nicht für neue Fördermaschinen. Viel zu teuer. Nicht einmal Schmierstoffe würden noch bereitgestellt.

Der Zug rumpelt los, solange er rollt und dabei ohrenbetäubend quietscht, ist jedes Gespräch unmöglich. Die Männer erdulden mit gekrümmten Rücken die Fahrt. Am Ziel strecken sie sich kurz, um sogleich einen Fußmarsch anzutreten, wieder mit rundem Rücken. Durch die niedrigen, unbeleuchteten unterirdischen Gänge geht Wladimir Schapalow, der Hauptingenieur, voran. Oben herrschen 40 Grad unter null, hier unten bringt uns feuchtwarme Luft ins Schwitzen. Wir erreichen einen Schlepplift, der uns jedoch nur eine kurze Strecke zu Fuß erspart und fürchterlich unbequem ist. Jeder hockt auf seinem Sitz wie auf einem Besenstil und rumpelt mit angezogenen Füßen einsam immer weiter in den spärlich beleuchteten schwarzen Berg hinein. Die allerlängste Strecke quetschen wir uns auf einem schmalen Weg am Förderband entlang. Manchmal kommt uns ein Lichtkegel entgegen. Das ist die Grubenlampe eines Kumpels, der sich der Länge nach auf das Band gelegt hat, um ein Stück mitzufahren.

Beim Marsch durch die Dunkelheit empfiehlt es sich nicht, den Blick auch nur für einen Moment vom Boden zu heben, denn der ist übersät von Metallteilen, Müll und losen Kohlestücken. In den weichen Gummistiefeln finden die Füße kaum Halt. Doch als wir durch einen Grundwasserstrom waten, erweisen sie sich als sehr nützlich.

Nach rund einer Stunde erreichen wir endlich das Herzstück des Bergwerks. Die sogenannte Kombine, die Abbaumaschine, die Kohle aus dem Flöz schlägt. Auf einer Strecke von rund 150 Metern. Die Maschine frisst sich mit einem Höllenlärm vorwärts durch den Tunnel, stoppt, kommt selbständig zurück. Die fünf Bergarbeiter an der Fördermaschine veranstalten einen kurzen Probelauf, dann beißt die Kohlefräse seitlich in den Berg. Keiner der Männer trägt Ohrenschützer, auch die simplen Heimwerker-Gasmasken gegen den Staub lehnen sie mannhaft ab. Ihre Kleidung besteht wie unsere nur aus Gummistiefeln und blaugrauem Arbeitsdrillich, einzig der Helm bietet Schutz. Zwar stoßen sich die Profis seltener den Kopf, aber auch in ihrer Nähe hört man das typische Poltern, wenn ein Helm auf eine Wand trifft, immer wieder. Zumal in dem niedrigen Schacht hier, in dem wir knien. Sechs- bis siebenmal pro Schicht müssen die Bergleute die lärmende Höllenfahrt der Abbaumaschine ertragen, erst dann haben sie ihr Tagessoll erreicht. Wir schauen von einem Gang aus zu, der nicht einmal einen Meter hoch ist. Ingenieur Wladimir Schapalow warnt beständig vor der Gefahr, verschüttet zu werden. Das Rieseln der Kohle kann ein erstes Anzeichen für einen Einsturz sein. Er hat noch nicht zu Ende gesprochen, da kracht schon wieder ein Brocken nieder. In allen Ecken ächzen und knarren die Stützbalken bedrohlich. Irgendwo splittert Holz. Der Hauptingenieur wird mit jeder Minute unruhiger und will weg von diesem gefährlichen Platz, zurück ans Tageslicht. Was er und wir Besucher, im Unterschied zu den 350 Bergleuten dieser Schicht, jederzeit können. Wir fordern unser Schicksal nicht heraus und treten widerstandslos mit dem Ingenieur die Rücktour an. Er wählt einen kürzeren Weg, nur sechs Kilometer, die wir allerdings ausschließlich zu Fuß zurücklegen müssen. Die Gänge haben hier eine so komfortable Breite, dass wir sogar nebeneinander laufen können. Er bricht unser Schweigen. Trotz aller Schwierigkeiten und Entbehrungen am Polarkreis müssten Russlands Außengrenzen besiedelt bleiben. Die Begründung dieser kategorischen Forderung fällt dann aber weit weniger patriotisch als vielmehr pragmatisch aus: »Alle Reichtümer, von denen Russland lebt, lagern genau hier, an den Rändern unseres Landes, vor allem hier im Norden. Hier ist an Bodenschätzen alles zu finden, was die Mendelejew-Tabelle aufführt.« Die Bergarbeiter seien nicht nur besonders kampferprobt, sondern hochqualifiziert. Ihnen würde es leicht fallen, auf die Förderung anderer Schätze umzuschulen. »Manche nennen unsere Gegend sogar das nördliche Kuwait.«

Inta ist eine Insel der Zivilisation inmitten der wilden Tundra. Ein flacher, kaum bewaldeter und spärlich besiedelter Landstrich, der sich über eine endlos scheinende Weite erstreckt. Die Heimat der Rentiere. Für die sanften, faszinierenden Geschöpfe ist die Gegend ein Paradies, zugedeckt von Schnee. Selbst die mehr als 30 Grad unter null halten uns von einem Besuch bei den Herden nicht ab. Die Rentierzüchter freuen sich über jeden Gast. Wir haben das Gefühl, den Ort gefunden zu haben, an dem die Sowjetunion erst gestern untergegangen und die Zeit stehengeblieben ist: Petrun, 150 Kilometer von Inta entfernt.

Petrun gilt mit seinen 700 Einwohnern als größte Siedlung der Komi-Urbevölkerung. Im Sommer fahren auf den Flüssen Boote dorthin, doch jetzt im Winter kann man nur einen unerschwinglich teuren Hubschrauber mieten, der allerdings auch nicht bei jedem Wetter fliegt. Bleibt das Wesdjechod. Wesdjechod heißt soviel wie »Geht-überall«. Es ist ein umgerüsteter Kettenpanzer, gebaut in Nischni Nowgorod, viel benutzt auch von den Grenzsoldaten in Workuta oder von Geologen. Wir haben Glück und können das Gefährt samt Fahrer für eine Woche mieten. Wie ein Taxi rollt der umgebaute Panzer vor die Gästewohnung des Bergwerks, die uns in Ermangelung eines Hotels überlassen worden war. Sieben Stunden, so die Ansage, werden wir bis Petrun brauchen. Die Quecksilbersäule steht bei minus 36 Grad, das unbeheizte Kettenfahrzeug ist »gemütlich« wie ein Gefrierschrank, dicke Eisblumen an den Scheiben versperren jede Sicht. So rumpeln wir blind hinaus aus der Stadt, weiter durch die Tundra, auf die wir nur dann einen Blick werfen können, wenn der Motor mal wieder streikt. Das allerdings geschieht oft. Rund zwanzig Mal friert der Sommerdiesel im Tank ein, als wüsste man ausgerechnet hier im Polarkreis nicht, was der Winter anrichten kann. Panzerfahrer Wenjamin Woslechin klettert ein ums andere Mal auf das Dach des Führerhauses, wo sich die Klappe zum Motorraum befindet. Mit einer Eisenstange klopft er das Eis im Einfüllstutzen weg und gießt den schlechten Sommerdieselkraftstoff nach, anderen hat er nicht. Trotz des Ungemachs entfährt Wenjamin in seinem ölverschmierten Tarnanzug kein einziger Fluch, ein Musterbeispiel russischer Geduld.

Bei einem weiteren unfreiwilligen Zwischenstopp geht der Motor ganz aus. Himmlische Ruhe. Weit in der Ferne sichten wir eine Rentierherde, die sich direkt in unsere Richtung bewegt. In einem kilometerlangen Zug traben Tausende Tiere gemächlich auf uns zu. Ihnen voran ein Hirte auf einem hochbeinigen ausladenden und dennoch grazilen Rentierschlitten. Unablässig stößt er langgezogene quäkende Laute aus, mit denen er die sanften einfältigen Geschöpfe zur Ordnung ruft. Seine milchkaffeebraunen Hütehunde rasen zwischen ihm und der Herde hin und her. Der Hirte sitzt seitwärts auf dem Schlitten, jederzeit zum Absitzen bereit. Mit einer fast vier Meter langen, offenbar federleichten Stange dirigiert er sein Dreiergespann. Er erinnert an einen einsamen speerbewehrten Indianer in der Prärie. Schließlich hält er an, denn die Herde wird immer langsamer, die Tiere wollen äsen. Er hüpft leichtfüßig vom Schlitten und steht dann majestätisch mitten in der tiefverschneiten Tundra, die riesige Herde hinter sich. Er trägt eine Maliza, eine Rentierfelljacke mit angenähter Kapuze und Handschuhen, dazu Tobakki, hohe weiße Rentierstiefel. Über die Maliza hat er eine Art Kittel gezogen, offenbar um den Pelz bei der Arbeit zu schützen. In seiner archaischen Kleidung inmitten der fast baumlosen weißen Weite könnte er aus einem anderen Jahrhundert stammen.

Der »Indianer« gehört zu den Komi, einem seit Jahrhunderten im russischen Norden ansässigen Nomadenvolk, das eng mit den Finnen verwandt ist. Er ist etwa 40 Jahre alt, mittelblond, hoch gewachsen, blauäugig. Er heißt Igor Kanjew. Sein Name zeugt von der erfolgreichen Russifizierung der Komi-Ureinwohner durch die Sowjets. Igor, der erste Vertreter seines Volkes, dessen Weg wir mit unserem Panzer kreuzen, hat ein wettergegerbtes Gesicht. Kapuze und Bart sind mit Eiskristallen bedeckt. Er hat Mühe zu reden. Mit fast steifgefrorenem Mund erklärt der Hirte, dass seine Herde 3000 Tiere umfasst und er mit ihr auf dem Weg nach Petrun ist. Dort befindet sich die Kolchose, die seine Herde begutachten soll. Die Genossenschaft entscheidet, welches Rentier geschlachtet wird und welches in die Zucht kommt. Schriftlich wird erfasst, aus wie vielen Hirschen, Kühen, Kälbern die Herde besteht.

Igors Herde ist auseinandergelaufen, um zu äsen. Die Rentiere scharren mit den Hufen den Schnee beiseite, das steinhart gefrorene Tundramoos knarrt, wenn sie es mit ihren weichen Mäulern brechen. Ein Geräusch wie Schritte im Schnee, doch die wiederum klingen hier in dieser klirrenden Kälte ganz anders als gewohnt, als ob Metallplatten aufeinanderschlagen. Für die Tiere ist das Moos eine Köstlichkeit. Der russische Norden ist voll davon, ein Schlaraffenland für die genügsamen Vierbeiner. Manche nutzen die Pause für einen kurzen Verdauungsschlaf, andere schaben ihre Geweihe an den kleinen Nadelbäumen. Solange sie fressen, treibt Igor sie nicht weiter, die Tiere geben das Tempo vor.

Plötzlich herrscht Aufbruchstimmung, einige Tiere traben blindlings drauflos. Mit seinem Leitgespann fährt Igor ein Stück vor an die Spitze, ruft den Hunden einen kurzen Befehl zu, und geschlossen wie ein hellglänzender Fischschwarm, die Leiber dicht an dicht, folgt ihm die Herde. 3000 Tiere fliegen vorüber, fast lautlos, denn der Schnee verschluckt das Trappeln der Hufe. Übrig bleibt eine Schneewolke. Wir beneiden Igor, der sehr viel schneller und vor allem leiser nach Petrun gelangen wird, und klettern schicksalsergeben in unseren »Panzer«.

In Petrun herrscht große Betriebsamkeit. Die jährliche Schlachtwoche hat begonnen. Alle Einwohner scheinen sich nur in eine Richtung zu bewegen, hin zum Schlachtplatz in dem kleinen Wäldchen ein wenig abseits vom Dorf. In einer langen Reihe parken die Schneemobile, Marke »Buran«, (Wintersturm). Neben den Elektroschlitten warten geduldig einzelne Rentiergespanne. Alle fünf Brigaden des Kolchose-Betriebes haben ihre Herden aus den Weiten der Tundra hierher getrieben. Die Männer werden von den Ehefrauen, die im Dorf überwintern, mit Verpflegung empfangen: ein heißes Getränk aus zwei Dritteln Wodka und einem Drittel süßem Tee, dazu Bonbons. Gestärkt von dem Schluck machen sie sich sofort an die Arbeit. In einem großen Gehege hetzen die nun eingesperrten Rentiere von einer Ecke zur anderen. Aus den Augen der Tiere spricht Todesangst. Gruppenweise werden sie in ein kleines Extragehege geführt, dort warten Männer mit Messern und Sägen bewaffnet. Eine beängstigende Raserei setzt ein, die Männer müssen immer wieder den Geweihen der Tiere ausweichen. Schlachttieren versetzen sie einen schnellen tödlichen Stich in den Nacken und schleifen sie sofort aus dem Gehege heraus. Zuchttieren, männlichen wie weiblichen, sägen die Rentierzüchter in einer offenbar schmerzlosen Prozedur die Geweihe ab: Sie verkaufen sie teuer nach Japan.

Außen am Gatter lehnen etliche Zuschauer, Hirten von anderen Brigaden, Jugendliche. Alle tragen die gleiche Kleidung aus Rentierfell: Hosen und knielange Mäntel mit Kapuzen. Manche hocken auf den Balken wie Cowboys beim Rodeo, doch sie verhalten sich still. Einem Mann fehlt der rechte Daumen. »Der ist an einem Geweih hängen geblieben, ist schon lange her, mittlerweile vermisse ich ihn nicht mehr.«

Die getöteten Tiere werden an Ort und Stelle unter freiem Himmel gehäutet und ausgeweidet, der Wettlauf mit dem Frost beginnt. Trotz der vielen Menschen am Schlachtplatz und der fieberhaften Arbeit herrscht eine unerklärliche Ruhe. Keine lauten Rufe, kein Maschinenlärm. Moderne Technik wird für die Arbeit ohnehin nicht eingesetzt. Messer und faustgroße Metallschaber genügen. Alles erinnert an ein jahrhundertealtes Ritual. Selbst die Hunde geben keinen Laut von sich, sie lecken sich schläfrig die blutverschmierten Mäuler oder liegen schon sattgefressen auf den Schlitten der Gespanne.

Pawel Chatansejski, der Kolchosvorsitzende, führt die Oberaufsicht bei dieser alljährlichen Bestandsaufnahme seiner Herden. Er grüßt freundlich, aber dem 42-Jährigen stehen die Sorgen im Gesicht. »Es lohnt sich fast nicht mehr, wir produzieren viel zu wenig Fleisch. Wenn wir es in diesem Jahr auf 30 Tonnen bringen, dann ist das viel. Davon verkaufen wir die Hälfte an unsere Mitarbeiter, für den Absatz bleiben grade mal 15 Tonnen, was soll man mit 15 Tonnen? Der Transport klappt sowieso nicht, und für eine solche Menge lohnt es sich gar nicht, irgendetwas aufzubauen. Im Grunde reicht es nur noch, um sich selbst zu versorgen.« Der dunkelhaarige Mann mit den vom Schlachten blutverschmierten Händen kratzt sich nachdenklich den Bart. Zögernd, als sei ihm unangenehm, worüber er reden muss, fährt er fort: »Seit anderthalb Jahren sind wir den Rentierzüchtern die Löhne schuldig, es ist ein Teufelskreis. Einerseits produzieren die Brigaden zu wenig, so dass für den Verkauf nichts bleibt, andererseits können wir sie nicht ermuntern, denn egal ob sie viel oder wenig Fleisch liefern, wir können ihnen den Lohn ja doch nicht zahlen. Früher hat uns der Staat das ganze Fleisch abgekauft und unsere Betriebskosten gezahlt. Sie kamen mit Hubschraubern, um das Fleisch abzuholen. Das kann sich heute niemand mehr leisten. Auch um die Märkte müssen wir uns jetzt selbst kümmern, für das Fleisch, für die Rentierfelle, die Produkte daraus, Stiefel zum Beispiel. Aber wir haben keine Ahnung, wie man so etwas anstellt. Theoretisch könnten wir viel mehr Tiere halten, denn wenn wir etwas im Überfluss haben, dann ist es Land. Doch wir nutzen es nicht.«

Wir schreiben das Jahr 2003, mindestens zwölf Jahre hatten die Rentierzüchter Zeit, sich von den planwirtschaftlich geführten Kolchosen auf die Marktwirtschaft umzustellen, aber keiner hat eine Idee, wie das zu bewerkstelligen wäre. Rentierfleisch ist eine Delikatesse, für die in Restaurants in Moskau oder Sankt Petersburg teuer bezahlt werden muss. Die Nachfrage existiert ohne jeden Zweifel.

Geschlachtet wird eine Woche lang, ganze Berge mit Rentierfellen türmen sich, der klapprige LKW transportiert die steifgefrorenen Körper ab, die wie Bleistifte im Becher dicht an dicht senkrecht auf die Ladefläche gestellt werden. Bis auf die Alten helfen alle mit. Selbst die Kindergartenkinder wissen von dem regen Treiben im Dorf, ihre Eltern haben davon erzählt, und auf dem Heimweg müssen die Mütter mit den Sprösslingen einen Umweg zum Schlachtplatz nehmen. Raus dürfen die Kleinen tagsüber nicht, ab minus 20 Grad ist das verboten. Heute sind es minus 28 Grad, für Komi keine strenge Kälte, doch die Erzieherin erklärt, dass manche Kinder keine Maliza oder Rentierfellstiefel besitzen, weil ihre Eltern zu arm sind. Damit sie nicht frieren, wenn die Gruppe draußen herumtollt, oder gar allein in den beheizten Räumen warten müssen, verlässt an kalten Tagen überhaupt kein Kind das Spielzimmer. Die kleine Julia bedauert das, denn sie hat eine Maliza und liebt den Schnee sehr. Julia ist die Tochter von Katja Anofrewa, der Postbotin des Dorfes, bei der wir übernachten. Katja hat uns mit den hohen Tobakki ihres Mannes ausgestattet, von denen ihm seine Schwester gleich mehrere Paare genäht hat. Die weichen Stiefel aus doppellagigem Rentierfell reichen bis über die Oberschenkel. Wir hatten sie für Hosen gehalten. Sie halten ungemein warm. Da wegen des trockenen sauberen Schnees auf eine Sohle verzichtet wird, läuft man darin bequem wie auf Strümpfen. Allerdings fühlen wir uns darin wie Bären. Anders als die Kleidung der Eskimos kommt die der Komi enttäuschend schmucklos daher. Pelzbesätze, Verzierungen, Applikationen? Fehlanzeige. Von einer russischen Ethnologin in Inta wissen wir, dass dies keineswegs immer so war. Nachdem die Sowjets den Nordvölkern jede Identität geraubt hatten, besannen sie sich in den siebziger Jahren plötzlich und schickten Wissenschaftler auf die Suche nach den letzten Spuren der untergegangenen Kulturen. In Grabstätten fanden sie Amulette, auf alten Kleidungsstücken und Jagdtaschen auch applizierte Stoffkreise, die die Nordsonne darstellen sollten, ein Schlüsselsymbol in der Komi-Kultur. Die Wissenschaftlerin hatte versucht, mit einem sozialistischen Souvenirbetrieb diese Folklore zu neuem Leben zu erwecken, in der Hoffnung, sie in den Komi-Alltag zurückzubringen. Doch dafür war es bereits zu spät. Für die Rentierzüchter hatten die Ornamente ihrer Vorfahren keine Bedeutung mehr. Dennoch wird die Sowjetisierung keineswegs nur kritisiert. Die in der Regel aus Analphabeten bestehenden Naturvölker bekamen erstmals Zugang zu Bildung, zum Gesundheitswesen, zu Strom. Ihr Lebensstandard verbesserte sich spürbar.

Julias Eltern sind eine große Ausnahme im Dorf. Dass sie beide arbeiten, der Vater als Rentierzüchter, Katja auf der Post, gilt fast schon als Luxus, denn Arbeitsplätze für Frauen sind eine Rarität. Obwohl verheiratet, führt Katja dennoch ein Leben wie eine Alleinerziehende. Dabei verwöhnt sie ihre zwei Kinder, als könnte sie so den Vater ersetzen. Die Siebenjährige nascht schon das dritte Eis hintereinander, die Mutter stoppt sie auch dann nicht, als die Kleine hinaus in den mit Eiskristallen bedeckten Vorratsraum läuft, um das vierte zu holen. Katjas Mann kommt alle paar Wochen für ein paar Tage nach Hause, ansonsten zieht er mit der Rentierherde umher. Solange der Vater draußen in der Tundra ist, übernimmt Andrej, der Elfjährige, die Rolle des Mannes im Haus. Ein Status, der ihm schon jetzt sichtlich gefällt. Wenn die Kinder mit der Mutter das Haus verlassen, ist es seine Aufgabe, den Spaten in die Tür zu stellen, ein Zeichen für die Nachbarn, dass der Hausherr nicht daheim ist, kein Mensch käme hier auf die Idee abzuschließen.

In einem Hunderte Kilometer weiten Umkreis kennt jeder jeden. Der mit Abstand häufigste Familienname ist Kanjew.

Der Hirte, dessen Herde unseren Weg kreuzte, der Bürgermeister, die Schuldirektorin – alles Kanjews. Und wir lernen noch welche kennen, zum Beispiel Matrjona und Maxim Kanjew, die Nachbarn und Freunde von Katjas Eltern in Rogowaja, das eine Stunde mit dem Panzer von Petrun entfernt liegt. Wie Katjas Eltern waren auch diese Kanjews ihr Leben lang als Rentierzüchter mit der Herde unterwegs. Jetzt sind sie Rentner und muten sich die schwere Arbeit zumindest in der allerschlimmsten Kälte nicht mehr zu. Das kleine Holzhäuschen dient ihnen als Winterquartier. Gäste im Haus? Matrjona tischt sofort auf: Wodka, geschmortes Rentierfleisch, eingelegten Kohl, auch Strogonina, in kleine Stücke geschnittenen tiefgefrorenen Fisch, der als Delikatesse gilt. Alle Schüsseln kommen in die Mitte des Tisches, die Esser bedienen sich direkt daraus. Einen eigenen Teller für jeden gibt es nicht. Die Hausherrin trägt die Tracht der Komi-Frauen: ein rotseidenes Tuch um den Kopf, unter dem alle ehemals blonden Haare verschwinden und das ein bisschen wie ein Turban und ein wenig wie ein Kopftuch gebunden wird. Zur Feier des Tages hat sie eine rote Seidenbluse und einen grünen Seidenrock angelegt. Maxim und Matrjona sind seit 30 Jahren verheiratet. Eine gute Ehe, wie an den Blicken beider füreinander und der liebevollen Hilfe Maxims im Haushalt abzulesen ist. Beide beklagen die neue Zeit: »Uns ist es egal geworden, wie viel wir produzieren: Früher haben sie nach Menge und Qualität bezahlt, da hat man Prämien bekommen oder man wurde mit Rentieren belohnt. Aber heute …«

Obwohl in Zentralrussland die Löhne seit zwei Jahren wieder regelmäßig gezahlt werden, haben die beiden seit Monaten kein Geld mehr erhalten. Manchmal teilt die Kolchose ihnen ein paar Lebensmittel zu, Salz, Streichhölzer, alles, was sie nicht selbst herstellen können. Längst haben sie jeden Überblick über die aktuellen Preise verloren, sie wissen nicht einmal, wie viele Tausende Rubel ihnen die Kolchose noch schuldet.

Der große hagere Maxim ist Hirte, Matrjona führt die Wirtschaft im Tschum, dem Zelt der Rentierzüchter, mit dem sie den Tieren hinterherreisen. Jedes Jahr ab Mai zieht es die Rentiere immer weiter in den Norden zur Kara-See. Mit ihren neugeborenen Kälbern legen sie die rund 700 Kilometer zurück, um den Bremsen und Mücken zu entfliehen, vor allem aber der Wärme, denn Rentiere lieben es ausschließlich kalt. Die Hauptaufgabe der Hirten auf dem Treck in Richtung Norden besteht darin, ständig das Tempo der Tiere zu drosseln, damit die nicht zu viel Gewicht verlieren. An der Küste angekommen, tritt die rastlose Herde sofort den Rückweg an.

Im Dezember, nach acht Monaten, sind Matrjona und Maxim dann endlich wieder zu Hause. Die Zeit von Jahresende bis Mai, wenn die Herden nicht weit von den Siedlungen entfernt weiden, bedeutet für die Rentierzüchter eine Rückkehr in die Zivilisation. Maxim und Matrjona lächeln bei der Erinnerung an jene Tage, als ihre Kinder noch im Internat waren. Zu Beginn der Sommerferien wurden sie mit dem Hubschrauber zu ihnen in die Tundra gebracht und zogen mit den Eltern und der Herde immer weiter Richtung Norden. Im August, vor Beginn des neuen Schuljahres, holte der Hubschrauber sie wieder ab. »Aber in diesem und im vorigen Jahr ließ er sich kein einziges Mal blicken. Wir bekamen keine frischen Lebensmittel, konnten nur das aufbrauchen, was wir im April für die Fahrt eingekauft hatten.« Maxims Klagen, dass der Staat die Rentierzüchter immer häufiger im Stich lässt, hörte ich später so ähnlich von Rentierzüchtern auf der Halbinsel Tschukotka am alleröstlichsten Zipfel Russlands. Im Jahr 2004, als ich mit einem klapprigen MI-8-Hubschrauber hinaus zu den Herden flog, wurde Tschukotka gerade von Roman Abramowitsch regiert. Dem Gouverneur, der im Westen hauptsächlich als vermögender Besitzer des englischen Fußballclubs FC Chelsea ein Begriff ist. Vom Reichtum des Milliardärs profitierte die Region kaum, am wenigsten die

Rentierzüchter in ihren dürftigen Jurten, die ausschließlich aus Fellen bestanden.

Während Maxim lamentiert, rinnen seiner Frau unablässig Tränen aus den wimpernlosen Augen. Die Eltern haben im Sommer ihren jüngsten Sohn verloren, der völlig unerwartet mit Anfang zwanzig an einem Herzinfarkt gestorben ist. Um an der Trauerfeier teilnehmen zu können, bestellten die beiden den Hubschrauber, die einzige Möglichkeit, rechtzeitig zur Beerdigung nach Hause, nach Rogowaja, zu gelangen. Aber anders als erwartet übernahm die Rentiergenossenschaft die Flugkosten nicht. Nun sind die beiden Rentner hoch verschuldet, ohne jede Aussicht, den Betrag jemals abzahlen zu können. Der herbeigesehnte Ruhestand ist in weite Ferne gerückt, sie werden sich auch im nächsten Mai wieder mit der Rentierherde zur Kara-See aufmachen müssen, obwohl sie sich dafür längst zu alt fühlen.

Rentierzüchter gehen offiziell mit 50 in Rente. Matrjona und Maxim sind 64 bzw. 69 Jahre alt. Die alte Dame erleichtert es sichtlich, über ihre Sorgen reden zu können, ihr Mann dagegen kann die oft wiederholten Klagen nicht mehr hören, mehrfach versucht er sanft, das Thema zu wechseln.

Schlachtfest und Neujahrsfeier haben das Dorf Rogowaja im Wodka ertränkt. Die Herden draußen in der Tundra werden nur noch von Notbesetzungen bewacht. Alle anderen schlachten oder feiern, meist beides. Iwan Kanjew, der Mann mit dem fehlenden Daumen, dem wir schon in Petrun begegnet sind, wird gerufen. Er ist ein Cousin von Maxim, wohnt gleich nebenan. Iwan Kanjew gilt als einer, der weniger als die meisten trinkt. Er und sein Freund Kolja werden überredet, uns am nächsten Tag zum Tschum, ihrem Nomadenzelt, zu fahren. Auch Katja, die jüngste Tochter von Maxim und Matrjona, ist dazu bereit. Mit drei Buran-Schneemobilen werden wir unterwegs sein.

Als unsere Schneemobile und Schlitten am nächsten Morgen vor der Tür stehen, holt Matrjona Kanjewa weitere Malizas heraus. Ohne die Maliza, den doppelt genähten Rentierfellmantel mit der eng anliegenden Kapuze, wäre der Wind auf dem Buran schwer zu ertragen. 30 Kilometer vom Dorf entfernt steht das nächste Tschum. Die Fahrer rechnen: Das sind drei Stunden auf dem Schneemobil. Kolja hat sich ein Gewehr über die Schulter gehängt, zum Schutz vor Bären und Wölfen. Erst vor ein paar Tagen haben Wölfe zwei Rentiere ihrer Herde gerissen. Offiziell besitzt er die Flinte nicht, seit Moskaus Antiterrorkampf hat die Miliz sämtliche Waffen verboten und eingesammelt. Iwan und Nikolai tragen wie wir Tobakki und Malizas, nur Katja verzichtet auf die traditionelle Komi-Tracht, sie fährt im russischen Pelzmantel samt Kappe los, scheinbar unbeeindruckt von dem schneidenden Fahrtwind und bedeutend schicker.

Die Fahrer werfen die Motoren an, sie legen die ganze Strecke stehend zurück. Die wendigen Schneemobile bahnen sich ihren Weg durch schmale Waldpfade, vorbei an den nur brusthohen Tannen. Der dicke Schnee hat aus den niedrigen Bäumchen seltsame Gestalten geformt. Wie Läufer, Springer und Türme auf einem Freiluftschachbrett stehen sie in der Landschaft. Doch romantische Gedanken wandern nicht weit, Gebrüll und Gestank der Buranmotoren verhindern, dass wir uns angesichts der zauberhaften Winterwelt in Träumen verlieren. Alle Augenblicke drehen sich die Fahrer nach den angehängten Schlitten um. Darin sitzen wir, ihre Fracht. Mehr als einmal »stranden« wir, denn die Anhängerkupplungen halten nicht. Ein Konstruktionsfehler. In einem Schlitten hat genau ein Passagier Platz. Bei näherem Hinsehen handelt es sich um nicht mehr als Kisten auf Holzkufen. Zwei steifgefrorene rohe Rentierfelle auf den Boden, fertig. Alles, was sich darin befindet, wird bei jeder Unebenheit hochgeschleudert.

Nach drei Stunden Fahrt über weite Ebenen, durch Senken, über gefrorene Moore und Flussbetten hinweg kräuselt sich endlich hinten am Tundra-Horizont, wo Himmel und Schneelandschaft grau in grau ineinanderfließen, ein schwaches Rauchfähnchen in den Himmel. Es steigt von einem runden, völlig eingeschneiten und damit kaum auszumachenden Fellzelt auf. Das ist das Tschum, wir sind da.

Kleine runde puschelige Hunde stürmen die Schlitten, schlecken die Neuankömmlinge ab, betteln um Streicheleinheiten. Um das Zelt herum liegt gestapeltes Feuerholz, parken die typischen hohen Rentierschlitten, die im Sommer genauso gut über Tundramoos wie im Winter über Schnee gleiten.

Soja Tschuprowa, die Hausherrin des Tschum, kommt in Trainingshosen und dünnem Pullover aus dem Zelt gekrochen und bittet alle hinein. Im Tschum ist es zunächst stockfinster, denn die beiden Petroleumlampen sorgen nur für spärliches Licht. Die Augen gewöhnen sich erst langsam an die Dunkelheit. Einem nach dem anderen hilft Soja aus den Malizas. Als Frau im Tschum ist sie der gute Geist, die von der Kolchose bezahlte Dienstmagd. 17 Personen wohnen im Moment im Zelt. Das sei keineswegs ihre Familie, stellt Soja Tschuprowa richtig, sondern die Brigade. Damit sind die Nomadenzelte genaugenommen Arbeiterwohnheime. In einem großen Topf auf dem Eisenofen köchelt etwas Undefinierbares vor sich hin, dessen strenger Geruch das gesamte Zelt erfüllt. »Das sind Rentierinnereien, Hundefutter«, erklärt Soja, schnappt den Topf und schüttet den Inhalt draußen neben dem Zelt in den Schnee, wo sich acht oder zehn Tiere mit freudigem Gebell sofort darauf stürzen. »Als Frau bist du für alles zuständig, was innerhalb des Zeltes erledigt wird: kochen, aufräumen, waschen. Wir nähen die Rentierfellsachen, also die Tobakki, die hohen Stiefel für die Männer und die Pimy, die kleineren für die Frauen, die Malizas und auch die Felle für das Zelt. Es gibt ein jeweils doppelt genähtes Sommer- und ein Winterfell für das Zelt. Wir Frauen bauen das Tschum auf und ab, wir holen in Säcken Schnee, mit dem wir kochen und waschen, wir bereiten die Betten, wenn sich jemand hinlegen möchte.«

In wenigen Tagen, wenn die Schlachtung vorüber und die ganze Brigade wieder beisammen ist, werden die Frauen das

Zelt abbauen, denn die Herde steht schon jetzt rund zehn Kilometer vom Tschum entfernt. Im Winter nehmen sie sich Zeit für diese Arbeit, denn dann steht das Zelt mindestens eine Woche lang an einem Fleck. Sie legen den kreisrunden Zeltboden mit Holzbohlen aus, breiten darüber Teppiche. Im Sommer, wenn sie pro Tag zwischen 30 und 50 Kilometer zurücklegen und das Zelt jeden Tag auf- und abbauen, verzichten sie auf so viel Komfort. Außerdem muss dann das Zelt nicht gegen den Frost isoliert werden. In dieser Zeit wird jede Hand gebraucht. Alle Kinder und Ehefrauen, die den Winter über in den Dörfern leben, sind im Sommer auf dem Weg zur Kara-See dabei und müssen mit anpacken.

Obwohl sich das Tschum im Laufe der Jahrhunderte kaum verändert hat, streiten die Rentierzüchter der Komi-Region bis heute über die Vor- und Nachteile des Zweier- oder Dreiersystems des Zeltgestänges. Der Laie, den die Konstruktion bestenfalls an Mikado erinnert, erkennt keinen Unterschied. Für die Frauen, die das Kommando beim Zeltaufbau führen, ist das Gerüstsystem eine Philosophie. An die zwei bzw. drei Hauptstangen müssen die restlichen 24 bzw. 25 Stangen angelehnt werden, so dass sie alle zusammen am Boden einen Kreis von rund fünf Meter Durchmesser bilden, sich oben in der Zeltspitze treffen und gegenseitig abstützen. Während sich die Frauen um den Zeltaufbau kümmern, bewachen die Männer die Tiere. Im Moment brauchen die Hirten mit ihren Rentiergespannen fast eine Stunde zur Herde.

Es ist nachmittags halb drei, die Sonne ist untergegangen, die lange Polarnacht beginnt. Ein Hirte, Schenja, 17 Jahre alt, kommt gerade von den Tieren zurück und wird sofort von Soja bekocht. Zum frischen Rentierfleisch, das anscheinend immer fertig auf dem Herd steht, bekommt er Nudeln. Soja wirft eine Handvoll in das Schneewasser und lässt sie aufkochen. Schenja hat es sich derweil auf den Teppichen in der Männerhälfte des Zeltes bequem gemacht.

Das Leben im Tschum kennt keine Privatsphäre. Alle Junggesellen müssen gemeinsam in einer Koje schlafen, die Paare haben ihren eigenen Fellsack, getrennt sind die Betten nur durch Baumwollvorhänge, die jetzt am Tage an der Zeltwand festgebunden sind. Beim Anblick der hochgerollten Vorhänge lächelt Soja verschmitzt und erzählt, dass ein Paar, das im Tschum lebt, gutes Wetter ganz besonders zu schätzen weiß, denn nur unter freiem Himmel ist es allein.

Von der Zeltdecke herab baumelt an einer Kette ein kleines Kupferkesselchen, es hat die Form einer Schnabeltasse und dient als Wasserhahn. Soja scheucht Schenja hoch, damit er sich vor dem Essen die Hände wäscht. Knurrend tut der Halbwüchsige, was sie sagt. Die Augen, die so wenig Hilfe von den Petroleumlampen bekommen, entdecken mit der Zeit immer mehr: einen Wecker, festgebunden an einer der vielen Zeltstangen, ein Radio, Zeitungen. Das alte Funkgerät unter den Schlaffellen funktioniert nur noch selten. Soja kann es ohnehin nicht benutzen, denn sie ist schwerhörig und versteht bei der miserablen Sendequalität kein Wort.

Sie deckt den Tisch, eine große, flache Metallkiste, die als Stauraum für Werkzeug dient. Vorräte, Geschirr, Kleidung, alles befindet sich in diesen Alukästen, die in Windeseile auf die Schlitten verladen werden können. Die kleineren Kisten, die wie ein Spind die persönlichen Habseligkeiten beherbergen, dienen als Sitze. Überaus komfortabel, verglichen mit den primitiven Jurten auf Tschukotka, die auf dem blanken Schnee rund um ein Feuer aufgeschlagen werden. Ein Hirte nach dem anderen kehrt von der Arbeit zurück. Jeder, der ins Zelt kriecht, bringt einen Schwall Frostluft mit herein. Erschöpft lassen sich die Männer auf die Sitz-Kisten fallen, die Wodkaflasche kreist, noch bevor auch nur einer einen Happen gegessen hat.

Das Feuer im Eisenöfchen knistert. Der Qualm zieht aus dem offenen Rauchabzug ab, für den in der oberen Spitze des Zeltes ein tellergroßes Loch freigelassen wurde. Soja ist zufrieden mit dem Wetter. Minus 30 Grad seien wunderbar, nicht so kalt wie in den Tagen zuvor, als sie bei minus 45 Grad pausenlos heizen musste und das Zelt trotzdem nicht warm geworden sei. Die Temperatur beträgt im Tschum vielleicht 15 Grad, von den Zeltwänden her schleicht die Kälte den Rücken hinauf. Nur nahe am Ofen ist es uns Städtern warm genug. Die Männer dagegen haben erhitzte Gesichter, spüren die aufsteigende Kälte nicht, umso strenger kontrolliert Soja die Tür. Die Jungen ermahnt sie, die Fellklappe ja gewissenhaft zu schließen. Bleibt auch nur ein handtellergroßes Loch offen, fährt der Wind eisig hinein.

Als die Männer gegessen haben, schlüpfen sie ohne ihre Jacken zum Rauchen hinaus. Kolja, der gerade die Schule hinter sich hat und seinen ersten Winter als Hirte verbringt, lädt zu einer abendlichen Rentierschlittenfahrt ein. Er zeigt mir, wie ich mich an den Riemen aus Rentierleder, die quer über den Sitz gespannt sind, festhalte, und schon geht die Reise los. Mit federnden Schritten, scheinbar schwerelos, trabt das Dreiergespann dem großen, gelben Vollmond entgegen, der eigentümlich tief am Himmel hängt. Himmlische Ruhe liegt über der blauschimmernden Tundra, jeder Laut versinkt im pulvrigen Schnee. Als vom Zelt her lautes Lachen erklingt, wendet Kolja. Offenbar voller Sorge, etwas zu verpassen. Als er schon von Weitem einen einzelnen Rentierhirsch vor dem Tschum entdeckt, ist er im Bilde und beruhigt. »Ach, der ist es. Der ist auf Drogen!«, erklärt er mit einem Lachen. Auf meinen fragenden Blick hin fügt er hinzu: »Wir haben ihn vor drei Tagen mal mit Brot gefüttert, seitdem kommt er jeden Abend.«

Während die Männer draußen ihre Scherze treiben und einander wilde Geschichten von Begegnungen mit Bären und Wölfen erzählen, berichtet Katja, die Fahrerin, Soja vom neuesten Klatsch in ihrem Dorf. Beide unterhalten sich auf Komi, einer Sprache, die mit dem Finnischen und Ungarischen verwandt ist und zu Zeiten der Sowjetunion ein kyrillisches Alphabet bekommen hat. In landesweiten Kampagnen brachten die Kommunisten ab den 20er Jahren den Urvölkern im Norden das Lesen und Schreiben bei. Bemühungen, die immer auch die Bekehrung zum Sozialismus beinhalteten. Zwar lernen auch die Komi Russisch, doch untereinander sprechen sie ihre Muttersprache. Katja und Soja reden über das Schlachtfest und davon, dass in diesen Tagen kaum noch ein Mann in den beiden Dörfern Petrun und Rogowaja nüchtern ist. Katjas Ehe ist gerade am Wodka gescheitert. Die Frauen verfluchen den Schnaps. Wenn viel getrunken wird, gibt es regelmäßig Streit, und sie haben dann alle Hände voll zu tun, den Frieden im Tschum wiederherzustellen, erzählt Soja. Sie ist froh, wenn sie mit den Tieren wieder nach Norden ziehen. Dann würde das Tschum zu weit von den Dörfern entfernt stehen und die Männer hätten keine Gelegenheit, an Wodka zu kommen. Ihren Mann hat Soja seit Tagen nicht gesehen, sie vermutet ihn im Dorf, betrunken. So wie sie klingt, hat sie ihn längst abgeschrieben. Soja wurde vor 43 Jahren im Tschum geboren. Ihre Tochter kann dank eines staatlichen Stipendiums in Syktyfkar, der Hauptstadt der Republik Komi, studieren. Sie hat das Leben der Rentierzüchter erlebt und will es unter keinen Umständen fortsetzen. Zu kalt, zu hart, zu entbehrungsreich und vor allem zu wenig einträglich findet sie es. Doch Soja, die Mutter, will es nicht anders – weg von der Natur? Noch dazu in eine Stadt, nach Inta oder Ussinsk? Niemals.

»Dort ist es gut, wo wir nicht sind«

Wenn Schnee die Tundra bedeckt, verstärkt sich der Eindruck, die unendliche Landschaft sei jungfräulich rein, verlassen und unberührt. Der Schein trügt. Jahr für Jahr bringt es der Sommer an den Tag: Russland, das nichts so reichlich besitzt wie Land, geht damit nachlässig um. Ist eine Stelle verdorben, dreht man sich einfach um und stößt auf einen neuen Platz unberührter Natur. »Dort ist es gut, wo wir nicht sind«, heißt ein russisches Sprichwort. Als ich einmal im Sommer in den Nordpolarkreis komme, nach Ussinsk, nicht weit von Inta entfernt, bin ich entsetzt vom Ausmaß der Ölverschmutzung.

Die Eroberer des Nordens waren Pioniere, die in Baracken und Wohnwagen lebten und den von ihnen gegründeten Siedlungen Namen wie »Fantasia« oder »Romantika« gaben. Inzwischen haben sich auch fernab der europäischen russischen Großstädte die typischen armseligen, schmucklosen Wohnblöcke breitgemacht.

Suba Djadkowa blieb ein Spruch aus vergangenen Sowjettagen im Gedächtnis haften: »Auf einem Plakat stand:

›Nicht jedem ist es gegeben
so wohl zu leben.
Und den Menschen
eine Stadt zu schenken.‹

Und ich habe jedes Mal mit Freude diesen Reim gelesen, wenn man bedenkt, wie es aussah, als wir hier angekommen sind.« Die Rentnerin hält sich mit dem Verkauf von Sonnenblumenkernen über Wasser. Wir treffen sie an der Bushaltestelle in Ussinsk. Sie ist eine Meisterin der Verdrängung, denn das Schwarze Gold, das in und um Ussinsk in großen Mengen vorkommt, hat die empfindliche Landschaft wie ein Krankheitserreger infiziert: Die Tundra leidet unter der Schwarzen Pest. Die Region wurde zum ökologischen Notstandsgebiet erklärt. Seit den siebziger Jahren, als das erste Öl durch die Pipelines geflossen ist, hat niemand mehr die Röhren gewartet. Die Folge: Die Leitungen wurden porös, Anfang der neunziger Jahre tropfte Öl erst aus wenigen, dann aus immer mehr Stellen.

Auf die ersten Lecks schauten die Arbeiter gleichgültig. Da man ihnen noch nicht einmal ihren Lohn zahlte, würde wohl auch kein Geld für Reparaturen vorhanden sein, so ihre Logik. Sie rührten keinen Finger. 1994 brach im wahrsten Sinne des Wortes der Damm: Mehr als 100 000 Tonnen Öl liefen aus. Selbst die riesigen Sandwälle, die aufgeschüttet wurden, um das austretende Öl in einem großen Bassin aufzufangen, hielten der Menge nicht stand. Liter um Liter durchtränkte den Sand und ergoss sich schließlich in die Landschaft bis in den Fluss Kolwa.

Das gleichnamige Fischerdorf am Fluss ist eine armselige Siedlung. Nur wenige Häuser sind im Stil russischer Isbas gebaut, also blau- oder grün-weiß gestrichen und mit geschnitzten Fensterrahmen verziert. Die meisten Häuser ähneln Wellblechhütten. Sie in dem langen und strengen Winter mit seinen minus 50 Grad warm zu bekommen, ist nur mit einem übermäßigen Heizaufwand zu schaffen.

Die russische Provinz kämpft ums Überleben. Im Vorteil sind Siedlungen am Wasser. Der fischreiche Fluss vor der Haustür erschien den Dorfbewohnern deshalb umso mehr wie eine Fügung. Bis das Öl kam. Das Schmelzwasser schwemmte die schmierige Masse über die Weiden, die Kühe konnten nicht mehr auf den Wiesen grasen, die Fische im Fluss verendeten, und auch das Grundwasser blieb nicht verschont.

Wenn Oleg Mordinow heute etwas fangen will, muss er mit seinem Boot weit fahren, dorthin, wo noch keine Bohrtürme am Ufer stehen.

Ich habe die Gegend um Kolwa sechs Jahre nach der Ölkatastrophe besucht. Nur die Hälfte der Ölseen, die 1994 entstanden waren, wurde beseitigt, obwohl die Weltbank rund 100 Millionen Dollar und die Europäische Bank für Wiederaufbau und Entwicklung noch einmal 25 Millionen Dollar für Reinigungsarbeiten überwiesen hatten.

Die Einheimischen warfen den westlichen Firmen, die mit der Ölreinigung beauftragt worden waren, vor, das Geld selbst eingesteckt zu haben. Als die zur Verfügung gestellten Summen aufgebraucht waren, seien die Experten mit ihrer modernen Havarietechnik wieder abgefahren. Zurück blieben russische Ölarbeiter, die weiter auf die Ölseen schauten und immer noch nicht wussten, wie sie der Lage Herr werden sollten. Ständig kommen neue Schäden hinzu, die Tatjana Nowokolewa vom Staatlichen Umweltkomitee bei ihren Kontrollen aufspürt. Im Jahr 2000 versickerten in den russischen Fördergebieten 15 Millionen Tonnen Erdöl im Boden, was fast der Gesamtmenge entsprach, die Russland im Jahr 1998 nach Deutschland lieferte. Oder 375 Schiffsladungen des Unglückstankers »Exxon Valdez«. Doch die Ölfirmen versuchen, die Umweltkontrolleure weiter an der Nase herumzuführen. Tatjana Nowokolewa kommt sich mitunter vor wie eine Partisanin, wenn sie auf der Suche nach neuen Lecks entlang der Pipelines unterwegs ist. »Wenn auf Flächen frischer Sand gestreut wurde, werde ich misstrauisch«, sagt sie. Dann schaut sie nach oben, sucht das Loch in den Röhren, die hier überirdisch auf Stelzen liegen.

Die Komi-Region verfügt über große, Gewinn versprechende Ölreserven. Doch die versickern bislang zum Teil buchstäblich in der Erde, obgleich die Region die Einnahmen dringend bräuchte, nicht zuletzt für die Sanierung der verschmutzten Böden.

Doch seit der Ölkatastrophe im amerikanischen Golf von Mexiko im April 2010 zucken russische Ölarbeiter nur noch mit den Schultern. Wer will sich angesichts des Ausmaßes dort noch über die Zustände in Russland aufregen?

Russlands Energiehunger wird schon seit Jahren nicht mehr gestillt. Seit Putins Amtsantritt als Premier 1999 bis zur Finanzkrise 2009 wuchs die Wirtschaft durchschnittlich um rund sechs Prozent pro Jahr. Allmählich freunden sich Manager und Bürger mit dem Gedanken an, anders als bisher, Energie sparsamer zu verwenden. Spätestens wenn die Strompreise im Inland nicht mehr subventioniert werden, wenn Erdgas nicht mehr für 36 Dollar pro 1000 Kubikmeter (Stand 2005) verkauft wird, sondern wie auf dem Weltmarkt für 190 Dollar.

Die größten Ressourcen, sagen Fachleute, liegen nicht in den Öl- und Gasfeldern, sondern in den russischen Städten. Ausländische Energieexperten haben nachgewiesen, dass allein die Zehn-Millionen-Stadt Moskau soviel Energie verbraucht wie die alte Bundesrepublik mit ihren 60 Millionen Einwohnern. Statt die Raumtemperatur mit Thermostaten zu regeln, gilt in Russland die »Fenster-auf-Fenster-zu-Methode«. Die Einheitswohnblocks wurden aus nicht isolierten Betonplatten zusammengesetzt, durch deren dürftig verschmierte Stoßnähte der Wind pfeift. Fenster sind in der Regel nur einfach verglast. Wie die allermeisten russischen Hausfrauen habe auch ich in unserer Moskauer Wohnung jeden Winter sämtliche Ritzen in den Fensterrahmen mit Isolierband abgeklebt, was zur Folge hatte, dass wir monatelang nur über die Fortotschka, jenes winzige obere Fensterchen in den Fenstern, lüften konnten.

Wasser, das mit 90 Grad auf die Reise durch die Fernwärme- und Heißwasserrohre losgeschickt wird, kommt bestenfalls mit 35 Grad beim Verbraucher an, denn die Leitungen sind, wenn überhaupt, nur schlampig in Dämmmaterial eingepackt. Häufig hängt es in Fetzen von den Rohren herab, die zudem über der Erde verlegt sind. Ästhetisch wie ökologisch eine Zumutung. Der zentral festgelegte Beginn der Heizsaison führt regelmäßig dazu, dass, wenn es vorher kalt wird, Heizsonnen und Ölradiatoren das Stromnetz an den Rand seiner Kapazität bringen. Zu Sommerbeginn setzt ein bizarrer Badetourismus ein, je nachdem, beim wem gerade das Heißwasser abgestellt wurde, geht man zum Duschen zu Freunden oder bekommt Duschbesuch. Sommer für Sommer wird Stadtviertel für Stadtviertel abgeklemmt, weil dann angeblich drei Wochen lang die Rohre saniert werden.

Wladimir Woroschichin berät in einer Moskauer Energieagentur Verbraucher beim Energiesparen. Wichtigster Grundsatz: Die Maßnahmen dürfen nichts oder fast nichts kosten, die Verbraucher würden die Investitionen dafür ohnehin nicht aufbringen. So schlägt er Unternehmen, die nicht im Schichtbetrieb arbeiten, eine mäßige Nachtabsenkung der Heizungen vor. »Jedes Beratungsgespräch beginne ich mit dem Hinweis«, so der Energieexperte, »die Heizungs- und Warmwasserleitungen auf undichte Stellen hin zu untersuchen und zu flicken, auch das senkt den Heißwasserverbrauch.«

Mühsam ernährt sich das Eichhörnchen.

V. GESCHICHTSSTUNDEN

Gespaltene Vergangenheit

Die Bilder aus den kältestarrenden russischen Städten haben bei Jewgenija Kazewa, einer Überlebenden der Leningrader Blockade, böse Erinnerungen heraufbeschworen. Keine Familie in der Sowjetunion blieb vom Zweiten Weltkrieg verschont. Über ihr Leid durfte zu kommunistischen Zeiten jedoch nur eingeschränkt gesprochen werden. Glasnost und Perestroika sollten zwar auch für den ehrlichen Umgang mit der Geschichte gelten, doch bis heute tut sich die russische Führung schwer mit der Vergangenheit.

Sobald ich aus dem Fernen Osten zurück war, rief ich die alte Dame an. Wir trafen uns. Moskau war noch immer tief verschneit. Sie hatte Tee bereitet, wie immer zu früh, er war bereits lauwarm und bitter, ich hatte Kekse mitgebracht, die sie angeblich liebte, aber in meiner Gegenwart nie anrührte. Jewgenija Kazewa konnte in jenem Winter 2001 nicht aufhören, an die Vergangenheit zu denken. Doch noch redete sie um den heißen Brei herum. Erst 2004, zum 60. Jahrestag des Endes der Blockade von Leningrad, rückte sie heraus mit der Sprache, erzählte, was sie ein Leben lang wirklich bedrückt hatte.

Für sie begann der Krieg mit einer Radiomeldung am 21. Juni 1941, verlesen von Juri Lewitan. Jeder in der Sowjetunion kannte Lewitan, die »Stimme Stalins«. Seine Meldungen leitete er stets mit denselben Worten ein: »Wnimanije, goworit Moskwa …« (Achtung. Hier spricht Moskau. Wir übertragen eine wichtige Regierungsmitteilung.)

Die Nachricht an jenem Sommermorgen verkündete Unheil: »Bürger und Bürgerinnen der Sowjetunion! Ohne jede Kriegserklärung attackierten die deutschen Streitkräfte heute Morgen vier Uhr die Grenzen der Sowjetunion. Der Große

Vaterländische Krieg des sowjetischen Volkes gegen die deutschen faschistischen Eindringlinge hat begonnen. Unsere Sache ist die richtige, der Feind wird zerschlagen, der Sieg wird unser sein!«

Die Stimme des Ansagers machte ihr Gänsehaut. Dieser Duktus! Der hatte offenbar auch Stalin beeindruckt. Ihm soll es genügt haben, Lewitan ein einziges Mal zu hören, um sich über dessen Wirkung klarzuwerden. Lewitans staatstragende Präsentation verlieh jedem Text Gewicht und zugleich höchste Glaubwürdigkeit. Sie entsprach so gar nicht dem jungen Mann dahinter, der eigentlich zum Theater wollte. Der, nur weil er für die Schauspielschule zu jung war, an einem Sprecherwettbewerb teilnahm und ihn gewann. Trotz seines Wolgadialekts, Lewitan stammte aus Wladimir. Selten, immer nur nachts, durfte er zunächst Konzerte ansagen, bis Stalin auf ihn aufmerksam wurde. 1934. Der damals 20-Jährige wurde mit der Aufgabe betraut, die Rede des Despoten auf dem XVII. Parteitag der KPdSU im Radio zu verlesen. Von da an führte kein Weg zurück, denn eine Weigerung hätte ihn den Kopf gekostet. Die mobilisierende propagandistische Wirkung der »Stimme Stalins« fürchtete selbst Hitler, der Lewitan angeblich von Grund auf hasste und vernichten wollte. Im Juni 1941 schlug eine Bombe im Moskauer Radiokomitee ein. Die deutsche Kriegspropaganda soll Lewitans Tod schon bejubelt haben, zu früh, denn der charismatische russische Sprecher war unverletzt geblieben. Sowjetbürger, die wie Jewgenija Kazewa den Krieg miterlebt haben, verbanden seine Stimme mit den verschiedenen Etappen, Frontabschnitten und natürlich Siegen der Roten Armee. Nach dem Krieg verlas er weiter Heldentaten der UdSSR. Gagarins ersten Flug ins All zum Beispiel. Der Sprecher Stalins hat die Perestroika und das Ende des Sozialismus nicht erlebt.

Jewgenija Kazewas gesamte jüdische Familie wurde von Wehrmachtssoldaten umgebracht. In den zwanziger Jahren war sie noch vor der Hungerkatastrophe von Weißrussland in die Ukraine geflohen, wo die Mutter die unvorstellbare Leistung vollbracht hatte, ihre drei Kinder dank ihrer Arbeit in einer Mühle durch die Hungerjahre zu bringenn, die die Ukraine ebenso wie Weißrussland heimgesucht hatten.

Jewgenijas Mann Alexander, mit dem sie erst wenige Monate verheiratet war, fiel bei Brjansk. Beide hatten zusammen in Leningrad studiert. Er Geschichte, sie russische Sprache. Unmittelbar nach Kriegsausbruch diente sie zunächst als Luftschutzhelferin, hielt Nacht für Nacht auf ihrem wackligen selbstgebauten Aussichtsturm auf dem langen Dach des Hauptgebäudes der Universität Feuerwache. Schlug eine Bombe in das Dach ein, musste sie die Löschtrupps alarmieren.

Später gehörte sie zur Baltischen Flotte, sie war Matrosin geworden, freilich eine, die an Land blieb. Ab Mitte Juli 1941 wurden Lebensmittelkarten eingeführt, doch in den »freien« Geschäften konnten die Kunden Nahrungsmittel noch ohne Mengenbegrenzung einkaufen. Dass sie nun Soldatin war, verbesserte ihre Versorgung nicht, denn nur an der Front gab es größere Rationen. Als die Sowjetsoldaten die ersten deutschen Kriegsgefangenen machten und sie verhören wollten, fehlten Dolmetscher, worauf sich die Leitung der Baltischen Flotte an die jungen Frauen von der Leningrader Universität wandte. Jewgenija studierte zwar nicht Germanistik, doch sie konnte Jiddisch, die Sprache ihrer Kindheit.

Dass sie die strengen Fröste während der Kriegswinter weit schlechter als den Hunger ertrug, darüber konnte Jewgenija Kazewa schon 2001 reden. Darüber, dass ausgerechnet in jenem Kriegsjahr die Schneedecke schon am 31. Oktober zehn Zentimeter Dicke maß, was selbst für Leningrad ungewöhnlich früh war. Dass sie wochenlang ihre Kleider nicht ablegte, weil die Gebäude nicht geheizt wurden. Dass die Newa zugefroren war, Bäume, Laternen und Denkmäler mit Eis und Reif überzogen waren wie im Märchen von der Schneekönigin. All das fiel ihr ein in diesem kalten Januar 2001. Dass während der Blockade auf dem Newski-Prospekt Plakate anzeigten, welche Straßenseite bei Artilleriefeuer die gefährlichere war, erzählte sie bereitwillig.

Fragen über die Blockade waren ihr immer unangenehm. Ich solle die Bücher lesen, in denen bereits alles darüber geschrieben stand, fuhr sie mich in früheren Interviews mehr als einmal grob an. Dabei mochte sie unsere Gespräche, solange sie sich um neue deutsche Literatur drehten oder um ihre Zeit als Kulturoffizier der Baltischen Flotte in Berlin-Karlshorst, wo sie in den ersten vier Nachkriegsjahren bis Oktober 1949 in einer Berliner Familie lebte.

Über ihr Buchmanuskript, das sie in Deutschland veröffentlichen wollte, gerieten wir aneinander. Sie schrieb über ihre Erlebnisse während der Blockade, ohne das Grauen zu benennen, wozu sie als Augenzeugin schließlich besser als jeder andere in der Lage war. Ich appellierte an ihr Pflichtgefühl: Nur sie als Zeitzeugin könne authentisch Auskunft geben. Sie blieb stur. Wir diskutierten darüber, dass die Sowjetunion der östlichen Hälfte Deutschlands ein politisches System aufgezwungen hatte – auch mit Hilfe der Kultur – über das die Bürger nie frei abstimmen durften. Darüber hatte sie zuvor nie nachgedacht. Es kam ihr ganz natürlich vor, dass als Folge des Zweiten Weltkrieges und der Konferenz von Jalta sozialistische Bruderstaaten entstanden waren und sich damit die Arbeiter-und-Bauern-Diktatur über die UdSSR hinaus zum Beispiel auf den sowjetisch besetzten Teil Deutschlands ausweitete. Schließlich waren die Sowjetbürger auch nicht gefragt worden, ob sie den Sozialismus und später den Kommunismus haben wollten.

Kurz vor dem 60. Jahrestag des Endes der Blockade, Mitte Januar 2004, rief sie mich an. »Du wolltest doch immer, dass ich dir davon erzähle. Dann komm!«

Fühlte sie, dass ihre Zeit zu Ende ging? Es war unsere letzte Begegnung. Meist trafen wir uns in ihrer winzigen Einzimmerwohnung im Moskauer Stadtzentrum in der Nähe der Leningradskoje Chaussee, nicht weit von der Gorbatschow-Stiftung entfernt. Sie liebte die Kastanie vor ihrem Fenster, deren kahle Äste jetzt im eisigen Winterwind über die Hauswand kratzten.

Angestrengt richtete sie ihre ernsten braunen Augen auf den Baum, als sie vom ersten Blockadewinter 1941 zu erzählen begann: Der Winter kam früh und die Temperaturen sanken stetig. Im November auf minus 20 Grad, später auf minus 40. Das kannte ich. Was wollte sie? Alles war überzogen mit einer Schicht aus Eiskristallen. Auf den weißgepuderten Straßen und Plätzen herrschte frostige Grabesstille, keine Menschenseele wagte sich hinaus. Den Leningradern fehlte die Kraft, ihre Häuser zu verlassen, denn jede Person erhielt nur noch 125 Gramm Brot pro Tag. Brot, das den Namen nicht verdiente. Armeeangehörige bekamen pro Tag einen kleinen getrockneten Fisch. Wasserleitungen und Heizungen waren eingefroren, sämtliche Kohlevorräte aufgebraucht, Möbel, sogar Bücher wurden verfeuert. Die Straßenbahnen standen auf offenen Gleisen still, als hätte jemand einen Film urplötzlich gestoppt. Die Waggons dienten als Sammelcontainer für Leichen. Aber nicht jeder schaffte es, seine verhungerten Angehörigen dort hinzubringen. Die Menschen brachen, dick eingemummelt in etlichen Schichten Kleidung und Decken, auf den Straßen zusammen. Wer einmal lag, hatte häufig nicht mehr den Willen oder die Kraft, wieder aufzustehen. »Meine größte Angst war zu stolpern und hinzufallen«, sagte Jewgenija. Jeder Tag kostete 6000 bis 8000 Menschenleben. Die Kälte verhinderte, dass sich Leichengeruch ausbreitete.

Jewgenija Kazewas eigener Körper veränderte sich. »In dieser Zeit sah ich aus wie heute. Nur, dass ich 60 Jahre jünger war. Meine Haut hing schlaff über den hervorstehenden Knochen.« Anderen schwollen Wangen oder Füße an. Oder die Haut verfärbte sich, die Gesichter wurden schwarz, waren kaum wiederzuerkennen. Erstaunlich fand sie, dass zunächst vor allem Männer starben, erst die jungen, dann die älteren.

Und dass durchaus nicht die am längsten durchhielten, die über die größten körperlichen Reserven verfügten. Jewgenija Kazewa grübelte, ob es dafür eine medizinische Erklärung gab. Für sie erwies sich als Glück, dass sie nie eine »Vielesserin« gewesen war. Zerbrechlich und zugleich zäh.

Nach der Leningrader Blockade teilte sie die Überlebenden in zwei Gruppen ein: »Die einen, die nach dem Krieg nicht mehr satt wurden. Sie können immerzu essen, zu jeder Stunde, jede Menge, die vorhanden ist.« Die anderen müssen an das Essen erinnert werden. Wie sie. Mehrfach hatte ich erlebt, dass ihre Tochter während unserer Gespräche anrief, um ihre Mutter zu fragen, ob und was sie gegessen hatte. Sie ließ nicht locker, wollte genaue Auskünfte.

Jewgenija Kazewa hatte während der Blockade unzählige Freunde, Kommilitonen und Bekannte sterben sehen. Von ihrer kleinen Nichte, die erst einen Monat vor Kriegsausbruch geboren wurde, erzählte sie an diesem Januartag zum ersten Mal. Der Säugling erlebte seinen ersten Geburtstag nicht. Das kleine Mädchen war zu schwach, um an der Mutterbrust zu saugen.

Im Kampf um das Überleben taten sich menschliche Abgründe auf. »Doch wehe dem, der darüber richtet!«, drohte sie sofort. Es kam zu Kannibalismus. »Kannibalen töten Menschen, um sie zu essen. Aber wie nennt man das«, begann sie zögernd, als hätte sie Angst, die Frage auszusprechen, »wenn Menschen bei einer Leiche der Körperteile habhaft werden wollen, an denen zumindest noch ein wenig Fleisch sitzt? Ich habe mit eigenen Augen Leichen mit ausgebissenen Wangen gesehen. Allerdings waren bei den allermeisten Leichen die Gesichter so abgezehrt, dass da kaum noch etwas zu holen war.« Da Hunde und Katzen der Blockade zu allererst zum Opfer gefallen waren, kamen sie als Leichenschänder nicht mehr in Frage. Eltern fürchteten um ihre Kinder, ließen sie nicht mehr allein auf die Straße, denn etliche verschwanden spurlos …

2000 Fälle von Kannibalismus hat der sowjetische Geheimdienst dokumentiert und die Akten jahrzehntelang unter strengstem Verschluss gehalten. Im Blockade-Mahnmal von Sankt Petersburg findet sich bis heute auf dieses finstere Kapitel kein einziger Hinweis. Doch in den KGB-Archiven wurde erfasst, wie Menschen in eine Falle gelockt wurden, um sie zu töten und dann zu essen. Ihre Leichen auszuschlachten. In Jewgenijas eigenem Zimmer im Studentenwohnheim wurde die Leiche der entkräfteten Putzfrau des Internats verzehrt. Mit Jewgenijas Büchern entfachten Kommilitonen ein Feuer, auf dem der Frauenkörper gekocht wurde.

Jewgenija wohnte zu jener Zeit in der Kaserne. Als sie sich später erkundigte, was mit ihrem Zimmer und ihren Sachen geschehen war, warum ihre kleine Bibliothek fortgeräumt worden war, erfuhr sie, was passiert war. Sie betrat das Studentenwohnheim nie wieder.

In ihren schriftlichen Erinnerungen, die nicht, wie sie es vorhatte, zuerst in Deutschland erschienen, sondern in Moskau, kommt die Episode im Studentenwohnheim vor, allerdings ist da von einer Katze die Rede ...

Steckte ihr noch immer die Angst in den Knochen, die die Leningrad-Affäre Ende 1948 ausgelöst hatte? 2000 Parteifunktionäre der Stadt wurden ihrer Posten enthoben, Hunderte verschwanden für Jahre im Gulag. Zeugen, die wussten, wie schnöde Stalin Leningrad im Stich gelassen hatte, dass er die Verteidigung der Stadt erst organisierte, als es schon fast zu spät war. Nicht hinterfragt wurden dagegen Stalins Führungsqualitäten während des Großen Vaterländischen Krieges.

Auch Jewgenija Kazewa behielt ihren Ärger über Stalin lange Jahre für sich. Als der Diktator am 24. Mai 1945 beim Festempfang zu Ehren der Oberbefehlshaber der Sowjetarmee im Kreml sein Glas erhob, fühlte sie sich um die ihr ebenso zustehende Anerkennung betrogen. Stalin trank, wie er hervorhob, »vor allem auf das Wohl des russischen Volkes, weil es die hervorragendste Nation unter allen zur Sowjetunion gehörenden Nationen ist. (...) weil es sich in diesem

Krieg die allgemeine Anerkennung als die führende Kraft der Sowjetunion unter allen Völkern unseres Landes verdient hat. Ich bringe einen Trinkspruch auf das Wohl des russischen Volkes aus, nicht nur weil es das führende Volk ist, sondern auch weil es einen klaren Verstand, einen standhaften Charakter und Geduld besitzt.« Hatte sie als Jüdin aus Weißrussland die Sowjetunion etwa nicht mit verteidigt?

Für Jewgenija aus einem weißrussischen Stetl bei Gomel war es eine bittere Erkenntnis, dass ihre Partei sie später allein wegen ihrer Religion, vielmehr Herkunft, terrorisierte. Weil in ihrem Pass in der Spalte »Nationalität: jüdisch« stand. Während der sogenannten Kosmopoliten-Affäre Anfang der fünfziger Jahre, keine zehn Jahre nach dem Holocaust, galten Juden in der Sowjetunion plötzlich als politisch unzuverlässig. Trotzdem trat sie nicht aus der KPdSU aus, damals nicht und später auch nicht. Sie verstand sich zwar noch als Kommunistin, doch an die gerechtere Gesellschaft, so wie sie in der rosaroten Sowjetpropaganda gemalt wurde, glaubte sie nicht mehr. Diese Überzeugung hatte sie verloren, als sie erkannte, dass die Menschheit zu teuer für das nicht umsetzbare Experiment Sozialismus bezahlt hatte. Nein, wenn sich Jewgenija Kazewa weigerte, aus der Partei auszutreten, dann weil sie deren Ideale nicht verraten hatte. Die korrupten menschenverachtenden Spitzenfunktionäre hatten ihrer Meinung nach das Recht verwirkt, noch »Kommunisten« genannt zu werden. Ihre Sturköpfigkeit gab ihr nur kurz das Gefühl, Recht zu behalten. Jewgenija Kazewas Parteimitgliedschaft erlosch von selbst, als Boris Jelzin nach dem Putsch vom August 1991 die KPdSU verbot. Sooft sie mit den Genossen in der Vergangenheit gehadert hatte, bis zur Perestroika spielte die Erwägung, dass sie durch einen Parteiaustritt ihre Karriere gefährdete, ganz sicher auch eine Rolle. Fast 50 Jahre war sie ihr langes Berufsleben hindurch bei verschiedenen sowjetischen Literaturzeitschriften tätig. Die Besonderheit dieser monatlich publizierten Editionen bestand darin, dass sie ausländische Neuerscheinungen in Auszügen, mitunter auch vollständig, abdruckten. Viele Werke haben es danach dann aber doch nicht in die sowjetischen Buchhandlungen geschafft, weil die Zensur schließlich obsiegte.

Jewgenija Kazewa war mit der deutschen Sprache als ihrer persönlichen Kriegsbeute, wie sie es immer nannte, aus Deutschland zurückgekehrt. Wegen der Bücher von Heinrich Böll, Max Frisch, Peter Weiß, Franz Kafka und Günter Grass schloss sie Frieden mit Deutschland und der Sowjetunion. Sie litt, wie sie behauptete, noch mehr als Heinrich Böll selbst, als der in der Sowjetunion mit einem Publikationsverbot belegt wurde. Zur Strafe, weil er 1974 den des Landes verwiesenen Alexander Solschenizyn in seinem Haus in Langenbroich bei Köln aufgenommen hat. Böll war bis dahin der beliebteste deutsche Gegenwartsautor in der UdSSR. Unverdrossen und ohne jede Aussicht, dass das Verbot jemals aufgehoben werden würde, übersetzte sie »Die verlorene Ehre der Katharina Blum« und andere Arbeiten. 1985 wurde sie hellhörig, als Böll seinen »Brief an meine Söhne« in der »Zeit« veröffentlichte. Mit der Zeitung marschierte sie zu den sowjetischen Zensoren und überzeugte sie davon, den Bann über den Autor aufzuheben. Einige Tage später starb Böll. Gerade noch rechtzeitig hatte er von Jewgenija Kazewa erfahren, dass er in der Sowjetunion wieder publiziert wurde.

Selten zuvor waren die Menschen in der Sowjetunion so politisiert wie in den Zeiten der Perestroika. Die Literaturzeitschrift »Snamja«, bei der Jewgenija Kazewa die meisten Jahre gearbeitet hatte, erreichte eine Auflage von einer Million. Ein ungeheurer Nachholbedarf, ein Hunger nach Literatur musste gestillt werden. Autoren, die Jahrzehnte verboten waren, die bis dahin nur in den abgewetzten, kaum mehr leserlichen Samisdat-Exemplaren von Hand zu Hand gewandert waren, stießen auf ein begieriges Publikum. Als nach dem Zerfall der Sowjetunion aufgrund der Rubelkrise, Privatisierung und massenhaften Verarmung der reale Hunger nicht mehr gestillt werden konnte, war auch die Existenz der Literaturzeitschriften bedroht. Jewgenija Kazewa hielt ihrer Redaktion die Treue, obwohl sie längst im Rentenalter war, das Frauen in der Sowjetunion schon mit fünfundfünfzig Jahren erreichten. Als die schwersten Jahre überstanden waren, tat sich unerwartet die Möglichkeit auf, ihren lebenslang gehegten Traum zu verwirklichen: Franz Kafkas Tagebücher ins Russische zu übersetzen. 1968 hatte ihr der Einmarsch der Sowjetarmee in der Tschechoslowakei einen Strich durch die Rechnung gemacht. Weil die sowjetischen Machthaber in Kafka den geistigen Vater des Prager Frühlings sahen. Damals musste sie die ersten Übersetzungen seiner Werke in der Schublade verschwinden lassen.

Zwischen Kafkas Tod 1924 und dem Prager Frühling lagen 44 Jahre. Jewgenija Kazewa bezweifelte, dass die sowjetischen Zensoren wirklich wussten, warum genau sie ihn verboten. Sie aber, die sein Werk gelesen hatte, bekannte: Es enthielt viele Wahrheiten, die bestens geeignet waren, der erstarrten Diktatur mit ihrer aufgeblasenen Bürokratie den Spiegel vorzuhalten. Sätze wie schon der allererste in Kafkas »Prozess«: »Jemand musste Josef K. verleumdet haben, denn ohne dass er etwas Böses getan hätte, wurde er eines Morgens verhaftet.« Oder aus dem Roman »Das Schloss«: »Die Fesseln der gequälten Menschheit sind aus Kanzleipapier.«

Erst 1988, in der Zeit der Perestroika, fiel das Publikationsverbot für Kafka. 1991 wollten ausgerechnet zwei Parteiverlage seine Werke herausbringen, ein Projekt, das in den Wirren der noch sehr jungen Marktwirtschaft schließlich doch scheiterte. Etliche Jahre später, fast am Ende ihres Lebens hatte Jewgenija Kazewa es geschafft: Franz Kafkas Gesamtausgabe war auf Russisch erschienen.

Leicht ließ sie die knochigen Finger ihrer linken Hand über die Buchreihe in dem Regal fahren, das sämtliche von ihr übersetzte oder herausgebrachte Werke enthält. So sanft sie die Bücher berührte und dabei von »ihren Männern« schwärmte, den deutschsprachigen Autoren, so verletzt reagierte sie auf jede Meinungsverschiedenheit. Auf Günter Grass, den sie erst zu Perestroika-Zeiten kennenlernte, war sie bei unserer letzten Begegnung schlecht zu sprechen.

Fast 20 Jahre hatte beide eine enge Freundschaft verbunden. Schon bevor sie sich persönlich kennenlernten, hatte sie sich bei den Verlagen dafür eingesetzt, dass »Die Blechtrommel« ins Russische übertragen und veröffentlicht wurde. Abgelehnt. Zu »erotisch«. Die Beschreibung von allzu viel Körperlichkeit passte für die prüden Zensoren nicht ins Bild vom sowjetischen Menschen.

Trotz Glasnost, der von Gorbatschow angestoßenen Transparenz, trieben es die Zensoren mitunter sogar noch schlimmer als zuvor. Zu Zeiten des »Mineralnij Sekretärs« Gorbatschow musste 1986 eine Weinflasche auf dem Foto eines Schriftstellertreffens wegretuschiert werden.

Und im selben Jahr wagte Jewgenija Kazewa aus Angst vor politischer Haft noch immer nicht, das ins Deutsche übersetzte Buch von Wassili Grossmann »Leben und Schicksal« entgegenzunehmen, das ihr jemand während einer Auslandsreise schenken wollte. Die Mühlen der Demokratisierung mahlten langsam. Mitunter blieben sie ganz stehen.

Nachdem Jewgenija mir bei unserer letzten Begegnung die schlimmsten Begebenheiten während der Leningrader Blockade erzählt hatte, wechselte sie schroff das Thema. Sie holte zwei Bücher von ihrem Schreibtisch: das jüngste Werk von Christa Wolf und die Neuerscheinung von Günter Grass. Mit Christa Wolf war sie befreundet. Sie verteidigte sie vehement, als der deutschen Schriftstellerin mangelnde Distanz zum SED-Regime vorgeworfen worden war. Als sie mir begeistert von deren jüngstem »Kind« erzählte, erschien ein warmes Lächeln auf ihrem Gesicht. Das erlosch, sobald sie auf das Grass-Buch schaute. Hätte der Gescholtene leibhaftig hier gesessen, sie hätte wohl Blitze auf ihn abgefeuert.

Ihre Empörung hatte viele Gründe und richtete sich zunächst gegen dessen damals jüngste Erzählung »Im Krebsgang«. Grass stellte erstmals, Jahrzehnte nach dem Ende des Krieges, Opfer der deutschen Zivilbevölkerung in den Mittelpunkt seiner Arbeit. Für die Russin eine Relativierung der Leiden – höchst unangemessen! Ein Deutscher verlangte Mitleid für Deutsche. So aufgebracht sie darüber sprach, so wenig passte ihre Aufregung zu ihrer bislang weit differenzierteren eigenen Herangehensweise an Geschichte. Ihre Erregung steigerte sich, als sie auf die im »Krebsgang« dargestellte historische Figur des U-Boot-Kapitäns Marinenko zu sprechen kam, der den mit deutschen Flüchtlingen besetzten Kraft-durch-Freude-Dampfer »Wilhelm Gustloff« beschossen und versenkt hatte. Dass ihn Grass als einen Trunkenbold porträtiert hatte, erzürnte sie. In welchem Licht erschien hier die Baltische Flotte? Plötzlich erwähnte sie wieder ihre Dienstgrade, sprach wieder von sich als dem Obermaat, dem Kulturoffizier in der Sowjetischen Besatzungszone. Grass wusste von ihrer Zeit in der Baltischen Flotte. Es war *ihr* Gesicht, das er ihrer Auffassung nach vor Augen gehabt haben musste, wenn er über diesen Teil der sowjetischen Armee schrieb.

Was sie aber in Wahrheit kränkte, hatte nicht mit *seinem*, sondern mit *ihrem* neuesten Werk zu tun, ihrer Autobiographie, zu der ausgerechnet Grass sie ermuntert hatte. Sie erschien ihm unfertig und lückenhaft, weshalb er eine Veröffentlichung nicht befürworten mochte.

Wie hätte sie Grass' späteres Geständnis seiner Mitgliedschaft in der Waffen-SS aufgenommen? Sie hat davon nicht mehr erfahren.

Verglichen mit »ihren« anderen Autoren währte ihre Freundschaft zu dem Literaturnobelpreisträger nur kurz. Aber gerade sie hatte ihr so viel bedeutet. Nun war sie in die Brüche gegangen. Das Undenkbare, Unfassbare war geschehen: Sie hatte ihm die Freundschaft aufgekündigt.

Bei der Preisverleihung in Stockholm hatte er sie unbedingt

dabei haben wollen. Ihr zuliebe hatte er sich auch von der PEN-Tagung in Moskau im Jahr 2000 kurzzeitig davongestohlen, um ihren 80. Geburtstag mitzufeiern, obwohl es unter den Schriftstellern auf dem Kongress hoch herging. Rund 350 Schriftsteller aus fast 80 Ländern hatten sich zum ersten Mal in der russischen Hauptstadt zu einer PEN-Tagung getroffen. Russland, das erst 1990 Mitglied dieser internationalen Interessenvertretung für Schriftsteller geworden war, war als Tagungsort heftig umstritten, denn das Land führte seit 1999 Krieg, richtete die Waffen gegen die eigenen Leute: in Tschetschenien. Das Treffen des PEN, der sich auch als Menschenrechtsorganisation versteht, deswegen nicht in Moskau auszurichten, hätte bedeutet, die russischen Autoren für die Politik ihrer Regierung zu bestrafen. Das wäre ungerecht gewesen, zumal die meisten stolz darauf waren, dem Verband endlich anzugehören. Jedem Autor, der sich vor dem Zerfall der UdSSR um eine PEN-Mitgliedschaft bemüht hatte, war damit gedroht worden, aus dem nationalen sowjetischen Schriftstellerverband ausgeschlossen und damit nicht mehr verlegt zu werden.

Nun waren sie endlich PEN-Mitglieder, und sollten den Kongress nicht ausrichten dürfen? Jewgeni Popow, der Vorsitzende, bestand auf der Gastgeberrolle. Der Verband würde seiner Meinung nach ein weit stärkeres Signal aussenden, gerade wenn sich seine Mitglieder in Russland träfen. Denn die russische Regierung führte nicht nur Krieg gegen die eigenen Bürger, sondern verteidigte auch die Zensur schon wieder – oder immer noch? – mit Zähnen und Klauen.

Der PEN, der sich gegen jede Beschränkung von freier Meinungsäußerung und für die Bewahrung der Kunst vor allem auch in Kriegszeiten einsetzt, war hin- und hergerissen. Die bosnische Delegation blieb zu Hause. Auch in Deutschland ging der Zusage eine Diskussion voraus, ob Schriftsteller in ein Land fahren sollten, das Völkermord begehe.

Die russischen Autoren ihrerseits hatten sich bis zur PEN-

Tagung mit Kritik am zweiten Tschetschenienkrieg auffällig zurückgehalten. Erst unter dem Druck des bevorstehenden Ereignisses und aus Angst, vom internationalen Verband kritisiert zu werden, bezogen sie Stellung. Ein Jahr schon führte Moskau Krieg gegen die Kaukasusrepublik, fast genauso lange konnten sich viele russische Dichter nicht zu einer Verurteilung des erneuten Waffenganges entschließen. Diejenigen, die gegen die Gewalt protestierten, hielten sich auffällig damit zurück, den eigentlichen Adressaten ihrer Kritik, Präsident Putin, beim Namen zu nennen.

Grass, soeben mit dem Nobelpreis geadelt, erinnerte an Literaten dieses Jahrhunderts, die Völkermorde ungeachtet drohender und tatsächlicher Repressalien zum Thema machten. An Franz Werfel und seinen Roman über die Ermordung Hunderttausender Armenier in der Türkei. An Alexander Solschenizyn und den »Archipel Gulag«. An Pablo Neruda in Chile. An Thomas Manns Schwierigkeiten und die Ablehnung seines Romans »Dr. Faustus«. Vor allem die Schriftsteller seien es gewesen, die den wechselnden ideologischen Verfehlungen im Verlauf des 20. Jahrhunderts widerstanden hätten. Doch hier in der russischen Hauptstadt fiel ihm der Protest offenbar zu zaghaft aus, so versuchte er die Kollegen aufzurütteln: »Wo immer sich Schriftsteller zusammenrotten, jeweils stand oder steht aktuelle Not auf der Tagesordnung. Wir begegnen einander in einem Land, in dem die Großmacht Russland gegen das kleine Volk der Tschetschenen Krieg führt, ohne Einsehen, ohne Erbarmen. ... Noch immer hat uns die Vergangenheit eingeholt. Was auch dem letzten Jahrhundert eigen gewesen ist – Kriege und Völkermord, Hunger und Inflation, die lang anhaltende Macht der Ideologien und deren schleichender oder plötzlicher Bankrott – jeweils haben Schriftsteller Zeugnis abgelegt: zumeist im Widerspruch zur offiziellen Geschichtsschreibung, manchmal, weil unter Zwang, verschlüsselt und gelegentlich die Zukunft vorwegnehmend.«

Grass, in Deutschland moralische Instanz des »Nie Wieder!«, setzte sich im Sommer 2000 mit dem mächtigen Gewicht seiner Prominenz durch. Der PEN verurteilte den Krieg in Tschetschenien, forderte die Aufklärung der Verbrechen an der Zivilbevölkerung, die jede der Kriegsparteien verübt hatte.

Der Maulwurf der Geschichte gräbt unauffällig

Kritisch auf die eigene Geschichte zu blicken ist in Russland nicht nur unpopulär, es kann auch heute noch riskant werden. Freilich nicht mehr wie zu Sowjetzeiten, als der Umgang mit der Vergangenheit einer strengen Zensur unterworfen war und Denkverbote herrschten. Eine 2009 einberufene Kommission prüft, ob künftig bestraft wird, wer die Großartigkeit des Sieges im Großen Vaterländischen Krieg in Frage stellt. Würde das bedeuten, dass Fragen nach dem Massenmord in Katyn künftig verboten sind? Oder das Hinterfragen von Stalins Kanonenfutterpolitik?

Ich fahre nach Moskau, will den Historiker Arseni Borissowitsch Roginski von der Menschenrechtsorganisation »Memorial« fragen, was es mit dieser Kommission auf sich hat, deren Arbeitsauftrag verdächtig nach erneuter Tabuisierung unliebsamer Geschichtskapitel klingt.

Die Idee, die Geschichtskommission ins Leben zu rufen, wird dem Minister für Katastrophenschutz, Sergej Shoigu, zugeschrieben. Keiner, der bislang durch übermäßigen ideologischen Eifer aufgefallen wäre. Vielleicht war es sein Beitrag zum 70. Jahrestag des Beginns des Zweiten Weltkrieges? Arseni Roginski konstatiert schon seit Putins Präsidentschaft eine »kolossale nationale Patriotisierungskampagne, unterstützt von der russisch-orthodoxen Kirche«.

Katyn – kein Name könnte mehr Symbolkraft enthalten, mehr verraten über Russlands Qual, sich der eigenen Geschichte zu stellen. »Dieses tragische, verfluchte Katyn!«, entfuhr es auch dem ehemaligen polnischen Präsidenten Aleksander Kwasniewski am 10. April 2010. Russlands Premier Putin wirkte nie zuvor so zerrissen wie an diesem Unglückstag, einem Samstag. Erst am Mittwoch zuvor hatte er sich in Katyn vor den Toten verneigt. Eine Sensation, ein Sprung über den eigenen Schatten.

Die polnische Regierungsdelegation, die drei Tage später den Opfern ebenfalls ihre Ehre erweisen wollte, stürzte beim Landeanflug in dichtem Nebel über der russischen Stadt Smolensk ab. An Bord des Flugzeuges befanden sich 96 Personen. Der polnische Präsident Kaczynski, dessen Ehefrau, etliche Parlamentsabgeordnete, fast die gesamte Militärelite, der Chef der Nationalbank, die 80-jährige Anna Walentynowicz, legendäre Kranführerin und Solidarność-Mitbegründerin. Gegen ihre Entlassung streikten im August 1980 ihre Kollegen auf der Danziger Lenin-Werft und gründeten wenig später die erste unabhängige Gewerkschaft, die zu den allerersten Totengräbern des Sowjetreiches gehörte.

Einmal mehr war Polen auf russischem Boden eines Teils seiner Elite beraubt worden, dieses Mal freilich nicht vorsätzlich. Wladimir Putin, sichtlich ungeübt, Menschen zu trösten, wagte zwei Anläufe, als er mit seinem polnischen Amtskollegen vor dem Flugzeugwrack stand. Ungeschickt fasste er nach dem Arm des polnischen Regierungschefs Donald Tusk. Doch der bemerkte Putins Geste nicht, führte die rechte Hand an die Stirn, bekreuzigte sich. Putin versuchte ein zweites Mal, dem Kollegen sein Mitgefühl zu zeigen, was schließlich gelang: Putin nahm den verblüfften Tusk für einen Moment in den Arm. Vor aller Augen. Der in Polen verhasste Russe gab sich erschüttert. Zweimal in und wegen Katyn. Besitzt Putin etwa doch ein Herz für den polnischen Nachbarn? Russlands Präsident Medwedjew verordnete seinem Land einen Tag Staatstrauer, die vielen Russen ein Bedürfnis war, zum Gedenken der polnischen Opfer von Smolensk. Und damit der von Katyn? Bewirkt das neue Leid, dass Russen und Polen mit dem alten ehrlicher umgehen? Kommen Russen und Polen nun ausgerechnet durch Katyn einander wieder näher?

Die beiden Gesten Putins weckten Hoffnung. Gerade weil

er sich sonst so martialisch gibt: in Fliegeruniform Tschetschenien besucht, sich mit bloßem Oberkörper auf einem Pferd abbilden lässt.

Andrzej Wajdas Film »Katyn«, der bisher in den russischen Kinos nicht laufen durfte, wurde noch am Tag des Flugzeugunglücks im russischen Fernsehen gezeigt. Zum zweiten Mal innerhalb weniger Tage. Die Sowjetunion hat es erst an ihrem Ende vermocht, das Verbrechen von Katyn einzugestehen. Jahrzehntelang schob sie es der Wehrmacht in die Schuhe, der es zwar zuzutrauen war, die es dennoch nicht auf dem Gewissen hatte. Und selbst als Gorbatschow und Jelzin 1990 endlich die Schuld an Katyn eingestanden, wurde noch nicht die ganze Wahrheit offengelegt, nicht über die Ermordung eines Teils der polnischen Elite aufgeklärt. Sowjetische Geheimdienstler des NKWD töteten 1940 insgesamt fast 22 000 polnische Offiziere, Reservisten, Beamte, Lehrer, Ärzte, Künstler, Geistliche per Genickschuss aus deutschen Pistolen, 4000 von ihnen in Katyn. Männer, die Stalins Geheimdienst nach dem sowjetischen Überfall auf Polen als Kriegsgefangene interniert hatte. In Katyn, 20 Kilometer von Smolensk entfernt, befinden sich sieben Massengräber mit je zehn Schichten Leichen.

Dass Wajdas Film zum ersten Mal am Karfreitag gezeigt wurde, kurz bevor Putin zum 70-jährigen Gedenken nach Katyn reisen wollte, durfte bereits als kleiner Hoffnungsschimmer gelten. Dass Putin als erstes russisches Regierungsmitglied den getöteten polnischen Offizieren und Intellektuellen persönlich die letzte Ehre erwies, war die größere Überraschung. Dass der russische Regierungschef nun das Massaker von Katyn auch noch als Verbrechen eines totalitären Regimes geißelte und Stalin namentlich als Schuldigen benannte, war das eine Sensation? Wurden die Zeichen richtig gelesen? Hatte sich bei dem russischen Premier schon ein Jahr zuvor, am 70. Jahrestag des Überfalls der deutschen Wehrmacht auf Polen ein zaghaftes Umdenken angedeutet? Wladimir Putin bewertete in einem Artikel für die polnische Zeitung »Gazeta

Wyborcza« den am 23. August 1939 unterzeichneten Molotow-Ribbentrop-Pakt als »ohne Zweifel verwerflich«. Durch ihn hatte Hitler freie Hand für den Angriff auf Polen erhalten. Putin bereitete das Eingeständnis, dass der Hitler-Stalin-Pakt mit moralischen Makeln behaftet war, sichtbar Mühe. Weiter mochte er im Herbst 2009 nicht gehen.

Der polnische Präsident Lech Kaczynski wurde an jener Gedenkveranstaltung auf der Westerplatte bei Danzig am 1. September 2009 frühmorgens um 4.45 Uhr deutlich unbequemer: Er erinnerte daran, dass die polnischen Soldaten den deutschen Angreifern noch nach Kräften widerstanden haben, als die Rote Armee bereits einmarschierte. »An diesem Tag wurde Polen ein Messerstich in den Rücken versetzt.« Kaczynski ging noch weiter. Er zog zwischen dem sowjetischen Mord an den polnischen Offizieren 1940 in Katyn und anderen weißrussischen Orten eine Parallele zum Holocaust. Auch wenn das Ausmaß beider Verbrechen nicht zu vergleichen sei: »Juden starben, weil sie Juden waren. Polnische Offiziere starben, weil sie polnische Offiziere waren«.

Putin verkniff sich jeden Kommentar. Kein Wort zu Stalins Überfall am 17. September 1939 auf Ostpolen, nur wenige Tage nach dem Angriff der deutschen Wehrmacht. Keins zu Katyn. Ein Jahr später entschloss er sich zu aller Überraschung zu der Reise in den kleinen russischen Ort an der weißrussischen Grenze, der drei Tag später wieder auf tragische Weise zum Inbegriff polnischer Trauer wurde.

Konnte aus Putins jüngsten Gesten tatsächlich eine Wende, eine beginnende Verurteilung stalinistischer Politik herausgelesen werden? Warum hat er dann nicht die Aufklärung des Massakers von Katyn angekündigt? Sollte der Befehl des sowjetischen Politbüros vom 5. März 1940 die polnische Elite auslöschen, um der sowjetischen Platz zu machen, die über die Polen herrschen würde, sobald sich die Sowjetunion den Nachbarn einverleibt hätte? Wer genau hatte an den Massenerschießungen mitgewirkt? Hat Putin kein Interesse oder fürchtet er vielmehr die Antworten? Oder will er sie doch erfahren? Die Polen warten seit Jahrzehnten auf eine Erklärung zu den Beweggründen für das Massaker, zu den Beteiligten, den Umständen. »Lassen Sie endlich die Wahrheit zu«, appellierten Stanislaw Dwiwisz, Erzbischof von Krakau und ehemaliger Privatsekretär von Papst Johannes Paul II. Ebenso äußerte sich Lech Kaczynskis Nachfolger im Präsidentenamt, Bronislaw Komorowski. Weil die Wahrheit unterdrückt wurde, so mahnten sie während der Trauerfeier am 18. April 2010 für den abgestürzten Präsidenten Kaczynski, hätten die Wunden nicht heilen können.

Bedeutete das zustimmende Nicken von Dmitri Medwedjew, der Ehrengast bei der Trauermesse im Krakauer Dom war, dass Russland die Archive nun doch öffnet? Er kündigte es an, doch das wenige, was herausgerückt wurde, war bereits bekannt. Der Großteil lagert immer noch hinter verschlossenen Türen.

Alexander Edmundowitsch Gurjanow, der bei »Memorial« für das Thema Polen zuständig ist, stellte nach dem Unglück von Smolensk zumindest atmosphärische Verbesserungen fest. Putins und Medwedjews neues Mitgefühl für den Nachbarn Polen würden ein anderes Umfeld schaffen, in dem zum Beispiel Richter nicht sofort alles, was mit Katyn zusammenhängt, rundweg ablehnten. Begründet sieht Alexander Gurjanow seinen Optimismus durch ein Urteil, das der Oberste Gerichtshof Russlands fällte. Keine Woche nach dem Staatsbegräbnis in Polen. Die oberste richterliche Instanz erklärte eine Entscheidung des Moskauer Stadtgerichts für falsch und gab den Fall zur erneuten Befassung zurück. In ihm ging es um den x-ten Versuch »Memorials«, die vollständige Öffnung der Katyn-Akten zu erzwingen, dieses Mal durch einen Schachzug. »Memorial« hat dem Stadtgericht eine Erklärung vorgelegt, die es zu bestätigen hatte oder auch als falsch bewerten konnte. Wichtig war eine qualifizierte richterliche Stellungnahme zu folgendem Satz: »Es entspricht der russi-

4 Besucherin im Sommerpalast Zarskoje Selo bei Sankt Petersburg

5 Reiche Moskauerinnen beim Polo

6 Alexander Lasutkin – »Pannen«-Kosmonaut auf der Raumstation »MIR«

7 Ludmilla Alexejewa – die Grande Dame der Menschenrechtler, Trägerin des Sacharow-Preises

8 Kommunalka-Küche in Sankt Petersburg

9 Rentierzüchter beim Kauf von Vorräten im Dorf Kantschala auf der fernöstlichen Halbinsel Tschukotka

10 Rentierzüchter Kanajew in der Komi-Republik

11 Lagerplatz mit Tschum (Zelt)

12 Im Bergwerk von Inta – 2. v. l. die Autorin

13 Die Autorin im Interview mit Thomas Bendzko – bei 36 Grad minus auf Ölplattform in Nojabrsk

14 Jewgenija Kazewa – Überlebende der Leningrader Blockade

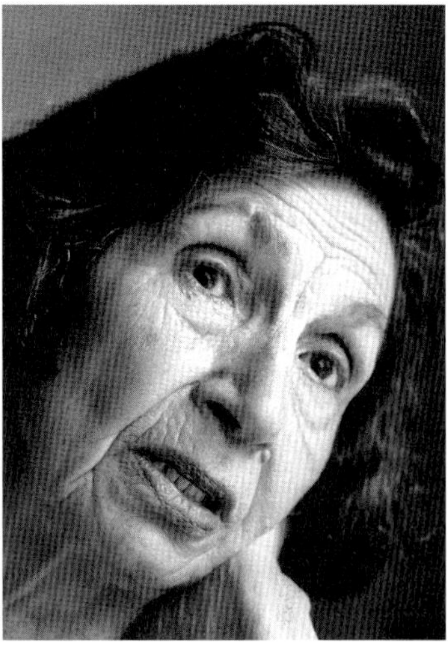

15 Demonstrantin und Stalin-Verehrerin in Sankt Petersburg

16 Arseni Roginski – Historiker und Mitbegründer der Menschenrechtsorganisation »Memorial«

17 Untersuchungsgefängnis in Archangelsk – im »Wartekäfig« auf dem Flur

18 Eheschließung im Gefängnis – Oksana heiratet ihren Sergej, der wegen Totschlags verurteilt wurde

Rechte Seite

19 In der Archangelsker Strafkolonie für Schwerverbrecher – der Fernsehsaal der Tuberkulosestation

20 Im Archangelsker Jugendstraflager

2 – 5

21 Kriegsschäden in der tschetschenischen Hauptstadt Grosny nach den russischen Bombardements von 1999/2000

22 Tschetschenische Milizionäre »sichern« eine Landstraße

23 Die ehemalige Turnhalle der Schule Nr. 1 von Beslan, die am 1. September 2004 von Terroristen besetzt wurde

24 Kaukasisches Turmdorf Egikal (Inguschetien) aus dem 13. Jahrhundert

schen Gesetzgebung, die Katyn-Dokumente weiter geheim zu halten.« Das Moskauer Gericht hatte sich zu einer solchen Stellungnahme nicht nötigen lassen wollen, nun muss es. Bestätigt es den Satz, dass die Katyn-Dokumente geheim gehalten werden müssen, lässt »Memorial« ihn vom Obersten Gerichtshof überprüfen. Stimmt der zu, wäre auch dieser Versuch fehlgeschlagen. Hält das Moskauer Gericht den Satz aber für falsch, würde es zugeben, dass der Verschluss der Katyn-Akten unrechtmäßig ist und die Quellen müssten herausgegeben werden. Dann könnte der Plan von Alexander Gurjanow aufgehen und auf lange Sicht zur Öffnung der Archive führen.

2008 erklärte der Oberste Gerichtshof der Russischen Föderation die strafrechtlichen Ermittlungen im Fall Katyn für beendet. Schon vier Jahre zuvor, 2004, hatten die russischen Behörden die Suche nach den Verantwortlichen offiziell abgeschlossen. 2005 verfügten unterschiedliche gerichtliche Instanzen, die Katyn-Verfahren einzustellen und stuften die 165 Bände mit Ermittlungsakten als »streng vertraulich« ein. Den Menschenrechtsaktivisten von »Memorial«, die sich die Aufarbeitung der sowjetischen Diktatur auf die Fahnen geschrieben haben, gelang es über immer neue Wege, den Fortgang der Verfahren zu erzwingen. Sie prozessierten mehr als zwanzigmal, am Ende ohne jeden wirklichen Erfolg. Dieser erste Sieg 2010 vor Gericht, so klein er auch ist, hat die Tür zu den Archiven vielleicht einen Millimeter breit geöffnet, so Gurjanows Hoffnung.

Boris Jelzin hatte 1993 nicht in Katyn, sondern vor dem Katyn-Denkmal auf dem Powazki-Friedhof in Warschau den Nachbarn die Hand gereicht. »Vergebt uns, wenn ihr könnt«, bat er zu eben jenem Zeitpunkt, als die Polen Mitglied der NATO werden wollten und Russland sie mit gespielten gutnachbarschaftlichen Beziehungen davon abzuhalten versuchte. Möglich, dass auch hinter Putins vermeintlich spontaner menschlicher Geste eine andere Absicht steckte. Etwa die, Polen für russische Interessen in der Europäischen Union einzuspannen. Was freilich schwer werden wird.

Viele Polen sind skeptisch. Und noch viel misstrauischer. Sie sind noch größere Anhänger von Verschwörungstheorien als die Russen. Zwar honorierten die Trauernden auf den Straßen in Krakau und Warschau nach dem Flugzeugunglück im April 2010, dass »der Russe«, Präsident Medwedjew, zur Beisetzungsfeier gekommen war. Auch, dass urplötzlich, auf Medwedjews Anweisung, ein Teil der historischen Katyn-Dokumente ins Internet gestellt wurde. Freilich ohne dass damit schon die gesamten Akten offengelegt wären.

Doch, so fragten sich die Polen, warum wurde eigentlich nach dem Absturz nie in Betracht gezogen, dass es sich um einen Anschlag auf Polen gehandelt haben könnte? Und wie viel Wahres diese Version enthalte, belege doch schließlich schon die Tatsache, dass über sie wieder einmal nicht offiziell gesprochen wurde. Schweigen bei Journalisten und Politikern. Welch seltene Eintracht. Vielleicht gibt es doch etwas zu verbergen?

Polen ohne Führung. »Jetzt fängt das wieder an!«, wird ein junger polnischer Mann in der »Frankfurter Allgemeinen Zeitung« zitiert. Er fürchtet die nächste feindliche Übernahme seiner Heimat. Als gäbe es keine Europäische Union, als seien die Russen bereits an der polnischen Grenze aufmarschiert, macht sich für einen Moment Hysterie in Polen breit, die jeder Grundlage entbehrt. Der Weg, den Russen und Polen noch aufeinander zugehen müssen, ist lang.

Sollte sich der Blick auf Stalin verändert haben, dann passen die Jubelfeiern auf dem Roten Platz in Moskau jedenfalls nicht dazu. Ungebrochen, Jahr für Jahr, wird der Sieg verherrlicht, den die von dem Diktator geführte Armee im sogenannten Großen Vaterländischen Krieg errungen hat. Trotz des Wissens um den enormen, zum Teil unnötigen Blutzoll, den die sowjetische Bevölkerung und die Rote Armee entrichtet hatten. Zum 65. Jahrestag des Sieges im Jahr 2010 präsentierte Dmitri Medwedjew eine neue Lesart: Die Streitkräfte und das Volk haben die Unabhängigkeit des Landes verteidigt. Ihnen, den 27 Millionen getöteten Zivilisten und neun Millionen Soldaten, gebührt der Ruhm, nicht dem Verbrecher Stalin. Neue Töne, die jedoch immer noch Mühe haben, gegen die altstalinistischen und nationalistischen Parolen durchzudringen. In Sankt Petersburg drehte pünktlich zum Jahrestag ein Linienbus mit dem Konterfei des Diktators seine Runden.

In Moskau musste der russische Präsident persönlich ein Machtwort sprechen: Er verbot, zu den Siegesfeiern in der Stadt Stalinplakate aufzuhängen. Nicht zuletzt wegen der Katyn-Katastrophe sahen die Stadtoberen Moskaus im letzten Moment schließlich von diesem Vorhaben ab.

Wie zu Sowjetzeiten lassen Putin wie Medwedjew militärisches Großgerät zur Siegesparade über den Roten Platz rollen. Einerseits. Andererseits aber durften 2010 erstmals Alliiertenverbände aus Großbritannien, Frankreich und den USA mit aufmarschieren. Ihren Anteil am Sieg über den deutschen Faschismus haben sowjetische und russische Spitzenpolitiker und Historiker bislang bestenfalls am Rande erwähnt. 1945 – und erst 65 Jahre später – hatten polnische Truppen an der Siegesfeier teilgenommen. Schließlich hatten sie gemeinsam mit den Alliierten gekämpft, waren auch sie an der Eroberung Berlins beteiligt.

Wie steht es um die schonungslose Bewertung des Sowjetsystems als verbrecherisches Regime? Wenn Putins vorsichtige Kritik am Hitler-Stalin-Pakt und sein Besuch in Katyn überhaupt der Beginn einer neuen Sichtweise auf die Sowjetdiktatur von 1917 bis 1991 sein sollten, dann hätte er die richtige Richtung eingeschlagen. Abzuwarten bleibt, ob er sich zur konsequenten Verurteilung des untergegangenen Verbrecherregimes durchringen wird. Und mehr noch: Ob Russland als offizieller Nachfolgestaat der Sowjetunion die Verantwortung übernehmen und mit der Aufarbeitung seiner Geschichte beginnen will.

Der Historiker und Menschenrechtler Arseni Roginski bezweifelt zutiefst, dass die gegenwärtige russische Führung den Willen dazu besitzt. Zu unentschieden schwanke Putin noch immer zwischen Bewunderung und Ablehnung des Diktators.

Spekulationen von einigen russischen Historikern, Stalin hätte einen eigenen Barbarossa-Plan im Tresor gehabt, demzufolge er ein, zwei Jahre später selber Deutschland überfallen wollte, klingen abenteuerlich. Doch statt das Militärarchiv in Podolsk in der Nähe von Moskau ganz zu öffnen und Forschungen zuzulassen, wird gemauert. Wer sich wissenschaftlich damit befassen will, dem droht Ungemach.

Ebenso ausgespart bleibt die Kollaboration mit der Wehrmacht. Obwohl sich rund eine Million sowjetischer Soldaten von ihrer eigenen Armee abgewendet haben, besteht zumindest offiziell kein Interesse daran, nach den Ursachen zu forschen. Dass die Kollaborateure nur ihrer Inhaftierung in den Kriegsgefangenenlagern entgehen wollten und für bessere Behandlung und Verpflegung für die Deutschen kämpften, soll als Erklärung genügen. Bezweifelt wird hingegen bis heute, dass es den Sowjetsoldaten um General Andrej Wlassow um die Sowjetunion ging, die sie von der Diktatur befreien wollten.

Arseni Roginski macht einen gewissen Instinkt aus, dem die Regierenden in Russland immer dann folgen, wenn es um die Verbrechen der Vergangenheit geht. Vielleicht ist es auch Selbstschutz.

»Warum werden die Militärgeheimnisse nicht gelüftet?« Energisch schiebt der kleine Mann seine Brille mit den dicken Gläsern zurück. »Wie sehr sie alles hassen, was das Jahr 1941 betrifft! Sie können nicht eingestehen, dass sie schlecht vorbereitet waren, dass sie eine Niederlage nach der anderen einstecken mussten. Vermutlich würden Forschungen nicht einmal prinzipiell neue Erkenntnisse ans Licht befördern. Doch je weniger Aufmerksamkeit auf diese dunkle Vergangenheit gelenkt wird, desto ruhiger leben wir heute. Das ist ein gesellschaftlicher Konsens, der immer weiter um sich greift. Man mag nicht mehr über den Stalinterror sprechen.«

Nicht nur Medwedjew und Putin, auch schon Jelzin ließ jedes Interesse vermissen, an den überlieferten Interpretationen zu rühren, um aus den Fehlern von damals zu lernen und Anzeichen einer ähnlich verhängnisvollen Entwicklung frühzeitig zu erkennen, also Lehren für die Zukunft zu ziehen. Jelzin scheute dabei nicht den Vergleich der Gegenwart mit der Geschichte, sondern ihm lag an einer neuen Identität Russlands, einem neuen Nationalgefühl, bei dem sehr häufig die gemeinsame Vergangenheit als verbindendes Element bemüht wurde. Es liegt auf der Hand, dass für ein positives Selbstverständnis des neuen Russlands die bis dato unkritisch heroisierte Oktoberrevolution oder der Kommunismus nicht mehr taugten.

Dass Geschichte aber durchaus nicht nur dann verbindend wirkt, wenn ausschließlich an heldenhafte Zeiten erinnert wird, zeigt das Beispiel Deutschland. Holocaust und Nationalsozialismus als gemeinsame Mahnung zu begreifen, gehört zur deutschen Staatsräson. Diese Erfahrung auf Russland und seinen Umgang mit Stalinismus und Kommunismus zu übertragen, sei vorerst unmöglich, meint selbst der westlich orientierte Historiker Roginski, weil sein Land Anfang der neunziger Jahre von einem allgemeinen Gefühl der Erniedrigung erfasst worden sei. »Einst waren wir die Größten, heute sind wir ein Nichts. Heute spucken die auf uns, die uns früher geachtet haben, und diejenigen verachten uns, denen wir früher angeblich so viel Gutes gebracht haben, wie Georgien und die baltischen Länder. Der einfache Arbeiter, der seine Tätigkeit geliebt und gut erledigt hat, verlor seine Stelle und sah stattdessen einen jungen Mann mit Koffern voller Geld im Mercedes herumfahren. Der ehemalige Sowjetbürger versteht die Welt nicht mehr. Seit Mitte der neunziger Jahre leidet er unter fürchterlichen Komplexen. Daraus entsteht ein Selbsterhaltungsinstinkt, der die Menschen davon abhält, weiter in der Vergangenheit zu wühlen.«

Im neuen Russland ließ der Wirtschaftsaufschwung mehr als zehn lange Jahre nach dem Zerfall der Sowjetunion auf sich warten. Bis heute ist die rückständige Infrastruktur nicht annähernd flächendeckend modernisiert. Deutschland dagegen hatte mit dem Wirtschaftswunder der fünfziger Jahre und dem erfolgreichen Aufbau eines demokratischen Systems, unterstützt hauptsächlich von der ehemaligen Besatzungsmacht USA, gleich mehrere Gründe, nicht mehr ausschließlich kritisch auf die eigene Geschichte schauen zu müssen. Weil die jüngere Geschichte eben nicht mehr nur aus finsteren Abschnitten besteht. Geschichtsaufarbeitung ist damit eine etwas freudvollere Angelegenheit. Die Wiedervereinigung mit ihrer raschen Annäherung der DDR an den westdeutschen Staat führte zu einem vollständigen Bruch mit der »Arbeiter- und Bauern-Macht«, wodurch der Blick rückwärts auf die DDR klarer ausfallen konnte. Die alten Bande sind zerrissen, können nicht mehr fesseln, wenn auch die Druckstellen noch sichtbar sind.

Die Verurteilung des kommunistischen Terrors fällt dort am schwersten, wo die alten Kräfte noch am Ruder sind. 2009, zum 64. Tag des Sieges, beteiligten sich einfache Moskauer Bürger am Schmücken ihrer Stadt zu den Maifeiern. An jedem zweiten Auto flatterten orangefarbene Bändchen. Orange war in jenem Jahr die offizielle Festfarbe der Moskauer Verwaltung. In orangefarbenen Lettern wurde den wenigen noch lebenden Veteranen des Großen Vaterländischen Krieges gratuliert. Ausgerechnet Orange! Die Farbe der ukrainischen Revolution von 2004, vor deren Übergreifen nach Russland die Moskauer

Kremlherren solche Angst hatten und die andererseits den moskautreuen Skeptikern recht gab, dass eine Revolution nicht automatisch die Wende zum Besseren bringt.

Sollte hinter der Entscheidung für die Festfarbe Orange womöglich ein Desensibilisierungsversuch stecken, wie ihn Arseni Roginski schon 2007 entdeckte? Als er auf der Twerskaja, der russischen Konsummeile, die geradewegs auf den Kreml zuführt, inmitten des Reklamewaldes ein Plakat ausmachte, das das Jahr 1937 lobte. Roginski, der selbst im Gulag gesessen hat, stockte der Atem. Weil er seinen Augen nicht traute, wendete er und fuhr mit seinem Auto abermals auf das Plakat mit den Jahreszahlen »1937 bis 2007« zu. Für die allermeisten ehemaligen Sowjetbürger hat sich 1937 tief ins Gedächtnis eingegraben als das Jahr schrecklichsten Terrors. Und nun Werbung mit dieser Wegmarke? Der Historiker sah genauer hin. Dieses Plakat im Moskauer Stadtzentrum würdigte Wissenschaftspioniere! »Ehre den Polarforschern, den Eroberern des Nordpols!« Zufall oder Absicht, das Jahr 1937 mit anderen Ereignissen als dem Terror zu verknüpfen?

Putin schaut zurück in die Vergangenheit und pickt die ausschließlich heroischen Momente heraus, was seine Popularität weiter steigert.

Jelzin musste um seiner Glaubwürdigkeit willen anders agieren. Wie hätten sich die demokratischen Werte, um die er kämpfte, mit der Verherrlichung als Supermacht vertragen? Mit dem Stolz auf eine diktatorische Vergangenheit, die er doch gerade hinter sich lassen wollte?

Erneut bittet mich der Historiker Roginski aus seinem engen Büro, dem Mauseloch, zur Raucherecke im Treppenhaus. Er muss Dampf ablassen. Er steckt sich noch auf dem Weg durch den engen Flur eine Zigarette in den Mund und redet drauflos, die Zigarette wippt bei jedem Wort. Als er fertig geraucht hat, stürmt er zurück in das kleine Kabinett. Weil der Wissenschaftler selbst schmächtig ist, bleibt zwischen dem wackligen winzigen Schreibtisch, der offenbar bereits ganz zu Anfang der sozialistischen Planwirtschaft zusammengezimmert wurde, und seiner Espressomaschine auf dem Fensterbrett noch etwas Platz für einen abgewetzten Polsterstuhl, auf dem ein Gast Platz nehmen kann. »Wir sind an dem Punkt, da sich eine neue Generation mit der Geschichte auseinandersetzen muss. Wir, die Jahrzehnte damit beschäftigt waren, werden es nicht mehr endlos tun können. Es sind neue Fragen zu beantworten: Zum Beispiel beim Umgang mit Stalin: Wie blicken wir heute auf eine Politik der harten Hand, auf die Führung eines Landes, die Gewalt anwendet? Was bedeutet angesichts dessen Putins sogenannte Vertikale der Macht?«

Jeden Tag verschwindet ein bisschen mehr Demokratie, sind die Menschenrechtler überzeugt. Die Einschränkungen nehmen häufig nur wenige wahr, weil sie jeweils nur kleine Gruppen betreffen. Wie die rund 20 Richter am Verfassungsgericht, die bislang aus ihrer Mitte ihren Vorsitzenden wählten. Der hat die Funktion eines Sprechers. Seit 2009 aber wird er nicht mehr aus dem Kollegenkreis gewählt, sondern vom Föderationsrat auf Vorschlag des Präsidenten ernannt, womit wieder eine horizontale Linie zugunsten der vertikalen wegbricht. »Von der ohnehin bislang nur schwach entwickelten Demokratie geht immer mehr verloren.« Die Resignation in der sonst so lebhaften Stimme Roginskis ist unüberhörbar.

Gekommen war ich, um mit ihm über die Öffnung der Archive zu sprechen. Er, der vom ersten Moment an für ein neues Gesetz gekämpft hat, das den Umgang mit historischen Dokumenten regelt, ist vorsichtig mit der Behauptung, dass die Archive jetzt wieder geschlossen seien. Dieser Vorwurf stimme, so pauschal geäußert, nicht.

Arseni Roginski verschwindet kurzzeitig im Zigarettendunst, der Blechnapf, der als Aschenbecher dient, quillt über. Die Raucherecke, in die er mich schon wieder gelotst hat, wird zum Hörsaal. Der Historiker will den Sachverhalt gründlich erklären, keine bloßen Anschuldigungen erheben: Wer über innerparteiliche Kämpfe und Intrigen der KPdSU forschen will, könne relativ frei arbeiten. Schwieriger werde es bei außenpolitischen Themen, weil davon heutige Interessen berührt sein könnten. Selbst über die wirtschaftlichen Vorgänge im Gulag oder die Verwaltung der Straflager seien Forschungsarbeiten möglich. Doch sobald sich eine Studie mit den militärischen Dienstvorschriften in dem Straflagersystem befasst, sei der Zugang zum Archivmaterial verwehrt. Eine der wichtigsten Losungen während der Perestroika lautete: Öffnet die Archive!! Sie wurden aufgeschlossen, noch unter Gorbatschow, noch während der Sowjetherrschaft. Nur wie? 1989, als die für die Dissidenten zuständige KGB-Abteilung aufgelöst wurde, landeten sämtliche der insgesamt 500 Bände der Akte Andrej Sacharow in den Flammen. Die Erforschung des sowjetischen Terrors gegen die Ikone der russischen Menschenrechtler wurde im Keim erstickt.

Das nach dem Ende der UdSSR 1992 beschlossene neue Archivgesetz legte fest, dass Dokumente nach 30 Jahren zugänglich sein müssen und die Geheimhaltungsfrist nur im Ausnahmefall verlängert werden darf, z. B. bei Familiengeheimnissen. Mehr als 75 Jahre Verschluss sind nicht möglich. Musste früher eine Behörde oder wissenschaftliche Institution bestätigen, dass sich ein Historiker, Autor oder Journalist mit einem bestimmten Thema befasste, weil niemand aus Eigeninteresse in ein Archiv gelangen konnte, wenn er keine gesellschaftliche Einrichtung vertrat, so ist das seit der Neufassung des Gesetzes anders. Theoretisch darf jeder Archivmaterial anfordern.

Zu Zeiten der Sowjetmacht waren die allermeisten Dokumente nicht zugänglich, trugen Stempel »Geheim«, »Streng geheim«, »Streng vertraulich« oder »Nur für den Dienstgebrauch«, die strengste Klassifizierung war: »Besonderer Ordner«.

Wer hoffte, dass mit dem neuen Archivgesetz nun alle Dokumente, deren Geheimhaltungsfrist von 30 Jahren abgelaufen ist, zur Einsicht offenstehen, sieht sich getäuscht. In den

Archiven siegten die Konservativen, die nach Ablauf der Sperrfrist einen eigenen »Entsiegelungsprozess« forderten, was in der Praxis bedeutet, dass Millionen Blätter einzeln betrachtet werden müssen. Die sowjetische Mentalität feiert fröhliche Urständ. Die Entsiegelung schleppt sich quälend langsam dahin. Russlands Archivare sind schlecht bezahlte Beamte, die nach Zuverdienstmöglichkeiten suchen und sie dort finden, wo sie die Entsiegelung beschleunigen oder verlangsamen können. Interessante Funde mögen Wissenschaftler elektrisieren, russische Archivare lassen sie in der Regel kalt. Nicht, weil sie nicht verstehen würden, welche Wende einige Funde in einem Forschungsprojekt auslösen können, sondern weil die Öffnung des von ihnen verwahrten Materials für sie nichts als zusätzliche Arbeit bedeutet, die sie – stets überfordert und schlecht ausgestattet – zusätzlich erbringen müssen. So kommt es, dass sie interessierte Leser nicht lieben. Die Nutzer müssten ihnen irgendeinen Vorteil bringen, was selten der Fall ist.

Die 1988 von dem Physiker Andrej Sacharow, Arseni Roginski und anderen Gründungsvätern geschaffene Menschenrechtsorganisation »Memorial« hat sich der Aufgabe verschrieben, die Geschichte des sowjetischen Terrors zu erzählen. Eine Aufarbeitung, die wissenschaftlichen Ansprüchen genügt, ist jedoch auch 20 Jahre nach dem Zerfall der Sowjetunion nicht realisierbar, da die dafür nötigen Dokumente nicht verfügbar sind. Aus ideologischen, nicht aus wissenschaftlichen Gründen. So beschränkte sich die Organisation darauf, ein Buch der Opfer des Terrors herauszubringen. Ein Unterfangen, das ohne Zugang zu den Gerichtsakten der Verurteilten aber vielleicht ebenfalls scheitert. Denn dann müssten die Autoren dem Leser Angaben schuldig bleiben, ohne die eine solche Dokumentation aber nicht auskommt: das Datum der Festnahme, die Institution, die die Festnahme angeordnet und schließlich vollzogen hat, der Grund der Verhaftung, die Anklage und schließlich das Urteil. Das Buch über die Opfer kann ebenso wenig geschrieben werden, wenn Informationen über die Gerichte, die die Strafen verhängt haben, fehlen. Wo wurden die Urteile vollstreckt, in welchem Lager, in welchem Gefängnis? Gab es eine Rehabilitierung?

Das 1992 verabschiedete Gesetz über die Rehabilitierung von Terroropfern wird als Waffe gegen die Forscher eingesetzt. Ursprünglich sollten zuallererst die Familien der Opfer, die noch immer keinen Aufschluss über das Schicksal ihrer Angehörigen haben, Einblick in die Akten bekommen. Dieses Vorrecht, das den Verwandten eingeräumt werden sollte, wendet sich heute gegen alle anderen, die Akteneinsicht begehren. Heute bekommen ausschließlich die Familien und ihre Erben das Material, niemand anders mehr.

Zur Mühe, die langen Listen der Opfer zu vervollständigen, kommt nun der Aufwand, die Familienangehörigen oder Erben ausfindig zu machen. Ein Umstand, den die Staatsanwaltschaften ausnutzen. Nicht nur die Archive geben die Akten nicht heraus, auch die Justiz hat sich gegen die Historiker verschworen. Die können nur auf den glücklichen Umstand hoffen, dass ein Archiv selbst an einem solchen Buch arbeitet oder interessiert ist.

Ist ein Historiker auf Akten aus dem KGB angewiesen, tendieren die Aussichten, sie lesen zu dürfen, gegen null. So bleibt die Aufarbeitung des sozialistischen Terrors vorerst unvollendet, bestehen Wissenslücken, Unwahrheiten, Halbwahrheiten immer weiter fort. Wie die, dass alle, die im Jahr 1937 zum Tod durch Erschießen verurteilt worden waren, nach Swerdlowsk gebracht worden sein sollen. Gerüchten zufolge soll dort die Strafe vollstreckt worden sein. Verwandte suchen noch heute in Jelzins Geburtsstadt, dem heutigen Jekaterinburg, nach Spuren, die ihnen Auskunft über den Verbleib ihrer Angehörigen geben können. Tatsächlich aber wurden diese Unglücklichen sowohl in Swerdlowsk als auch in Perm und Tscheljabinsk erschossen. So graben sich in das historische Gedächtnis der Bevölkerung falsche Orte, falsche Daten und Namen ein.

Vollständig verschlossen bleiben die Ordner derjenigen, die am Terror beteiligt waren, sich angeblich etwas zuschulden kommen ließen oder aus dem Weg geräumt werden sollten, weil sie zuviel wussten.

Von diesen Personen wurde bis heute niemand rehabilitiert, denn diese Akten sind zu 100 Prozent unter Verschluss. Der FSB verwahrt die KGB-Dokumente. »Rehabilitierung ist besonders abhängig von politischer Konjunktur«, konstatiert der Historiker Roginski. Das Gesetz, das ihm jetzt die Hände bindet, täuscht vor, die Opfer schützen zu wollen. Die sind der Regierung in Wirklichkeit egal. Wie wenig sie der Opferschutz tatsächlich interessiert, wird daran deutlich, dass sie ignoriert, dass der Opferschutz bislang reibungslos funktionierte, obwohl sich vorher kein Beamter darum kümmerte. Denn jeder, der Akten auslieh, trug die Verantwortung dafür, dass dem Opfer durch Journalisten oder Wissenschaftler nicht nachträglich Schaden zugefügt wurde. Es funktionierte.

»Memorial« gibt sich – vorerst jedenfalls – geschlagen. Das verschlimmbesserte Gesetz jetzt zu korrigieren überlassen die »Memorial«-Mitarbeiter anderen. Sollen die nachfolgenden Generationen ihre Kämpfe ausfechten. »Wer wird denn in dieser Zeit irgendein Gesetz liberalisieren? Die Kräfte, die darauf Einfluss nehmen könnten, gibt es derzeit nicht.«

Aber, schließt Arseni Roginski unser Gespräch: »Der Maulwurf der Geschichte gräbt unauffällig.« Ein Satz Sacharows, der für die Menschenrechtler zum geflügelten Wort wurde. Bewahrheitete sich doch dessen vage Vermutung und Prophezeiung, dass die Sowjetideologie untergehen würde.

Roginski, der als Wissenschaftler Jahrzehnte bei »Memorial« für eine demokratische Geschichtsaufarbeitung gekämpft hat, unterstellt Politikern von Gorbatschow über Jelzin bis hin zu Putin und Medwedjew keineswegs fehlende Aufmerksamkeit für die Opfer. Im Gegenteil, Bürgermeister,

Gouverneure erinnern in ihren Reden an sie, legen Blumen nieder. Nicht mehr und nicht weniger.

Inzwischen hat der Moskauer Sommerhimmel seine Schleusen geöffnet. Wahre Bäche rinnen die Kleine Karetni-Gasse hinunter. Arseni Roginski bemerkt meine besorgten Blicke zu den schwarzen Regenwolken und fängt hektisch an, einen Schirm zu suchen. Steigt auf Stühle und Kisten, lugt hinter Türen, als hielte sich dort ein spitzbübischer »Sontik«, ein Regenschirm, versteckt. Schließlich kommt er mit einer großen Plastiktüte an. Er stülpt sie zur besseren Veranschaulichung erst sich über den Kopf, dann mir, lacht sich kaputt und entlässt mich in die Sintflut.

Bis zur Metro muss ich nur den Sturzbächen folgen. Als ich die Station erreiche, sind meine Schuhe und Hosen patschnass, meine Haare aber dank Arseni Roginskis Tüte auf wunderbare Weise trocken.

Spurensucher

In Wolgograd, dem früheren Stalingrad, graben Jugendliche im wahrsten Sinne des Wortes in der Vergangenheit: Auf den ehemaligen Schlachtfeldern des Zweiten Weltkrieges suchen sie mit Hacke und Spaten Soldatenskelette und betten die sterblichen Überreste auf Friedhöfe um. Eine gruselige Beschäftigung. Umso mehr, als sie nicht dem Ziel dient, einen kritischen Blick in die Geschichte zu richten, sondern zu patriotischen Gefühlen erziehen soll.

Wer in der Stadt und im Umkreis von mehreren hundert Kilometern einen Spaten in die Wolgograder Erde sticht, muss damit rechnen, auf Skelette deutscher und sowjetischer Soldaten zu stoßen. Unzählige Anfragen von deutscher Seite, endlich einem Friedhof zuzustimmen, wurden jahrzehntelang abgewiesen. Vier Jahre nach dem Zerfall der Sowjetunion, 1995, gab die Wolgograder Gebietsverwaltung endlich nach. Als noch einmal vier Jahre später, 1999, die Überreste der ersten deutschen Soldaten endlich in ihre letzte Ruhestätte gebettet wurden, regte sich auch bei den russischen Behörden Betriebsamkeit, wurden sie für ihre gefallenen Landsleute tätig.

Die beiden Dörfer Klein- und Groß-Rossoschka, 30 Kilometer von Wolgograd entfernt, sind während der Schlacht um Stalingrad dem Erdboden gleichgemacht worden. Eine schnurgerade Straße teilt die unendlich scheinende, tellerflache Steppe mit ihrem braunen, niedrigen Gras. Dort, wo die Wehrmacht die Häuser überrannt hat, befinden sich unmittelbar am Straßenrand heute zwei Friedhöfe. Einer für deutsche Soldaten und, genau gegenüber, der für die sowjetischen.

Auf dem russischen Friedhof schaufelt gerade ein Bagger ein großes Loch. Ein wenig abseits beugt sich Natascha Glasirina über ein Soldatengrab. Liebevoll pustet sie den Sand von einem durchlöcherten, aber frisch angepinselten Stahlhelm. Grab für Grab nimmt sie sich vor.

Weil ein Steppensturm die Helme am Tag zuvor durcheinanderzuwirbeln drohte, hat sie sie runter auf die Gräber gelegt. Nacheinander hängt sie sie jetzt geputzt wieder an die Holzkreuze. Jeder Helm stammt von dem Soldaten, bei dem er gefunden wurde.

Natascha ist 27 Jahre alt, ihr rotgetöntes Haar müsste nachgefärbt werden. Aber so allein im Steppenwind auf einem zugigen Friedhof, wer sieht das schon. Sie hat es zu einem Pferdeschwanz zusammengebunden. Ihre Füße stecken in Galoschen, den russischen Gummiüberschuhen. Der Baggerfahrer hebt eine Grube für ein neues Massengrab aus. In wenigen Tagen findet eine Umbettung statt. Insgesamt 200 russische Soldaten sollen am Wochenende beigesetzt werden. Die sterblichen Überreste wurden in Säcken angeliefert, bis zur Beisetzung werden auch die Särge fertig sein. Natascha Glasirina hat ihren Beruf als Friseuse gegen die Arbeit auf dem russischen Friedhof getauscht. Dass der deutsche früher als der russische eröffnet wurde, empfanden die Menschen der Umgebung zuerst als Schande, dann als Ansporn. Vor allem die Alten, die aus den beiden Rossoschka-Dörfern stammten, wehrten sich anfangs dagegen, dass den deutschen Mördern und Eroberern ein Friedhof errichtet werden sollte, noch dazu an der Stelle, an der bis 1942 ihre Häuser gestanden hatten. Doch der Widerstand legte sich und Natascha Glasirina ist inzwischen froh, dass es den deutschen Friedhof gibt, dass die Deutschen nicht mehr irgendwo verstreut herumliegen, sondern »alle wieder zusammen sind«. Obwohl sie sich nicht um den deutschen Friedhof kümmern muss, hat sie doch stets ein Auge darauf. »Wenn zum Beispiel die Kühe darübertrampeln, scheuchen wir sie fort. Oder wir nehmen die vertrockneten Blumen von den Gräbern; darum muss man uns nicht erst bitten.«

Natascha gehörte als Schülerin zu den sogenannten Spurensuchern um Galina Oreschkina. Bis vor ein paar Jahren arbeitete sie als Lehrerin. Galina hat schließlich den Unterricht aufgegeben und widmet sich jetzt ganz und gar dem Totengedenken. Sie gräbt die Überreste aus, sorgt für deren Beisetzung, kümmert sich um das Kriegsmuseum in der Schule. Etwas abseits vom Friedhof, verloren in der Weite der russischen Steppe, steht ein Baucontainer, die »Außenstelle« der Gedenkstätte, bewacht von einem Spitz, der Scharik heißt, Kügelchen, wie fast alle russischen Hofhunde. Der Bauwagen ist weniger ein Büro als vielmehr ein Museum. Galina Oreschkinas Arbeit gleicht der eines Archäologen: »Auf dieser Feldflasche befinden sich Initialen, KMA, auf der anderen Seite steht geschrieben: Mischa. Wir fanden mit Hilfe der Archive heraus, dass er Fallschirmspringer war und im August '41 starb. Er hieß Koschlew, Michail Anatolewitsch. Und so hat dieser Mann quasi seine Wiedergeburt erlebt.«

Sie nimmt eine Blechschüssel in die Hand: »Auf diesem deutschen Essgeschirr steht Koch. Ist das ein Vor- oder Nachname?«

Vor kurzem haben sie und ihre Schülerarchäologen Überreste eines Krankenpflegers oder Arztes gefunden. Er hatte ein Jodfläschchen bei sich, Binden, Spritzen und Operationsfäden aus Seide. Galinas Wangen glühen. Wegen der Hitze im Bauwagen und vor Eifer. Ihr roter Rollkragen schaut aus einer Armeeuniform hervor, ihre pinkfarben geschminkten Lippen, die Goldzähne und das blondierte kurze Haar stehen in seltsamem Kontrast zu dem blaugrauen Tarnanzug, den sie als Arbeitskleidung trägt.

»Diese Kaffeekanne wurde in einem deutschen Unterstand gefunden. Das war der Wachposten für das Lager, in dem die sowjetischen Kriegsgefangenen zusammengesperrt waren. Die russischen Soldaten mussten für die Deutschen Schützengräben ausheben und Munition transportieren. Das spielte sich alles direkt hier vor der Tür ab, in Malaja Rossoschka, wo jetzt der deutsche Friedhof liegt. Von unseren Soldaten starben jede Nacht 30, 40 Mann. Sie blieben einfach in den Schützengräben liegen, und der Schnee deckte sie zu. Aus diesen Erdmulden haben wir sie herausgeholt.«

Als Anfang der neunziger Jahre auf Wolgograder Märkten die ersten Kriegsreliquien gehandelt wurden, deutsche und russische Abzeichen aus den vierziger Jahren, Waffen und andere Soldatenutensilien, gründete sie die Schülergruppe »Spurensucher«, die den geldgierigen Schacherern das Handwerk legen sollte. Diesen Leichenfledderern, die die Gebeine durch die Gegend warfen, die Erkennungsmarken wegschmissen und Dokumente, aus denen hervorging, um wen es sich handeln könnte. Ihnen wollten sie die blutgetränkte Erde ihrer Heimat auf keinen Fall überlassen.

Inzwischen gibt es nur noch wenige Geschäftemacher, die Schüler-Spurensucher haben sie ein- und sogar überholt, sie graben jetzt schon hinter dem Don. Mehr als 12 000 Skelette haben sie geborgen, die von Galina Oreschkina geleitete Gruppe allein 5000. Viermal im Jahr, im April, zweimal im Sommer und einmal im September, fahren sie auf sogenannte Erinnerungswachen.

Jahrelang wussten sie nicht wohin mit den Knochenfunden, als der deutsche Friedhof eröffnet wurde, erkannten sie die Lösung. Das Unbehagen, das viele beim Gedanken an einen deutschen Friedhof befiel, legte sich, als das russische Pendant Gestalt annahm. Die Gräber wurden kreisförmig angelegt, Symbol für den Kessel von Stalingrad. Die Beisetzungen der Soldaten fanden jeweils in aller Stille statt. Galina Oreschkina fällt es schwer, viele Soldaten auf einmal zu bestatten. Das sei physisch und psychisch belastend. »Für mich ist dieser Kreis ein geschlossener Raum, in dem sie ihre letzte Ruhe finden können. Und hier, außerhalb des Kreises – das ist die Mahnung an uns – muss der Krieg für immer begraben sein.«

In der Oberschule von Stepnoi, einem Nachbardorf von Rossoschka, lernen die Kinder ab der sechsten Klasse. In dem zweistöckigen Bau aus weißen Ziegelsteinen rekrutiert Galina

Oreschkina noch immer ihre Spurensucher. Jeder kennt die ehemalige Physiklehrerin, alle grüßen sie. Mit langen Schritten eilt sie über den Hof, durch die Korridore, ruft auf dem Weg einigen Kollegen zu, »ihre« Kinder zusammenzutrommeln. Es klingt wie ein Befehl.

Als sie in dem kleinen Schulmuseum im zweiten Stock ankommt, das vollständig der Stalingrader Schlacht gewidmet ist, stehen die Teenager schon im Halbkreis aufgereiht und erwarten sie. Vier Mädchen und zwei Jungen. Alle im blaugrauen Tarnanzug wie ihre Gruppenleiterin.

Marina Scholobowa, eine zarte 13-Jährige mit blondem Haarschopf und strahlend blauen Augen, trägt jede Menge Abzeichen auf der Jackentasche. Die Uniform ist ihr ganzer Stolz. Als Spurensucher will sie sich von den anderen unterscheiden, auch in der Kleidung. Seit einem Jahr beteiligt sich Marina an den Ausgrabungen. Warum beschäftigt sie sich derart intensiv mit dem Tod?

»Weil es mir gefällt«, kommt es spontan. Galina, ehemalige Lehrerin, ist mit einer solchen Antwort nicht zufrieden. Sie gibt ihr einen sachten Schubs: »Los, antworte richtig!« »Na ja, weil wir uns an die Schlacht um Stalingrad erinnern. Und wir sind die einzigen, die das tun, die anderen Schüler interessieren sich kaum noch dafür.«

Einem anderen Mädchen imponiert die Detektivarbeit, die dann beginnt, wenn sie Erkennungsmarken bei den Toten finden. Die Mädchen – blond und blauäugig – sehen sich ähnlich wie Schwestern und sind eng befreundet. »Wenn wir auf Überreste stoßen und die Knochen in den Händen halten, geht das nie ohne Tränen ab, die fließen einfach. Du kannst dich nicht dagegen wehren. Du stellst dir dann vor, wie schwer sie es hatten, was ihnen passiert ist. Das hat irgendeine Anziehungskraft, warum, weiß ich auch nicht.« Tanja Kuweka beteiligt sich, anders als die drei Freundinnen, niemals an den Ausgrabungen. Mit leiser, aber doch bestimmter Stimme sagt das schmale, hochgewachsene Mädchen: »Ich würde schon auch gern etwas entdecken, aber ich habe Angst, dass eine alte Mine explodiert.« Ilja Plotnikow, der Älteste in der Gruppe der Spurensucher, erklärt, dass sie mit der Munition aus dem Zweiten Weltkrieg, die dicht bei den Gebeinen liegt, äußerst sorgsam umgehen.

Auf den Feldern suchen sie nach eingesackten Stellen. Wenn die Erde feucht ist, sind sie besonders gut zu sehen. In diesen Mulden stochern sie mit einem dicken Draht im Boden herum, und wenn sie auf etwas stoßen, greifen sie zum Spaten und graben alles vorsichtig frei. Der dunkelhaarige Ilja hat gerade ein Bärtchen bekommen, der Stimmbruch quält ihn noch immer. Die anderen tun, als nähmen sie die Sprünge, die seine Stimme auf der Tonleiter vollführt, nicht wahr, denn Ilja genießt in der Gruppe die höchste Autorität. »Wir geben ihnen ein Grab. Wenn wir auf Deutsche stoßen, denke ich nicht, dass da ein Feind liegt. Oder vielleicht doch. Wenn ich überlege, wie viele sie umgebracht haben, empfinde ich doch manchmal Hass.«

Tanja, die Angst vor der Kriegsmunition hat, erklärt, dass sie sich wegen ihres gefallenen Großvaters und Urgroßvaters den Spurensuchern angeschlossen hat. Ihnen zu Ehren betrachte sie es als ihre Pflicht, sich an den – wenn auch späten – Beisetzungen der Gefallenen zu beteiligen. Eine Antwort, die Galina Oreschkina mit mehrfachem Nicken unterstützt. »Molodez, molodez!«, »Prima, Prachtkerl«, lobt sie. Sergej Petrow und Ilja Plotnikow legen nach: »Die Soldaten der Roten Armee haben um ihr Leben gekämpft und um das der Enkel und Urenkel«, sagt der kleine Sergej Petrow mit ernstem Gesicht. Und Ilja Plotnikow fügt hinzu, dass er in einer ähnlichen Situation auch kämpfen würde. »Ich lebe schließlich hier in Russland, es ist unsere Pflicht, die Heimat zu verteidigen.«

Marina Scholobowa drängt sich dazwischen. Damals waren die Frauen Krankenschwestern, die die Verletzten mit bloßen Händen von den Schlachtfeldern geholt und auf ihren Schultern in die Lazarette geschleppt hätten: »Sie starben genau wie die Männer, nur, dass sie kein Maschinengewehr hatten. Ich hätte ebenso gehandelt. Damit die nächste Generation frei leben kann, nicht unter der Knechtschaft der Deutschen. Damit das ein freies Land ist.« Auf meinen Einwurf, dass die Sowjetunion zur Zeit der Schlacht unter der Stalin-Diktatur litt und damit alles andere als ein freies Land war, reagiert Marina mit Staunen: »Ach ja? Das weiß ich gar nicht.« Galina Oreschkina schaltet sich sofort ein: Sie sind noch zu jung, erst 13, sie wissen das noch nicht. »Und auch nicht alle Menschen damals wussten von dem Terror. Dass Leute abgeholt und erschossen wurden, dass es diese Repressionen gab. Die Soldaten starben in erster Linie für ihre Heimat.« Nach dieser Lektion Halbwissen ist sie wieder bei ihrem Thema: »Wir haben sehr viele handschriftliche Zeugnisse, Briefe, in denen junge Leute geschrieben haben: ›Ich bin erst 17 Jahre alt, aber ich möchte die Heimat verteidigen.‹ Wenn wir ihre sterblichen Überreste finden, sehen wir an den Gebissen, wie jung sie gefallen sind, noch nicht einmal ihre Weisheitszähne waren durchgebrochen.«

Die Gesprächsrunde löst sich auf, die Jugendlichen verlassen wie befreit das modrig riechende Schulmuseum und springen wild die Treppen hinunter. Aber plötzlich stehen die Mädchen wieder in der Tür, tatendurstig. »Können wir zum Friedhof fahren?«, fragen sie Galina Oreschkina. »Nein, heute nicht.« – »Aber wir müssen!«, drängen sie. »Warum?« – »Wegen der Särge, die noch nicht fertig sind.« – »Na gut, dann fahrt.«

Galina Oreschkina ist überzeugt davon, dass die Arbeit in dieser Gruppe die Kinder sehr gut auf das Leben vorbereitet. Ein Leben in Russland, das meist unter Extrembedingungen verlaufe. Alle Jungen, die bei den Spurensuchern waren, hätten den Armeedienst absolviert, nicht einer habe sich gedrückt, alle seien in Tschetschenien gewesen. Sie wüssten, was das bedeutet: Krieg. Wenn sie einen Verletzten oder auch einen Toten bergen müssten, wüssten sie, was zu tun sei. »Ich selbst bereite sie auf den Wehrdienst vor, sie sollen die Verteidiger ihres Landes, ihrer Heimat sein, die Beschützer ihrer Frauen und Kinder. Und sie sollen sich wehren können gegen Banditen. Wer nicht zur Armee geht, und das wissen meine Jungs hier sehr genau, verliert meine Achtung.«

In den fast 20 Jahren, in denen die Gruppe mit den stets nachrückenden Schülern die Skelette ausgräbt, ist sie auf Tausende Sprengsätze gestoßen. Galina Oreschkinas Sohn und dessen Freund wurden durch eine Granate lebensgefährlich verletzt, die Operation dauerte viele Stunden, trotzdem konnte nicht jeder der insgesamt 14 Splitter aus dem Bauch ihres Sohnes entfernt werden. Doch selbst er sei zur Armee gegangen. Er wisse, was sich seiner Mutter gegenüber gehöre.

Zweimal hat Galina Oreschkina bedauert, nicht als Mann auf die Welt gekommen zu sein. Zuerst in den achtziger Jahren. Sie bewarb sich als Krankenschwester der sowjetischen Truppen im Afghanistankrieg. Die Militärbehörde wies sie ab, weil sie zwei Kinder hatte. Beim nächsten Versuch, im ersten Tschetschenienkrieg, geschah das gleiche, da war sie schon dreifache Mutter.

Galina blickt mit Neid nach Israel. Dort gelte für junge Männer wie Frauen die Wehrpflicht und selbst als Berufssoldaten seien Frauen willkommen. Als Soldat, sagt Galina zutiefst überzeugt, hätte sie für ihr Vaterland den allergrößten Nutzen gebracht. Sie, die mit ihren eigenen Händen Tausende von russischen wie auch deutschen Soldaten in ihre Gräber gebettet hat, hegt keinerlei Groll dem alten Feind gegenüber.

30 Kilometer von den Soldatenfriedhöfen von Rossoschka entfernt, auf dem Mamajew Kurgan Hügel in Wolgograd erklingt jeden Tag ohne Unterbrechung Robert Schumanns »Träumerei« in der sogenannten »Halle der Tapferkeit«. Bislang hat sie sich an der Musik, die ausgerechnet aus dem Land des ehemaligen Aggressors stammt, noch nie gestört, denn die Rote Armee habe nicht gegen das deutsche Volk gekämpft, sondern gegen die Faschisten.

Ist es die überdimensionierte Klimaanlage des Hotels auf dem Dach neben meinem Fenster oder sind es die Gebeine Gefallener, die vielen Toten? Ich leide unter rasenden Kopfschmerzen, die sich zu einer Migräne auszuwachsen drohen. Die Hotelmanagerin meinte es gut, als sie mir die Schlüssel für die Hotelsuite in die Hand drückte, die ich gar nicht gebucht hatte. Vielleicht soll das protzige Gemach mal wieder bewohnt oder einfach nur vorgeführt werden. Ich fliehe in den Whirlpool, der jedoch die Bilder von den jungen Gesichtern neben den Skeletten nicht wegzuspülen vermag. Schließlich gehe ich spazieren. Über die Wolgograder Straßen fegt Sand im Abendrot, die Steppe rückt der Stadt auf die Pelle. Ich kaufe Eis, das ich mir in den Nacken lege. Die Blutgefäße am Haaransatz pumpen Blut, dick wie Öl, in meinen Kopf, der zu platzen droht.

Mutter Heimat

Ob sonn- oder werktags – die »Mutter Heimat« ist nie allein. Ständig umlagern Besucher die mächtige in Beton gegossene Frauengestalt mit dem hoch erhobenen Schwert und dem wehenden Schal. Kilometer weit ist sie zu sehen, denn sie steht auf dem Mamajew-Kurgan-Hügel in Wolgograd, der einzigen Anhöhe in der flachen Steppenlandschaft ringsherum. Der Hügel war einer der am heftigsten umkämpften Punkte während der Schlacht um Stalingrad.

Zwar pilgern nicht mehr wie zu Zeiten der Sowjetunion vier Millionen Besucher pro Jahr hierher, die in sogenannten Freundschaftszügen, per Flugzeug oder Dampfer anreisten. Doch Wolgograder Hochzeitspaare legen bis heute nach der Trauung hier ihre Blumen nieder. Großmütter führen ihre Enkelkinder an der Hand an den überlebensgroßen in Bronze gegossenen Soldaten, Generälen, Feldkrankenschwestern zu Füßen der »Mutter Heimat« vorbei und verpassen den Kleinen den ersten Unterricht in Heldenkunde. Für viele Alte heißt Wolgograd bis heute Stalingrad, denn in Stalingrad wurden sie geboren.

Praskowja Graschenkowa und Wladimir Andropow setzen sich mit der letzten Kraft ihres zu Ende gehenden Lebens im Stalingrad-Komitee für die Rückbenennung Wolgograds in Stalingrad ein. So hieß die Stadt von 1925 bis 1961. Praskowja Graschenkowa diente während des Krieges als Krankenschwester. Ihr Vorname ist selten geworden, dabei steht er für eine der anrührendsten Liebesgeschichten des alten Russlands. Darin war Praskowja ein Bauernmädchen und trotzdem die Ehefrau des reichsten russischen Adligen jener Zeit, Pjotr Scheremetjew. Er förderte die Künste, Tanz, Schauspiel und Gesang. Praskowja war schön. Dass die Leibeigene klug und gottesfürchtig war, vor allem aber singen konnte, hat Scheremetjew bemerkt. Sie soll eine außergewöhnliche Sopranstimme besessen haben, die sie so berühmt machte, dass sie als erster Star des Zarenreichs in die Geschichte einging. Der 20 Jahre ältere Schürzenjäger Scheremetjew, der sich stets einen Harem hielt und etliche uneheliche Kinder mit den von ihm abhängigen Bauersfrauen gezeugt hatte, liebte einzig Praskowja so sehr, dass er ihr die Freiheit schenkte und sie im selben Jahr heiratete. Im 18. Jahrhundert ein Tabubruch, den die Gesellschaft mit Missachtung und Ausschluss strafte. Die romantische Liebe des Adligen zum Landmädchen, die Praskowja unzählige Male zur Begeisterung des Theaterpublikums in den Opern besang – sie durfte im wahren Leben nicht stattfinden. Praskowja wurde zur Aussätzigen. Von den Leibeigenen nicht mehr als ihresgleichen betrachtet und deswegen geächtet, von den Adligen, die ihr jede Anerkennung verwehrten, geschmäht. Scheremetjew, der sie in der kleinen weißen Moskauer Simeon-Stolpnik-Kirche, ganz in der Nähe der heutigen Residenz des deutschen Botschafters, geheiratet hatte, brachte nicht die Kraft auf, sich zu ihr zu bekennen und hielt die Ehe bis nach Praskowjas Tod geheim. Der reichste und einsamste Mann Russlands mauserte sich nach ihrem Dahinscheiden zum Wohltäter. Der Geläuterte entließ etliche Leibeigene in die Freiheit, finanzierte Dorfschulen und Kliniken sowie Waisenhäuser. Er gab öffentlich zu, vor der Hochzeit Praskowjas Herkunft gefälscht zu haben. Postum erklärte er sie zur Tochter einer polnischen Adelsfamilie, die nach dem Tod ihrer Eltern von seinen Leibeigenen adoptiert und aufgezogen worden war. Damit sicherte er dem einzigen gemeinsamen Sohn das Erbe.

Praskowja Graschenko, die mir in Wolgograd gegenübersitzt, erweckt nicht den Eindruck einer romantischen Seele. In ihrer Jugend hätte sie wahrscheinlich Modell stehen können für einen sozialistisch-realistischen Bildhauer: Sichel oder Hammer schwingend, das energische Kinn vorgestreckt, allzeit bereit zur Erfüllung des Jahresplans. Wladimir Andropow verkörpert den typischen Apparatschik aus Sowjetzeiten, ein Hardliner wie sein berühmter Namensvetter.

Den Einwand, dass der Name Stalingrad auch unliebsame Erinnerungen wecken könnte, zum Beispiel an den Roten Terror Ende der dreißiger Jahre, wischt er fort. Genauso wenig stört er sich an den Auswüchsen des Personenkults. Dass die Menschen unter Stalin gelitten haben, lässt er nicht gelten. Schließlich hätten selbst die Kinder der Repressionsopfer studieren dürfen.

Andrej Sidorow und Tatjana Tscherkassowa schlendern über die Wiesen am Denkmal der »Mutter Heimat«. Sie lieben diesen Ort. Beide studieren. Sie halten nichts von den Bestrebungen, ihre Heimatstadt wieder in Stalingrad zurückzubenennen. Der Platz in den Geschichtsbüchern sei Stalingrad auch ohne die Umbenennung Wolgograds sicher.

Von morgens neun Uhr bis abends 19 Uhr schallen den Besuchern aus scheppernden Lautsprechern die Heldenchöre aus dem Großen Vaterländischen Krieg entgegen, das Maschinengewehrrattern sowie das typische Pfeifen der Stalinorgeln. Und natürlich Juri Lewitan.

»Hier spricht Moskau. In der letzten Stunde gelang unseren Truppen die erfolgreiche Offensive im Raum Stalingrad. In diesen Tagen sind unsere Truppen zur Offensive gegen die deutschen faschistischen Truppen übergegangen. Die Offensive begann aus zwei Richtungen, vom Nordwesten und vom Süden ...«

Diese Nachricht vom 19. November 1942 verkündete den lang ersehnten Beginn der russischen Gegenoffensive. Am 23. August 1942 hatten deutsche Kampfbomber die Stadt an der Wolga in Schutt und Asche gelegt, 40 000 Einwohner verloren ihr Leben. Bis November hielt die Rote Armee zwar die Stellung, griff die Eroberer aber kaum an.

Juri Danilewski schlägt sich als Taxifahrer durch den mühsamen russischen Alltag. Regelmäßig bringt er Touristen zur »Mutter Heimat«, dieser einzigen Sehenswürdigkeit der kargen Steppenstadt, doch die 52 Meter hohe Statue hat sein Herz bis heute nicht erobern können.

Ihm ist die Figur zu pompös und pathetisch. Vom Leid, den Tränen um die Toten finde sich keine Spur in ihrem zur Gegenwehr entschlossenen, harten Gesicht. »Der Heroismus, den die Kommunistische Partei ständig herausstellt, hatte mit der Wirklichkeit doch nichts zu tun. Wie viele internationale Delegationen haben sie hierhergeschleppt! Aber nicht eine hat gesehen, wie die ach so verdienstvollen Kriegsveteranen bei uns heute leben. Allen Teilnehmern dieser Delegationen, die zu uns kommen, wird eine Miniaturausgabe der ›Mutter Heimat‹ überreicht. Viele von ihnen ›vergessen‹ sie rein zufällig im Hotel.«

Walentina Kluschina hat ihr Berufsleben am Fuße der »Mutter Heimat« verbracht. Das Denkmal entspräche exakt dem Patriotismus, den das russische Volk empfinde, versichert sie. Die heute pensionierte Technische Direktorin der Gedenkstätte erlebte mit, wie die Betonteile der Statue aufeinandergesetzt und von innen mit 80 Trossen festgezurrt wurden. Während mich die stark übergewichtige Rentnerin durch ihr Wohnzimmer zu den Fotoalben in den Bücherregalen dirigiert, erzählt sie mit vollem Mund, Kekse kauend, von den alten Zeiten. Mit krümeligen Fingern tippt sie auf eine Fotografie aus dem Jahr 1966: die »Mutter Heimat« noch eingezwängt im Baugerüst. Und sie erinnert sich an den Schrecken, den der Ukas von Nikita Chruschtschow auslöste. Das Denkmal, das anfangs nur 36 Meter hoch sein sollte, musste plötzlich die amerikanische Freiheitsstatue übertreffen und damit 16 Meter größer als ursprünglich geplant werden. Valentina Kluschina hätte sie kleiner besser gefallen, weil sie dann weniger Probleme verursacht hätte. 1977 drohte neues Ungemach, als das

Schwert gefährlich in der Mutterhand zu schwanken begann. Ein neues wurde gebaut, mit winddurchlässigen Membranen.

1942 war Oleg Burkowski 14 Jahre alt, der Flusshafen an der Wolga war schon in seiner Kindheit sein Lieblingsplatz, und er ist es bis heute. Die Vergangenheit begleitet den Mann, der kaum 1,55 Meter misst, stets. Die wichtigsten Auszeichnungen trägt er stets bei sich. Man sieht seinem schwarzen, leicht schmuddeligen Jackett an, dass er es nur höchst ungern in die Reinigung gibt, zu umständlich ist es, jedes Mal sämtliche Orden abzunehmen. »Das ist der Vaterländische Verdienstorden Erster Stufe. Der Rote Stern, die Tapferkeitsmedaille, die Uschakow-Medaille, die Nachimow-Medaille, die Medaille für die Verteidigung von Odessa, Stalingrad und den Polarkreis. Diese Tapferkeitsmedaille hier habe ich in Stalingrad bekommen.« Der Zeigefinger hüpft von Abzeichen zu Abzeichen. Er erinnert sich, wie die Deutschen 16 seiner Kameraden festgesetzt hatten. Den Aufklärern der Roten Armee gelang es nicht, sie zu befreien. Da schlug der Junge, der die Stadt in- und auswendig kannte, vor, es von einer anderen Seite her zu versuchen. Mit einer erbeuteten deutschen Walther-Pistole, einem Maschinengewehr und jeder Menge Patronen holte er die Männer heraus und schoss ihnen den Weg zurück zu ihren Einheiten frei. 16 Männern, vier von ihnen verletzt, hatte er das Leben gerettet und dafür die Tapferkeitsmedaille erhalten, das noch immer wertvollste Geschenk, das er jemals bekommen habe.

Oleg war einer von Tausenden sowjetischen Kindersoldaten. Nicht nur weil er so klein und quirlig ist und die Gesetze des Alterns für sich scheinbar außer Kraft setzen konnte, kann man sich ihn gut im viel zu großen Soldatenmantel und in Riesenstiefeln vorstellen. Mit schwermütigen Erinnerungen hält er sich nicht auf. Trotz seiner 75 Jahre kultiviert er noch immer von sich das Bild eines Lausbuben, Tausendsassas und sogar Charmeurs. Urplötzlich verschwindet er im Rosenbeet am Hafen, um dann, einen Augenblick später, hervorzuspringen und eine Blume aus dem Jackett zu zaubern. Kein Zweifel, dass er im Zirkus oder Film auch gut aufgehoben gewesen wäre.

Die einberufenen jungen Männer wurden damals ohne jede Vorbereitung an die Front geschickt. Die ersten Monate der Schlacht um Stalingrad mussten die russischen Einheiten miserabel ausgerüstet überstehen. Bis die Armee endlich die Stadt mit dem symbolträchtigen Namen verteidigte, mangelte es zunächst an Waffen, Munition, Lebensmitteln und Soldatenkleidung, nur an einem nicht: an stetig nachrückenden jungen Männern. Die waren keineswegs immer von sich aus bereit, für das Vaterland zu sterben. Doch ein Zurückweichen gab es nicht. Zu gefürchtet war der Ukas 227 »Keinen Schritt zurück«, das russische Pendant zu Hitlers Befehl »Halten und verteidigen«.

Oleg Burkowski, der Kindersoldat, trägt noch heute seine ganze Kompanie bei sich. Ein kleines Album, mit Fotos von Kampf- und Weggefährten. Die meisten Fotografien hat er inzwischen mit schwarzem Kuli umrandet. Nur eines enthält das Album nicht. Ein Bild von Oleg als Kind in Uniform. Ein Soldat hatte ihn zu seiner Einheit mitgenommen, als er hörte, dass Olegs Vater an der Front diente und die Mutter bei der Evakuierung des Krankenhauses, in dem sie arbeitete, hinter den Ural verschickt wurde. Er wurde General Radimzew vorgestellt, der behielt ihn und machte ihn zum »Sohn« des 34. Gardeheeres.

Wenn Oleg durch die Straßen Wolgograds geht, hat er noch immer den Frontverlauf vor Augen, obwohl von den allermeisten Gebäuden nichts geblieben ist. Dass die Stadt so schnell und mit Helfern aus der ganzen Sowjetunion wieder aufgebaut wurde, verdankte sie ihrem damaligen Namen.

»Hier spricht Moskau. Heute, am 2. Februar 1943, haben (...) unsere Truppen (...) den Widerstand des Gegners gebrochen. Sie haben ihn gezwungen, die Waffen niederzulegen.

Zerschlagen wurde der letzte Herd des Widerstandes im Raum Stalingrad. Am 2. Februar 1943 ist die historische Schlacht bei Stalingrad mit dem völligen Sieg unserer Truppen zu Ende gegangen! Ewiger Ruhm den Helden, die im Kampf für die Freiheit und Unabhängigkeit unserer Heimat gefallen sind!« Auf sowjetischer Seite waren allein in und um Stalingrad fast eine Million Tote zu beklagen.

Oleg Burkowski hat die für die sowjetischen Einheiten so glücklichen Stunden des Sieges in Stalingrad nicht miterlebt. Während der gesamten russischen Gegenoffensive lag er verletzt im Krankenhaus.

In der Klinik befahl der Chirurg: »Waschen und ab auf den Tisch!« Dann sah er den Jungen an. »Er verliert ja sein Bein! Er wird sein Leben lang ein Krüppel sein! Täubchen, das machen wir anders!« Er band Oleg am Bett fest und rieb das kranke Bein mit seiner berühmten Wischnewski-Salbe ein. Der kleine Soldat wollte unbedingt gesund werden. Wenn die anderen auf der Station schliefen, befahl er sich: »Los arbeite, werd gesund!« Als der Arzt das nächste Mal kam, sagte er: »Prachtkerl, gut gemacht«. Sein Bein heilte, es war gerettet. Solange er das Krankenhaus nicht verlassen durfte, half er den jungen Schwestern bei den Amputationen. Sie waren kaum älter als er, 16 oder 17 Jahre. Die jungen Frauen banden die Verletzten fest, flößten ihnen Wodka zur Betäubung ein, schoben ihnen einen Gummihandschuh zwischen die Kiefer, damit sie sich nicht vor Schmerz die Zähne ausbissen und dann sägten die Schwestern: zehn bis 15 Soldatenbeine pro Tag.

Nach Stalingrad kämpfte Oleg Burkowski an etlichen weiteren Fronten, unter anderem diente er als Marinesoldat auf mehreren U-Booten. Endlich verlas Stalins Sprecher Lewitan die erlösende Nachricht:

»Akt über die militärische Kapitulation. Das deutsche Oberkommando wird in Kürze einen Befehl herausgeben, nach dem alle Boden-, See- und Luftstreitkräfte und alle weiteren, dem deutschen Kommando unterstehenden Kräfte sämtliche Kriegshandlungen um 23.01 Uhr mitteleuropäischer Zeit des 8. Mai 1945 zu beenden haben.«

Am Ende des Krieges wurde der junge Held aus Stalingrad nach Moskau eingeladen, um an der Parade am 9. Mai 1945 auf dem Roten Platz teilzunehmen. Dort angekommen, schickten sie ihn fort. Weil er zu klein war, an das Gardemaß nicht heranreichte. Er schlug vor, hohe Absätze zu tragen. Vergeblich. Er blieb zwar in Moskau und sah die Parade, aber nicht als Teilnehmer, sondern als Zuschauer.

Oleg Burkowski ist nie in die Kommunistische Partei eingetreten. Zu übermächtig war sein Hass auf Stalin. Die Schergen des Diktators hatten seinen Vater und dessen Freund beschuldigt, »Volksfeinde« zu sein. Sie wurden verfolgt und ermordet. Jeden 5. März, Stalins Todestag, pflegt Oleg Burkowski sein Glas zu erheben und auf die Freude anzustoßen, die dieser Tag Jahr für Jahr in ihm weckt. *Sein* Jahrestag der Befreiung – von Stalin.

Ein leibhaftiger Stalin-Enkel

Jewgeni Jakowlewitsch Dschugaschwili ähnelt in gespenstischer Weise seinem Großvater, dem Diktator Josef Wissarionowitsch Stalin. Kleine grüne Augen, die auf den ersten Blick braun erscheinen, der gleiche Schwung der Brauen, das aus der Stirn zurückgekämmte volle Haar und natürlich der buschige Schnauzbart. Bei Jewgeni Dschugaschwili fällt er etwas gezähmter aus als bei seinem Vorfahren Josef.

Anders als der berühmte Verwandte, dessen Gesicht durch einen Schrotschuss, nicht von Akne, entstellt worden war, ist der Enkel unversehrt. Manchmal reibt er sich den linken Arm, der allerdings völlig gesund ist, nicht verkrüppelt wie bei seinem Großvater.

Ich treffe den Stalin-Enkel in Moskau. In einer heruntergekommenen, jedoch ehemals nobel ausgestatteten Wohnung an der Leningradskoje Chaussee.

In dem Stalin-Gebäude aus den fünziger Jahren wohnte die sowjetische Nomenklatura. Das Fünfzimmerappartement hat der Stalin-Enkel geerbt. Weil er aber nicht in Moskau, sondern in Tbilissi lebt, will er die Immobilie nun auf seine Söhne und Enkel umschreiben lassen. Der Wert der Wohnung so nahe am Stadtzentrum steigt von Jahr zu Jahr, auch wenn sich unten auf den zehn Spuren Autolawinen vorüberwälzen oder zu Staus erstarren. Die großen Zimmer sind fast leer geräumt. Nur die Wände sind über und über mit dem Konterfei des Diktators dekoriert: auf Fotografien, Plakaten, Zeichnungen oder Holzschnitten. Wenn der 67-jährige Stalin-Enkel davor steht, meint man, auf sämtlichen Porträts sei er selbst dargestellt. Ein Schauer läuft mir über den Rücken, was der Gastgeber bemerkt. Ein spöttisches Lächeln umspielt seinen Mund.

Bei dem kleingewachsenen Enkelsohn wird klar, warum sich Stalin ausschließlich von unten nach oben und in schmeichelndem Licht fotografieren ließ: So schien er größer, als er mit seinen 1,62 Metern in Wirklichkeit war. Jewgeni Dschugaschwili ist das personifizierte Beispiel für die Vererbungstheorie, nach der die Enkel die größte Ähnlichkeit mit den Großeltern aufweisen. Was biologisch nur für äußere Merkmale gilt, trifft bei ihm allerdings auch auf die politischen Anschauungen zu. Dabei hätte er allen Grund gehabt, dem grausamen Alten bis ans Ende seiner Tage bitterböse zu sein. Schließlich war es sein Großvater, der Jewgeni Dschugaschwilis Vater im Stich ließ. Ihn nicht rettete, obwohl er die einmalige Chance dazu hatte. Stalins Sohn Jakow war in deutsche Kriegsgefangenschaft geraten. Stalin wurde vorgeschlagen, seinen Sohn gegen Generalfeldmarschall Paulus auszutauschen. Doch der Diktator lehnte ab. In seinen Augen beging ein Soldat ein Verbrechen, wenn er sich in Gefangenschaft nehmen ließ. Jakow starb bei einem Fluchtversuch aus dem deutschen Lager und bekam seinen Sohn Jewgeni nie zu Gesicht.

Der gefolgstreue Enkel mimt den Verständnisvollen. »Es war Krieg, Stalin war der Oberkommandierende der Streitkräfte. Er hätte ihn noch nicht einmal theoretisch retten können«, ist er sich sicher. »Wenn er sich auf den Austausch seines Sohnes mit Paulus eingelassen hätte, wäre der Glaube an ihn dahin gewesen. Manche sagten: Was ist er hart, dass er noch nicht einmal seinen Sohn rettet! Aber er konnte nicht. Es war Krieg. Ich hätte genauso gehandelt.«

Jewgeni Dschugaschwili ist Militärhistoriker. Zu seinem Verwandten Josef Dschugaschwili fehlt ihm jede Distanz. Obwohl er dem Großvater niemals leibhaftig gegenüberstand, vergöttert er ihn. Auf das Jahrhundert, das so grausam von Stalin geprägt wurde, hat dessen Enkel seine ganz spezielle Sicht: »Es gibt keine Opfer. Das ist doch alles gefälscht und ausgedacht. Unsere Medien reden unablässig über die Stalinschen

Repressionen. Welche Repressionen? Wer hat denn nach der Revolution über 20 Jahre lang das Volk unterdrückt? Als die Revolution vorbei war, saßen in der Führung kaum noch Russen, da waren zu 98 Prozent nur noch Juden oder Trotzkisten, wie sie Stalin genannt hat. Sie haben die Intelligenz vernichtet. Ihnen stand auf ihrem Weg zum Weltjudentum die russisch-orthodoxe Kirche im Weg, also zerstörten sie die Kirchen. Und das schoben sie dann alles Stalin in die Schuhe. Er wurde dafür verantwortlich gemacht. Wie viele Kirchen sind vernichtet worden? Aber nicht eine Synagoge hat Schaden genommen. 1917 stand Stalin an fünfter Stelle in der Parteihierarchie. Die Gewaltstrukturen, also die Gerichte, die Armee waren in Trotzkis Händen. Stalin stoppte das. 1933 beendete er die Verfolgung der Priester und ließ sie aus den Gefängnissen frei. Die Menschenrechtsorganisationen beweinen aus irgendeinem Grund die Repressionsopfer Stalins. Warum nicht die Opfer unter Trotzki von 1917 bis 1937?« Ohne Punkt und Komma trägt Jewgeni Dschugaschwili seine Thesen vor und beruft sich auf die Wissenschaft.

Seine Tante Swetlana, die Tochter Stalins, hat den Namen ihrer Mutter angenommen, zu sehr hat sie sich des Vaters geschämt. Seit Jahrzehnten lebt sie im Exil und scheut die Rückkehr in die Heimat, weil sie sich noch immer nicht willkommen fühlt. Jewgeni, ihr Neffe und Enkel Stalins, macht es sich leichter. Nicht ein einziges Mal hat er sich einer Begegnung mit einem der Millionen Repressionsopfer gestellt.

Von den Säuberungen ab 1936 weiß der Stalinenkel angeblich nichts.

Anders als in Deutschland bei der Auschwitzlüge ist in Russland die Leugnung des Stalinschen Terrors und der damit verbundenen millionenfachen Opfer nicht strafbar. Dass seinem Großvater jedes Mittel zum Machterhalt recht war, dass er an Paranoia litt, in jedem Menschen einen potentiellen Gegner sah, den es zu vernichten galt, dass er Geschichtsbücher, sogar historische Fotos fälschte, all das weigert sich Jewgeni, der Enkel und angebliche Geschichtswissenschaftler, zur Kenntnis zu nehmen. Bei seiner Begeisterung für Despoten hat er Adolf Hitler gleich mit in sein Herz geschlossen. Der habe zwar Russland überfallen und ganz Europa angezündet. »Aber die Deutschen werden sich irgendwann noch auf ihn besinnen, denn sie besaßen nie eine solche Größe wie unter Hitler. Er war genial. Ein großer Diplomat. Die Repressionen wird das Volk eines Tages vergessen. Es wird ihn schon noch schätzen lernen. Wie wir Stalin. Der hat seine Heimat verteidigt. Ja richtig, mit harten Methoden, schließlich war Krieg. Aber Stalin hat Russland, durch das die Menschen noch mit Bastschuhen liefen, in eine Atommacht verwandelt.«

Stalins Enkel lebt in Tbilissi, obwohl Georgien seiner Meinung nach einem einzigen Sumpf gleicht. Wie Putins Russland, in dem sich die Oligarchen alles ergaunert hätten. Diese Diebe gehören seiner Meinung nach, da bleibt er ganz in der Familientradition, sofort an die Wand gestellt. »Es sind schon wieder alles nur Juden. Sie haben die Wirtschaft unter sich aufgeteilt, die Armee, die Justiz, die Polizei. Bei Putin muss man doch mal fragen, von welcher Henne stammt dieses Ei? Er wurde von Jelzin hochgebracht, Putin fasst diese Diebe und Gauner nicht an!«

Ich traf Jewgeni Jakowlewitsch Dschugaschwili am Vorabend des 50. Todestages seines Großvaters. Er hatte es eilig, denn er wollte seinen Flug nach Tbilissi nicht verpassen. Mit seinen Glaubensbrüdern, so schilderte er mir voller Vorfreude das Ritual, würde er ein Glas Roten leeren, Marke Kindsmarauli, der Lieblingswein von Stalin. In Gori, der Geburtsstadt seines Großvaters, wo heute ein Stalinmuseum steht, dessen hochbetagte Museumsführerinnen ebensolche Ansichten wie der Stalin-Enkel vertreten. Wenn gerade mal nicht der Strom ausfällt, kann man dort die rot beleuchtete Totenmaske des Diktators betrachten. Als Jewgeni Dschugaschwili die Moskauer Wohnung abschließt, kommt doch noch so etwas wie Kritik. Einverstanden sei er nur mit einem nicht: Dass der

Großvater seinen Namen Stalin auch seinen Kindern gegeben hätte. Stalin sei doch schließlich nicht sein Nachname, sondern sein Parteiname gewesen. »Stalin kann doch nun wirklich nur einer sein.«

Mit weit über 70 Jahren gelang es Dschugaschwili, dem Enkel, 2009 für Schlagzeilen zu sorgen. Er war auf einen Nebenverdienst aus. Den wollte er sich in Form von Schmerzensgeld bei der kremlkritischen »Nowaja Gaseta« holen, die Stalin persönlich für Tausende von Morden verantwortlich gemacht hat. Das Moskauer Basmanny-Gericht, nicht eben ein Hort liberal denkender Richter, wies die Klage auf zehn Millionen Rubel (rund 220 000 Euro) Schmerzensgeld ab. Aus dem Plan des Enkels, »Ehre und Würde Stalins wiederherzustellen«, wurde nichts, obwohl etliche Meinungsumfragen, die Stalin als wichtigste historische Figur Russlands nannten, ihn zuvor ermutigt hatten.

Man benötigt keinen Kalender, um festzustellen, wann sich der 9. Mai, der Tag des Sieges über den Hitlerfaschismus, nähert, denn in dieser Zeit dominieren Kriegsfilme in Schwarz-Weiß die russischen TV-Programme, wobei sie den Preis, den die Protagonisten für ihr Heldentum zahlen mussten, meist im Dunkeln lassen. Eine Haltung, die Stalin seinen Bürgern abverlangte.

Die Expertenkommission, die im Auftrag der Regierung über die »Reinhaltung« des Sieges im Großen Vaterländischen Krieg wacht, hätte ihre Freude an den Wolgograder Spurensuchern und deren Leiterin Galina Oreschkina, die die junge Generation auf die ruhmreiche Geschichte einschwört, ohne allzu viele Fragen zu stellen. 2005, zum 50. Jahrestag des Sieges, erinnerten nur zwei der insgesamt 300 Veranstaltungen an das Schicksal der russischen Kriegsgefangenen und lediglich eine Ausstellung rief das Leid der Zwangsarbeiter aus den osteuropäischen Ländern ins Gedächtnis. Die Partisanenbewegung in Weißrussland, der Widerstand im Baltikum, die Deportation der angeblichen Kollaborateure – keiner Erwähnung wert. 298 der insgesamt 300

Veranstaltungen beschäftigten sich ausschließlich mit dem Erfolg der Roten Armee im Großen Vaterländischen Krieg, den auch das Fernsehen bis heute fast ausschließlich heroisiert.

Mit der Verhaftung des Geschichtsprofessors Michail Suprun in Archangelsk 2009 wurde das erste Exempel statuiert, das zeigte, wie ernst es der erst kurz zuvor eingesetzten Historikerkommission mit der Ausrichtung der Forschungen ist. Suprun beschäftigte sich in einem 2007 vereinbarten russisch-deutschen Projekt mit dem Schicksal der Russlanddeutschen und Kriegsgefangenen während des Stalinismus. Unter fadenscheinigem Vorwand wurde er stundenlang verhört. Angeblich hat er persönliche Daten Dritter aus dem Archangelsker Archiv unbefugt ins Ausland gegeben. Sollte er verurteilt werden, drohen ihm bis zu vier Jahre Gefängnis und das Ende seiner beruflichen Existenz als Geisteswissenschaftler. Supruns Forschungsmaterial wurde beschlagnahmt, er muss sich vor Gericht verantworten.

Die Befürchtungen Arseni Roginskis, der seine Geschichtsforschungen in den Dienst der Menschenrechtsorganisation »Memorial« gestellt hat, wurden innerhalb eines halben Jahres wahr: Der Wissenschaft droht unter Putin ein ähnliches Schicksal wie der Presse: Einschüchterung und Knebelung.

Jetzt, am Ende seines Berufslebens, konstatiert der »Memorial«-Historiker, dass er auf die Frage, welche Bedeutung die historische Wahrheit für Russlands Gegenwart und Zukunft hat, noch immer keine Antwort weiß. »Hitler baute seinen Terror auf der Unterdrückung eines Teils der Bevölkerung auf. In der Sowjetunion wurde die gesamte Bevölkerung terrorisiert, allerdings unter zunächst sehr sympathisch klingenden Losungen: Dem Schutz der Interessen des Volkes. »Das waren keine Menschenfresser-Parolen. Stalin begann die große landesweite Säuberungsaktion, nachdem er zuvor gerade die ersten freien Wahlen angekündigt hatte.« Genauso gehe die heutige Regierung vor, wenn sie ihr autoritäres Bestreben, die Kontrolle über gesellschaftliche Vorgänge zu bekommen, hinter

Losungen verstecke. Wie der vom »besonderen Weg Russlands in Richtung Demokratie«, weil die »westliche Demokratie« Russland angeblich nicht entspricht.

So wenig wie öffentlich über das Jahr 1939 nachgedacht wird, als die Sowjetunion noch Verbündete Hitlers war, so wenig ist die offizielle Geschichtsschreibung bereit, den Anschluss des Baltikums ehrlich darzustellen. Der Streit um das Denkmal des unbekannten gefallenen sowjetischen Soldaten, das die estnische Regierung 2007 aus dem Zentrum der Hauptstadt Tallinn entfernen ließ, drehte sich im Kern um die gegensätzlichen Perspektiven auf dieses Kapitel gemeinsamer leidvoller Geschichte. Die eine wie die andere Seite lässt nur ihre Sichtweise zu. Die Esten sehen das Denkmal nicht als ihres an, betrachten es vielmehr als Symbol sowjetischer Besatzung. Die Russen wiederum beklagen, dass mit der Verbannung des bronzenen Sowjetsoldaten an den Stadtrand der opferreiche Kampf gegen den Faschismus nicht mehr ausreichend gewürdigt wird, von dem die Rote Armee schließlich auch Estland befreit hatte. Russische Schulbücher sparen die sowjetische Besatzung vor dem Großen Vaterländischen Krieg vollständig aus. Stattdessen gilt auch für das Baltikum die Lesart des freiwilligen Völkerbundes.

Seit zehn Jahren schreibt die Menschenrechtsorganisation »Memorial« alljährlich einen Geschichtswettbewerb unter russischen Schülern aus.

»Die eingereichten Arbeiten werden immer schlechter«, stellt die Verantwortliche Irina Scherbakowa fest. Die Quantität sei unvermindert hoch, doch die Sprache der Schüler strotze vor sowjetischen Floskeln, ganz anders als zu Anfang. »Die unabhängigen Geister werden weniger und weniger.«

Jugend voran

Neuentstandene Organisationen wie »Naschije« (Die Unsrigen) oder »Iduschtschije wmestje« (»Zusammen gehen«) erwecken den Anschein, dass sich Russlands junge Generation mit dem Staat identifiziert. Anders als zu Zeiten Gorbatschows und Jelzins wird seit Putin und Medwedjew mit Stolz auf das Heimatland geblickt. Aufmärsche an zentralen Orten wie dem Roten Platz, nicht in Uniformen, aber in einheitlichen T-Shirts, sollen demonstrieren, wie viel Rückhalt die Regierung unter der Jugend genießt. Sie beweisen vor allem eins: die Billigung der Organisationen durch die Kremlherren. Was kein Wunder ist, stecken diese doch als Auftraggeber hinter den Prozessionen. Nicht selten erzählen die glücklicherweise angstfreien Teenager frisch von der Leber weg, womit die Veranstalter ihre Teilnahme erkauft haben: mit Konzerttickets, Basecaps, T-Shirts.

Erschreckender Höhepunkt der Instrumentalisierung junger beeinflussbarer Köpfe war die öffentliche Versenkung der Bücher Wladimir Sorokins in einer überdimensionalen Toilettenschüssel im Sommer 2002. Ort des Geschehens: der Vorplatz des Bolschoi-Theaters, was, wenige Meter vom Kreml entfernt, wiederum ein untrügliches Indiz dafür war, wo die Aktion abgenickt, wenn nicht erdacht worden war.

Mit großer Geste warfen junge Männer zerfledderte Bücher in das Riesenklobecken. Der Chef der Jugendbewegung »Zusammen gehen«, Wassili Jakimenko, ließ es sich nicht nehmen, persönlich zu überwachen, wie Öl über die herausgefetzten Seiten gekippt und alles mit einem einzigen Streichholz in Flammen gesetzt wurde. Der entweihte Bücherberg brannte lichterloh. Das Opfer dieses Autodafés war der historisch angehauchte Science-Fiction-Roman »Himmelblauer Speck«.

Eine Gruppe von Alten stampfte auf einigen Exemplaren am Boden herum, andere fuchtelten mit zerschnittenen Ausgaben, die Gesichter hassverzerrt. Ein Kriegsveteran mit unzähligen Orden an der Brust ereiferte sich: »Damit meine Kinder nicht mit diesem ekelhaften Zeug in Berührung kommen, werde ich diesen Sorokin bekämpfen sowie damals Hitler.« Eine weißhaarige Demonstrantin im Sonnenhut wetterte, dass sie »etwas derart Vor-Sich-Hinfaulendes noch nie gesehen und nie gehört« habe. Woher der plötzliche Abscheu über »Himmelblauer Speck« rührte, war zunächst unerklärlich, schließlich lag der Roman bereits seit drei Jahren in den Buchläden. »Himmelblauer Speck« spielt auf drei Zeitebenen und versetzt Stalin und Hitler in die Zukunft. Den Dichtern wird befohlen zu dichten, weil sie beim Fabulieren und Formulieren himmelblauen Speck produzieren, eine Substanz, mit der sich Geschichte zurückdrehen und neu gestalten lässt. Das phantasievolle Werk ist gespickt mit Kraftausdrücken. Vor allem aber die pornographischen Szenen dürften es gewesen sein, die den Saubermännern der kremlnahen Jugendbewegung »Zusammen gehen« ins Auge stachen. Ihre erste Aktion, eine Umtauschaktion sogenannter schädlicher Bücher gegen nützliche, lief allerdings ins Leere. Niemand wollte bei den eifrigen Moralaposteln Bücher abgeben. Da legten sie nach. Wassili Jakimenko, selbsternannter »erster Pädagoge« von »Zusammen gehen«, definiert das Erziehungsziel, das er klar vor Augen hat: »Ins Gefängnis soll Sorokin nicht. Das würde ihm nur noch mehr Popularität verschaffen. Eine Verurteilung auf Bewährung könnte ihm eine ordentliche Lektion erteilen und ihn daran hindern, noch einmal die russische Literatur zu beschmutzen.«

Sorokin, dessen Schüchternheit in der Realität in auffälligem Kontrast zu der rauen und bisweilen brutalen Phantasie in seinen Büchern steht, reagierte hilflos auf die »Barbarei, die an die dreißiger Jahre erinnert«. – »Bücher, egal ob sie einem gefallen oder nicht, soll man nicht zerreißen, dafür werden sie nicht gemacht.« Mühsam bringt er den Satz hervor, er stottert. Nicht nur, wenn er empört ist.

Schriftsteller wie Ludmilla Ulitzkaja und Viktor Jerofejew erklärten öffentlich, dass Sorokin mit seinen Bekenntnissen weit weniger gefährlich sei als Leute, die zu solchen Aktionen aufrufen.

Noch mehr sorgte sie, dass sich der Kreml von der Bücherverbrennung nicht distanzierte, diese Jugendorganisation vielmehr unterstützte und finanzierte. Der Reformdemokrat Wladimir Lukin von der Partei »Jabloko« stellte die übereifrigen Aktivisten in eine Reihe mit Skinheads, Nazis und Faschisten: »Diese Leute sind aus dem gleichen Teig gebacken. Die Faschisten propagierten ebenso eine gesunde Lebensweise und traten auch gegen sogenannte schädliche Autoren auf. Dass jetzt diese Leute solche Werte hochhalten und schützen wollen, beunruhigt mich am meisten, zumal sie von äußerst klugen und gerissenen Personen und Clans unterstützt werden. Das ist extrem gefährlich für Russland.«

Auch diejenigen, die die heldenhaften Momente der sowjetischen Vergangenheit in den Vordergrund gerückt wissen wollen, gehen bislang noch nicht so weit, die Repressionen unter Stalin öffentlich zu rechtfertigen.

Unter den Menschenrechtlern macht sich Ratlosigkeit breit: Während sie sich noch um die Öffnung der Archive bemühen, sehen sie sich viel mächtigeren Gegnern gegenüber: diesen neuen Propagandisten, die den Stolz auf die Heimat predigen. »Sollen wir dem entgegensetzen: ›Seht auf die dunklen Kapitel unserer Vergangenheit!‹ Natürlich schenkt uns niemand Gehör!«, hatte Arseni Roginski konstatiert.

Im Unterschied zur letzten Sowjet-Generation schauen die heute 20-Jährigen positiv auf ihr Land. Die zermürbenden Jahre vor und unmittelbar nach dem Zerfall der UdSSR kennen sie nur aus den Erzählungen der Eltern. Weil es wirtschaftlich zwar keineswegs stetig, aber in der Tendenz doch bergauf geht, sehen junge Leute für sich eine Perspektive in ihrem Heimatland. Der Aufschwung begann fast zeitgleich mit Putins Amtsantritt. Boris Jelzin, krank und müde, hatte am Mittag des 31. Dezember 1999 seinen Rücktritt erklärt und Putin zum amtierenden Präsidenten bestimmt. Ein Paukenschlag am Ende seiner Karriere, am Ende des Jahres und Jahrhunderts. Den Journalisten in Russland, in- und ausländischen, die über den Machtwechsel berichten mussten, hatte der sprunghafte Präsident noch einmal gehörig in die Suppe gespuckt, denn die Milleniumsparty ins Jahr 2000 würde nun ohne die Korrespondenten stattfinden.

Der steile Aufstieg des Ex-KGB-Offiziers und FSB-Chefs Putin, der erst wenige Monate zuvor von Jelzin zum Ministerpräsidenten ernannt worden war, ereichte nie für möglich gehaltene Höhen. Putin gewann in schwindelerregendem Tempo an Popularität. Seit Jahren ziert sein Konterfei die dicken Bäuche der russischen Matroschka-Puppen, Tassen, T-Shirts und andere Souvenirs. Sibirische Eisenwarenfabriken gießen seine Büste in verschiedenen Größen, und Pelzhändler im Ural nähten dem Präsidenten, nun Premier, eine Schapka Monomacha, eine goldbesetzte Pelzmütze, die früher nur Zaren tragen durften. Ein Student aus Tscheljabinsk dichtete und komponierte gar eine Ode auf den Präsidenten, und selbst 20-jährige Popsternchen der Band »Pojuschtschije wmestje« trällern, dass sie so einen wie Putin wollen, so voller Kraft, so einen wie Putin, der niemals trinkt, so einen wie Putin, der dich nie beleidigt, der nicht davonläuft. »Pojuschtschije wmestje« heißt »Gemeinsam singen«. Die Ähnlichkeit des Namens zur Putin-Jugendorganisation »Iduschtschije wmestje« – »Zusammen gehen« ist volle Absicht.

Drei Viertel der Russen standen nach Putins erster Amtszeit von 2000 bis 2004 hinter ihrem Präsidenten. Beim Urnengang 2004 hätte es keiner Wahlfälschungen für seinen klaren Sieg bedurft. Auch meine russische Sekretärin, die sich, weil sie eine energische Jelzin-Gegnerin war, als Oppositionelle verstand, lag Putin zu Füßen. Sie verspüre eine geheime Faszination: »Er ist der erste Präsident, für den wir uns nicht schämen. Er sieht gut aus. Man kann ihn sich im Fernsehen anschauen und muss nicht befürchten, dass er wieder irgendwelchen Unsinn von sich gibt, betrunken mit Atomwaffen in Richtung China droht, wie Jelzin. Wie oft habe ich damals den Apparat ausgeschaltet! Oder die Generalsekretäre davor: Breschnew, Chruschtschow oder Gorbatschow mit seinen ewigen Appellen, die uns zum Hals raushingen. Putin hat etwas zutiefst Menschliches, Sympathisches an sich. Er ist intelligent. Er hat unser Land wieder stabilisiert. Die Renten und Gehälter sind erhöht worden, und worüber wir uns ja auch schon freuen: Sie werden pünktlich ausgezahlt. Alle meine Verwandten, Bekannten, Freunde bekommen regelmäßig ihr Geld.«

Putin hatte Glück. Just mit seinem Amtsantritt hörte der Ölpreis nicht mehr auf zu steigen. Die Kassen füllten sich, Russland konnte seine Schulden bedienen. Wladimir Putin führte Russland als ständiges Mitglied in den Kreis der G8, holte Moskau wieder auf die Bühne der Weltpolitik, und mit ihm kehrte der Glaube an Russland als Supermacht zurück, was das stark angekränkelte Selbstwertgefühl der Russen gehörig aufpäppelte. Warum das so wichtig ist für die Menschen zwischen Kaliningrad und Wladiwostok? »Das sitzt offenbar tief in uns drin. Wir Russen sind die Besten, die Stärksten, die Größten«, versucht sich meine Sekretärin einen Reim auf ihr Volk zu machen. »Es ist nicht so, dass wir damit die Welt bedrohen müssen, aber wir wollen uns selbst stark fühlen. Und wir haben den Eindruck, dass uns Putin diese Gewissheit vermittelt.«

Dessen Beliebtheit ist im Volk ungebrochen, unter der Jugend scheint sie sogar immer weiter zuzunehmen. Um herauszufinden, ob russische Jugendliche ihr Land tatsächlich vor allem positiv sehen und ob sie sich überhaupt noch von westlichen Altersgefährten unterscheiden, nahm ich eine Einladung des Deutsch-Russischen Jugendparlaments an, das 2010 in Jekaterinburg tagte. Eine erfrischende, ermutigende und keineswegs uniforme Runde, die seit 2003 parallel zum »Petersburger Dialog« tagt. Hier werden traditionell Fragen wie Patriotismus, politisches Engagement oder Toleranz diskutiert. Kontrovers, aber längst nicht in derart vorgefertigten Schablonen wie bei den »Erwachsenen« des Petersburger Dialogs, den Ex-Bundeskanzler Gerhard Schröder und Ex-Präsident Wladimir Putin 2001 ins Leben riefen, um regelmäßig Begegnungen der Zivilgesellschaften beider Länder zu ermöglichen. 2010 versammelten sich 30 junge Frauen und Männer aus beiden Ländern in Jekaterinburg. Alle etwas über 20 Jahre alt, auf deutscher Seite meist Studenten, auf russischer Absolventen, denn das russische Bildungswesen schleust Schulabgänger deutlich zügiger durch seine Universitäten und Hochschulen. Wie unterschiedlich deutsche und russische Jugendliche auf ihre Heimat schauen, offenbarte sich sofort. Während das Bild von ihrem Land bei den jungen Deutschen so kritisch ausfällt, dass für sie nur eine Mitarbeit in der politischen Opposition in Frage käme, betrachten die russischen Gleichaltrigen ihre Heimat und die Politiker in milderem Licht.

Und sehr viel häufiger als Deutsche engagieren sie sich in den etablierten Parteien, genau genommen in *der* Partei: »Jedinaja Rossija«, »Einiges Russland«. Und zwar nicht trotz, sondern wegen Putin, auch wenn der im Westen als nicht eben demokratiefreundlich gilt.

Wadim Petrow aus Murmansk ist mit 16 Jahren in die Nachwuchsorganisation der Regierungspartei eingetreten, mit 18 bekam er sein reguläres Parteibuch. Wadim ist 24 Jahre alt, Ökonomie-Student. Er achtet Putin. »Er ist der Vorsitzende unserer Partei, er ist Russlands Hoffnung. Er bekennt sich zu seinem christlichen Glauben, was für mich wichtig ist. Er strahlt Stärke aus und steht für die Sicherheitsorgane in unserem Land, das in ständiger Angst vor seinen äußeren Feinden lebt. China zum Beispiel, das am liebsten unser Territorium in Sibirien besetzen würde für seine vielen Menschen. Die NATO, die immer näher an unsere Grenzen heranrückt. Das weiß jedes Schulkind.«

Wadim Petrow, mit schon jetzt schütterem Haar, nuschelt entsetzlich. Trotzdem vertritt er seine Meinung mit Nachdruck. Wie man im Ausland über Putin denkt, interessiere ihn nicht. Der sei der Führer seiner Partei, seines Landes, den Russlands Bürger gewählt hätten und den sie deshalb nun auch respektieren sollten. Putin sei der einzige, der Russland in ein modernes Land verwandeln könne. Was macht es, dass Putin nicht einmal Mitglied der Partei ist? Er ist der Vorsitzende! Während im Westen eher Medwedjew denn Putin als Modernisierer angesehen wird, kann Wadim Petrow, der Murmansker Student, keinen großen Unterschied erkennen. Medwedjew und Putin arbeiten zusammen, Medwedjew setzt fort, was Putin begonnen hat. Medwedjew ist etwas liberaler, Putin eher konservativ. »Ich weiß nicht, wen ich mehr achte: den Führer unserer Partei oder den Präsidenten, ich habe für beide gestimmt. Für Putin ist es unwichtig, auf welchem Platz er sich befindet, er ist so oder so der Führer unseres Landes.« Wenn Wadim vom Führer spricht, gebraucht er nicht das russische Wort »woschd«, Herrscher, das für Stalin benutzt wurde und eine ähnlich negative Konnotation hat wie das deutsche Wort Führer seit der Hitler-Zeit. Das Wort »rukowoditel« von dem Verb »rukowodit«, »führen«, klingt für ihn zu sehr nach Funktionärssprache. Deswegen weicht er aus auf den englischen Begriff »leader«. »Wir in ›Einheitliches Russland‹ arbeiten gerade daran, dem Premier mehr Macht zu geben als dem Präsidenten, der eher der Bewahrer der Föderation sein sollte.«

Ähnlichen Respekt wie Premier Putin bringt Wadim Petrow den lokalen Parteigrößen entgegen: U-Boot-Kapitänen in seiner Heimatstadt Murmansk. In der Nähe von Murmansk war im August 2000 das Atom-U-Boot »Kursk« gesunken. 118 Besatzungsmitglieder ertranken in der Barentssee. Trotzdem sind für Wadim U-Boote nicht Symbole des Versagens der russischen Marine und Staatsführung. Ein großer Teil der Flotte ist in seiner Heimatstadt Murmansk stationiert, viele ausgediente Wracks rosten in den Meeresbuchten rund um Murmansk vor sich hin. Doch für Wadim verbinden sich U-Boote mit der Elite des russischen Heeres. Vielleicht, weil er zur Zeit des Unglücks zu jung war, vielleicht, weil er in der abgeschirmten Atmosphäre der früher geschlossenen Militärstadt groß wurde.

Bei aller Begeisterung für Premier Putin ist Wadim kein Verfechter eines Ein-Parteien-Systems. Vielmehr bedauert er, dass die Finanzkrise ab 2008 die Entstehung einer Partei verhindert hat, die vielleicht »Christliche Gerechte Partei« hätte heißen können. Er sieht neben der Putin-Partei, die konsequent die konservativen Kräfte im Land stärke, durchaus Platz für eine liberalere Partei. Die muss seiner Meinung nach aber offenbar erst noch gegründet werden, die vorhandenen, in der Duma vertretenen, erfüllen anscheinend seine Vorstellungen nicht.

Konservativ zu sein bedeutet in Russland, dem Staat die Führung der Gesellschaft zu überlassen, ihn nicht als Diener der Bürger, sondern als gestaltende, bestimmende Kraft zu verstehen und der untergegangenen Sowjetunion nachzutrauern. Für Putin war der Untergang der Sowjetunion nach eigener Aussage die größte Katastrophe des 20. Jahrhunderts. Seine Anhänger, hauptsächlich die Älteren, denken genau wie er. Für Wadim ist allerdings Putins Charisma entscheidender, die Sowjetunion hat er nicht mehr bewusst erlebt.

Irina Korunowa, 21 Jahre alt, aus Sankt Petersburg, der Gründungsstadt des Dialogforums im Jahr 2001, hat das Fach »Internationale Beziehungen« studiert. Im Jugendparlament kann sie ihre neu erworbenen Vermittlerfähigkeiten sofort praktisch anwenden, denn die Teilnehmer sind in eine Sackgasse geraten. Die Deutschen wollen die Forderung nach gleichgeschlechtlichen Ehen auf Russland ausgedehnt wissen, die russischen Teilnehmer können mit einem solchen Ziel nichts anfangen, wehren sich mit Händen und Füßen. Irina hat nicht vor, einer Partei beizutreten. Sie will ihre politische Position unbeeinflusst finden. Eine Parteimitgliedschaft würde es ihr unmöglich machen, ihre Ansichten und die der Partei von einander zu trennen. Der kräftigen jungen Frau mit der schwarzen Mähne ist klar, dass eine Mitgliedschaft in der Regierungspartei mancherorts bereits so nützlich ist wie zu Sowjetzeiten. Dass sie trotzdem nicht eintritt, bedeutet keineswegs, dass sie dem System Putin und Medwedjew aus dem Weg geht oder gar findet, Putin sei kein Demokrat. Alles, was sie sich wünsche – Auslandsaufenthalte, Studien, ein eigenes Unternehmen gründen – sei im heutigen Russland möglich. Sie stoße nirgendwo an Grenzen, weder in ihrem politischen Leben noch in ihrer gesellschaftlichen Arbeit. Sie könne nicht feststellen, dass Russland kein demokratisches Land sein soll. »Aber ich bin keine Maximalistin, und deswegen ist für mich keine Partei interessant, erst recht nicht die Opposition.«

Wladimir Koslowski, 23 Jahre alt, in Moskau geboren, beendete die Journalistik-Fakultät und studiert gerade Medienmanagement. Er sieht sich in nicht allzu ferner Zukunft als Chefredakteur. Ein lautes Lachen folgt seinen Worten. Er amüsiert sich über seinen unverhohlenen Ehrgeiz, denn schließlich würden Chefredakteursposten nicht eben massenhaft vergeben. Dennoch: Genau so stellt er sich sein Leben in zehn Jahren vor. Allerdings würde er ein Chefredakteur ohne Parteibuch sein! Er beklagt mit scharfen Worten, die er jetzt wie Gewehrsalven abfeuert, dass in Russland faktisch ein Ein-Parteien-System herrscht, in dem die Partei »Einheitliches Russland« nichts anderes als die Interessenvertretung der russischen Beamten, der Bürokratie darstellt. Der Rest der Bevölkerung werde von ihr nicht vertreten. »Mich empört, dass eine einzige soziale Gruppe im Land die Macht ausschließlich für sich einspannt. Mit diesen korrupten Bürokraten möchte ich nichts zu tun haben.« Für die Demokratie in Russland will er sich als unabhängiger Journalist einsetzen. Das Jugendparlament gebe ihm die Möglichkeit, wie der kleine Junge im Märchen zu sagen: Der König hat gar keine Kleider, er ist nackt.

Der neuen Sitte in Russland, Sommerlager von Jugend- und Parteiorganisationen zu veranstalten, setzten Freunde von ihm ihr eigenes Camp entgegen: Sie organisierten ein Ferienlager, das frei war von jeglicher Parteipropaganda.

Schenja, dessen Bekanntschaft ich nach der Rückreise von Jekaterinburg in Moskau machte, hat das Wort Zivilgesellschaft vermutlich bisher weder gehört noch benutzt. Schenja ist ebenfalls um die 20 und schlägt sich so durch. Er bettelte mich in der Metro an, wollte Geld für eine angebliche Operation für seinen Hund. Die Metro war an jenem Nachmittag erstaunlich leer. Schenja scherte sich keinen Deut darum, ob ich ihm zuhörte, er redete ohne Punkt und Komma auf mich ein: »Sehen Sie, meine Hündin ist trächtig. Sie braucht einen Kaiserschnitt und der soll 2000 Rubel kosten. Jetzt muss ich das Geld zusammenkratzen. Aber bis ich die Summe zusammen habe, gibt sie vielleicht schon den Löffel ab. Ich schaffe nur 100 Rubel am Tag, das geht zu langsam. Der Milizionär da ist okay. Er jagt einen nur weg, keiner, der einen gleich festnimmt. Und er verlangt auch kein Geld. Für Sie sind 50 Euro ein Klacks, aber für mich …

In der letzten halben Stunde habe ich 20 oder 30 Rubel gekriegt, ich muss gleich mal nachzählen. Die Leute geben was, aber nicht viel, sie haben ja selbst nichts, außer einem Haufen Probleme. Ich muss jetzt los. Zum Markt, Lastwagen ausladen. Das bringt fünfzig Rubel, obwohl das Wetter heute nicht danach ist. In drei Tagen hab ich Geburtstag. Feiern werde ich auf keinen Fall, was gibt's da schon zu feiern. Keine Lust, keine Zeit und kein Geld. Ich komme aus Sergijew Possad, früher Sagorsk. Das ist nicht weit. Früher war ich Restaurateur, allerdings ohne spezielle Ausbildung. Solche Säulen wie die hier in der Metro, so mit Stuck, solche habe ich restauriert. Für ein Studium bräuchte ich Geld, und im Frühling muss ich sowieso zur Armee. Ich werde wohl beim Militär bleiben. Als Söldner, die kann doch unser bescheuerter Wladimir Wladimirowitsch Putin immer brauchen, er will doch die Armee vorwärtsbringen. Ich hab keine Ausbildung, bei der Aufnahmeprüfung für die Hochschule bin ich durchgefallen und, wenn du trotzdem hinwillst, musst du zahlen, 200 Dollar pro Semester. Soviel Geld hab ich noch nie gesehen, ich hab ja nicht mal die 1000 Rubel, die ich für meinen Hund bräuchte. Ich hab als Putzhilfe gearbeitet, ich musste schließlich mich und meine Eltern versorgen. Wie Aljoscha Peschkow, Sie wissen schon, der Held bei Gorki. Der musste auch die Familie ernähren, statt zu studieren.Meine Hündin heißt Vesta, das ist eine Göttin aus der römischen Mythologie, die Göttin des Feuers. Sieben Jahre alt ist sie, ein Kampfhund, ein Pitbull, die allerbeste Hündin auf der Welt. Sie kann immer noch gefährlich werden, wenn ich es ihr befehle. Sie hat an Kämpfen teilgenommen. Aber ich hab sie umsonst bekommen, weil sie immer verloren hat. Solche kosten sonst 150 Dollar. Ihre Welpen verkaufe ich für 300, 400 Rubel. Vesta, auf geht's! Wir wollen los. Das Leben ist Mist. Eltern habe ich auch nicht, na ja offiziell schon, aber irgendwie auch nicht. Wir haben eine Zweizimmerwohnung. Die Küche ist das Schlachtfeld, in der Mitte verläuft die Demarkationslinie. Sie betreten nicht mein Zimmer, ich nicht ihrs. So ist das bei uns, ein ewiges Problem, wie bei Turgenjew, das Problem der Väter und Söhne. Ich hab mir die Haare gefärbt, das stinkt meinem Alten: Komm mir mit Drogen, drohte er mir. Klar ja, zehn Jahre nehme ich sie schon, jeden Tag kaufe ich ein Kilo Heroin an der Ljubjanka, weil ich ja so viel Kohle hab! So ein Käse. Lieber kaufe ich Wodka, das ist besser. Ich sag Ihnen was, wenn du einen Freund brauchst, kauf dir einen Hund!«

VI. LAND HINTER STACHELDRAHT

»Russische Gefängnisse sind nie leer, sondern entweder voll oder überfüllt«

20 Jahre nach dem offiziellen Ende des Kommunismus ist die Diktatur passé. In kaum einem Lebensbereich spiegelt sich das so deutlich wider wie im Strafvollzug, wo nicht mehr massenhaft politische Häftlinge festgehalten werden. Bis auf wenige Ausnahmen: Dem Wissenschaftler Igor Sutjagin wurde Spionage vorgeworfen, er wurde 2004 zu 15 Jahren verschärfter Lagerhaft verurteilt. Russlands mit Abstand berühmtester Gefangene ist der Ex-Multimilliardär Michail Chodorkowski, der nach seiner Kritik am Kreml gleich zwei langjährige Haftstrafen verbüßen muss.

Ohne die vielen politischen Gefangenen von früher sind die Gefängnisse und Straflager heute allerdings nicht weniger voll. Die Haftbedingungen stoßen nach wie vor auf internationale Kritik, vor allem weil unter den Insassen die Tuberkulose unvermindert grassiert. Ich will wissen, woran das liegt, und bitte im russischen Justizministerium um die Erlaubnis, ein Gefängnis besuchen zu dürfen. Die Beamten erweisen sich als unerwartet aufgeschlossen, wollen mir gleich drei Einrichtungen zeigen. In Archangelsk, hoch im europäischen Norden, wo der Dwina-Fluss in das Weiße Meer mündet. Der Direktor des Männerknasts hat jedoch keine Lust, mich zu empfangen. Im Gepäck habe ich Anton Tschechows Buch »Die Insel Sachalin«.

Arseni Roginskis Hoffnung auf Präsident Medwedjew geht mir nicht aus dem Sinn. An die klammert sich der Historiker und Aktivist, seit Medwedjew Vertreter der Menschenrechtsorganisationen gebeten hat, ihn im Kampf gegen Korruption, für einen funktionierenden Rechtsstaat zu unterstützen. Menschenrechtler geben offenbar nie auf. Ob schikaniert, des Landes verwiesen oder inhaftiert. Als wollten sie Solschenizyn das Gegenteil beweisen, seiner düsteren Prophezeiung auf Teufel komm raus widersprechen. Erstens: Russland bekommt die Freiheit nicht. Zweitens: Die Menschenrechtler, in ihrem Bemühen, eine gerechtere Gesellschaft zu schaffen, nehmen selbst den größten Schaden. Arseni Roginski hat wie Solschenizyn die Gulag-Haft überlebt. Im Unterschied zu Millionen Leidensgefährten war es beiden noch zu Lebzeiten vergönnt, Zeugen der Zerschlagung der »Hauptverwaltung der Besserungs- und Arbeitslager« zu werden. Hinter dem Begriff im reinsten Bürokratenrussisch stand das unter Stalin gegründete System von Straf-, Arbeits- und Kriegsgefangenenlagern sowie Gefängnissen. Die waren über das gesamte Land verteilt und häufig so weit von der Zivilisation entfernt, dass sie automatisch zugleich als Verbannungsorte wie zur Zarenzeit funktionierten. Zwar wurden die Lager unter Chruschtschow schon aufgelöst, politische Gefangene nicht mehr massenhaft inhaftiert, doch noch immer wurden unliebsame Zeitgenossen verbannt. Die zwangsweise Verschickung Andrej Sacharows nach Gorki ist das bekannteste Beispiel dafür. Außerdem gab es bis vor wenigen Jahren die Verbannung als Strafe nach der Haftstrafe. Ehemaligen Gulag-Insassen blieb es beispielsweise verwehrt, sich nach ihrer Freilassung zunächst in der Hauptstadt oder anderen Großstädten niederzulassen.

Das neue Russland hat sich bis heute nicht vollständig vom sowjetischen System der Straflager verabschiedet. Noch immer wandern Verurteilte nicht in Gefängnisse, sondern in Straflager oder sogenannte Kolonien.

Jeder gebildete Russe, der in der Perestroika erwachsen geworden ist, hat nicht nur Anton Tschechows Berichte aus dem russischen Strafvollzug gelesen, sondern auch Alexander Solschenizyns »Archipel Gulag«, in dem der Literaturnobelpreisträger detailliert das Geflecht von Erniedrigung, Brutalität und Unrecht in den Straflagern beschrieb. Was Tschechow seinerzeit bereits als Hölle auf Erden empfand, kam Solschenizyn offenbar geradezu harmlos vor, verglichen mit den Qualen, die er elf Jahre lang erdulden musste. Für Tschechows zartbesaitete literarische Helden hatte Solschenizyn nur noch ein bedauerndes Lächeln übrig: »Wenn man den Tschechowschen Intelligenzlern auf ihr stets banges Fragen nach der Welt – wie sie in zwanzig, dreißig oder vierzig Jahren wohl aussieht – geantwortet hätte, dass in vierzig Jahren in Russland die ›peinliche‹ Befragung eingeführt sein würde, die da war: den Schädel mit einem Eisenring zusammenpressen, den Angeklagten in ein Säurebad tauchen, ihn nackt und gefesselt den Ameisen oder Wanzen auszusetzen, ... und als leichtester Grad, ihn tagelang mit Schlaflosigkeit und Durst zu martern, ihn zu einem blutigen Klumpen zu schlagen – dann wäre kein Tschechow-Stück zu Ende gegangen, dies hätte alle Helden ins Irrenhaus gebracht.«

Zu Tschechows Zeiten, im Zarenreich, durften sich die Häftlinge auf der fernöstlichen Insel Sachalin frei bewegen, eine Flucht galt als unwahrscheinlich. Zu weit ist die Insel vom Festland entfernt. Und wohin sollte der Gefangene auch fliehen? Zwischen dem europäischen Teil Russlands und Sachalin liegen mehrere Tausend Kilometer. Zudem war häufig die Familie des Häftlings mit nach Sachalin übergesiedelt. Die Verurteilten lebten in sogenannten Familienkasernen gemeinsam mit ihren Frauen und Kindern. Statt Zimmern gab es Zellen, in denen bunt zusammengewürfelt mehrere Zuchthäusler mit oder ohne Angehörige miteinander auskommen mussten. »In derselben Zelle läuft ein Ferkel herum und schmatzt; auf dem Fußboden liegt schlüpfriger Schmutz, es stinkt nach Wanzen und etwas Säuerlichem.«

Mehr als ein Jahrhundert ist vergangen, seitdem der damals noch junge, aber bereits populäre Autor Anton Tschechow die russische Gesellschaft auf die menschenunwürdigen Verhältnisse in den zaristischen Gefängnissen aufmerksam machte. Er stieß auf Verwunderung und Unverständnis. Zwar lösten die von ihm dargestellten Missstände eine längst überfällige Diskussion über den Strafvollzug im Zarenreich aus, doch fragte sich zugleich alle Welt, warum ausgerechnet der Schriftsteller, der so vortrefflich die Sinnfragen der satten, gelangweilten Reichen schildern konnte, dessen Kurzgeschichten viel gelesen und dessen Theaterstücke gern aufgeführt wurden, warum ausgerechnet er die Strapaze auf sich genommen hatte, 4000 Kilometer auf dem Landweg quer durch ganz Sibirien zurückzulegen, monatelang die Zuchthäuser auf der kalten unwirtlichen Gefängnisinsel zu inspizieren und in Hütten und Katen mit den bettelarmen, zerlumpten und kranken Familien der Häftlinge zu sprechen. Tschechow trug statistisches Material zusammen, um die geschilderten Verhältnisse mit Zahlen belegen zu können. Der Poet und Arzt betätigte sich als Dokumentarist, weil er wachrütteln und verändern wollte. Er ertrug das Wegsehen nicht länger. Dreißig Jahre alt war Tschechow, als er die Reise nach Sachalin wagte. Er kehrte per Schiff nach Hause zurück, über den Stillen und Indischen Ozean, das Schwarze Meer. Eine Belohnung für sich selbst nach den Anstrengungen der Rechercherreise: »Ich war in der Hölle, das heißt auf Sachalin, und im Paradies, das heißt auf der Insel Ceylon.«

Tschechow, der schon lange an Tuberkulose litt, starb 1904 im Alter von nur 44 Jahren an der Lungenkrankheit, zehn Jahre nachdem sein Gefängnisbericht veröffentlicht worden war.

Dem empfindsamen Arzt und Schriftsteller ist es erspart geblieben zu erleben, welche furchteinflößenden Methoden die Kommunisten ab Ende der zwanziger Jahre beim Wegsperren von Menschen erfanden. Bei Stalins »Säuberungen«, dem »Großen Terror«, der in den dreißiger und vierziger Jahren ganze Bevölkerungsgruppen vernichtete. Zehn Millionen unschuldiger Russen gerieten in die Hände von Folterknechten, festgehalten nicht mehr nur in Sibirien oder auf Sachalin, sondern im ganzen Land, von der Kola-Halbinsel im Nordwesten bis nach Kamtschatka und Tschukotka im Fernen Osten. Dem Regime war jeder Vorwand recht, um die politischen und gewöhnlichen kriminellen Häftlinge zu drakonischen Strafen zu verurteilen und ihnen dann als billigen Arbeitskräften in den Straflagern den letzten Lebenssaft abzupressen.

Die Oktoberrevolution 1917 hatte alle Bestrebungen, den russischen Strafvollzug auf Tschechows Anregungen hin zu reformieren, zunichtegemacht. Die neuen Herrscher erwiesen sich als noch gewalttätiger als jeder Zar. Was folgte, war eine Industrialisierung des Aburteilens, Wegsperrens und der Folter. Die Handlanger waren »Zehntausende darauf gedrillte Menschenbestien«, wie Solschenizyn seine Peiniger nennt. Die Gesellschaft verrohte in bis dahin unbekanntem Maße.

Und heute? Russland weist weltweit eine der höchsten Gefangenenraten auf, wechselt sich auf dem ersten Platz mit den USA ab. Während in Westeuropa rund 100 Gefangene auf 100 000 Einwohner kommen, sind es in Russland 730. Leere Gefängnisse, so erinnert Solschenizyn, gab es in Russland nie. Nur »entweder volle oder extrem überfüllte«.

Will ein Besucher heute eine Haftanstalt sehen, legt das Justizministerium fest, welche Einrichtung in Frage kommt: Die Wahl, die für mich getroffen wird, fällt auf Archangelsk. Die Stadt liegt mehr als 1000 Kilometer nördlich von Moskau entfernt. Eine europäische Stadt inmitten einsamer Wälder und Sümpfe, durch die sich der Fluss Sewernaja Dwina bis zum Weißen Meer schlängelt. Der breite Strom prägt das Antlitz der Stadt. Mein Besuch fällt in den Mai, die schönste Zeit. An der Uferpromenade und den Stränden tummeln sich die Einwohner bis in die späten Abendstunden. Von Mitte Mai bis Mitte Juli geht die Sonne nicht unter, so dass selbst weit nach Mitternacht Licht wie bei einsetzender Dämmerung herrscht. Diese nächtliche Helligkeit legt bei schönem Wetter einen goldenen Schimmer auf die ramponierten Gebäude der Zarenzeit, verwandelt den Fluss in ein leuchtendes Band und verscheucht alle Müdigkeit.

Die Beamten der Archangelsker Justizvollzugsbehörde haben Anweisung, drei Einrichtungen vorzuführen: Ein Jugendstraflager, eines für Schwerverbrecher sowie einen »Isolator«, der mitten in der Stadt liegt und schon 1798 in der Epoche Katharinas der Großen gebaut wurde. Damals befand sich das Untersuchungsgefängnis noch weit vor den Toren der Hafenstadt. Heute umgeben den »Isolator Nummer 1«, wie das Untersuchungsgefängnis offiziell heißt, Plattenbauten, von denen die Mieter ringsherum Einblick in die Haftanstalt haben.

Drei Etagen hoch, im Karree angelegt, ist sie das niedrigste Gebäude in dem Viertel. Eine stete Mahnung an die Bewohner draußen, denn in Russland findet man sich schneller im Gefängnis wieder, als man denkt. Wird jemand zum wiederholten Male erwischt, genügen schon ein gestohlener Sack Kartoffeln, zwei unbezahlte Liter Bier, um für Jahre hinter Gittern zu verschwinden.

Der Gefängnisbau ist mehrfach gesichert: eine weiß gekalkte Mauer, dazu zwei zusätzliche Stacheldrahtzäune. Der Rollstacheldraht auf den Mauersimsen erstickt schon den leisesten Gedanken an Ausbruch im Keim. Alle Fenster sind von außen mit Blechen verkleidet, kein Sonnenstrahl dringt in die Zellen, deshalb brennt dort Tag und Nacht elektrisches Licht. Die Sichtblenden blockieren jede Kommunikation mit der Außenwelt. Der Isolator macht seinem Namen alle Ehre.

Gefängnisdirektor Viktor Ananjew verkörpert den väterlichen Typ des Anstaltsleiters, weit angenehmer als die andere Sorte von Direktoren, die es genauso häufig gibt: die emotionslosen Bürokraten und eiskalten Einpeitscher. Ananjew regiert in seinem Reich mit strenger, dabei jedoch gütiger Hand. Er entscheidet, was richtig für die Gefangenen ist.

Ob sie zu zweit in einer Zelle auf ihr Gerichtsverfahren warten oder mit weiteren 30 Insassen. Ob im Gefängnisgewächshaus Salat- oder Gewürzgurken angebaut werden. Wem wegen schlechter Führung die Lebensmittelpakete von Zuhause nicht ausgehändigt werden.

Dass in seinem Gefängnis die internationale Norm von vier Quadratmetern pro Häftling nicht eingehalten wird, ist ihm bewusst, und es scheint ihn ehrlich zu bekümmern. Er würde viel lieber eine Vorzeigeeinrichtung präsentieren als diesen hoffnungslos überbelegten Knast. Laut Gesetz dürfte er nur 400 Häftlinge beherbergen, tatsächlich sitzen nie weniger als 1000 bei ihm ein. Er muss aufnehmen, wen die Miliz bringt. Die über 200 Jahre alte Haftanstalt platzt aus allen Nähten. Aber noch hat jeder Gefangene sein eigenes Bett, anderswo müssen Häftlinge umschichtig schlafen.

Die endlos langen Korridore liegen im Halbdunkel. An den eisernen Zellentüren hängen riesige Schlösser, mit schweren jahrhundertealten Schlüsseln öffnet der Wärter eins nach dem anderen. »Worauf wartet ihr?«, begrüßt der Direktor die Männer in der Gemeinschaftszelle. »Auf Sie natürlich«, ruft einer keck, während sich alle in Reih und Glied zwischen Doppelstockbetten und Tisch aufstellen, Hände an der Hosennaht, Kopf gesenkt. Von keinem einzigen Häftling werde ich bei meinen Besuchen in den nächsten Tagen direkt angesehen. Das wäre eine Disziplinlosigkeit, die hart bestraft wird. »Na, da sind wir. Wer ist heute der Stubenälteste?«, fragt Direktor Ananjew. »Ich«, antwortet ein junger Mann mit nacktem Oberkörper und dunkelblauer Trainingshose. Er spult seine Pflichten herunter: »Ich erstatte Meldung, übergebe die Briefe, sorge für Ordnung und sage, dass wir zehn Mann hier sind.«

»Erzähl, warum du hier bist!«, fordert der Archangelsker Direktor den Stubenältesten auf. »Ich habe jemanden verprügelt und ihm sein Geld geklaut. Danach schlug ich noch einen nieder, damit ich ihm die Jacke ausziehen konnte, und danach bin ich in eine Wohnung eingebrochen, aus der ich Geld gestohlen habe«, erzählt Alexander mit sichtbar wachsendem Stolz. Am Ende schaut er beifallheischend nach rechts und links. Die Zelleninsassen amüsieren sich. Der Wortführer fühlt sich angestachelt: »Sehen Sie den da hinten in der Ecke? Der hat ein Glas Marmelade geklaut, er war noch nicht oft hier.

Aber ich sitze immerzu im Knast. Ich benehme mich hier so schlecht, dass ich keine Pakete empfangen darf. Immer wenn ich mich von dem Leben draußen mal wieder ausruhen muss, komme ich hierher.« Viktor Ananjew kann nur mühsam ein Schmunzeln unterdrücken. Schnell gibt er sich geschäftig. Er erkundigt sich, ob die Matratzen in der Zelle reichen. Natürlich nicht. Zum Beweis werden die schmuddeligen Laken hochgeschlagen. Aus den Löchern der dünnen, verschmutzten Behelfsauflagen quillt die gelbe Füllung hervor. Die Häftlinge nutzen die Gelegenheit, weitere Missstände anzusprechen. Anständige Besen gebe es nicht, die Waschschüssel diene zugleich als Wischeimer, und selbst den Lampenschirm über der nackten Glühbirne hätten die Häftlinge selbst gebastelt. »Für unsere nie untergehende Sonne«, wie einer spöttisch hinzufügt.

Es ist düster in der Zelle. Die mit grüner Ölfarbe gestrichenen Wände schlucken das ohnehin spärliche Licht, das die einzige Lampe verbreitet. Von dem sonnigen Tag draußen hier keine Spur. Der Geruch von Männerschweiß und Kloake liegt in der Luft. Unter dem Wasserhahn über dem Ausguss waschen sich alle zehn Untersuchungshäftlinge. In anderen Zellen müssen 30 Mann damit auskommen. Die einzige Toilette in der Zellenecke hat keine Wasserspülung, allein der Anblick kostet Überwindung.

»In der Ecke steht der Abtritteimer; jeder kann seine natürlichen Bedürfnisse nicht anders als in Anwesenheit von zwanzig Zeugen verrichten«, schrieb 1893 schon Tschechow. Gemessen an den Verhältnissen vor mehr als 100 Jahren ist die Sichtblende nach einer Seite hin ein Fortschritt.

In dieser Zelle im Archangelsker Isolator Nr. 1 befindet sich kein Spind, kein Regal, erst recht kein Kühlschrank für die Lebensmittel, die die Häftlinge von Zuhause bekommen, weil sie von den Gefängnisrationen nicht satt werden. Aufbewahrungsort für die Habseligkeiten der Gefangenen sind bunte Reklametüten aus Plastik, die in großen Bündeln unter dem verblendeten Fenster hängen. Ein Gruß aus einer anderen Welt. Alleiniger Luxus: ein riesiges Zigarettenpaket auf dem langen schmalen Tisch, an dem sich jeder bedienen darf.

»Zwei Zentimeter Himmel habe ich gerade gesehen«, berichtet stolz ein Häftling in schmierigem Unterhemd. »Zwei Zentimeter – besser als nichts!« Die Insassen dieser Gemeinschaftszelle sind gerade vom Freigang zurückgekommen. Ein anderer wehrt ab. »Na, vielen Dank auch. Was willst du denn da oben, da verpasst du doch wirklich nichts. Aber geh nur! Mir ist es am liebsten, wenn alle weg sind, dann hab ich die Zelle zumindest diese eine Stunde mal ganz für mich allein. Ein echtes Geschenk!«

Da oben, damit meint er das Dach. Als das Gefängnisgelände in den achtziger Jahren durch den zweiten neuen Zellentrakt restlos zugebaut wurde, erfand die Direktion eine Notlösung: Sie schaffte im obersten Geschoss Platz für den Hofgang. Das Dach wurde auf Stelzen gesetzt, damit durch den schmalen Zwischenraum frische Luft strömen kann. Eine Stunde pro Tag bekommen die Häftlinge Zeit, sich »im Freien« zu bewegen, ohne ständig an Betten oder Bänke zu stoßen. Sie spielen sogar Fußball. Mit einer Papierkugel, mit der sie die Kreidetore an den Wänden zu treffen versuchen.

Wer jünger als 18 ist, darf auch Tischtennis spielen oder kann an der Sprossenwand trainieren. Mehr ist in der sogenannten Sporthalle nicht vorgesehen. Zwei Jungen liefern sich ein lustloses Spiel. Schenja, einer von ihnen, knapp 17 Jahre alt, sieht zerschunden aus. Blutverkrustete Wunden bedecken das Gesicht, als hätte er eine Schlägerei hinter sich. Er wehrt sich gegen diese Vermutung und verweist auf die erste Regel in der Zelle: »Hier darf sich keiner hervortun.« Wie die meisten Untersuchungshäftlinge spricht auch er ohne Umschweife von dem, was ihm zur Last gelegt wird: »Ich habe in einem Geschäft zwei Liter Bier verlangt, kostenlos. Davor habe ich schon einmal einem Straßenhändler seine Schuhe ausgezogen. Jetzt wird es ernst, zwei, drei Jahre kriege ich mit Sicherheit.«

Ein Schuldeingeständnis, das jede weitere Ermittlungsarbeit überflüssig macht. Schenja gilt als Wiederholungstäter, eine andere Strafe als Freiheitsentzug sieht das russische Gesetz in diesem Fall nicht vor.

Gegenüber der Turnhalle befindet sich die einzige Zelle für weibliche Häftlinge. Auch in Russland werden Frauen weitaus seltener straffällig als Männer. Eigene Untersuchungsgefängnisse für sie zu bauen, lohnt sich nicht, findet der Direktor. Drei Teenager warten seit Monaten auf ihr Gerichtsverfahren. Die Zelle ist finster, die dunkelbraune Ölfarbe an den Wänden reicht bis Schulterhöhe. Darüber breiten sich riesige Wasserflecken aus. Es riecht modrig und dort, wo der offene Kübel steht, streng nach Urin und Blut. Dennoch gerät der Direktor ins Schwärmen. Gemessen am Platz, entspräche diese Zelle der internationalen Norm. Wenn man noch eine Dusche einbauen würde, wäre sie perfekt.

Die Mädchen wissen nicht, wovon er spricht. Betreten blicken sie zu Boden, antworten leise und nur zögernd auf die Frage, weshalb sie in Untersuchungshaft sitzen. Die 16-jährige Elena tritt verlegen von einem Fuß auf den anderen, zieht ihren langen Pullover immer wieder nach unten, denn ihre Beine sind nackt. Der Besuch des Direktors kam ohne Vorwarnung. Stockend erzählt sie, dass sie der Freund ihrer besten Freundin mit einem Messer zum Schmierestehen gezwungen habe. Zu dritt seien sie in eine Wohnung eingebrochen. Ihre Pläne, die Handelsschule zu besuchen, könne sie nun begraben. Ihr drohen zwei bis drei Jahre Haft. Um Strafminderung zu kämpfen, hat sie bislang nicht vor. Elena schämt sich, Tränen rollen über ihre Wangen.

Die Zelle der jungen Frauen liegt im zweiten Stock des Seitenflügels am Ende des langen Flures. Vor vielen Jahren wurden an die Wände weiße und blaue Kacheln geklebt – ein inzwischen löchriges Schachbrettmuster. Eine Etage tiefer arbeitet der Gefängnisarzt, vor dessen Sprechzimmer Witali wartet. Er will den Mediziner wegen seines Nierenleidens konsultieren. Der ungelenke pockennarbige Mann ist 46 Jahre alt, geht in gebeugter Haltung, als befürchte er, irgendwo mit dem Kopf anzustoßen. Sofort beginnt er von seiner Unschuld zu sprechen. Zehnmal habe er schon gesessen und damit den größten Teil seines Lebens im Gefängnis verbracht. Doch dieses Mal sei er nur auf Grund seiner Vergangenheit hier.

Witali stellt dem Knast ein gutes Zeugnis aus. Obwohl die Untersuchungshäftlinge mitunter länger als ein Jahr auf ihren Prozess warten müssen. Die Gefängnisleitung versuche sich menschlich zu geben, das sei für ihn das Entscheidende.

Doch auch im Untersuchungsgefängnis von Archangelsk werden die Häftlinge in den Karzer gesperrt, wenn sie grob gegen Regeln verstoßen. Für mindestens 24 Stunden müssen die Delinquenten dann in dem fensterlosen, wenig mehr als schulterbreiten Raum ihre Strafe verbüßen, ein Knast im Knast. Das Loch im Boden gleich neben der Tür dient als Toilette, dahinter beginnt die kahle Holzpritsche, eine Heizung gibt es nicht.

Witali mit seiner Haftkarriere sind die Verhaltensregeln längst in Fleisch und Blut übergegangen: Dass er als Häftling das Wachpersonal nicht anschauen darf. Dass er, wenn er einem Wärter begegnet, sich zur Wand zu drehen und die Arme auf dem Rücken zu verschränken hat. Dass er, wenn er vor dem Behandlungszimmer wartet, in einem abschließbaren Käfig auf dem Korridor Platz nehmen muss, weil auf diese Weise Wachpersonal eingespart wird. Kleine Personen können auf der Bank des »Wartekäfigs« sitzen, doch Vitali ist zu groß, so kann er darin weder sitzen noch aufrecht stehen.

Berichte über Folter auf Polizeistationen und während der Untersuchungshaft sind Gemeingut im russischen Alltagswissen. Jeder hat schon von Festgenommenen gehört oder gelesen, die länger als 24 Stunden an Heizungen gefesselt wurden, wobei das Wachpersonal belustigt zusah, wenn sich der Angekettete in die Hosen machte. Gezielt werde auf die Schädeldecke geschlagen, weil die Spuren unter den Haaren kaum sichtbar sind. Elektroschocks und Nahrungsentzug seien ebenfalls an der Tagesordnung, um Geständnisse zu erpressen.

Umso mehr ist der Mut zu würdigen, den Alexej Dymowski, ein Polizeimajor aus Noworossisk am Schwarzen Meer, aufgebracht hat, als er Beispiele für Korruption und Amtsmissbrauch seiner Polizeieinheit auf dem Internetportal Youtube veröffentlichte. Eine Nachricht, die passenderweise am »Tag der Miliz« 2009 bekannt wurde. Seine Kollegen und sich selbst gleichermaßen beschuldigte er, mitunter Delikte »ermittelt« zu haben, die zwar niemand begangen hatte, für die Unschuldige aber verurteilt wurden. Die Vorgesetzten auf den Polizeistationen interessiert nicht die Zahl der tatsächlichen Straftaten, sie geben eine »Kopfquote« vor, die erfüllt werden muss. Würden sich Polizisten weigern mitzumachen, gingen sie bei Beförderungen und Prämienzahlungen leer aus. Der amtierende Innenminister Raschid Nurgalijew bezeichnete Dymowskis Berichte als erlogen. Die Reaktionen auf den »Nestbeschmutzter« reichten von Diffamieren über Totschweigen (Premier Putin, der jede Stellungnahme verweigert) bis hin zu dem altbekannten Vorwurf: Dymowski sei ein vom Westen eingeschleuster und bezahlter Agent. Präsident Medwedjews Forderung, Miliz und Geheimdienste von »unwürdigen Elementen zu säubern«, dürfte folgenlos verhallen. Denn um die »Silowiki«, sämtliche Sicherheitsorgane, auf rechtstaatliches Verhalten einzuschwören, müssten zuvor deren Führungskräfte entlassen werden, was selbstverständlich nicht geschehen wird.

Nach der Selbstbezichtigung des Polizeimajors wurde gerätselt: Agierte Dymowski als Marionette von Kräften, die den umstrittenen Innenminister zu Fall bringen wollten? Oder wurde er von finanzkräftigen bzw. einflussreichen Hintermännern vorgeschickt? Sollte er als Einzeltäter agiert haben, dürften er und seine Familie von Stund an in Lebensgefahr schweben. Obwohl er lediglich beim Namen genannt hatte, was die Alltagserfahrung der Bürger prägt: Schmiergeldzahlungen an bestechliche Verkehrspolizisten zum Beispiel. Diese regelmäßig abzuführenden Summen planen russische Autofahrer bei ihren Monatsausgaben fest ein, fast täglich werden sie wegen vermeintlicher Vergehen gestoppt und abgezockt. Die meisten Bürger zahlen an Ort und Stelle, statt es auf einen Rechtsstreit ankommen zu lassen. Das spart Kraft und Zeit. Zudem begibt sich niemand ohne Not in eine Auseinandersetzung mit den russischen Sicherheitsbehörden. Noch hat jeder zweite Russe mehr Angst vor den Gesetzeshütern als vor Verbrechern, fand das unabhängige Lewada-Umfrageinstitut heraus.

Gefoltert würde hier im Archangelsker Untersuchungsgefängnis nicht, sagt Witali, der Häftling. Der Amtsarzt zieht allein bei der Frage danach ein beleidigtes Gesicht. Allerdings, räumt der Mediziner ein, gebe es immer wieder Selbstmordversuche. »Vor allem junge Häftlinge sind manchmal so schockiert, sich im Gefängnis wiederzufinden, dass sie keinen anderen Ausweg mehr sehen. Nicht immer kommen unsere Wärter rechtzeitig.«

Jeder vierte russische Mann war mindestens einmal in Haft und kennt damit die Bedingungen aus eigener Anschauung. Doch im öffentlichen Bewusstsein spielen die unwürdigen, beengten und gesundheitsgefährdenden Verhältnisse in russischen Strafanstalten keine Rolle. Weil sich die gnadenlose Einstellung hartnäckig hält, dass bei Verbrechern lediglich maximale Strenge helfe, schickt eine russische Menschenrechtsorganisation seit Jahren schon eine Wanderausstellung mit Fotos aus Gefängnissen durch das Land. Die Bevölkerung soll erfahren, was hinter den Mauern der Haftanstalten vor sich geht. Der Menschenrechtler Andrej Kulagin von der Gesellschaft »Gerechtigkeit« bezahlte sein Engagement für humanere Haftbedingungen im Juli 2009 mit dem Leben. Er wurde erschlagen, der Täter nie gefasst.

Dem energischen Archangelsker Gefängnisdirektor Ananjew ist bewusst, dass die Strafanstalt nicht dem Stand der Zeit entspricht, doch Justizvollzugseinrichtungen werden von Moskau finanziert. Das Geld reicht nur für das Allernötigste, in Krisenzeiten nicht einmal dafür. 90 Prozent des Bedarfs an Medikamenten, Kleidung und Verpflegung werden gedeckt, wobei sich der »Isolator« größtenteils sogar selbst versorgt. »Die allerschlimmste Zeit liegt Gott sei Dank hinter uns«, erzählt der Endfünfziger und schiebt die Militärmütze ein wenig in den Nacken. »Anfang und Mitte der neunziger Jahre mussten die Gefangenen hungern, das ist vorbei. Wenn ich genügend Geld hätte, würde ich sofort ein neues Gebäude bauen, damit sich unsere Häftlinge öfter als nur einmal pro Woche duschen können. Aber vor allem wünsche ich mir, dass Richter die Untersuchungshaft nur noch im äußersten Notfall anordnen. Wir haben zum Beispiel einen Mann hier, der seine Alimente nicht bezahlt. Auf den Gerichtsprozess darf er nicht zu Hause warten, sondern er sitzt hier seit Monaten in U-Haft.«

Russlands Gefangener Nr. 1

Wenn Gerichte in Russland Freiheitsstrafen aussprechen, dann büßen die Verurteilten die Haftzeit nicht im Gefängnis ab, sondern in einem Lager mit normalem oder strengem Regime. Der Ex-Multimilliardär Michail Chodorkowski wurde in eine »normale« Kolonie geschickt. In die Nähe von Tschita in der Region Transbaikalien, sechs Flugstunden und eine Nachtfahrt mit dem Zug von Moskau entfernt. In ein »strenges Regime« kommen Mörder und Totschläger. Auf die wartet theoretisch die Todesstrafe, die in Russland nicht abgeschafft ist, allerdings seit dem Zerfall der Sowjetunion nicht mehr vollstreckt wird.

Als Michail Chodorkowski am 16. Mai 2005 zum ersten Mal verurteilt wurde, ahnten Beobachter, dass er die Zeit strafverschärfend weit von Moskau entfernt würde absitzen müssen. Genauso kam es: neun Jahre Haft in der Strafkolonie JaG 14/10. Hinter dem Kürzel verbirgt sich ein Lager in Krasnokamensk bei Tschita, an der chinesisch-mongolischen Grenze. Seiner Familie, den Anwälten, Freunden, Interessierten sollte es so schwer wie möglich gemacht werden, Kontakt zu halten.

Nach dem Amtsantritt Medwedjews kursierten Gerüchte über Chodorkowskis Begnadigung, denen der neue Präsident jedoch sofort, noch während seines Antrittsbesuches in Berlin 2008, ein Ende bereitete. Die Zeiten, da das Zentralkomitee der Kommunistischen Partei der Sowjetunion über die dafür zuständigen staatlichen Einrichtungen hinweg derartige Entscheidungen gefällt hat, seien vorbei. Heute seien für solche Fragen die gerichtlichen Instanzen und auch das Staatsoberhaupt zuständig. Sprachs und ignorierte sich im gleichen Atemzug selbst.

Chodorkowski hatte seine erste Strafe noch nicht abgebüßt, da drohte ihm ein neues Verfahren wegen angeblichen Diebstahls von mehreren Millionen Tonnen Rohöl. Die gesamte Menge, die seine Firma »Jukos« gefördert hatte, soll er illegal verkauft haben. Nach Ablauf der ersten Hälfte seiner Haftstrafe ersuchte er im August 2008 dennoch um vorzeitige Haftentlassung. Die Bitte wurde abgelehnt. Für jedermann war offensichtlich, dass die Richter in Tschita auf Anweisung Moskaus handelten und mit dem prominenten Gefangenen völlig überfordert waren. Selbst fernab von Moskau, in der Provinz, mussten Gericht und Strafkolonie Chodorkowski auf Befehl von oben stets eine Sonderbehandlung zuteil werden lassen. Was nichts anderes bedeutete, als ihn strengstens zu bewachen und das kleinste Vergehen zu ahnden. Unterliefen ihm keine Fehler, war der Erfindergeist der Wachmannschaften gefragt.

Chodorkowski sorgt – wie Solschenizyn früher – nun regelmäßig dafür, dass die Öffentlichkeit genaue Kenntnis über die Rechtsbeugung in seinem Fall erlangt. Bei der Anhörung über seine vorzeitige Entlassung teilte er zunächst mit, dass er nicht aus dem Lager, wo er eigentlich seine Strafe absitzen müsste, sondern aus dem Untersuchungsgefängnis in den Gerichtssaal gebracht worden sei. Noch genauer: Er kam geradewegs aus dem Karzer des Isolators, wohin man ihn gebracht hatte, weil er angeblich bei einer Morgenkontrolle keine Meldung darüber erstattet hatte, wie viele Leute in der Zelle anwesend waren. Zudem soll der Deckel einer Wasserflasche nicht verschlossen gewesen sein. Es gab keine Wasserflasche in der Zelle. Als Grund für die Ablehnung von Chodorkowskis Entlassungsgesuch gab die Richterin an, Chodorkowski habe nicht die Hände auf den Rücken gelegt, als er durch den Korridor des Untersuchungsgefängnisses geführt wurde. Die Kriterien für die Ablehnung eines Gesuchs auf vorzeitige Haftentlassung lauten anders: Hat der Gefangene, unabhängig ob prominent oder nicht, soziale oder familiäre Kontakte? Muss das Gericht davon ausgehen, dass er künftig etwa nicht arbeiten wollte? Traut das Gericht ihm zu, erneut das Gesetz zu übertreten? Wird eine Frage mit Ja beantwortet, kann das Gericht eine vorzeitige Entlassung verweigern. Selbst von der letzten Annahme, einer neuen Straftat, konnte das Gericht nicht ausgehen, da Chodorkowski sein angebliches Verbrechen im Zusammenhang mit seiner Ölfirma »Jukos« begangen hat, die vom russischen Staat inzwischen zerschlagen worden war.

Es gibt Jugendlager, Frauenlager und Lager, in denen der offene Strafvollzug praktiziert wird, in denen die Verurteilten nur die Nacht verbringen müssen. Als gegen Chodorkowski ein neues Gerichtsverfahren vorbereitet wurde, verlegten ihn die Justizbehörden aus dem Straflager zurück in ein Untersuchungsgefängnis.

Chodorkowski musste sich erneut auf beengte Verhältnisse einstellen, denn gegenüber dem Isolator haben die Straflager den Vorteil, dass die Gefangenen den Tag nicht in einer Zelle verbringen, sondern sich auf einem Teil des Lagergeländes frei bewegen können.

Eine »Strafkolonie mit strengem Regime«, also für lebenslang einsitzende Mörder, liegt in einem Industriegebiet von Archangelsk. Sie gilt als mustergültig. Direktor Sinai Sagrotzki gehört zum Typ »eiserne Hand«. Fragende Besucher lässt er höchst ungern, am liebsten gar nicht ein.

Am Tor wartet Oksana. Sie wirkt völlig deplaziert vor den Wachtürmen und bewaffneten Posten, denn Oksana trägt ein weißes Brautkleid. Heute wird sie hier im Gefängnis Sergej heiraten, einen 24-jährigen Schwerverbrecher, der wegen Totschlags verurteilt wurde. Die Kunstseide ihres Kleides schimmert in dem grellen Licht regenbogenfarben. Ihr Make-up beginnt in der Hitze zu zerlaufen, die Sonne brennt, und die junge Braut wird zunehmend ungeduldiger. Noch immer ruft sie niemand in das Gebäude, die Trauung kann nicht mehr pünktlich beginnen. Auch die Eltern und Schwiegereltern harren vor dem Tor aus. Oksana gesteht, dass sie gezögert haben, der Zeremonie beizuwohnen, weil sie von der Eheschließung des jungen Paares nicht viel halten. Oksana klingt trotzig, als sie ihren Entschluss verteidigt: »Schließlich ist es mein Leben!«

Hinter dem schweren graublauen Lagertor kreischen Kreissägen. »Dort arbeitet er«, erklärt die 19-Jährige und meint die Gefängnistischlerei, in der hölzerne Kabelrollen für Baustellen gezimmert werden. »Sergej ist ein guter Mann und auch ein schöner. Außen und innen. Lange wird die Zeremonie nicht dauern. Wir unterschreiben, vielleicht dürfen wir noch die Ringe tauschen, und dann war's das auch schon. Schmuck ist im Gefängnis verboten, seinen Trauring wird er deshalb nur beim ›Langen Wiedersehen‹ tragen dürfen.«

Das »Lange Wiedersehen« ist eine postsowjetische Erfindung. Die Beamten im russischen Strafvollzug suchen nach Wegen, von Resozialisierung nicht mehr nur zu reden, sondern sie auch zu ermöglichen. Weiterbildungsangebote bekommen nur Minderjährige in Jugendstraflagern. Das »Lange Wiedersehen« ist der einzige Versuch, die Gefangenen auf ein späteres Leben in Freiheit vorzubereiten. Die Treffen helfen, den Kontakt zu den Familien aufrechtzuerhalten. Die entscheidende Rolle kommt den Ehefrauen und Müttern zu. Sie sind die wichtigste emotionale Stütze, außerdem versorgen sie ihre einsitzenden Männer und Söhne mit Lebensmitteln, was wiederum das Anstaltsbudget entlastet. Nudeln, Zucker, Konserven, Butter, Brot, Gebäck – alles, was sofort gegessen oder schnell zubereitet werden kann, bringen sie ihnen ins Gefängnis. Bis zu 40 Kilogramm pro Monat sind erlaubt. Das Wachpersonal prüft die Tüten und Dosen. Alles wird geöffnet, umgeschüttet und zerschnitten, um den Schmuggel von Rauschgift, Alkohol und Waffen zu verhindern. Oder zu erlauben, denn Gefängniswärter gelten als mindestens so korrupt wie Verkehrspolizisten.

Die Ironie der Geschichte wollte es, dass ein öffentlich mit dem damaligen Präsidenten Putin ausgetragener Streit über die Korruption in Russland die Jagd auf Chodorkowski auslöste. Am 19. Februar 2003 hatte Putin die wichtigsten Unternehmer des Landes in den Kreml geladen, um mit ihnen über den Kampf gegen die allgegenwärtige Bestechung zu sprechen. Gegen die dürfe man nicht mit Karatemethoden vorgehen, sondern mit Regeln, die leichter einzuhalten als zu umgehen sein müssten. So weit, so gut. Chodorkowski hatte dem dennoch einiges hinzuzufügen. Und er war offenbar bestens vorbereitet. Der sonst so selbstbewusste »Jukos«-Chef, dessen Firma in den Jahren nach der Jahrtausendwende der zweitgrößte Steuerzahler des Landes war, sprach mit zitternder Stimme. Seine Hände flatterten, als er die Ergebnisse des Umfrageinstituts »Gesellschaftsmeinung« präsentierte, wonach 27 Prozent der Russen die Korruption für die größte Gefahr für das Land hielten, 49 Prozent glaubten, dass die Mehrheit der Amtsträger anfällig für Schmiergelder sei und dass zu den Korruptesten im Land Polizisten, Zöllner, Richter und Funktionäre in föderalen Machtstrukturen gehörten. Chodorkowski erklärte anhand der Forschungen des Instituts, dass ein Drittel der Bürger bezweifle, dass die Führung des Staates die Korruption bekämpfen wolle. Ein anderes Drittel glaube, dass die Führung die Korruption zwar bekämpfen könne, aber nicht wolle, und das letzte Drittel sei davon überzeugt, dass die Führung die Korruption weder bekämpfen wolle noch könne. Das Ausmaß der ungesetzlichen Zahlungen werde mit 30 Milliarden Dollar beziffert, ein Drittel des Staatshaushaltes, das dem Präsidenten vor seiner Nase gestohlen werde.

Selbst Schüler hätten längst begriffen, dass sich Bestechung lohne. Die Zahl der Bewerber auf Hochschulplätze sei nicht dort am größten, wo Spezialisten die höchsten Gehälter bekommen, sondern dort, wo nach dem Studium Stellen zu ergattern waren, die ein zweites Gehalt in Form von Bakschisch garantierten. Solche Posten hat die russische Bürokratie zuhauf geschaffen. Auf einen Studienplatz an den Erdöl-Instituten bewerben sich zwei Kandidaten, obwohl der Absolvent ein Einstiegsgehalt von 500 Dollar erhält. Wer ein Diplom der Steuer-Akademie vorweisen kann, bekäme zwar nur ein Anfangsgehalt von 160 Dollar, doch dort würden sich für einen Studienplatz fünf Abiturienten interessieren. Wer die Staatliche Universität für Verwaltung abgeschlossen hatte, verdiente im Jahr 2000 anfangs rund 200 Dollar pro Monat, dort meldeten sich interessanterweise sogar zehn Bewerber pro Studienplatz. Schon Berufseinsteiger wüssten, dass das meiste Geld nicht über das Gehaltskonto, sondern über besondere Zuwendungen fließe.

All das wollte der russische Präsident augenscheinlich nicht hören. Sein Blick soll stahlhart geworden sein, schildert jemand, der das Video gesehen hat, das das Kreml-Treffen dokumentiert. Chodorkowski fuhr trotzdem fort, mit fast tonloser Stimme. Korruption müsse etwas werden, wofür man sich schäme. Schließlich kam er auf den Kauf der Ölfirma »Sewernaja Neft« durch »Rosneft« zu sprechen. Allen in der Runde stockte der Atem. Dieser Kauf hätte eine zusätzliche Ebene gehabt, fing Chodorkowski an. Die Staatsfirma »Rosneft« (»Russisches Öl«) hätte den abgewirtschafteten Produzenten »Sewernaja Neft« (»Nördliches Öl«) nämlich zu einem überhöhten Preis gekauft. So wie der Staat in den neunziger Jahren die Betriebe unter Wert an die neuen Besitzer verkauft hätte, so würde er jetzt offenbar überteuert Firmen aufkaufen.

Auf Putins Einwurf, dass Chodorkowski selbst demnach zu den ersten Korrupten im Land gehöre, soll Chodorkowski erwidert haben: »Mit uns, die wir hier sitzen, hat die Korruption vielleicht begonnen, aber irgendwann muss sie enden.« Bei der Hälfte der am Tisch Versammelten handelte es sich um Personen, die Putin ernannt hatte.

Putin rechtfertigte den Kauf von »Sewernaja Neft« damit, dass der Staat seine Ölreserven erhöhen müsse, was die Frage aufwerfe, wie »Jukos« es geschafft hätte, seine Ölreserven auszubauen. Und ob »Jukos« nicht auch Steuerprobleme gehabt hätte. »Richtig, Sie lösen sie derzeit«, soll Putin laut nachgedacht haben, »aber sie müssen doch irgendwie entstanden sein …«

Chodorkowski hatte diese Nachfrage verstanden wie jeder im Saal: als unverhohlene Drohung an seine Adresse. Der Konzernchef kündigte später seinen Mitarbeitern schwere Zeiten an.

Für viele stand fest: Chodorkowski wird man einsperren. So geschah es.

Chodorkowski tat damals, als hätte er Putins Drohung nicht bemerkt, bat ein paar Wochen später um ein Vier-Augen-Treffen, bei dem er den Präsidenten über die geplante Fusion mit »Sibneft« (»Sibirisches Öl«) von Roman Abramowitsch informierte. Er wollte Putins Einverständnis einholen. Der gab es ihm und bat den Unternehmer zugleich, »Jukos« möge nicht weiter die Opposition finanzieren. Darauf erklärte Chodorkowski, dass nicht »Jukos«, sondern er persönlich die Opposition finanziere. Putin forderte ihn auf, dass »Jukos« dann zumindest nicht die Kommunisten mit Geld unterstützen solle, worauf Chodorkowski klarstellte, dass nicht »Jukos« und nicht er die Kommunisten finanziere, aber einige »Jukos«-Aktionäre persönlich, wogegen er nichts ausrichten könne. Chodorkowski soll nach dem Treffen davon überzeugt gewesen sein, dass Putin ihn verstanden hatte, dass ein Land eine Opposition braucht, und dass jemand wie er, Chodorkowski, nicht nach der Macht greift, sondern sich im Gegenteil ihrem Druck vielmehr entziehen möchte. Er, der sein Unternehmen so erfolgreich führte, begriff nicht, dass Putin als Ex-KGB-Offizier die Kunst beherrschte, seinem Gegenüber das Gefühl zu geben, mit ihm eine gemeinsame Sprache zu sprechen, obwohl davon keine Rede sein konnte.

Zwei Monate nach dem Treffen wurde zuerst Chodorkowskis Sicherheitschef Alexej Pitschugin verhaftet und später wegen Mordes verurteilt. Dann wurde der Freund und Geschäftspartner Platon Lebedjew festgenommen.

Am 25. Oktober 2003 stürmten FSB-Beamte schließlich Chodorkowskis Flugzeug bei einer Zwischenlandung in Nowosibirsk und führten ihn ab. Im November erfolgte die Anklage: Er habe Steuern hinterzogen, die ausstehenden Forderungen an Jukos betrügen 27,8 Milliarden Dollar. Russlands modernstes und größtes Ölunternehmen kam unter den Hammer, sein Herzstück »Jugansk-Neftjegas« wurde von der in Twer registrierten Firma »Baikalfinanzgroup« aufgekauft, die niemand außer Putin kannte. Wenig später wurde »Baikalfinanzgroup« samt »Jugansk-Neftjegas« von »Rosneft« aufgekauft, vom stellvertretenden Leiter der Präsidialadministration Igor Setschin.

Auch dank der Einverleibung von Chodorkowskis Firma steht »Rosneft« im Jahr 2010 an der Spitze von Russlands Ölförderern. Der Konzern ist inzwischen so groß, dass Premier Putin rund 24 Prozent der Anteile privatisieren möchte, weil er das in der Finanzkrise entstandene Staatsdefizit verringern muss. Verkauft werden soll aber nur so viel, dass der Staat weiter die Mehrheit behält und die unternehmerischen Entscheidungen bestimmt.

Chodorkowski, der reichste Mann Russlands, war 2004 seine Firma ein für alle Male los, Russlands Rechtsstaatlichkeit auf Jahre beschädigt. Der Rest der russischen Oligarchen hatte den Warnschuss verstanden und verhielt sich fortan mucksmäuschenstill.

Der derart vorgeführte und enteignete Topunternehmer bereut seine Entscheidung, sich vor Putins Rache nicht rechtzeitig im Ausland in Sicherheit gebracht zu haben, angeblich nicht. War er anfangs überzeugt davon, dass der Kreml im 21. Jahrhundert nicht mehr zu diesen Maßnahmen greift, so kämpft er jetzt dafür, dass Russland irgendwann einmal zu einem »normalen« Land wird. Wobei »normal« im Russischen ein extrem dehnbarer Begriff ist. Normal kann gut sein, aber auch mehr gut als schlecht oder aber schlecht, was man nicht zugibt und lieber schönredet. Was von seinen ehemals acht Milliarden Dollar, auf die die Zeitschrift »Forbes« Chodorkowskis Vermögen geschätzt hatte, übrig ist, wissen wohl nur seine Familie und engste Vertraute. Anders als andere Gefangene, die sich ihre Lage in der Haft mit Geld durchaus erleichtern können, nützt Chodorkowski sein verbliebenes Vermögen im Gefängnis wenig, die Aufseher handeln in seinem Fall ausschließlich auf Weisung von oben.

Von Zeit zu Zeit wendet sich Chodorkowski in offenen Briefen an die russische Gesellschaft, was ihm regelmäßig Karzerstrafen einbringt. Er beantwortet schriftlich Interviews, wollte sogar für die Moskauer Kommunalwahl kandidieren. Er wirkt nach wie vor gesund und sportlich. Ein Gefangener, dessen Wille gebrochen wurde, sieht anders aus.

Weil er seine Haftstrafe spätestens 2011 abgesessen hätte, ein Jahr vor der Präsidentschaftswahl 2012, wurde der zweite Prozess angestrengt. Das Ziel: Chodorkowski bis mindestens nach der Wahl einzusperren.

Der Vorwurf dieses Mal: Er und Lebedjew sollen alles Öl, das über die Jukos-Tochterfirmen gehandelt worden war, gestohlen haben. 350 Millionen Tonnen Öl. Im ersten Prozess wurden sie verurteilt, genau dieses Öl nicht ordnungsgemäß versteuert zu haben. Ein Widerspruch in sich: Denn wer klaut Öl und versteuert es zugleich, wenn vielleicht auch nicht ordnungsgemäß?

Die unzähligen Gerichtstermine über anderthalb Jahre sind für den prominenten Häftling ein tagfüllendes Programm, wie seine Mutter Marina Chodorkowskaja beschreibt: »Die Gerichtsverhandlungen gehen von morgens bis 18 Uhr abends. Der Weg zum Gericht und Gefängnis zurück beträgt zwei Stunden pro Fahrt wegen der vielen Staus. Wenn er in seine Zelle kommt, ist es 20 Uhr, und um 22 Uhr wird schon das Licht ausgeschaltet. Morgens um Sechs ist Wecken. Er hat also kaum Zeit, sich mit dem Material zu befassen.«

Russlands Häftling Nr. 1 wie auch seine Rechtsvertreter stoßen auf immer neue Hindernisse: Während der letzten Wochen des Prozesses war es den Verteidigern untersagt, ein Notebook mit in das Untersuchungsgefängnis zu bringen. Die Anklage bezieht sich auf Papiere, die 180 Aktenordner füllen, die weder die Anwälte und erst recht nicht der Angeklagte bei sich haben. Chodorkowski konnte sich bereits glücklich schätzen, wenn ihm seine vier Mitinsassen im Untersuchungsgefängnis abends den Tisch für das Aktenstudium überließen.

Mit einem Freispruch hat Anwalt Juri Schmidt bei allem Optimismus, den er liebend gern verbreitet hätte, keinen Augenblick gerechnet. Putin gelte als jemand, der niemals verzeiht. Und als einer, der den Rest der russischen Geschäftswelt nur zu gern einschüchtere. Ein Freispruch wäre ein Schlag gegen den allmächtigen Premier Putin persönlich gewesen sowie gegen die, die ein ungeheures juristisches Mahlwerk über acht Jahre in Gang gehalten haben. Ein winziger Hoffnungsschimmer war an einem Verhandlungstag im Juni 2010 aufgeflackert, als der frühere Wirtschaftsminister German Gref und der Industrie- und Handelsminister Wiktor Christenko den angeblichen Öldiebstahl vor Gericht bezweifelt hatten. Wenn 350 Millionen Tonnen Öl gestohlen worden wären, hätten sie es bemerkt, gaben sie zu bedenken. Ihre Einwände blieben ungehört.

Um den berühmten Gefangenen dort zu treffen, wo es ihm am meisten weh tut – die Isolation von seiner Familie – wurden sogar Gesetze geändert. Dass er seine erste Haftstrafe in der Nähe von Tschita verbüßen musste, galt als Verbannung, die dem Gesetz widerspricht. Seit 1997 sind Haftstrafen in der Nähe des Wohnsitzes bzw. des Sitzes des Gerichtes vorgeschrieben. Neuerdings aber darf der Justizminister den Haftort bestimmen. Und dass der den Ex-Milliardär in ein Straflager im Umfeld der russischen Hauptstadt schicken würde, in die Nähe seiner Frau, seiner Kinder, seiner Eltern, die das von ihm finanzierte Lyzeum tapfer weiter führen, damit rechnete niemand.

»Wo wird er die zweite Haftzeit absitzen, in Sibirien, auf Kamtschatka, auf einer Eisscholle?«, fragte vor der Urteilsverkündung sein Anwalt, der mehr als einmal fürchtete, dass ihm wie zu Sowjetzeiten die Lizenz entzogen wird. Zwei Versuche gab es allein während der Chodorkowski-Prozesse. Sein Mandant landet in der Kolonie Nr. 7 im Kreis Segescha in der Teilrepublik Karelien an der finnischen Grenze.

Unmittelbar vor dem Richterspruch erklärte Premier Putin, was mit Chodorkowski seiner Meinung nach zu geschehen habe: Ein Dieb gehöre ins Gefängnis. Der US-Milliardenbetrüger Bernard Madoff sei mit 150 Jahren Haft bestraft worden, gemessen daran sei Russland mit den geforderten 14 Jahren für Chodorkowski doch deutlich liberaler.

Als Richter Wiktor Danilkin am 30. Dezember 2010 das Urteil bekanntgab, verhedderte er sich mehrfach im Text, las Stellen zweimal. Der merkwürdig zerstreut wirkende Auftritt sorgte für Aufsehen. Die Angeklagten Chodorkowski und Platon Lebedjew bekamen 13,5 Jahren Haft. Acht Jahre aus der ersten Haftstrafe würden angerechnet werden, sodass beide bis 2017 hinter Gittern bleiben, bei vorzeitiger Haftentlassung bis mindestens 2013. Die Anwälte legten Berufung ein, somit zögerte sich die Entscheidung, wo die beiden ihre Zeit absitzen müssen, immer weiter hinaus.

Einige Wochen nach dem denkwürdigen Urteilsspruch lieferte die Pressesprecherin des Chamownitscheskij-Gerichts Natalja Wassiljewa eine Erklärung: Richter Danilkin habe ein Urteil verlesen müssen, das nicht er gefällt hatte. Sein ursprünglich beabsichtigter Schuldspruch war zu mild ausgefallen, sodass das übergeordnete Moskauer Gericht eingegriffen und ein »passendes« Strafmaß erlassen hat. Danilkin bezichtigte seine Pressesprecherin der üblen Nachrede, sie wurde entlassen, er für Wochen in den Urlaub geschickt.

Gewundert hat die Aussage der Gerichtssprecherin niemanden, ihr Mut dagegen brachte ihr bei den demokratisch gesinnten Kräften Respekt ein. Sie hatte gewagt, das Offensichtliche beim Namen zu nennen und sich selbst in Gefahr zu bringen.

Im Erdgeschoss der Gefängnisverwaltung des Archangelsker Straflagers für die »Lebenslänglichen« befindet sich der Besuchertrakt. Ein langer Gang, auf der linken Seite eine Zelle neben der anderen. Hier dürfen Oksana und Sergej nach der Hochzeit 72 Stunden ununterbrochen zusammen sein. Doch erst ab morgen, denn heute ist kein Besucherzimmer mehr frei.

Oksana ist nervös, sie will endlich sehen, wie Sergej reagiert, wenn er sie zum ersten Mal als Braut sieht. Das Haar trägt sie hochgesteckt. Den Blumenstrauß und die Ringe hat sie selbst gekauft, was der russischen Hochzeitstradition völlig widerspricht. Oksana hat auch an Champagner gedacht. »Ohne Alkohol, aber auch den werden sie nicht erlauben. Früher war nicht einmal ein Brautkleid gestattet.«

Am nächsten Tag wartet Oksana vor einer der 20 Türen, bis Sergej gebracht wird. Die frisch Vermählten richten sich häuslich ein. Trotz Tischdecke, Vase und Brautstrauß will der schlauchartige Raum kaum wohnlicher werden. Zu sehr dominieren die Stäbe vor den Fenstern, die Eisentür, die kahlen stahlgrauen Wände. Sergej lässt Oksana keine Sekunde los, als könnte jemand sie ihm wieder wegnehmen. »Die Hochzeit gestern war mir so peinlich«, gesteht er. Nicht, dass er sie schon bereut hätte, aber die Umstände seien sehr erniedrigend gewesen. »Natürlich bin ich froh, dass Oksana mich geheiratet hat. Wir kennen uns schon sieben Jahre, und für sie bin ich mehr als nur ein Totschläger. Die Gefängnisverwaltung betrachtet mich ausschließlich als Verbrecher, aber Oksana und unsere Eltern wissen, dass ich anders bin. Hier habe ich nachgedacht. Mir tut vieles leid, ich bereue, was ich getan habe. Mir wird ganz schwer ums Herz, wenn ich daran denke, wie viele Menschen ich ins Unglück gestürzt habe, vor allem die, die mir nahe stehen.«

Die Heirat ist für Sergej noch in anderer Hinsicht wichtig: Eine Ehefrau gilt im Gefängnis als Prestigesymbol. Einen

Häftling, der es nicht schafft, eine Partnerin an sich zu binden, halten die Zellengefährten für einen Versager.

Sergej ist überzeugt davon, ein neuer Mensch geworden zu sein. Er macht seine Schuld nicht kleiner, als sie ist, schiebt nichts von sich, klagt keinen anderen an. Im Gegenteil. Seine Freunde würden ihn noch heute unterstützen, obwohl er der einzige sei, der auf die schiefe Bahn geraten war. Die anderen würden studieren, manche arbeiteten im Ausland. »Wie sagt man bei uns: Jede Familie hat ihre Missgeburt.«

Zu 18 Jahren Haft wurde Sergej verurteilt, abgesessen hat er noch nicht mal eins. Für mindestens zehn Jahre wird das gespenstisch blank geputzte Lager sein Zuhause sein, wo jeder Weg, jeder Vorgarten von Zäunen und Zäunchen eingefasst ist, als ob Stacheldraht und Gitter nicht ohnehin im Überfluss vorhanden wären. Vielleicht können ihn die selbst gemalten Landschaftsbilder an den Gefängnismauern ein wenig trösten, die von der Sehnsucht der Häftlinge nach Freiheit und Weite künden. Die Freiluftgemälde trotzen Wind und Wetter, bei Bedarf werden neue gemalt, die Insassen haben schließlich alle Zeit der Welt. Unzählige Appelle teilen den Tag ein, immer wieder wird Sergej mit den anderen Häftlingen Aufstellung nehmen müssen – im Schlafsaal, auf dem Hof, im Speisesaal, wo James, der Inder, das Essen austeilt. James stammt aus Bombay, wollte in Russland Medizin studieren, doch jetzt sitzt er und ist froh, die Haft in Russland hinter sich bringen zu können und nicht in einem heimischen Gefängnis. Dass er in der Küche angestellt wurde, versteht er als Privileg, das ihm bei schlechter Führung allerdings sofort entzogen wird.

Dass ich zum zweiten Mal Oksana und Sergej treffe, liegt an Direktor Sagrotzki. Der verspürte am Vortag nicht die geringste Neigung, mich zu empfangen, Fragen zu beantworten, gar herumzuführen und ließ mich unverrichteter Dinge abziehen. Als sich, wie tags zuvor, die Pressesprecherin der Archangelsker Justizverwaltung am Nachmittag erkundigte, ob mein Besuch in der Kolonie interessant war, antwortete ich ihr wahrheitsgemäß: »Ja. Interessant, aber nicht ergiebig.« Sie reagierte entsetzt. Der Gefängnisdirektor habe sich geweigert? Ich würde von ihr hören. Sie hielt ihr Versprechen und bat mich, den Besuch am folgenden Tag zu wiederholen. Ich willigte ein. Sagrotzki wartete bereits vor dem Tor. Er salutierte, brachte eine knappe formelhafte Entschuldigung vor und bat, sofort mit dem Rundgang zu starten. Gern.

Er begann mit den Holzwerkstätten, sein ganzer Stolz. Sagrotzki, ein geschäftstüchtiger Mann, der es versteht, die Gefängnisprodukte russlandweit mit Gewinn zu vermarkten, kauft sogar Werbezeiten im Regionalfernsehen. Die Gefangenen profitieren nicht von dem erwirtschafteten Überschuss. Investiert wird höchstens in neue Holzverarbeitungsmaschinen, für neue Unterkünfte sieht der Direktor keinerlei Notwendigkeit. »Die 1300 Insassen hier haben genug Platz«, wischt er barsch jeden Gedanken an Neubauten beiseite. »Manchmal wird es eng, aber wir wissen, dass die Regierung von Zeit zu Zeit eine Amnestie beschließt, danach ist dann wieder Platz.« 50 Doppelstockbetten in einem Schlafsaal sind die Regel. Die Gänge zwischen den Pritschen sind mitunter so schmal, dass ein breitschultriger Mann nur seitwärts durchkommt. Überall herrscht auffallende Ordnung. Kein einziger persönlicher Gegenstand liegt herum, akkurat auf Kante gefaltetes Bettzeug, blitzblanke Fußböden – Kasernenatmosphäre.

Während sich die meisten Insassen im Lager frei bewegen können, hocken die Tuberkulosekranken eng zusammengepfercht. Der Fernsehraum bietet Platz für 50 Zuschauer, jeder Stuhl ist besetzt, trotz der sommerlichen Temperaturen und des strahlenden Sonnenscheins. Die Luft ist zum Schneiden dick und die Bakteriendichte angesichts der hustenden Männer vermutlich entsprechend hoch. Der Aufenthalt im Freien gilt nicht als Muss, also schlagen die meisten die Zeit am liebsten vor dem Fernseher tot, im Augenblick läuft eine lateinamerikanische Seifenoper.

Nirgendwo in diesem Straflager steht den Gefangenen so

wenig Platz zur Verfügung wie in der Tbc-Abteilung. Der Schlafsaal wie auch der Aufenthaltsraum sind kleiner als in den anderen Unterkünften, der Hof für mehr als 100 Kranke hat noch nicht mal die Größe eines Tennisplatzes. Doch den Gefängnisarzt kümmert die Enge nicht. Jeder zehnte Häftling dieser Strafkolonie ist Tbc-krank. Dass die Infizierten überhaupt isoliert untergebracht werden, betrachtet der Mediziner als Errungenschaft. Seine Hauptaufgabe sieht er in der Verabreichung der Medikamente, die ausschließlich von internationalen Hilfsorganisationen bezahlt werden. Nicht immer helfen die Präparate, denn in Russland kursieren mittlerweile Bakterien, die gegen die herkömmlichen Antibiotika resistent sind. Doch der Erfolg der Behandlung hängt nicht nur von der Wirksamkeit der Arznei ab.

»Gerade das Überwiegen des arbeitsfähigen Alters der Zuchthäusler berechtigt zu der Schlußfolgerung, dass die hohe Sterblichkeit durch Schwindsucht in der Verbanntenkolonie hauptsächlich auf den ungünstigen Lebensbedingungen in den Gemeinschaftszellen und auf der unangemessenen Schwere der Zwangsarbeit beruht, die dem Arbeiter mehr abverlangt, als ihm die Gefängniskost geben kann. Raues Klima und Entbehrungen aller Art, die während der Arbeit, Flucht und Einkerkerung erduldet werden, das unruhige Leben in den Gemeinschaftszellen, der Fettmangel in der Nahrung und schließlich das Heimweh – das sind die Hauptursachen der Schwindsucht auf Sachalin.« Im heutigen Russland sind die Aussichten so gering wie zu Tschechows Zeiten, als Häftling eine Tuberkulose zu überstehen. Laut inoffiziellen Schätzungen sterben jedes Jahr 25 000 Menschen in Russland an Tbc. Fünf bis achtmal mehr als in Europa. Rund 120 000 Neuerkrankungen werden landesweit pro Jahr registriert. Die Erreger machen häufig nicht an der Lunge halt, sondern befallen auch andere Organe. Unverändert ist Tbc nicht nur die häufigste, sondern auch die gefährlichste Krankheit für Inhaftierte. Kaum etwas hat sich geändert.

Nur wer geliebt wird, bessert sich

Wenige Kilometer vom Männerstraflager entfernt liegt die Jugendstrafkolonie. Ringsherum, so weit das Auge reicht, Wälder. Sogar Urwälder. Wenn in südlicheren Gefilden Kiefern 200 Jahre alt werden, kann kein Mann mit noch so langen Armen sie mehr umfassen. Hier am Rande des Polarkreises bleiben die Stämme dünn. Entsprechend erbarmungslos werden sie einfach abgeholzt. Die Jugendkolonie erinnert an eine Mischung aus kommunistischem Pionierlager und Kaserne. Die Sträflinge spielen Volleyball und Fußball, sie scherzen, schreien und schimpfen, bis plötzlich ein Kommando ertönt: Appell.

280 schlaksige Gestalten im Alter von 14 bis 18 Jahren nehmen Aufstellung in vier Blöcken. Ihre Kappen sitzen keck auf den kahlgeschorenen Köpfen, die schwarzen Arbeitsanzüge sind abgetragen. Ärmel und Hosenbeine meist viel zu kurz. »Abteilung links!« Und schon marschieren sie etliche Runden immer im Kreis. Der Wächter befiehlt ein Lied: »Die Nachtigall«. Ein Sprechgesang hebt an. »Uns gab man den Befehl, singt das Lied der Nachtigall …« Nacheinander schwenken die Kolonnen im Gleichschritt ein in Richtung Speisesaal.

Der Küchendienst hat die Tische gedeckt. Auf den langen schmalen Bänken stehen Blechnäpfe, gefüllt mit gekochtem Hühnerfleisch. Daneben liegt für jeden ein Kanten Brot, zu trinken gibt es Saft. Über den Bechern liegen winzige, quietschgrüne Lutscher, der Nachtisch. Jede Aufforderung des Wachpersonals kommt im Kommandoton. So klingt auch das »Guten Appetit« wie ein Befehl. Die Häftlinge danken, nehmen Platz und leeren hastig ihre Teller. Die Unterhaltung wird zu laut. »Aufstehen! Ruhe!« Uwais Tipsajew, ein ruhiger Tschetschene, fordert als Chef der Strafkolonie von den Jugendlichen Respekt vor dem Personal, aber keinen Kadavergehorsam. »Das sind doch Kinder. Lieber sollen sie sich hier wie in einem Pionierlager fühlen, als dass sie ein anderes, ein schlechtes Leben sehen. Wir müssen sie bestrafen, aber wir wollen keine Härte, die letztlich nur das Böse in ihnen weckt.«

Einmal pro Halbjahr besucht der Jugendrichter die Kolonie. In einer Art Klassenzimmer entscheidet er darüber, wer vorzeitig entlassen wird. Ein Raum wie zu sowjetischen Zeiten: Rote Fahnen, ein Rednerpult auf der Bühne, dahinter an der mit Fahnenstoff bespannten Wand das obligatorische Leninporträt, dieses Mal als lackiertes Holzrelief. Die Jungen werden nacheinander aufgerufen. Richter Stanislaw Posnianski hat sich eine Schulbank auf die Bühne gestellt, von dort aus fragt er jeden einzelnen, wie er sich geführt, ob er gegen Regeln verstoßen hat. Wer in eine Schlägerei verwickelt war, kann eine vorzeitige Entlassung abschreiben.

»Tropin, aufstehen! Du sollst zwei Jahre früher entlassen werden. Womit hast du dich hier beschäftigt?«, beginnt der Richter mit unerwartet sanfter Stimme. Er will den kahlgeschorenen schmächtigen Jungen nicht einschüchtern. Die Biographien der Minderjährigen sind ihm bekannt, die Beurteilungen der Wärter liegen ihm vor.

»Ich habe gelernt, eine Berufsausbildung gemacht.«

»Welche?«

»Als Näher.«

»Gut. Hast du noch beide Eltern?«

»Nur noch den Vater.«

»Hat er dich besucht?«

»Nein.«

»Arbeitet er? Als was?«

»Ich erinnere mich nicht daran.«

»Du erinnerst dich nicht?«

»Doch jetzt. Er ist Unternehmer.«

»Na, wenn er Unternehmer ist, hätte er ja mal herkommen können. Na gut, setz dich.«

Wladimir Tropin, so entscheidet der Richter später, wird vorzeitig entlassen. Er hat sich im Gefängnis tadellos benommen, und für die desolaten Familienverhältnisse kann schließlich nicht der Junge bestraft werden.

Auch Alexander Markow gehört zu den Glücklichen an diesem Tag, noch heute darf er das Gefängnis verlassen. Alexanders Eltern und seine Schwester warten bereits seit dem Morgen vor dem Lagertor. Nicht nur Alexanders Gesicht, auch seiner Kleidung sieht man an, dass er kein Gefangener mehr ist. Die verwaschenen Häftlingsklamotten hat er abgegeben. In Trainingshose und strahlend weißem T-Shirt springt er voller Übermut die Treppe vom Schlafsaal hinunter. Ihn hält hier nichts mehr. Aber er hat Disziplin gelernt, antwortet gehorsam auf alle Fragen. Die Antworten klingen hölzern, wie auswendig gelernt: »Heute endet mein Aufenthalt in der Strafkolonie. Ein Jahr und neun Monate war ich hier. Was mich in der Freiheit erwartet, weiß ich noch nicht. Mein schlimmstes Erlebnis war der erste Tag im Untersuchungsgefängnis. Ich fand mich dort wieder, nachdem ich jemandem die Jacke und Turnschuhe ausgezogen hatte. Drei Jahre und sechs Monate habe ich dafür bekommen.«

Alexander hat seine Lektion gelernt, glaubt der Jugendrichter der Strafkolonie. Er hält die meisten Freiheitsstrafen für viel zu lang, doch sie entsprächen den gesetzlichen Vorgaben, seien keineswegs als Willkür einzelner Kollegen zu betrachten.

Jugendliche erhalten – gemessen an ihrem Lebensalter – ungleich höhere Haftstrafen. Bei verurteilten Minderjährigen beträgt der Freiheitsentzug durchschnittlich drei Jahre und zwei Monate, bei Erwachsenen drei Jahre und vier Monate. Der Jugendrichter würde eine Justizreform begrüßen, er plädiert für Haftstrafen nur im Ausnahmefall.

Bei dem breitschultrigen Alexander ist er sich sicher, dass der junge Mann straffrei durch sein weiteres Leben gehen wird. Seine Familie sei intakt, die Eltern hätten ihn nicht fallenlassen während der 21 Monate im Gefängnis. »Doch der größte Teil der ehemaligen Häftlinge kehrt nach Hause zurück, wo sie sich selbst überlassen bleiben. Die Eltern trinken, statt zu arbeiten, der Kühlschrank ist leer. Der Kreislauf von Gleichgültigkeit, Verwahrlosung und Kriminalität beginnt von neuem.«

Die Gefängnisleitung ermuntert die jungen Häftlinge, sich ihre Erlebnisse von der Seele zu schreiben. Sie sollen lernen, ihre Gefühle auszudrücken und, noch wichtiger, sie zu kontrollieren. Wer wollte, konnte sich kürzlich an einem Aufsatzwettbewerb beteiligen. Der 16-jährige Michail wurde ausgezeichnet. Er schrieb: »Für die Häftlinge ist der Schlaf heilig. Man kann von der Mutter träumen, von seinem Zuhause, vom Leben überhaupt. Für manche hier ist das Gefängnis wie ein zweites Zuhause geworden, weil sie in ihrem Leben noch nie etwas Schönes erlebt haben. Hier gibt es eine Schule, in die man bis zum Ende der neunten Klasse gehen kann. Die Lehrer behandeln die Schüler gut. Wenn nur nicht der Stacheldraht und die Wachen wären, die schlagen aufs Gemüt.«

Zu den Siegern gehörte auch Nikolai, 17 Jahre alt. »Ich bin jetzt im Straflager, und hier wird es langsam Frühling. Wie gern würde ich frei sein und den Frühling begrüßen, die neuen Blätter an den Bäumen, die ersten Blumen auf der Wiese, einfach die ersten Tage im Jahr ganz an der frischen Luft verbringen. Ich selbst würde auch gern ein Neuer sein, ein anderer als der, der ich bisher war. Ich würde gern auch die ersten neuen Radieschen oder grünen Salat essen. Auch wenn wir eigentlich gut verpflegt werden. Wie gern würde ich spazieren gehen und mich über die Sonne freuen, aber ich muss lernen, dem Tagesplan zu folgen, mich bessern. Erst dann erlauben sie uns, uns über den Frühling zu freuen. Mit meiner Mutter und meinem Stiefvater lebte ich in Archangelsk. In der Schule war ich immer schlecht. In der fünften Klasse haben sie mich rausgeschmissen. Mein Stiefvater hat mich oft geschlagen, noch heute bin ich deswegen wütend auf ihn, vor allem weil er auch meine Mutter schlägt. Später habe ich zurückgeschlagen, als ich neue Freunde gefunden hatte. Sie waren älter als ich, haben getrunken, ich habe auch damit angefangen. Manchmal habe ich meinen Stiefvater geschlagen, wenn ich was getrunken hatte. Ich hatte alles so satt, trank immer mehr. Jahrelang erschien ich nicht zu Hause. Meine Mutter litt sehr darunter. Eines Tages, als ich sie einmal besuchte, sah ich, dass auch sie trank. Da habe ich die Wohnung verlassen und mein erstes Verbrechen begangen. Niemand hat mich davon abgehalten.«

Vor dem Tor warten mehrere Eltern. Alexanders Mutter blinzelt mit rot geweinten Augen in die Sonne. Immer wieder schaut ihr Mann zu der Tür, aus der jeden Moment der Sohn heraustreten muss. Endlich erscheint er. Alexander gleicht seinem Vater: dieselbe flache Nase, der breite Mund, der am liebsten zu lachen scheint, die fröhlichen Augen. Er drückt zuerst der Mutter einen Kuss auf die Wange, dann der Schwester. Und als der Vater ihn schließlich in die Arme nimmt, scheint Alexanders Glück grenzenlos. Eine andere Mutter erwartet ihren Sohn mit mürrischer Miene. In ausgeleierten, heruntergetretenen Hausschuhen schlurft sie auf ihn zu. Kein Kuss, keine Umarmung, nur ein kurzer gemurmelter Gruß. Missmutig stapfen beide mit großem Abstand voneinander davon. Der Junge dreht sich noch einmal nach Alexander um.

Nur wer geliebt wird, bessert sich, hatte mir der Richter gesagt.

VII. RUSSLANDS NEUE GEFAHR

Europas schwierigste Region

Hat der Zerfall der Sowjetunion den Terror hervorgebracht? In jedem Fall hat Gewalt während der zurückliegenden zwei Jahrzehnte Russland stets begleitet. Sie gipfelte in zwei Tschetschenienkriegen und unzähligen Anschlägen. Phasen scheinbarer Stabilität werden jeweils empfindlich gestört, wenn die Terroristen die ungelösten Nationalitätenkonflikte mit neuen Attentaten wieder ins öffentliche Bewusstsein bomben. Wenn in Moskau Wohnblöcke in die Luft gejagt werden. Wenn sich »Schwarze Witwen«, Selbstmordattentäterinnen, in der Moskauer Metro in die Luft sprengen und Dutzende von Passanten mit in den Tod reißen. Wenn auf dem Moskauer Flughafen Bomben explodieren. Wenn in Tschetschenien, Inguschetien und Dagestan Polizeistationen, öffentliche Verwaltungen oder sogar das Parlament wie in der tschetschenischen Hauptstadt Grosny angegriffen werden.

Der Schweizer Abgeordnete Dick Marty bezeichnete 2010 den Nordkaukasus vor der Parlamentarischen Versammlung des Europarates als die schwierigste Region Europas. Immer wieder fuhr ich in die unruhigen Kaukasusrepubliken, die Moskau so feindlich gesinnt sind, dass man meint, es handle sich um unversöhnliche Nachbarstaaten. Dabei sind alle drei Kaukasusrepubliken sogenannte Subjekte Russlands, wie die Verwaltungseinheiten genannt werden.

Während des zweiten Tschetschenienkrieges brauchte ich für die Einreise die Genehmigung der Behörden. Hatte ich sie eingeholt, wurden mir jedes Mal Aufpasser an die Seite gestellt. Diverse Male zog ich es deshalb vor, illegal einzureisen.

Am 16. April 2009 verkündete der russische Präsident

Dmitri Medwedjew das Ende der »Antiterroristischen Operation« in Tschetschenien.

In meiner Familie, mit der ich in jenen Jahren in Moskau lebte, wollte sich dennoch keine Erleichterung einstellen, denn wir hatten die Erfahrung gemacht, dass es für den Zugriff der russischen Polizei keinen Grund braucht. Mehrfach verübten Milizionäre Übergriffe auf unseren Sohn. Den ersten 1999, als er – zwölf Jahre alt – eines Sonntagmorgens durch das verschlafene Moskau zum Brötchenholen lief. Ein einziges Geschäft hatte um diese Zeit geöffnet, den Ausländern zuliebe, denn Sonntagsfrühstücksbrötchen sind Russen ein verzichtbarer Luxus. Der Supermarkt lag eine Viertelstunde zu Fuß entfernt. Als er nach einer Stunde nicht zurück war, machte ich mir Sorgen. Einerseits war er längst dem Alter entwachsen, in dem er in einem Zeitungskiosk (den es in diesem Supermarkt gab) über das Blättern in Comics die Zeit vergaß. Andererseits: Was sollte schon passiert sein, kaum ein Auto, kaum ein Mensch war um diese Zeit unterwegs, das Geschäft lag ganz in der Nähe des Außenministeriums, also keineswegs eine unsichere Gegend. Als das Piepsen des Türöffners ertönte, was nur passiert, wenn die richtige Zahlenkombination eingetippt wurde, erwartete ich ihn an der Wohnungstür. In russischen Wohnungen gibt es keine Namensschilder an der Klingel. Wer jemanden zu Hause besuchen möchte, lässt sich von den Gastgebern den Code für das Zahlenschloss nennen. Für ein einfaches »Klingeln« drückt man die Nummern der ersten Zahlenkombination, damit sich aber auch die Haustür öffnet, muss ein zweiter Code eingegeben werden, den nur Familienmitglieder oder enge Vertraute kennen.

Unser Sohn war blass und rang um Fassung. Die Miliz hatte ihn soeben kontrolliert und als »tschetschenski kosjol«, tschetschenischen Ziegenbock, beschimpft. Sie hatten ihn in ihren Dienstwagen gestoßen, wo er abgetastet und durchsucht wurde. Als sie außer ein paar Rubel, für die Brötchen seine Akkreditierung fanden, die ihn als Familienangehörigen eines

Ausländers, als Deutschen, auswies, fluchten sie im schlimmsten russischen Mat, der sexistischen Gossensprache, und stießen ihn aus dem Wagen. Ich legte Protest beim Außenministerium ein – nicht zum letzten Mal. Den Worten des Bedauerns folgte nichts, keine Ermittlungen, keine Disziplinarmaßnahmen. Des Öfteren wurde mein Sohn von der Miliz in der Metro festgehalten, sein dunkles Haar war Anlass genug für ihre Kontrollen. Einmal pöbelten ihn russische Jugendliche im Bus an. Als er sich als Deutscher zu erkennen gab, riefen sie begeistert »Heil Hitler!«. Diese Vorfälle endeten alle mehr oder weniger glimpflich. Dennoch fragte ich mich, was für ein Verständnis von Rechtsstaatlichkeit und Gesetzestreue mein Sohn entwickeln würde, wenn ausgerechnet Polizisten ein solches »Vorbild« abgaben.

Rückblickend wundere ich mich, dass wir nicht panisch auf die Ereignisse reagierten, die schon bald den zweiten Tschetschenienkrieg auslösen sollten. Kurz nach unserer Ankunft in Moskau, im Sommer 1999, versuchten vorgeblich streng islamische tschetschenische Kämpfer in Dagestan einen Gottesstaat zu errichten und besetzten dafür eine Handvoll Dörfer im unwegsamen, abgelegenen Hochgebirge. Der russische Ministerpräsident Sergej Stepaschin, ein aufgeschwemmter ungelenker Mann, der seine Augen hinter getönten und verspiegelten Brillengläsern verbarg, hatte einen Moment zu lange gezögert. Er scheute sich, mit militärischem Großaufgebot gegen die Fanatiker vorzugehen.

Drei Wochen später begannen Jahre des Terrors, schlimmer als während des ersten Tschetschenienkrieges. Seit unserer Ankunft in Russland waren keine anderthalb Monate vergangen. Die Berichte, die ich im Verlauf meiner fünfeinhalb Korrespondentenjahre absetzte, übertrafen die meiner Kollegen aus Israel zu Zeiten der zweiten Intifada um Längen. Die Attentate, die Russland in den nächsten Jahren erleben würde, waren weltweit in ihren Ausmaßen, ihren Auswirkungen, ihrer Brutalität beispiellos.

Vorbote des zweiten Tschetschenienkrieges sollte die Detonation eines Sprengsatzes in einem Plattenbau in Buinaksk in Dagestan im August 1999 sein. Ein Anschlag mit Dutzenden Toten, auf den sich niemand einen Reim machen konnten. Wer sollte Interesse daran haben, Wohnungen in die Luft zu sprengen?

Furchtbare Beklemmung überkam uns, als der Radiosender »Echo Moskwy« am frühen Morgen des 9. September 1999 verkündete: »Im Südosten Moskaus explodierte heute Nacht ein Haus, bei dem der vierte und fünfte Eingang einstürzten. 108 Wohnungen in der Gurjanow-Straße sind zerstört worden. Nach unterschiedlichen Angaben sind bei der Explosion elf bis sechzehn Menschen ums Leben gekommen. 115 Personen, unter ihnen zwölf Kinder, sind verletzt worden. Am Explosionsort sind Helfer mit schwerer Technik dabei, Menschen aus den Trümmern zu bergen. Feuerwehrmänner versuchen, die Brände in den Trümmern zu löschen.«

Die Gurjanow-Straße bietet ein Bild des Grauens. Der Block gleicht einer Ruine. Wo der Sprengstoff die Fassade weggerissen hat, gibt er den Blick in zertrümmerte Wohnungen frei. Küchen, Betten, Sessel – alles wie auf einer Klippe, kurz vor dem Absturz. Auf frisch planiertem Sand und Bauschutt vor den Resten des Wohnblocks häufen sich Blumen, leicht verwelkte Nelken, ein liebevoll gebundener Strauß mit Herbstastern, dazwischen Margeriten, Klee, Heckenrosen – wie sie sich die Moskauerinnen am Wochenende gern von der Datscha mitbringen. Gespenstische Stille herrscht an diesem Unglücksort inmitten der lärmenden Metropole an diesem 9. 9. 1999, einem Datum, das sich anderswo auf der Welt junge Paare als Hochzeitstermin ausgeguckt hatten. Auf 92 ist die Zahl der Opfer bis zum Nachmittag angestiegen. Wer die Bewohner so früh morgens im Schlaf getötet hat, ist unklar.

Eine Gasexplosion als Grund für die Katastrophe wäre in vielerlei Hinsicht leichter zu verkraften gewesen. Eben ein tragischer Unglücksfall. Das Ausmaß der Zerstörung ließ diese

These nicht zu. Ausströmendes Gas als Explosionsauslöser kam nicht in Frage, weil die Gasleitungen außerhalb des Hauses, an der Fassade entlangliefen, nicht im Innern des Blockes. Eine Gasexplosion hätte zwar in mehreren Etagen die Hauswand zerstört, aber nicht einen gesamten zwölfstöckigen Eingang in Schutt und Asche gelegt, dazu den Nachbareingang und das gegenüberliegende Haus. Die Ermittler schätzen, dass 200 Kilogramm TNT, vier Zentnersäcke Sprengstoff, verwendet wurden.

Nur vier Tage später, am Morgen des 13. September, die nächste Horrormeldung: ein zweiter, identisch ausgeführter Anschlag, dieses Mal an der Kaschirskoje Chaussee 6.

In Moskau herrscht Panik. Auch aus Deutschland rufen Familienmitglieder und Freunde an.

In der Golubinskaja-Straße Nummer zwölf entschließt sich Nadjeschda Kowaljowa, alleinerziehende Mutter zweier Söhne, dreizehn und vier Jahre alt, etwas gegen ihre Angst zu unternehmen. Sie organisiert einen Wachdienst in ihrem Eingang. Vielerorts entstehen solche »Brigaden«, mitten im Stadtzentrum wie auch in den Schlafsiedlungen am Stadtrand.

35 Minuten braucht die Metro bis nach Jasenewo. Eine reine Wohngegend im Süden, ringsherum von Wald umgeben. An diesem sonnigen Herbsttag funkelt das Laub in allen Farben. Die Blöcke sind hier zwischen 8 und 22 Stockwerke hoch.

Wie viele Menschen in Moskau haben sich die Bewohner in der Golubinskaja-Straße entschlossen, nicht einfach nur zu bangen und zu hoffen, dass nichts passiert. Nadjeschda Kowaljowa ist 41, arbeitslos und erkennt sich in diesen Tagen selbst nicht wieder. Dass ausgerechnet sie Leute mobilisiert, von Tür zu Tür geht, überzeugen will, ist eigentlich nicht ihre Art. Dazu ist die blasse Frau sonst viel zu zurückhaltend und unaufgeregt. Doch dieses Mal ist es etwas anderes, dieses Mal kämpft sie wie eine Löwenmutter um ihre Jungen.

Zu ihren Mitstreiterinnen haben sich die zehn Jahre ältere Soja Saizewa und Shanna Sotschowa erklärt. Eine junge Mutter, deren Mann vor zwei Monaten gestorben ist. Ebenso wie Galina Jegorewa, Larissa Orlowa und Ludmilla Medwedjewa. Sie alle wohnen im Eingang Nummer 12. Sie denken nicht daran, es dem Zufall zu überlassen, ob ihr Haus verschont bleibt oder nicht. Typisch für russische Frauen: Weil sie von ihren Männern keinerlei Hilfe erwarten, nehmen sie die Sache selbst in die Hand. Sie rufen die Mieter herbei. Da es in dem zwölf Eingänge langen und zwölf Stockwerke hohen Block keinen Saal für Versammlungen gibt, kommen die Bewohner auf der Straße zusammen. Schnell werden sie sich einig, dass sie ihr Haus in Eigenregie überwachen wollen. Präsident Jelzins Anweisung, jedes der 30 000 Wohnhäuser Moskaus binnen 24 Stunden nach Sprengstoff zu durchsuchen, messen sie keinerlei Bedeutung bei. Bevor sie vergeblich auf Polizisten warten, schauen die Frauen lieber selbst nach – und zwar sofort. Ein Verantwortlicher pro Eingang wird als Ansprechpartner benannt. Im Eingang Nummer zwölf ist das Nadjeschda Kowaljowa. Zusammen mit den anderen Frauen stellt sie einen Wachplan auf. Immer zwei Personen kontrollieren Treppenhaus, Keller, gehen einmal rund um den Block. Zwei Stunden dauert solch ein Dienst, dann sind die nächsten zwei an der Reihe. Pro Nacht acht, denn von elf Uhr abends bis morgens um sieben soll das Haus bewacht werden.

Galina Jegorewa, die stämmige Nachbarin aus der sechsten Etage, erinnert sich noch sehr genau an den Morgen des 13. September, als im benachbarten Stadtbezirk das Haus in der Kaschirskoje Chaussee explodierte: »Mich hat um fünf die Katze geweckt. Ich hörte die Explosion, unser Haus hat gewackelt, ich stand auf und dachte immer noch, das sei nur ein Gewitter, denn es regnete in Strömen. Wenig später sah ich im Fernsehen, was passiert war. Ich konnte kaum hinschauen, denn es ist sehr schwer mit anzusehen, wenn kleine Kinder ausgegraben werden.« Nadjeschda Kowaljowa redet neuerdings mit vielen im Haus. Ihr hat eine Mutter erzählt, dass sie kaum noch schläft, sich ständig fragt, ob sie morgen noch aufwachen wird. Ihre Kinder lege sie angezogen ins Bett. Versammlungen organisieren, Wachpläne aufstellen, Komitees bilden – diese Fähigkeit aus Sowjetzeiten ist nicht verloren gegangen, umso schneller wurde sie reaktiviert. Genau wie die Einsicht, die Macht, wie sie es nennen, unterstützen zu müssen. Jedes Wohnhaus zu kontrollieren und zu bewachen, das schaffe die Polizei ganz einfach nicht allein.

Ludmilla Medwedjewa hat den Aufruf an die Hausbewohner verfasst. »Sehr geehrte Einwohner! Zwecks Vorbeugung weiterer möglicher Terrorakte bittet Sie die Verwaltung, gemeinsam mit der Miliz und der Kommunalverwaltung an der Bewachung Ihrer Häuser teilzunehmen. Nähere Informationen erhalten Sie unter der angegebenen Telefonnummer. Sollten Sie etwas Verdächtiges bemerken, setzen Sie uns bitte davon in Kenntnis.«

Obwohl die meisten bereits jahrelang in dem Block wohnen, hatten sie vorher kaum Kontakt untereinander. »Unglück verbindet«, räsoniert Ludmilla Medwedjewa. »Vielleicht werden wir uns jetzt öfter besuchen, vorausgesetzt wir bleiben am Leben.« Ludmilla Medwedjewa, eine kleine drahtige und energische Person um die 50, ist davon überzeugt, dass es sich bei den Attentätern um Tschetschenen handelt. Aber die eigentliche Schuld trage Russland selbst. »Wir sind verantwortlich, sagt sie, denn wir haben den Krieg entfesselt. Und nun müssen wir wachsam sein, denn sie rächen sich.«

Bis heute ist der Beweis, dass tatsächlich Tschetschenen die Wohnhaus-Attentäter waren, nicht erbracht worden. Doch Regierung, Sicherheitsorgane und auch die Menschen auf der Straße handelten diese Vorverurteilung wenige Wochen nach den Anschlägen bereits als unumstößliche Tatsache. Trotz einiger Hinweise, dass der russische Geheimdienst FSB diese perfiden Terrorakte geplant haben könnte.

In Moskau, Wolgodonsk, dem nächsten Anschlagsort – in ganz Russland brach sich der ohnehin latente Rassismus gegen die sogenannten Schwarzen aus dem Kaukasus Bahn. Milizionäre haben bei der Suche nach Tätern ein festgefügtes Feindbild vor Augen: Kaukasier. Selten werden die Angehaltenen sachlich und höflich um ihre Papiere gebeten, immer wieder kommt es zu schweren Übergriffen der Polizei.

Der Vertreter der tschetschenischen Republik in Moskau, Ramsan Dschamuchanow, brachte es in jenem Herbst 1999 mit einem Sprichwort auf den Punkt: »Wenn du jemandem tausendmal sagst, dass er ein Hammel ist, dann fängt er beim eintausendundersten Mal an zu blöken.« Sein diplomatenähnlicher Status hatte ihn bislang von der Meldepflicht in Moskau befreit. Nach den Wohnhausattentaten musste er sich wie die anderen Zugezogenen aus dem Kaukasus bei den Behörden registrieren lassen.

Mehr als 600 Tschetschenen wurden allein in Moskau in den ersten Wochen nach den Wohnhausanschlägen festgenommen. Einige hat die Miliz krankenhausreif geschlagen. Der Repräsentant Tschetscheniens bemühte sich darum, im Dialog mit den Russen zu bleiben, nun erst recht. Es kostete ihn Überwindung, denn ihm war bewusst, dass Tschetschenen von vielen Russen ausschließlich als Banditen betrachtet wurden. »Meine Tochter ist in der fünften Klasse. Als man dort erfuhr, dass sie Tschetschenin ist, begegneten ihr die Kinder mit Misstrauen. Ich bat den Schulleiter, eine Vorlesung vor den Schülern der Oberstufe und vor den Lehrern halten zu dürfen. Er erlaubte es mir. Ich merkte deutlich, mit welcher Kälte sie mich anfangs empfingen. Aber nach dem Vortrag war das Klima anders, besser.«

Auf niemanden passen sämtliche Verdachtsmomente besser als auf den 21-jährigen Journalistikstudenten Ramsan Apasow. Für ihn, einen schwarzhaarigen, braunäugigen Tschetschenen, gibt es keinerlei rechtsstaatliche Sicherheit in seinem Heimatland Russland. Ein Tschetschene darf zur Prüfung der Papiere stundenlang auf der Polizeiwache festgehalten werden. »Sie sagten, dass ich dem Menschen ähnlich sehe, der vor einigen Tagen einen Milizionär getötet hat. Sie haben mir Fingerabdrücke abgenommen, sahen im Computer in der Liste von Leuten nach, die als »Rebellen« am Tschetschenienkrieg teilgenommen haben. Die Polizisten sprachen mich nur mit Schimpfwörtern an und provozierten mich. Gott sei Dank blieb ich ruhig. Die Prozedur dauerte fast sechs Stunden. Ich erinnerte sie daran, dass ich das Recht auf ein Telefonat habe. Mein Onkel erschien nach 40 Minuten auf der Wache. Man ließ mich frei, weil er ein Lösegeld von über tausend Rubeln zahlte.«

Die aufgeladene Stimmung machte sich der damalige Moskauer Bürgermeister Juri Luschkow wenige Monate vor den Dumawahlen 1999 zunutze. Er gab sich als »Mann mit harter Hand« aus. Ihm könnten die Bürger vertrauen. Er schlug vor, Tschetschenien zu isolieren. Premier Putin willigte ein, die »Antiterroristische Operation« begann: der zweite Tschetschenienkrieg, bei dem die Teilrepublik im Unterschied zum ersten Krieg hermetisch abgeriegelt blieb.

Anna Politkowskaja von der »Nowaja Gaseta« war es dennoch gleich mehrmals hintereinander gelungen, Berichte aus dem Kriegsgebiet zu schmuggeln. Ich bat sie um Interviews. Selbst nach Tschetschenien zu fahren, war für mich noch zu gefährlich. Ohne den Schutz einer offiziellen Institution oder eines kaukasischen Clans war das Risiko viel zu groß, hätte eine solche Reise schnell als Himmelfahrtskommando enden können.

Im Februar 2000 ergab sich eine erste Gelegenheit für mich, ins Kriegsgebiet zu gelangen. Unter dem lebensnotwendigen Schutz einer tschetschenischen Großfamilie gelang das später noch mehrmals.

Die Entscheidung, in die gefährliche Kaukasusrepublik zu reisen, bereitete mir schlaflose Nächte. Was, wenn mich eine Mine zerreißt, ich in einen Schusswechsel gerate? Ein Kollege hat seine Frau im ersten Tschetschenienkrieg verloren, als gezielt auf das Auto der Korrespondentin gefeuert wurde. Was, wenn ich in Geiselhaft genommen würde? Bedeutete der Entschluss zu fahren, Verrat an meiner Familie? Glücklicherweise ist immer alles gut gegangen, einmal verdammt knapp.

Das Verfassungsreferendum am 23. März 2003, Anlass einer meiner Reisen, war ebenso gefälscht worden wie sämtliche nachfolgenden Präsidentschafts- oder Parlamentswahlen. Nie wurde das Volk wirklich gehört, jedes Mal die Chance, endlich ehrlich mit Tschetschenien umzugehen, vertan. In jenem Jahr 2003 war es längst keine ausgemachte Sache, dass sich die Mehrheit der Tschetschenen für die Unabhängigkeit von der Russischen Föderation entscheidet.

1991 hatten die Tschetschenen zwar das erste Mal danach gegriffen, doch damals schlug ihnen Präsident Jelzin noch auf die Finger. Den Autonomen Republiken oder Gebieten, die noch einer Sowjetrepublik untergeordnet waren – im Falle Tschetscheniens war und ist das Russland –, gestanden Jelzin wie Gorbatschow nicht die gleichen Separationsrechte zu wie den Sozialistischen Sowjetrepubliken, als die Sowjetunion zerfiel.

Der Krieg ab 1994, mit dem die Tschetschenen diszipliniert werden sollten, ging ohne Sieger zu Ende. Tschetschenien bekam nicht die gewünschten Rechte wie die Autonomen Republiken Tatarstan oder Baschkirien. Erst recht keine Souveränität wie beispielsweise Georgien. Die tschetschenischen Separatisten büßten Autorität ein, bewiesen sie doch, dass es ihnen an Durchsetzungs- und Regierungsfähigkeit mangelte. Die »Republik Itschkeria«, wie sie Tschetschenien nach dem ersten Krieg zwischen 1996 und 1999 nannten, war ein Hort der Willkür und Gewalt geworden.

Russland seinerseits erlitt einen ungeheuren Ansehensverlust. Jelzin persönlich verlor im In- und Ausland seine Glaubwürdigkeit und Reputation: Ein Volk mit Waffengewalt in der Föderation zu halten, Menschenrechtsverletzungen zu begehen war eines Demokraten ganz und gar unwürdig.

Nun ließ Putin über die Unabhängigkeit abstimmen. Das Ergebnis war keineswegs vorherbestimmt, bedenkt man, welch verhängnisvolle Entwicklung Tschetschenien seit dem ersten Krieg genommen hatte.

Ein für den Kaukasus untypischer religiöser Fundamentalismus hatte um sich gegriffen. Im Nachkriegschaos blieben die Schulen geschlossen, lernten Kinder besser mit Waffen als mit Malstiften umzugehen.

Die letzten, die noch zu Sowjetzeiten die Schule besuchten und studierten, vermissten diese Bildungsmöglichkeiten im neuen Tschetschenien sehr. Vor allem die Frauen, deren Rolle die Islamisten ausschließlich in der Familie sahen. Sie hätten einem unabhängigen Tschetschenien wohl kaum mehrheitlich ihre Stimme gegeben.

Doch Moskau wollte nichts riskieren und präsentierte in dem Verfassungsreferendum im März 2003 das völlig unglaubwürdige Ergebnis von 96 Prozent Zustimmung, das den Verbleib Tschetscheniens in der Russischen Föderation sicherte. Angesichts dieses Resultats musste sich jeder fragen, wie es zu den beiden erbitterten Kriegen überhaupt hatte kommen können.

Wie wenig die Abstimmung dem Willen der Tschetschenen entsprach, zeigten die folgenden Jahre. Ein neues Phänomen griff um sich: die Selbstmordattentäterinnen, die sich in der Nähe russischer Staatsbürger, aber auch unter ihren eigenen Landsleuten sowie tschetschenischen Statthaltern in die Luft sprengten. Trauriger Höhepunkt war die tagelange Geiselnahme eines mit über 1000 Zuschauern besetzten Moskauer Musicaltheaters im Oktober 2002. Am Ende verzeichnete die Opferliste über 100 Tote unter den Theaterbesuchern, Hunderte Verletzte sowie 40 erschossene Geiselnehmer, die Hälfte davon Frauen: die sogenannten Schwarzen Witwen. Sie hatte der russische Geheimdienst FSB wie fast alle anderen Kidnapper des Geiselkommandos noch im Theatersaal erschossen.

Die Aussichten auf ein glückliches Erwachsenenleben dürften für Raissa Ganijewa mehr als gering sein. Die kleine Tschetschenin mit dem breitflächigen Gesicht, den kräftigen Schultern und einem fast männlichen Gang soll die russischen Truppen offiziell und sogar schriftlich um Schutz gebeten haben. So teilten es die russischen Sicherheitsbehörden mit. Propaganda? Fünf von Raissas insgesamt sechs Brüdern sollen militante Separatisten gewesen sein, die zur Gruppe des berüchtigten Feldkommandeurs Schamil Bassajew gerechnet wurden.

Ruslan, der zweitälteste und tonangebende der Brüder, soll Raissa gezwungen haben, dem Vorbild der beiden Schwestern zu folgen, sich auch an der Geiselnahme des Moskauer Theaters an der Dubrowka-Straße zu beteiligen, wo das in Russland populäre Musical »Nordost« aufgeführt wurde. Raissa wollte angeblich nicht in einem Kamikazeakt sterben, deshalb habe sie Unterschlupf bei den russischen Streitkräften gesucht. Sie sei ein schützenswertes Opfer, erklärte der Geheimdienst knapp ein Jahr nach der Geiselnahme, im Sommer 2003. Ein Opfer, das sich zunächst auf Befehl interviewen lassen muss. Der FSB hörte mit, doch sie nahm kein Blatt vor den Mund:

»Die beiden Kriege haben unsere Familie zerstört. Zehn Kinder waren wir zu Hause, sechs Brüder und vier Schwestern. Von den Mädchen bin ich die einzige, die noch lebt, von den Jungs leben noch drei. Meine älteste Schwester wurde im ersten Tschetschenienkrieg in Grosny während eines Bombenangriffs getötet, als sie gerade in der Klinik arbeitete. Sie war Krankenschwester. Meine anderen beiden Schwestern wurden erschossen. Einen Monat nach der Musical-Geiselnahme, im November 2002, haben sie unser Haus bombardiert. Als Vergeltung. Wir waren daheim, ein Wunder, dass wir am Leben blieben. Unser Haus, beide Etagen, wurde in die Luft gesprengt, zwischen acht und neun Uhr abends. Wir waren in der Küche, die sich in einem anderen Gebäude befindet, und sahen gerade fern. Wer das war? Die Russen. Wer sonst?«

Raissa Ganijewa war nicht eben gesprächig. Erst als sie auf

den Koran zu sprechen kam, wurden ihre dunklen Augen lebendiger. Seit sechs Jahren lernte sie Arabisch, hat angeblich den Koran und andere Schriften im Original gelesen und würde am liebsten Übersetzerin für Deutsch und Englisch werden. Nicht, dass sie eine der beiden Sprachen beherrschte. »Wir werden vom ganzen Dorf gemieden. Niemand besucht uns, niemand spricht mit uns, alle haben Angst. Nach dem Beginn des Krieges war das schon so und erst recht seit ›Nord-Ost‹. Allein aus unserem Dorf sind fünf Mädchen Selbstmordattentäterinnen geworden. Sie alle waren meine Freundinnen. Bei manchen ist der Bruder gestorben oder der Mann oder ein Sohn. Es sind ganz normale Mädchen. Ich weiß nicht, ob sie Heldinnen sind. Kann sein. Vielleicht haben sie es aber auch nur um des Geldes willen gemacht. Dem einen sagten sie das, dem anderen jenes. Jetzt jedenfalls sind sie weg, alle meine Freundinnen.«

Mehr als einen Monat hielt sich die junge Tschetschenin schon im Lager der russischen Streitkräfte in Chankala bei Grosny auf. Sie vertrieb sich die Zeit am Computer und mit Lesen. Manchmal spielte sie am Abend auch mit den Soldaten Fußball. Dass ihr ihre Landsleute womöglich sehr viel mehr unterstellten, sie gar für eine übergelaufene Prostituierte hielten, eine Verräterin oder Spionin, all das lag für die sportbegeisterte junge Frau außerhalb jeder Vorstellungswelt. Während sie von ihren Erfolgen als Gewichtheberin und 100-Meter-Läuferin erzählte, hatten ihre Landsleute sie vermutlich längst abgeschrieben. Der strenge Sittenkodex der Tschetschenen verbietet jungen Frauen jeden Umgang mit Männern, sofern keine Verwandte mit anwesend ist.

Eine Rückkehr in die Familie war damit für die 19-Jährige fast ausgeschlossen. Doch noch ließ sie diese Gedanken nicht an sich heran. Zudem hütete sie sich streng davor, irgendein schlechtes Wort über ihren Bruder Ruslan zu verlieren. Sie äußerte sich nicht einmal andeutungsweise darüber, ob er sie zur Selbstmordattentäterin machen wollte, ob das Vorbild ihrer

Brüder, aber noch mehr ihrer Schwestern und Freundinnen, auch für sie ein Weg wäre. Keine Silbe kam ihr dazu über die Lippen. Sie hatte zu schweigen gelernt, unter anderem während der vielen vorläufigen Festnahmen. Immer wenn die russischen Einsatzkräfte zu Hausdurchsuchungen in ihr Dorf Asinowskaja kamen, war ihre Familie an der Reihe, denn schon die Spatzen pfiffen von den Dächern, dass sich ihre Brüder den Freischärlern angeschlossen hatten. »Der Vater und die Mutter sind ihnen nachgefahren, wollten sie davon abbringen, aber sie hörten nicht auf sie. Wie sollen sie auch zu Hause sitzen bleiben, wenn Krieg ist?« Anders als bei den Brüdern wurde sich Raissa der Veränderungen der Schwestern erst sehr viel später bewusst. Sie war überzeugt davon, dass beide von niemandem genötigt wurden, Attentate zu verüben, sich in die Luft zu sprengen. »Natürlich taten sie das freiwillig, wer kann denn jemanden zu so etwas zwingen? Sie hatten sich zuvor plötzlich sehr gewandelt, mir fiel das zwar auf, aber ich verstand es nicht. Sie beteten immerzu, blieben unter sich und lasen irgendwelche Schriften und trieben Sport.« Raissa wollte es den Schwestern gleichtun. Doch der zweitälteste Bruder, der längst den Vater als Familienoberhaupt abgelöst hatte, verweigerte seine Zustimmung. »Mein Bruder sagte: ›Nein und Schluss.‹« Dass ihre Version der offiziellen vom FSB widerspricht, interessiert sie nicht. Sie wiederholt: Ruslan habe ihr verboten, mit den Schwestern zu gehen. Erst später, am 25. Oktober 2002 verstand Raissa, was es mit dem Wandel der Schwestern tatsächlich auf sich hatte. Zunächst verfolgte sie die Berichterstattung über die Geiselnahme wie jeder mehr oder weniger unbeteiligte Zuschauer, doch plötzlich sah sie ihre Schwester Fatima.

»Ich habe sie im Fernsehen erkannt. Da habe ich verstanden, dass Fatima und Milana dort sind, dass sie mitmachen. Da gab es so eine Aufnahme, sie steht neben dem Anführer des Geiselkommandos, Mowsar Barajew, und sie reden mit einem Reporter. Meinen Eltern sagte ich kein Wort. Doch dann wurde die Szene immer wieder gezeigt, und natürlich haben sie alle erkannt. Jeder im Dorf reagierte erstaunt und schockiert, dass sie dabei waren.«

Die Brüder bei den Freischärlern, die Schwestern im Geiselkommando. Die Ganijewas wurden fortan erste Anlaufadresse für die berüchtigten Säuberungen. »Zwei, drei Mal haben sie mich mitgenommen. Jedes Mal begannen sie sofort mit ihren Fragen. Wo sind Waffen, wo sind die Brüder. Früher hat man Mädchen sehr selten verhaftet, jetzt geschieht das öfter.« Raissa lässt unablässig ihre Gelenke knacken, schon das Zuschauen schmerzt. Ihre kurzen kräftigen Finger nesteln am Rock, ziehen ungeschickt das Kopftuch in die Stirn, und immer wieder blinzelt sie in die Sonne, als sei die schuld an den Tränen in ihren Augen. »Das Leben interessiert mich nicht mehr. Ich habe es satt. Studieren wollte ich, was lernen.« Seit ihrem zehnten Lebensjahr hat sie nichts als Krieg erlebt, Töten, Kämpfe gegen die Russen. War sie tatsächlich die große Ausnahme unter ihren opferbereiten Geschwistern und Freundinnen, hat sie genug vom Sterben? Oder wird auch sie eines Tages diesen Weg wählen, wohl wissend, dass sie die Achtung ihrer Leute anders niemals mehr erringt? »Ich will Ihnen mal was sagen: Wenn du so etwas vorhast, dann wirst du niemandem davon erzählen. Man sagt doch nicht, ich werde dies oder das in die Luft jagen. Über so was wird doch nicht gesprochen. Wenn du so was erzählst, weiß es bald jeder. Der Krieg wird andauern, bis auf der Welt auch der letzte Tschetschene getötet wurde. Ich habe es satt, ich will nach Hause. Sie sagen morgen oder heute, dann wieder morgen. So geht das schon den zweiten Monat. Meine Mutter hat mich zwei, drei Mal besucht, obwohl sie krank ist. Unsere Großmutter hat uns von der Deportation erzählt, wie sie 1944 nach Sibirien gebracht wurden und wie ihr Mann getötet wurde. Natürlich vermisse ich meine Schwestern. Aber was soll man machen, so ist das Schicksal. Ob Mann oder Frau, was macht das für einen Unterschied?«

Im September 2003 glaubte Raissa nicht daran, dass ihr der

russische Geheimdienst eine neue Identität verschaffen würde. Meine späteren Versuche, sie erneut zu interviewen, wurden abgelehnt, mit dem Hinweis auf ihr neues Leben, das nicht gefährdet werden soll. Es wäre ein Fortschritt, falls die Sicherheitsbehörden ihr tatsächlich diesen Dienst erwiesen haben sollten.

Ein Jahr später, am 1. September 2004, fiel in den Nachrichten wieder der Name Ganijew. Im Zusammenhang mit der Geiselnahme der Schule von Beslan. Über 1000 Schüler, Eltern und Lehrer wurden drei Tage lang festgehalten. Raissas Brüder sollen beteiligt gewesen sein.

Die Kleinstadt in der russischen Teilrepublik Nordossetien schwebte noch Wochen nach dem Anschlag im Ausnahmezustand. Schwarz-Weiß-Kopien von Fotografien aus Familienalben klebten noch lange nach dem Anschlag an Häuserwänden. Sie sollten die Suche nach denen erleichtern, die noch vermisst wurden.

Mairbek Tuajew verlor eines seiner Zwillingsmädchen. Er wohnt unmittelbar neben der Schule und hat, wie die meisten Männer, deren Frauen und Kinder fast drei Tage in der Turnhalle gefangen waren, den Schauplatz so gut wie nie verlassen. Den Soldaten der Spezialeinheiten »Alfa« und »Wympel«, die ihr Leben aufs Spiel setzten, um so viele Kinder wie möglich lebend zu bergen, macht er keine Vorwürfe. Der Einsatzleitung dagegen schon: »Die Stabs-Chefs hätten Geschütze in einem Wohnhaus gegenüber stationieren können, um die Aufmerksamkeit weg von den Kindern auf ein anderes Ziel zu lenken. Das hätte viel mehr Jungen und Mädchen das Leben retten können.«

In der Schulruine herrscht zu jeder Tageszeit und bei jedem Wetter ein ständiges Kommen und Gehen. Für die trauernden Menschen ist das Gebäude ein wichtiger Anlaufpunkt in ihrem Schmerz.

Die 40-jährige Talina Chazajewa hat ihre Freundin untergehakt. Beide tragen schwarze Kleider. Mit verweinten Augen stehen sie im verwüsteten Sportsaal der Schule. Das Dach der Halle ist abgedeckt, den Fenstern fehlen nicht nur die Scheiben, sondern zumeist auch die Rahmen. Die Sprossenwand ist verkohlt, von den Basketballkörben, an denen die Sprengsätze hingen, ragen nur noch Skelette in den Himmel. Der Parkettfußboden ist über und über bedeckt mit Vasen voller roter Nelken, Spielzeug, Schulheften und Wasserflaschen, zwischen denen hindurch nur zwei schmale Gassen führen.

Die Besucher nehmen bewusst voneinander Notiz, sprechen sich gegenseitig an, teilen sich mit. »Das ist eine tote Stadt«, sagt Talina Chazajewa. »Hier herrschen nur noch Bitterkeit und Hass. Wenn eine Familie oder ein Hof vier oder sieben Menschen zu begraben hatte oder wenn sogar ganze Familien ausgelöscht wurden, dann bleiben nur Hass und Rache. Diese Rache fürchte ich am meisten. Aber das ist der Kaukasus.«

In einer Ecke der Turnhalle hockt Batras Zegajow vor einer Kerze, deren Flamme kaum dem Wind, der durch die Ruine zieht, standhalten kann. Der etwa 35-Jährige starrt in das Licht, Tränen rinnen ihm über die hohlen Wangen. Er trauert um seinen Bruder, der in der Schule den Schutz seiner Kinder selbst in die Hand nehmen wollte. Ihn haben die Geiselnehmer gleich am ersten Tag getötet.

Durch einen engen Flur, in den ein Schwebebalken geschoben wurde, führt der Weg hinauf zur ersten Etage. Nicht nur die Turnhalle, das gesamte Gebäude hat eine Heimsuchung erlebt. Einschusslöcher an den Wänden, kein einziges heiles Fenster, der Boden zentimeterhoch mit Schutt und Blättern aus Schulheften und Büchern bedeckt.

In einem Klassenzimmer stehen drei Frauen. Die eine hält ihren Kummer nicht zurück. Sie weint lauthals. Im Kaukasus wird Leid geteilt, alle sollen Anteil nehmen. Die anderen lassen ihre Blicke über die Wände wandern, an denen es im ganzen Gebäude keinen freien Fleck mehr gibt. Die Aufschriften versprechen ewiges Gedenken, künden vom Entsetzen über das

Geschehene. »Hier waren Tiere«, steht geschrieben, »Kinder, vergebt uns«, »Banditen, das Volk hasst euch!« Vor allem aber ist von Rache die Rede: »Wir vergeben und vergessen nicht!« Einige Hassparolen zielen auf die Direktorin. Weil sie statt Handwerker Terroristen in die Schule gelassen haben soll, die unter dem Vorwand, die Turnhalle renovieren zu wollen, Wochen vor der Geiselnahme Waffen und Sprengstoff im Holzboden der Turnhalle und in den Nebenräumen versteckt haben sollen.

Die Stimmen mehren sich, die fordern, die Überreste der Schule abzureißen. Statt der Ruine solle eine Kirche oder ein Denkmal an das Unglück erinnern. Denn der Anblick des gemarterten Gebäudes lasse die Menschen nicht zur Ruhe kommen und heize die Emotionen immer wieder neu an. Wie bei Sergej und Ruslan, zwei 18-jährigen Freunden. Sie sind wütend auf die russische Regierung, die das Attentat nicht verhindern konnte. Sie sprechen von Strafe und sind gleichzeitig überzeugt davon, dass dieses viele Blut nur weiteres Blut rächen kann.

In der ersten Etage der Stadtverwaltung von Beslan drängen sich Frauen und Männer vor einer Wand mit langen Listen. Weit über 1000 Familiennamen sind darin verzeichnet, alles Personen, die Anspruch auf Entschädigungen und Hilfsleistungen haben. Mairbek Tuajew, der Leiter der Opferinitiative, die gemeinschaftlich die Verteilung der Gelder und Hilfsgüter organisiert, lässt an Russlands Präsidenten Wladimir Putin kein gutes Haar: Obwohl 330 Menschen ums Leben gekommen sind, hat der russische Präsident keinen einzigen Verantwortlichen aus den Sicherheitsministerien entlassen, nicht den Chef des Geheimdienstes Patruschew, nicht Nurgalijew, den Innenminister. »Im Verlauf der drei Tage Geiselnahme haben die es nicht geschafft, hierher zu kommen! Wenn sie hier gewesen wären, hätten sie vielleicht ein anderes Verhältnis zu den Opfern entwickelt.«

Statt bei den Sicherheitsorganen aufzuräumen, verfügte

Präsident Putin, künftig Gouverneure und Präsidenten der Teilrepubliken nicht mehr von den Parlamenten wählen zu lassen, sondern selbst zu ernennen. Warum dieser Einschnitt in die Bürgerrechte einen Beitrag zum Kampf gegen den Terror zu leisten vermag, erklärte er nicht. Präsident Medwedjew hält an der Praxis fest und hievt auf Posten, wen er kennt und fördern will. Russlands junge Demokratie ist wieder ein Stück geschrumpft.

Alexander Dsasochow, damals, 2004, Präsident von Nordossetien, warnte vor Selbstjustiz: »Es ist jetzt Aufgabe der Väter und Mütter, aufmerksam zu sein, zu schauen, wo sich ihre Söhne befinden, womit sie sich beschäftigen und vor allem hellhörig zu werden, wenn sie plötzlich verschwinden.«

Inguschetiens Präsident Murat Sjasikow hielt im Herbst 2004 Gerüchte über Rachefeldzüge gegen seine winzige Republik für verantwortungsloses provokatives Gerede. Ungeachtet der immer wiederkehrenden Übergriffe auf inguschetische Polizeistationen, Straßenkontrollposten und Ministerien. Terrorakte, ob von Tschetschenen verübt, um Russland insgesamt zu destabilisieren, oder von inguschetischen Untergrundkämpfern aus Rache wegen willkürlicher Übergriffe der Polizei auf Zivilisten. Niemand kennt die genauen Gründe für die ständigen Anschläge, die die winzige Teilrepublik bis heute immer wieder in kurzen Abständen erschüttern.

Junge Inguschen, die in Wladikawkas, der nordossetischen Hauptstadt, studieren, erschienen nach der Geiselnahme von Beslan für mehrere Monate nicht mehr in den Lehrveranstaltungen. Seit Gerüchte kursierten, dass Inguschen und nur wenige Tschetschenen dem Kommando der Kidnapper von Beslan angehörten, blieben sie vorsichtshalber zu Hause. Für Mairbek Tuajew von der Beslaner Opfer-Initiative war die Schuld der Inguschen ausgemachte Sache, bevor auch nur ein einziges Ermittlungsverfahren eröffnet worden war. Er forderte von der inguschetischen Regierung eine offizielle Entschuldigung sowie die Auslieferung der Banditen. »Wer bei uns jemanden umgebracht hat, wird selbst getötet. Wer die Blutrache vermeiden möchte, muss seine Ältesten schicken, auch wenn die kaum noch laufen können und auf Knien in das Haus der Trauernden rutschen müssten. Die Ältesten, niemand anders, müssen erscheinen und um Vergebung bitten. Und zwar spätestens am Tag der Beerdigung. Nur so können die Familien Frieden schließen. Das ist im Kaukasus so, fast überall.«

Inguschetiens Präsident Sjasikow hielt die Unterscheidung der Nationalitäten in jenen Tagen für extrem gefährlich. Nicht Verbrecher, sondern Personen bestimmter Nationalität zu suchen, heize die Stimmung nur weiter an. Deshalb erließ er für sämtliche Staatsbeamte seiner Republik die Order: Terroristen haben keine Nationalität, zumindest soll sie nicht in den Vordergrund gestellt werden. So wollte er Zwist verhindern.

Um ein Zeichen zu setzen, hätte Sjasikow gern mit seinem nordossetischen Amtskollegen Dsasochow in Wladikawkas gemeinsam die Bürger der Region aufgerufen, einen kühlen Kopf zu bewahren. Aber Dsasochow mochte sich dazu nicht durchringen. Die Geiselnahme in Beslan weckte Erinnerungen an andere bittere Momente in der gemeinsamen Geschichte.

»Wer in die Vergangenheit zurückschaut, dem soll ein Auge ausfallen«

In den bereits schwelenden Brand im auseinandergefallenen Sowjetreich goss der damalige russische Präsident Boris Jelzin zusätzlich Öl, indem er einen Keil in die bestehende tschetschenisch-inguschetische Republik trieb. Er berief sich auf ein 1991 verabschiedetes russisches Gesetz, das all jenen Völkern territoriale Wiedergutmachung versprach, die von Stalin besonders unterdrückt worden waren. Tschetschenen und Inguscheten sollten eigene Republiken bekommen.

Ein vergiftetes Geschenk, das gezielt das aufmüpfige Brudervolk der Tschetschenen kränken sollte, mit denen die Inguschen bis dahin zusammenlebten, seit es 1934 Stalin so verfügt hatte.

Derselbe Stalin, der Angehörige beider Völker als angebliche Kollaborateure Hitlers im Zweiten Weltkrieg nach Mittelasien und Sibirien hatte deportieren lassen.

Ungeahnte Gebietsstreitigkeiten mitten in Russland brachen los. Die Nordosseten fürchteten 1992, dass ihnen Inguschen mit ihrer neuen Republik Land wegnehmen würden, und vertrieben diejenigen gewaltsam aus Nordossetien, die noch nicht von sich aus ins benachbarte Inguschetien geflohen waren. Rund 1000 Tote forderten die Zusammenstöße nahe der nordossetischen Hauptstadt Wladikawkas. Diesen Konflikt hätte es nicht geben müssen, nicht geben dürfen, sagt Mogamed Gastijew. Der inzwischen über 70-jährige Nordossete verstand damals die Welt nicht mehr. Er warnt: »Wer in die Vergangenheit zurückschaut, dem soll ein Auge ausfallen« und erinnert ungeachtet seiner unheildrohenden Worte an die jüngere Geschichte. Zu Sowjetzeiten hätten sich Osseten und Inguschen gefühlt wie in einer Familie, sie seien zu den Beerdigungen gegangen, zu den Hochzeiten, hätten sich gegenseitig eingeladen. Heute dagegen gebe es Kräfte, die alles dransetzten, dass sie nicht mehr wie früher zusammenlebten. Osseten und Inguschen sind sehr kleine Ethnien. Streitigkeiten zwischen uns hätte Moskau doch sofort stoppen können. Ohne Blutvergießen. Aber Jelzin griff nicht ein. Und so konnte geschehen, was uns heute, bald 20 Jahre später, immer noch schmerzt.«

Im Rückblick war Nordossetien nur das Fanal für den Ausbruch der Gewalt.

Das meiste Blut floss später während der beiden Tschetschenienkriege, dann 2008 im Krieg mit Georgien. Aber noch immer sterben in Nordossetien, Tschetschenien, Inguschetien und Dagestan Jahr für Jahr Hunderte Menschen infolge von Terroranschlägen. In die zu Sowjetzeiten beliebte Urlaubsregion mit über 5000 Metern hohen Gipfeln wagt sich deshalb seit Jahren kaum ein Tourist. Wenn 2014 Sotschi die nächsten Olympischen Winterspiele austrägt, dann wird das nur mit einem immensen Sicherheitsaufgebot möglich sein. Jahrelang hat Moskau untätig zugesehen, wie sich die Lage immer weiter verschärfte. Während des zweiten Tschetschenienkrieges, der »Antiterroristischen Operation« von 1999 bis 2009, hatte das kleine Inguschetien fast genauso viele tschetschenische Kriegsflüchtlinge aufgenommen, wie es selbst Einwohner zählte. Vor allem in den ersten beiden Kriegsjahren.

Der Terror vor allem gegen junge männliche Flüchtlinge, die pauschal als Terroristen verdächtigt und dementsprechend behandelt wurden, schlug um in eine Gegenbewegung, die bis heute im Untergrund aktiv ist. Im Juni 2004 besetzten die Kämpfer etliche Regierungsgebäude und -einrichtungen sowie die Autobahn »Kaukasus« und töteten nach offiziellen Angaben 79 Menschen. Die meisten waren Mitarbeiter des Polizei- und Justizapparates.

Moskau wusste sich kaum noch zu helfen. Doch erst 2008 ernannte Medwedjew einen neuen Statthalter in Inguschetien: Junusbek Jewkurow. Ein ehemaliger Fallschirmjäger. Er sollte die außer Kontrolle geratene Teilrepublik befrieden. Was zunächst nicht gelang. Im Gegenteil: Die Anschläge nahmen noch zu.

In den vier russischen Teilrepubliken im Kaukasus leben zusammengenommen nur fünf Millionen Menschen. Die kleinste Republik Inguschetien hat gerade so viele Einwohner wie die Stadt Hannover: rund 500 000. Aber ausgerechnet in Inguschetien wurden 2009 mehr Anschläge verübt als irgendwo sonst. 1100 mal gingen hier Bomben hoch, wurden Personen verletzt oder getötet. Der russische Präsident Medwedjew konstatierte in seiner Ansprache an die Föderalversammlung, dass Inguschetien, der Nordkaukasus insgesamt, unregierbar geworden sei. Ab sofort müsse die Region mit Vorrang behandelt werden.

Generalmajor Jewkurow ließ sich trotz der zahllosen Attentate nicht beirren. Er setzte von Anfang an auf Dialog, statt auf ein Regime von Angst und Gewalt. Erstaunlich für einen Angehörigen der russischen Armee.

Er nahm Kontakt auf mit Eltern, deren Söhne im Untergrund sind. Mit jungen Witwen, die plötzlich das Kopftuch auf die im Kaukasus unübliche, streng islamische Weise tragen, wie potentielle Selbstmordattentäterinnen. Er wollte sie zur Umkehr bewegen.

Bereits wenige Tage nach seinem Amtsantritt traf sich Jewkurow mit Vertretern der Opposition sowie der Menschenrechtsorganisationen und nahm einen Teil dieser liberalen Kräfte in seinen Apparat auf.

Der Terror riss dennoch nicht ab. Am 22. Juni 2009, noch kein Jahr Präsident, wurde er selbst Ziel eines Selbstmordattentäters. Der sprengte sein Auto auf der Gegenfahrbahn in jenem Moment in die Luft, als sein Wagen gleichauf mit dem des Ex-Generals war. Vier Leibwächter und der Fahrer starben. Jewkurow zerriss es den Unterkiefer und die Leber.

Die Quittung für seine Politik, statt mit harter Hand zu regieren, in den eigenen Reihen aufzuräumen.

Der Unterschied zwischen dem intelligenten, zurückhaltenden Mann vom Militär, der in Zivilkleidung geschlüpft ist, und seinem Präsidentenkollegen in der Nachbarrepublik Tschetschenien, wo Ramsan Kadyrow mit einer privaten Soldateska die Islamisierung Tschetscheniens vorantreibt, könnte größer nicht sein.

Putin wollte sich die Popularität von Präsident Kadyrow zunutze machen und erhob den gerade mal 28-Jährigen zum neuen Statthalter Moskaus in Tschetschenien, nachdem dessen Vater bei einem Anschlag am 9. Mai 2004 ums Leben gekommen war. Der von Putin inthronisierte Sohn rächt nun seinen Vater, einen früheren Rebellen und Jelzin-Gegner, indem er mit noch größerer Härte als der gegen jeden Andersdenkenden vorgeht.

Die Morde an Anna Politkowskaja und Natalja Estemirowa, beide Journalistinnen der unabhängigen Zeitung »Nowaja Gaseta«, die regelmäßig über die Menschenrechtsverletzungen in Tschetschenien berichteten, werden ihm als geistigem Wegbereiter zugeschrieben. Anders als Putin, der Anna Politkowskaja nach ihrem Tod jeden Einfluss absprach, verurteilte Medwedjew, als 2009 die Menschenrechtsaktivistin Estemirowa getötet wurde, diesen Mord scharf. Verlangte die Aufklärung des Verbrechens, die jedoch ebenso auf sich warten lässt wie die des Mordes an Anna Politkowskaja.

Ich habe beide Frauen gekannt, mit beiden zusammengearbeitet, mich stets auf ihre Ratschläge und Recherchen verlassen können, ihren Mut bewundert. Umso mehr fürchte ich um die, die ihre Arbeit fortsetzen. Swetlana Gannuschkina zum Beispiel, die nicht müde wird, auf die anhaltenden Rechtsverletzungen hinzuweisen. Zahlen über verschwundene Tschetschenen veröffentlicht sie inzwischen lieber schriftlich, als sie auf Pressekonferenzen zu erläutern. Ihre Organisation »Bürgerhilfe« beliefert tschetschenische Schulen mit Büchern, lädt Lehrer aus Tschetschenien zu Fortbildungskursen ein.

Was allemal beglückender ist, als Vermisste zu suchen. Immer seltener wenden sich betroffene Familien an Hilfsorganisationen, um sich bei ihren Nachforschungen unterstützen zu lassen, denn jeder, der Kontakt mit den Menschenrechtsaktivisten aufnimmt, macht sich verdächtig, wird vom FSB-Geheimdienst Tschetscheniens verhört. Selbst Lehrer, die in Moskau und Sankt Petersburg endlich mal wieder einfach nur Kunstausstellungen besucht haben. Swetlana Gannuschkina beklagt ein Klima der Angst, wie es noch nicht einmal während der Bombardements herrschte. In beiden Kriegen wehrten sich die Menschen, protestierten lautstark auf den Straßen. 20 Jahre nach dem Zerfall der Sowjetunion flüstern sie wieder, wagen nicht, die Hilfe der Polizei oder Behörden in Anspruch zu nehmen, wenden sich noch nicht einmal mehr an humanitäre Organisationen, wenn sie ihre verschleppten Söhne oder entführten minderjährigen Töchter suchen. »Gleichzeitig fürchtet die tschetschenische Regierung uns, die den Menschen Hilfe erweisen, als Konkurrenten«, hat Swetlana Gannuschkina festgestellt. »Denn wenn jemand etwas Gutes für die Bürger tut, dann sollen nur sie damit in Verbindung gebracht werden. So funktioniert totalitäre Macht.«

Tschetschenische Frauen würden nicht als Menschen angesehen, sondern seien bereits zu »Sachen« degradiert worden, als Eigentum von Männern. Mit Fotos, die per SMS die Runde machen, werden Frauen davor gewarnt, aufzufallen. Ein besonders furchterregendes Beispiel sind Aufnahmen von sechs getöteten Tschetscheninnen, die sich als Prostituierte verdingt haben sollen. Weil sie angeblich Männer aus dem Kadyrow-Apparat mit HIV infizierten, wurden sie hingerichtet.

Swetlana Gannuschkina gibt zu, dass sie Angst hat. Sorge bereitet ihr, wie der junge Präsident Tschetscheniens Loyalität erzwingt und die Islamisierung der Gesellschaft vorantreibt. Mit der Gewalt seiner Soldateska, die von Moskau geduldet wird. Weil Kadyrow die unappetitliche Arbeit verrichtet, die Separatisten in Schach zu halten. Gelegentlich kommt ihm jedes Maß abhanden. Beim Wiederaufbau der tschetschenischen Hauptstadt, der mit viel Geld und noch mehr Großmannssucht in kürzester Zeit vonstatten ging, ließ er die größte Moschee Russlands errichten.

Der Vater von sechs Kindern unterhält auf seinem Wohngrundstück einen Zoo samt Tigern und Wölfen. Ramsan Kadyrow befürwortet die Polygamie, da Tschetschenien wegen der Kriege unter einem Männerdefizit leide und das Land Nachwuchs brauche. In seinen Reden und Schriften gibt der tschetschenische Präsident Auskunft darüber, wie ihn sein Vater erzogen hat: Niemals lobte er den Sohn in dessen Beisein. Niemals zeigte sich der Vater zärtlich ihm gegenüber. Wenn er seinem Vater etwas mitzuteilen hatte, benötigte er die Mutter als Überbringerin der Botschaft. In Anwesenheit des Vaters redete er weder mit seiner Frau noch mit seinen Kindern, den Vater sprach er nur an, wenn der eine Antwort auf eine Frage erwartete. Frauen in Jeans, gar Miniröcken hätten nie die Billigung der Vorfahren bekommen. (Worin der junge Präsident irrt. Die Vorväter haben dies zugelassen, denn sie waren in der Sowjetunion aufgewachsen.) »Das Kopftuch bedeutet für das schöne Geschlecht nicht nur ein Kleidungsstück, sondern ein Symbol der Stärke. Mit seiner Hilfe können Konflikte zwischen den Männern beendet werden. Wirft eine Frau einem Mann ihr Kopftuch vor die Füße, kann sie dadurch eine Blutfehde beenden. Es ist Symbol der Schönheit, Weiblichkeit, Toleranz anderen Kulturen und Gläubigen anderer Völker gegenüber.« Eine Sammlung von Aufsätzen und Reden Kadyrows strotzt vor derartigen Handlungsanweisungen.

Wie weit Moskau Kadyrow zügeln kann, ist ungewiss. Immer mal wagt der überaus selbstbewusste Sohn eines Muftis den Versuch, den Kremlherren auf der Nase herumzutanzen. Schwingt russlandtreue Sonntagsreden in Richtung Moskau, um später auf Tschetschenisch seinen Machtgelüsten freien Lauf zu lassen. Anna Politkowskaja thematisierte als eine der ersten Kadyrows gefährliche Doppelzüngigkeit. Nach ihrem

Tod testete Kadyrow seine Grenzen. Schwadronierte von seiner Präsidentschaft, die er über Tschetschenien hinaus auf andere Kaukasus-Republiken auszuweiten gedenkt. Noch wurde er ein ums andere Mal zurückgepfiffen.

Dennoch lässt sein inguschetischer Amtskollege Jewkurow nichts auf ihn kommen. Er achte ihn. »Vergleichen Sie die Sicherheitslage mit der vor drei, vier oder fünf Jahren, nehmen sie das neuerrichtete Grosny! Tschetschenien ist wie ein sehr kranker Patient, dem nur eine Operation, keine Arznei helfen kann. Ohne Eingriff keine Heilung.«

Obwohl dies bei Amtsträgern in Russland gänzlich unüblich ist, lädt Jewkurow zum Abendessen in sein Haus ein. Das Anwesen ist von einer hohen Mauer umschlossen. Ganz landestypisch und im Fall des extrem gefährdeten inguschetischen Präsidenten besonders hilfreich, um seinen Schutz zu gewährleisten. Das Haus sei nur gemietet, nicht sein Eigentum, betont er bei der Begrüßung der Gäste. Stolz präsentiert er seine kleinen Söhne. Seine deutlich jüngere Frau kommt nur zum Bedienen aus der Küche. In der privaten Atmosphäre redet der Präsident Klartext. Während im Hintergrund unablässig der Fernseher läuft, beklagt er sich, dass niemand für die vielen getöteten Polizisten Mitleid empfinde, auch nicht die Menschenrechtsorganisationen.

Der 47-jährige Präsident hat korrupte Richter, Staatsanwälte, Polizeibeamte entlassen. Doch statt dies zu würdigen, würden die Menschenrechtsorganisationen immer neue Forderungen stellen, beklagt er. Und sie gingen häufig vorschnell davon aus, dass junge Männer, wenn sie von der Bildfläche verschwinden, automatisch in Polizeigewahrsam seien. Jewkurow macht die auf mehrere Hundert Mann geschätzte Untergrundbewegung in Inguschetien mitverantwortlich. Die müsse ihre Rekruten, »Waldbrüder« genannt, schließlich auch von irgendwoher beziehen.

Vermutlich haben beide Seiten recht. Jewkurow hat viel verbessert, versucht, das Übel bei der Wurzel zu packen, doch die jahrelange Willkür von Armee und Polizei gegen Zivilisten hat das Misstrauen gegenüber den Behörden genährt.

Ich will weiter nach Nordossetien. Jewkurow lädt mich ein, auf dem Weg dorthin die Schönheiten des kaukasischen Hochlandes zu bewundern. Eine Gegend, in der er aufgewachsen ist und in die heute kaum jemand einen Fuß setzen darf.

Die Grenze zwischen Inguschetien und Nordossetien sollte theoretisch der zwischen Brandenburg und Sachsen gleichen. Schließlich handelt es sich um Nachbarregionen innerhalb eines Landes, hier der Russischen Föderation. Tatsächlich aber ist die spärlich bewohnte Grenzregion Sperrgebiet mit Schlagbäumen und Kontrollposten an größeren Kreuzungen. Der Konvoi hält gegenüber dem Kasbek-Gipfel, der 5557 Meter hoch aufragt. Der Fahrer trägt eine Splitterschutzweste. Die Kalaschnikow lässt er im Wagen. Sie lag während der Fahrt auf seinem Schoß und geriet gefährlich ins Rutschen, sobald er sie losließ, um zu telefonieren.

Unten im Tal an einem Checkpoint an der Grenze zu Nordossetien wartet noch ein Konvoi. Die Gastgeber aus Wladikawkas. Die Szene erinnert an eine Gefangenenübergabe in einem Krimi.

Inguschetien, Nordossetien wie auch Tschetschenien grenzen an Georgien. Nach dem russisch-georgischen Krieg 2008 habe Tiflis die Visumspflicht aufgehoben und lasse nun Islamisten aus dem arabischen Raum ungehindert Richtung Russland ziehen, um es zu destabilisieren. In dieser Einschätzung sind sich Moskau und die Vertreter der Sicherheitsbehörden in den russischen Kaukasusrepubliken einig.

Religionsstreitigkeiten zwischen Christen in Nordossetien und Moslems in Inguschetien und Tschetschenien spielten dagegen bei den fortwährenden Anschlägen angeblich keine Rolle. Zu lange habe der sowjetische Atheismus regiert.

In Wladikawkas erklärt der Menschenrechtsbeauftragte

Nordossetiens, Waleri Zomartow, wer die Unruhestifter sind: ausländische Islamisten, radikale Salafisten. Begonnen aber habe der Terror seiner Auffassung nach mit der Perestroika. Als Gorbatschow die Sowjetunion verkaufte. »Im Ganzen, mit allen Innereien. Einen solchen mächtigen, starken Staat wie die UdSSR kann man nicht zerstören, man kann ihn nur verhökern. Und das hat er getan. Wir haben uns nicht gewehrt, weil wir Vertrauen hatten in unsere Führer, gehorchten. Wer hätte denn gedacht, dass er ein derartiger Judas sein würde.« Der bärbeißig wirkende Hüne mit riesigem Schädel, rotem Gesicht und Stiernacken wurde 2009 für insgesamt fünf Jahre vom nordossetischen Parlament zum Menschenrechtsbeauftragten gewählt. Er ist wenig zimperlich. Zu Sowjetzeiten war er Anwalt in Perm, der Stadt mit den allermeisten Straflagern. Zomartow hat als Ermittler und Richter gearbeitet und zehn Todesurteile persönlich unterzeichnet. Wegen der Aussetzung der Todesstrafe geht er mit Ex-Präsident Boris Jelzin bis heute hart ins Gericht. Weil Jelzin in Wahrheit die gerechte Strafe für »Diebstahl staatlichen Eigentums in besonders großem Umfang« abschaffte. Er habe den straffreien Raub staatlichen Eigentums vorbereitet und sich selbst, als er und seine »Familie« sich bereicherten, vor dem Todesurteil bewahrt.«

Nirgendwo gebe es noch Recht und Ordnung, klagt Zomartow. Die Folgen seien für jedermann sichtbar. Überall ist die Sicherheitslage schlechter geworden: ob in Russland oder in Nordossetien. Das Justizwesen sei verrottet, Staatsanwälte, Richter, Polizisten, allesamt korrupt. 150 Personen seien allein im Jahr zuvor aus der Untersuchungshaft entlassen worden. Nicht weil sie unschuldig gewesen wären, sondern weil man die Ermittler geschmiert hatte. Gefährliche Leute, künftige Terroristen, kämen so immer wieder auf freien Fuß.

Auch einige Terroristen, die an der Geiselnahme in der Schule von Beslan beteiligt gewesen waren, sollen sich sechs Jahre nach dem Attentat noch immer in Freiheit befinden.

Dass sie straffrei bleiben konnten, schmerzt die Hinterbliebenen der über 330 Toten. Wie auch der Anblick des verwüsteten Schulgebäudes von Beslan. Er behindert das Vergessen. Doch noch will die eine Hälfte der 30 000 Einwohner die Ruine erhalten. Somit wird sie vorerst nicht abgerissen.

Dass jede beliebige Lunte das Pulverfass Kaukasus in die Luft jagen kann, liegt auch am Übermaß vorhandener Waffen wie Uniformen. »Waffen sollten nur die haben, die sie auf Grund ihrer Arbeit, ihrer Verpflichtungen tragen müssen«, hatte der inguschetische Ex-Präsident Sjasikow schon 2004 gemahnt. Graue Theorie, wie der Präsident selbst wusste. »Die Bevölkerung verfügt über jede Menge Gewehre. Als die Sowjetarmee nach dem Zerfall der UdSSR abzog, blieb zu viel militärisches Gerät in Tschetschenien zurück. Man muss alles für die Entwaffnung tun und den Leuten die Waffen samt Munition vielleicht sogar abkaufen.« Vorangekommen sind die Behörden mit dieser mehr als notwendigen Aufgabe kein Stück.

Ramsan Kadyrow gibt sich zuversichtlich, dass bald wie zu Sowjetzeiten Touristen den Kaukasus besuchen. 20 000 pro Monat seien in besten Zeiten angereist. Tschetschenien hat vier Klimazonen aufzuweisen, dazu atemberaubende Landschaften. Als ich mehrere Wochen in Tschetschenien recherchierte, schlug ich mein Quartier in einem kleinen Dorf in der Nähe von Chasawjurt auf. Der Ort an der dagestanischen Grenze zu Tschetschenien war eine gute Ausgangsposition, um schnell in das Kriegsgebiet hineinzugelangen und ebenso schnell wieder heraus. Im Dorf hatte sich herumgesprochen, wer ich war, dass ich mich für den Krieg in der Nachbarrepublik interessierte. Die dagestanischen Tschetschenen, die in diesem Dorf die Mehrheit bildeten, stritten jede Beteiligung am Krieg ab. Zunächst. Im Laufe der Wochen jedoch nahm einer nach dem anderen Kontakt mit mir auf. Einer erzählte, dass er in seinem Garten Waffen vergraben hatte. Ein anderer, dass er auf seinem Marktstand nicht nur Schuhe, sondern auch Kalaschnikows verkaufte. Ein anderer ging nachts über die Grenze zum Minenlegen, vorzugsweise an Straßenrändern, um die vorbeifahrenden russischen Militärkolonnen in die Luft zu jagen. Ein dritter brachte mir ein Videoband, auf dem die Hinrichtung von russischen Soldaten zu sehen war. Den bizarrsten Beitrag leistete ein dagestanischer Geschäftsmann, der Nationalität nach ebenfalls Tschetschene. Er hatte das Kunststück vollbracht, russischen Soldaten einen Granatwerfer abzukaufen und tschetschenischen Kämpfern zu schenken. Auch so hält man Kriege am Laufen.

Dank dieses Geschäftsmannes öffneten sich mir Türen, die sonst verschlossen geblieben wären. Ganz den galanten Gastgeber spielend, bot er an, mir die Schönheiten Dagestans vorzuführen. Ich bekam einen Fahrer, ebenfalls Tschetschene, der mir die Gegend zeigen sollte. Ich hatte von Kubatschi gehört, hoch oben in den dagestanischen Bergen, wo die berühmten Silberschmiede zu Hause sind. Der erste Versuch, dort hinzugelangen, schlug fehl. Der Fahrer wagte sich nicht durch awarisches Gebiet. Die Awaren seien ein anderes Volk, das eine andere Sprache spreche und jeden Unbekannten als Eindringling betrachte. Für alle Fälle hatte er unterm Sitz eine Pistole, doch mit mir, einer Ausländerin im Auto, war ihm das Risiko zu groß, wir drehten um. Warum er überhaupt zugestimmt hatte, mich nach Kubatschi zu bringen, blieb sein Geheimnis. Beim zweiten Anlauf kam der Geschäftsmann selbst mit. Wir fuhren in einem VW-Bus mit vielen freien Plätzen. Bevor wir die Serpentinenstraße in das hochgelegene Bergdorf nahmen, hielt er an einer Bushaltestelle und fragte die dort Wartenden, wer nach Kubatschi wolle. Ein junges Paar meldete sich. Er lud die beiden ein, mit uns zu fahren. Sie waren unsere »Türöffner« in dem Ort, stellten uns den wichtigsten Silberschmieden vor. Wo immer wir mit ihnen erschienen, ließen uns die Bewohner ein. Zeigten ihre Schätze: elegant geschwungene Silberkrüge und Schalen, Vasen und Teller, Becher und Schmuck, teilweise Hunderte von Jahren alt. Hergestellt auf die immer gleiche kunstfertige Weise: Die Schmuckstücke zieren Gravuren, die mit schwarzer Emaille ausgegossen werden. Das Markenzeichen von Kubatschi.

In dem pittoresken Ort holten die jungen Mädchen noch Wasser am Brunnen, wo die Jungen warteten und die Schönen in Augenschein nahmen. Kein einziger Tourist störte die Einheimischen. Ohne den Trick an der Bushaltestelle wäre wohl auch ich nie bis nach Kubatschi gekommen. Soviel zum angeblich friedlichen Zusammenleben der über 100 Nationalitäten in Dagestan.

Touristen werden noch eine ganze Zeit darauf verzichten müssen, den Elbrus, den mit 5 642 Metern höchsten Berg des Kaukasus, zu besteigen. Oder auch die mysteriösen historischen Wohn- und Verteidigungstürme zu besichtigen. Diese sagenumwobenen Bauten kannte ich bislang nur von Fotos. Sie befinden sich im Hochgebirge, dem Rebellenland, wohin ich mich nur mit dem Begleitschutz der inguschetischen Regierung wagte. Die Wagen quälten sich bis auf über 2 000 Meter in ein Dorf namens Olgeti.

Nach dem verheerenden Hochwasser im Frühjahr 2004 wurde im Herbst die Dorfstraße erstmals asphaltiert und vor kurzem eingeweiht. Die Einwohner bereiteten unserer Delegation einen feierlichen Empfang mit Brot und Salz und einem traditionellen Festessen, zu dem als Delikatesse ein geschmorter Schafskopf und Schafseuter gehörten.

Im unteren Teil des Dorfes reihten sich bescheidene Einfamilienhäuser an der einzigen Dorfstraße entlang. Am Ende des Ortes ging die Putin-Straße in einen Schotterweg über und führte dann geradewegs zu Olgetis Sensation: der größten erhaltenen Ansammlung von Tschetschenentürmen. Das alte Olgeti war ein Turm-Dorf, errichtet zwischen dem 12. und 17. Jahrhundert. Jeder Stamm besaß seinen Turm. Fast ein Dutzend dieser viereckigen schlanken Bauten verteilen sich jeweils mehrere Hundert Meter voneinander entfernt über die Hochebene, 2 296 Meter über dem Meeresspiegel. Die meisten der Türme, die jeweils auf der Kuppe eines Hügels stehen, sind höher als zwanzig Meter.

Die Papacha, die auf dem Schädel des Dorfältesten saß, wollte es offenbar an Höhe mit den Türmen aufnehmen. Die hohe Fellmütze war weiß wie der Rauschebart des 77-Jährigen. Beides machte ihn zu einer überaus imposanten Erscheinung. Er streckte den knorrigen Zeigefinger in Richtung der abweisend wirkenden Gemäuer. Erst auf den zweiten Blick bemerkte ich, was so seltsam an den Türmen war: Die Haustüren lagen in schätzungsweise fünf Metern Höhe. Über eine Leiter, die in friedlichen Zeiten außen am Turm angelehnt steht, klettert der Besucher hinauf zum Eingang. Ist Gefahr im Verzug, wird die Leiter über die hochgelegene Hausschwelle in den Turm gezogen.

Wieder verstand ich das widerspenstige Bergvolk ein wenig besser. Für ihre Unabhängigkeit nehmen sie jede Härte, auch gegen sich selbst in Kauf. Im Inneren der düsteren Feldsteinbauten führen ebenfalls keine Treppen nach oben, sondern wieder nur Leitern. Einzig oben in der Spitze des Turms fällt ein wenig Licht ins Innere, geben winzige Fenster den Blick auf die Gebirgslandschaft frei. Von dort aus wurden Angreifer ins Visier genommen. Waren sie übermächtig, vertrauten die Tschetschenen nur noch auf den Schutz der dicken Mauern. Der Gegensatz zum fernen, modernen Moskau könnte kaum größer sein.

Dank

Ohne meine Lektorin Franziska Günther wäre dieses Buch eine Bilanz der zehnjährigen Amtszeit von Wladimir Putin geworden. Sie hat mich ermutigt, meinen Vergleich, was sich in Russland unter Putin geändert hat, auszudehnen: Was tat und tut sich seit dem Zerfall der Sowjetunion? Ich bedanke mich für das Vertrauen, das mir der Aufbau Verlag entgegenbrachte.

Mit Friedrich Schmidt bin ich fast die gesamte Wegstrecke gegangen, über die ich schreibe. Auch nach Russland. Mit niemandem kann ich besser über die Ereignisse zwischen Kaliningrad und Wladiwostok reden und streiten als mit ihm. Wohl auch deshalb erlischt mein Interesse an dem Land nicht, in das ich inzwischen unzählige Male zurückgekehrt bin. Ihm wie unserem Sohn Conrad widme ich das Buch.

Meinen russischen Gesprächspartnern danke ich für ihre Auskunftsfreude, die meist mit großzügiger Gastfreundschaft einherging, Oksana Orlowa und Ludmilla Medwedjewa für die organisatorische Hilfe und die unermüdliche Versorgung mit aktuellem Material. Katja Demurowa und Sergej Smirnow sind meine russische Familie, in der ich mich, wenn ich das Land besuche, geborgen fühle.

Meinen Eltern, meiner Familie in Deutschland danke ich für ihre Aufmerksamkeit und moralische Unterstützung.

Für ihre Sorgfalt, Geduld und liebevolle Strenge bei der Durchsicht des Manuskripts bin ich Jacqueline Boysen, Klaudia Pape, Jens Hartmann und Dietmar Schumann besonders dankbar.

Mit Christel Becker-Rau, die viele Fotos zu dem Buch beisteuerte, habe ich so manches Abenteuer in Russland erlebt. Ihr war kein Weg zu weit, kein Winter zu kalt, kein Bergwerk zu tief.

Erika Stegmann weiß, wie lange ich dieses »Kind« mit mir herumtrug, ohne sie hätte es das Licht der Welt nicht erblickt.

Danken möchte ich auch meinem Sender, dem Deutschlandradio, für den ich in Moskau arbeiten durfte, der mir auch danach immer wieder die Gelegenheit gab und bis heute gibt, die Entwicklung im Osten weiter zu verfolgen.

LITERATURVERZEICHNIS

Alexijewitsch, Swetlana: Tschernobyl – Eine Chronik der Zukunft. Berlin 1997

Chodorkowski, Michail: Briefe aus dem Gefängnis. München 2011

Conquest, Robert: Der große Terror – Sowjetunion 1934–1938. München 1993

Figes, Orlando: Die Tragödie eines Volkes – Die Epoche der russischen Revolution 1891–1924. Berlin 1998

Figes, Orlando: Nataschas Tanz – Eine Kulturgeschichte Russlands. Berlin 2003

Gaidar, Yegor: Collaps of an Empire – Lessons for Modern Russia. Washington, D. C. 2007

Goldfarb, Alex/Marina Litwinenko: Tod eines Dissidenten – Warum Alexander Litwinenko sterben musste. Hamburg 2007

Gorbatschow, Michail: Der Zerfall der Sowjetunion. München 1992

Ders.: Erinnerungen. Berlin 1995

Ders.: Wie es war – Die deutsche Wiedervereinigung. München 2000

Hildermeier, Manfred: Geschichte der Sowjetunion 1917–1991. München 1998

Jaroschinskaja, Alla: Tschernobyl. Sowerschenno Sekretno. Moskau 1992

Jawlinski, Grigori/Stanislaw Schatalin: 500 Tage zur Marktwirtschaft – Die Pläne der Reform-Ökonomen. 1991 (Wirtschaftswoche/Gesellschaft für Wirtschaftspublizistik, Düsseldorf)

Jelzin, Boris: Mitternachtstagebuch – Meine Jahre im Kreml. Berlin 2000

Kapuściński, Ryszard: Imperium – Sowjetische Streifzüge. Frankfurt/Main 2000
Klebnikow, Paul: Der Pate des Kreml – Boris Beresowski und die Macht der Oligarchen. München 2001
Koenen, Gerd: Das rote Jahrzehnt – Unsere kleine deutsche Kulturrevolution 1967–1977. Köln 2001
Kryschtanowskaja, Olga: Anatomie der russischen Elite – Die Militarisierung Russlands unter Putin. Köln 2005
Panjuschkin, Waleri: Michail Chodorkowski – Usnik Tischiny 2, Sankt Petersburg 2009
Panjuschkin, Waleri/Sygar, Michail: Gazprom – Das Geschäft mit der Macht. München 2008
Politkowskaja, Anna: In Putins Russland. Köln 2005
Dies.: Tschetschenien – Die Wahrheit über den Krieg. Köln 2003
Pristawkin, Anatoli: Ich flehe um Hinrichtung – Die Begnadigungskommission des russischen Präsidenten. München 2003
Rybakow, Anatoli: Die Kinder vom Arbat. München 1994
Sacharow, Andrej: Mein Leben. München 1991
Salisbury, Harrison E.: 900 Tage – Die Belagerung von Leningrad. Frankfurt/Main 1984
Schlögel, Karl: Terror und Traum – Moskau 1937. München 2008
Solschenizyn, Alexander: Der Archipel GULAG. Reinbek 1988
Ders.: Zweihundert Jahre zusammen – Die russisch-jüdische Geschichte 1795–1916. München 2002
Thomas, Donald M.: Solschenyzin – Die Biographie. Berlin 1998
Tschechow, Anton: Die Insel Sachalin. Berlin 1982

BILDNACHWEIS

Sabine Adler 1, 7, 11, 12, 13, 21, 22, 23, 24
Christel Becker-Rau 2, 3, 5, 6, 8, 9, 10, 12, 14, 15, 17, 18, 19, 20
Fedor Savintsev 16

Trotz umfangreicher Bemühungen ist es uns nicht gelungen, alle Rechteinhaber ausfindig zu machen, berechtigte Ansprüche bitten wir an den Verlag zu richten.

ULRICH SCHACHT
Vereister Sommer
Auf der Suche nach meinem russischen Vater
a
aufbau

KOLJA MENSING
Die Legenden der Väter
Eine Suche
234 Seiten. Gebunden
ISBN 978-3-351-02734-6
Auch als E-Book erhältlich

Drei Generationen. Eine Lebensgeschichte

1946 wird im Nordwesten Deutschlands ein Kind geboren. Der Vater ist Pole, Soldat der Besatzungstruppen, die Mutter eine Deutsche. Die Liebe scheitert. Das Kind wächst heran, ohne den Vater, der in seine Heimat zurückgekehrt ist, je kennenzulernen. Viele Jahre später macht sich Kolja Mensing, der Enkel jenes polnischen Soldaten, auf die Suche nach einem Phantom.
Der Journalist Kolja Mensing erzählt diese Suche suggestiv und anschaulich wie einen Roman. Von der vorsichtigen Annäherung dreier Generationen, die durch die historischen Verwerfungen des 20. Jahrhundert voneinander getrennt wurden, aber auch davon, wie Erinnerungen in Familien weitergegeben und dabei wie von selbst zu Literatur werden.

Mehr Informationen erhalten Sie unter www.aufbau-verlag.de oder in Ihrer Buchhandlung

a aufbau

GERT SCHRAMM
Wer hat Angst vorm schwarzen Mann
Mein Leben in Deutschland
304 Seiten. Gebunden
Mit 10 Abbildungen
ISBN 978-3-351-02727-8

»Einfach einstecken – das lag mir nicht.«

Gert Schramm wird 1928 als Sohn einer Deutschen und eines schwarzes US-Amerikaners in einem kleinen thüringischen Dorf geboren. In die behütete Kindheit des Jungen, dem man seine »nicht arische« Herkunft schon weitem ansieht, bricht bald schon die Allgegenwart des Nationalsozialismus ein. Die Haft im KZ Buchenwald überlebt der Fünfzehnjährige nur aufgrund der Courage seiner Mithäftlinge. Nach Kriegsende muss er erleben, dass diejenigen, die für sein Schicksal Mitverantwortung tragen, noch immer in Amt und Würden sind. Er geht zunächst in den Westen Deutschlands, später nach Frankreich, kehrt jedoch schließlich in die DDR zurück. Dort widersetzt er sich bewusst der sozialistischen Doktrin und macht sich mit einem Transportunternehmen selbstständig. Seit er nach der Wende von Neonazis bedroht wurde, engagiert er sich in der Aufklärungsarbeit gegen Rechts. Seine Erinnerungen sind ein eindringliches Zeugnis, wie Rassismus und Ausgrenzung die Gesellschaftssysteme überdauern und was man dagegen tun kann.

Mehr Informationen erhalten Sie unter www.aufbau-verlag.de oder in Ihrer Buchhandlung

aufbau